Die Fischkochschule

rick

Fotos von James Murphy

stein's
Die Fischkochschule

Fische und Meeresfrüchte von A-Z
Küchentechniken   200 Rezepte

CHRISTIAN VERLAG

Sonderausgabe
Aus dem Englischen übersetzt von Helmut Ertl
Redaktion: Inken Kloppenburg Verlags-Service, München
Korrektur: Petra Tröger
Umschlaggestaltung: Caroline Georgiadis, Daphne Design
Satz: Maria Haas-Lehner

2. Auflage 2005
Copyright © 2005 der Sonderausgabe by
Christian Verlag, München
Copyright © 2002 der deutschsprachigen Ausgabe by
Christian Verlag, München
www.christian-verlag.de

Die Originalausgabe mit dem Titel *Rick Stein's Seafood*
wurde erstmals 2001 im Verlag BBC Worldwide Limited,
London, veröffentlicht.

Copyright © 2001: BBC Worldwide
Copyright © 2001 für den Text: Rick Stein
Copyright © 2001 für die Fotos: James Murphy
Copyright © 2001 für die Illustrationen: Charlotte Knox
Design: Paul Welti

Druck und Bindung: Butler and Tanner Limited, Frome und
London
Printed in Singapore

ISBN 3-88472-672-2

HINWEIS

Alle Informationen und Hinweise, die in diesem Buch enthalten
sind, wurden vom Autor nach bestem Wissen erarbeitet und
von ihm und dem Verlag mit größtmöglicher Sorgfalt über-
prüft. Unter Berücksichtigung des Produkthaftungsrechts müssen wir allerdings darauf hinweisen, dass inhaltliche Fehler oder
Auslassungen nicht völlig auszuschließen sind. Für etwaige feh-
lerhafte Angaben können Autor, Verlag und Verlagsmitarbeiter
keinerlei Verpflichtung und Haftung übernehmen.

Korrekturhinweise sind jederzeit willkommen und werden gerne
berücksichtigt.

DANKSAGUNG

Ich möchte mich bei Debbie Major bedanken, die mir bei der
Zusammenstellung dieses Buches geholfen hat, bei James
Murphy für die wunderbaren Bilder sowie bei Paul Welti und
Lisa Pettibone für die ansprechende Gestaltung. Mein Dank gilt
Charlotte Knox für die hervorragenden Zeichnungen, meiner
Lektorin Viv Bowler für ihre Geduld und Rachel Copus für ihre
sorgfältige Redaktion. Auch Myrtle Allen, Betsy Apple, Simon
Hopkinson, Tetsuya Wakuda und Patricia Wells, die mir ihre
Rezepte für dieses Buch zur Verfügung gestellt haben, möchte
ich danken. Ein besonderer Dank gilt Nick Jenkins, unserem
Fischhändler, der bei der Erarbeitung der Küchenpraxis große
Dienste geleistet hat.

Inhalt

Einführung

Als mir vor drei Jahren zu Ohren kam, dass der alte Fischmarkt am Kai in Padstow (Cornwall) abgerissen und durch eine neue, große Halle für die Fischhändler und Schiffsausrüster, die in dem alten Gebäude untergebracht waren, ersetzt werden sollte, überredete ich die Architekten, im ersten Stock eine Fischkochschule für uns zu entwerfen mit Fenstern, durch die man den ganzen Hafen überblicken konnte. Die eine Seite erhielt große Bullaugen, die andere, dem Hafen zugewandte Seite wurde ein riesiges Panoramafenster, durch das man während des Mittagessens die Fischerboote im Hafen beobachten kann. Die Schule verfügt über zehn Arbeitsbereiche, alle aus hellem Hartholz mit blauen Arbeitsplatten, Herdblöcken aus rostfreiem Edelstahl und mit Fischmotiven gefliesten Wänden. Die gewölbte Decke mit ihren hellblau gestrichenen Planken erinnert an den Rumpf eines Fischerbootes. Es ist der ideale Raum für eine Fischkochschule.

Zu den Kursen gibt es eine Loseblattsammlung mit Rezepten, Vorbereitungs- und Gartechniken sowie einer Beschreibung aller Fische und Meeresfrüchte, die wir in unserer Schule verarbeiten. Dieses Kompendium ist gewissermaßen der »Urstoff« dieses Buches. Ich war überzeugt, dass eine »Fischkochschule« mit ausführlichen Tipps und Informationen über den Einkauf von Fisch, seine Lagerung bis hin zur Vor- und Zubereitung sowie den wichtigen Techniken in erstklassig illustrierten Schritt-für-Schritt-Anleitungen eine Bereicherung für jeden Hobbykoch wäre. Hinweise zum richtigen Küchenwerkzeug und zu den grundlegenden Zutaten sowie ein Kapitel, in dem neben den regionalen Arten die besten Speisefische und Meeresfrüchte rund um die Welt in ihren geschmacklichen und küchenhandwerklichen Eigenschaften beschrieben werden, runden das Werk ab.

Fisch einkaufen

Meine Rezepte sind im Allgemeinen ganz einfach; ihr Geheimnis liegt in erster Linie in der Verwendung absolut frischer Produkte. Sie zu erkennen ist Grundvoraussetzung für das Gelingen jeder guten Fischküche. Ich fürchte, meine Rezepte werden Sie nicht ganz so überzeugen, wenn Sie mit der Fischtheke eines mittelmäßigen Supermarktes vorlieb nehmen müssen. Aber auch eine sehr beschränkte Seafood-Auswahl bietet eigentlich immer irgendetwas Brauchbares. Oberstes Gebot ist dabei die Flexibilität. Für die meisten Rezepte kann eine ganze Reihe verschiedener Fischarten verwendet werden; bei vielen habe ich daher Alternativen angegeben. Statt sich sklavisch dem Diktat der Rezeptangaben zu unterwerfen, kaufen Sie lieber den Fisch, der am besten aussieht, der die klarsten Augen und die strahlendste Haut hat. Wie beim Weinverkosten fällt Ihnen auch beim Fischeinkauf die Wahl leichter, wenn Sie die Produkte miteinander vergleichen.

Qualitäts- und Frischemerkmale:

- **Augen:** Sie sollten klar und prall sein, nicht verschleiert, eingesunken oder rot unterlaufen.
- **Haut:** Die Haut sollte leuchten und von hellem Glanz sein. Farbreflexe der natürlichen Zeichnung sollten strahlen und klar sein. Schleim auf der Haut ist ein gutes Zeichen.
- **Flossen:** Sie sollten scharfe Konturen aufweisen und fest und unversehrt sein, nicht ausgefranst oder beschädigt.
- **Kiemen:** Die Kiemen sollten von leuchtendem Rot, feucht, aber nicht verschleimt und eine Freude fürs Auge sein, nicht verblasst oder braun.
- **Geruch:** Frischer Fisch riecht kaum, allenfalls nach Meer. Der Geruch sollte angenehm und appetitanregend sein und nicht den Wunsch wecken, er möge beim Garen verschwinden. Er tut es nicht!
- **Konsistenz:** Fisch guter Qualität fühlt sich fest an. Natürlich gibt es unterschiedlich feste Sorten, doch jeder Fisch wird mit zunehmender Dauer weicher und fühlt sich dann schlaff und teigig an.

Zuchtfische – Fishfarming

Farmfische haben gegenüber ihren wilden Artgenossen einen entscheidenden Vorteil: Ihre Frische lässt sich perfekt kontrollieren, da sie erst auf Bestellung kurz vor dem Versand geschlachtet werden. Ihre Qualität reicht natürlich selten an die von Wildfisch heran, zumal häufig die noch zu kleinen und geschmacklich wenig entwickelten Jungfische in den Handel gelangen. Neuerdings scheint der Trend allerdings mehr in Richtung längere Reifezeiten zu gehen, und solange kein Futter verwendet wird, das die natürlichen Geschmacksmerkmale des Fischs beeinträchtigt, kann die Qualität von Farmfisch durchaus ganz hervorragend sein. Lachse werden in großen Mengen gezüchtet, doch sind hier die Qualitätsunterschiede zwischen den besten und schlechtesten erheblich. Wenn Sie einmal Ihr Stück von einem ganzen Fisch schneiden lassen, werden Sie feststellen, dass Lachs von Top-Qualität viel fester und seidiger ist als billigere Exemplare, die gedrungener sind und häufig verkürzte Flossen aufweisen – ein Zeichen für überfüllte Zuchtgehege. Wenn Sie bereits küchenfertige Lachsfilets kaufen, achten Sie auf festes Fleisch und lassen Sie die wabbeligen Stücke links liegen.

Fischfilet

Schwieriger ist es da schon, die Frische von filetiertem Fisch zu beurteilen, da zur Prüfung weniger Kriterien zur Verfügung stehen. Wie bei ganzen Fischen sollten auch Filets hell und leuchtend aussehen. Das Fleisch frischer Fische ist je nach Sorte weiß, rosa oder gebrochen weiß. Im fortgeschrittenen Stadium nimmt es eine gelbliche – oder schlimmer noch – bräunliche Färbung an. Frisches Fleisch sollte sich fest anfühlen und nicht riechen.

Ich habe mir eine einfache Regel zu Eigen gemacht: Kaufe ich Filet, dann stelle ich mir die Frage, ob ich den Fisch roh und in dünne Scheiben geschnitten als japanisches *sashimi* mit *wasabi* und Sojasauce essen würde.

Fisch aufbewahren

Herkömmliche Kühlschränke sind zum Aufbewahren von Frischfisch nicht ideal, da sie nur um die 5 °C kalt werden. Fisch sollte aber bei 0 °C gelagert werden. Wenn möglich, sollten Sie den Fisch also noch am selben Tag des Einkaufs zubereiten. Müssen Sie ihn jedoch für kurze Zeit lagern, legen Sie den Fisch in ein flaches Gefäß oder auf ein Blech, bedecken es mit Frischhaltefolie und stellen es in den kältesten Teil des Kühlschranks.

Tiefgefrorenen Fisch und Schaltiere auftauen

Tiefgefrorener Fisch sollte grundsätzlich im Kühlschrank auf reichlich saugfähigem Küchenpapier oder in einem Durchschlag über einer Schüssel aufgetaut werden. Liegt der Fisch im eigenen Tauwasser, wird ein Großteil seines Geschmacks ausgeschwemmt.

Krustentiere einkaufen

Krebstiere wie Hummer, Langusten und Krabben werden immer entweder lebend oder gegart gehandelt, niemals tot und in rohem Zustand, da ihr Fleisch sehr schnell verdirbt und breiig und fade wird. Das Garen stoppt diesen Prozess. Lebende Hummer und Krabben sollten sichtbare Lebenszeichen von sich geben und deutliche Muskelaktivität an den Tag legen, wie etwa das angriffslustige Wedeln der Scheren bei Krabben oder das Schnappen des Hummerschwanzes. Die Scheren, Schwänze und Beine dürfen nicht schlaff herunterhängen.

Ob roh oder gekocht, Krustentiere sollten sich entsprechend ihrer Größe stets schwer anfühlen. Dies ist ein Zeichen guter Muskelqualität. Vergleichen Sie das Gewicht zweier etwa gleich großer Hummer oder Krabben, indem Sie sie in beiden Händen wiegen. Wählen Sie das schwerere Tier, seine Fleischausbeute ist größer.

Im gekochten Zustand ist die Qualität von Hummer und Krabben/Krebsen weit schwieriger zu beurteilen, zumal sie von den Kochkünsten Ihres Fischhändlers abhängt. Wie viel Salz wurde verwendet – wenn überhaupt? Wie lange wurden die Krustentiere gekocht? Welche Qualität hatten die Tiere vor dem Garen? Sie sollten sich also unbedingt an einen Fischhändler wenden, den Sie kennen und dem Sie vertrauen.

Garnelen

Garnelen werden frisch oder gekocht gehandelt und im Ganzen, also mit Kopf, oder als Schwänze mit oder ohne Schale angeboten. Garnelenschwänze bieten das günstigere Preis-Leistungs-Verhältnis, ganze Garnelen jedoch gewöhnlich die bessere Qualität. Die Schale bewahrt den Geschmack und kann nach dem Entfernen für die Herstellung schmackhafter Fonds und aromatischer Öle verwendet werden.

Garnelen werden üblicherweise nach Größe sortiert. Bei 20–25 Stück pro Kilogramm sind die Tiere ausreichend groß für die meisten Zwecke. Je geringer die Anzahl pro Kilogramm, desto größer und teurer sind die Garnelen.

Mit Ausnahme regionaler Fänge gelangt die große Mehrzahl der Garnelen tiefgefroren in den Handel. Hinter »frisch«, also roh gehandelten Garnelen verbergen sich fast immer tiefgefrorene Tiere, die erst an ihrem Bestimmungsort aufgetaut wurden. Garnelen lassen sich problemlos einfrieren. Lediglich gekühlt bekommt ihnen der Transport weniger gut; daher werden sie meist noch auf See abgekocht – es ei denn, sie wandern in die Tiefkühltruhe. Wie Hummer verderben Garnelen nach dem Tod sehr schnell, sie werden breiig und fade. Hält das Angebot keine lebenden oder Garnelen regionaler Herkunft bereit, greife ich immer zu tiefgefrorener roher Ware der besten Qualität, so ist man auf der sicheren Seite.

Ist das Fleisch allerdings einmal aufgetaut, verdirbt es sehr schnell. Achten Sie daher bei »frischen« Garnelen darauf, dass sie sich auf Fingerdruck fest anfühlen und der Panzer straff und unversehrt, nicht stumpf und trübe ist. Wichtig ist auch, dass sie frisch riechen – in jedem Fall nicht nach Ammoniak – , und lassen Sie die Finger von Exemplaren, die am Kopf bereits dunkle oder gar schwarze Punkte zeigen.

Kaisergranat

Dieser Tiefseekrebs – auch als Langoustine (franz.) oder Scampo (ital., Plural: Scampi) bekannt – gehört zur Hummerfamilie. Auch hier gilt: Vorsicht beim Kauf frischer Tiere, da sie wie Garnelen schnell verderben (siehe oben). Bei gekochtem Kaisergranat sollte sich der Schwanz elastisch anfühlen, ein Zeichen dafür, dass der Muskel vor dem Garen in gutem Zustand war.

Lebende Schaltiere einkaufen

Rohe Schaltiere, egal, ob es sich um Muscheln oder Meeresschnecken handelt, sollten vor der Zubereitung noch leben.

Die Schalen von Austern, Herz-, Mies- und Venusmuscheln sollten geschlossen sein oder sich bei Berührung schließen. Werfen Sie beschädigte und geöffnete Exemplare weg. Meiden Sie Ware von einer Charge mit vielen geöffneten Muscheln, da sie ganz offensichtlich bereits zu lange aus dem Wasser ist und daher nicht mehr frisch schmeckt.

Weichtiere wie Wellhornschnecken, Strandschnecken und Abalonen (Seeohren) leben, wenn sich das Tier in oder mit der Schale bewegt oder sich Schaum an der Öffnung zeigt.

Lebende Schaltiere vom Fischhändler unterliegen Gesundheitskontrollen. Selbst gesammelte Muscheln und Schnecken können dagegen ein Gesundheitsrisiko darstellen, wenn sie aus Regionen mit hoher Umweltbelastung stammen. Schaltiere, die Sie am Strand finden, sind dabei noch weniger bedenklich als die aus Mündungs- oder Hafengebieten.

In jedem Fall ist es bei selbst gesammelten Schaltieren ratsam, sich bei sachverständigen Stellen zu erkundigen.

Schaltiere säubern und aufbewahren

Die Muscheln oder Meeresschnecken in kaltem Wasser gründlich waschen, um Sand oder sonstige Verunreinigungen zu entfernen. Krebstierchen oder Algen abbürsten. Bei Muscheln den Bart – die Byssusfäden, mit denen sie sich an Felsen heften – erst kurz vor dem Garen entfernen. Einmal entbartete Muscheln halten sich nicht mehr besonders gut. Frische Schaltiere lassen sich, mit einem feuchten Tuch bedeckt, im unteren Teil des Kühlschrankes einige Tage aufbewahren.

Wie viel Fisch oder Schaltiere pro Person?

Als einfache Faustregel gilt: Der verwertbare Fleischanteil ganzer Fische beträgt knapp die Hälfte ihres Gewichtes. Bei Hummer, Krabben und Garnelen ist die Fleischausbeute mit einem Drittel des Gewichtes sogar noch geringer. Bei ganzem Fisch ist daher ein Bruttogewicht von 240 g ideal für eine Vorspeise; 400–500 g schwere Exemplare liefern einen großzügig bemessenen Hauptgang. Bei küchenfertigem Filet rechnet man als Vorspeise pro Person 100 g und als Hauptgang 175 g. Die Mindestgröße bei Hummer beträgt pro Person 500 g bei ganzen Tieren oder 400 g bei einem größeren, halbierten Hummer. Bei Krabben (Krebsen) empfehle ich 500 g pro Krabbe und Person.

Nützliche Geräte in der Fischküche

• **Messer:** Ein Kochmesser mit 25 cm langer Klinge zum Hacken und Zerteilen von Hummern und Krabben. • Ein Filetiermesser mit schmaler, flexibler Klinge, die sich gut an den Gräten und Filets entlangführen lässt. • Ein kräftiges, kurzes, spitzes Messer oder ein spezielles Austernmesser zum Öffnen von Austern und anderen Schaltieren. • Ein sehr scharfes Lachsmesser mit langer Klinge zum Portionieren dünner Lachssteaks und zum Aufschneiden von Räucherlachs und Thunfisch.

• **Fischkessel:** Ein Kochgeschirr zum Garen ganzer Fische wie Lachs, Lachsforelle oder Wolfsbarsch. Mit einem passenden gelochten Einsatz eignet er sich auch zum Dämpfen.

• **Fritteuse:** Bei elektrischen Geräten wird die Temperatur durch einen Thermostat geregelt. Sie sind sicherer als der klassische Frittiertopf und unerlässlich in der Fischküche.

- **Fischschupper:** Man kann einen Fisch auch mit einem Messer oder sogar mit der Schale einer Jakobsmuschel schuppen, doch mit diesem Gerät gelingt die Prozedur am einfachsten.
- **Durchschlag, Schöpfkelle und feinmaschiges Spitzsieb:** Unverzichtbar zum Passieren von Suppen und Saucen.
- **Fischschere:** Zum Abschneiden der Flossen.
- **Fischzange/Pinzette:** Zum Herausziehen einzelner Gräten.
- **Hummerzange:** Um Hummer und Krabben aufzubrechen.
- **Große Bratpfanne mit schwerem Boden und gut eingebrannter Oberfläche.**
- **Runder, zusammenlegbarer Dämpfeinsatz:** Zum Dämpfen von Fisch und Gemüse.
- **Grillkorb in Fischform:** Zum Grillen ganzer Fische, die in das Metallgerüst eingeklemmt und so auf dem Grill leicht gewendet werden können.
- **Zange mit langen Griffen.**
- **Küchenbeil und Holzhammer:** Zum Portionieren von ganzem Steinbutt.
- **Gerippte, gusseiserne Bratplatte (griddle) oder entsprechende Grillpfanne.**
- **Wok oder hochwandige große Pfanne.**
- **Großer, flacher Topf mit fest verschließbarem Deckel:** Zum Dünsten und Schmoren.
- **Küchenthermometer.**
- **Große, rechteckige Bratpfanne (Bräter):** Zum Backen und Braten ganzer Fische.
- **Küchenmaschine/Mixer:** Zum Pürieren von Suppen und Saucen sowie zur Herstellung von Mayonnaise, Pasten und Farcen.
- **Sehr großer Kochtopf:** Zum Abkochen von Hummer, Kaisergranat und Krabben.

Zutaten, die nicht fehlen sollten

- Pernod oder Ricard, weißer Wermut wie Noilly Prat
- Weißer und roter Weinessig, Sherry- und Balsamessig
- Fenchelsamen, getrocknete Chiliflocken, Koriandersamen, Kreuzkümmel, gemahlene Kurkuma, Paprikapulver, Cayennepfeffer, Szechuanpfeffer
- Thai-Fischsauce (*nam pla*)
- Safran
- Kapern, Sardellenfilets in Olivenöl guter Qualität
- Natives Olivenöl extra, geröstetes Sesamöl
- Tamarindenmark
- Dunkle Sojasauce
- Ganze schwarze Oliven von guter Qualität
- Eine Auswahl getrockneter Teigwaren, auch Reisnudeln
- Sonnengetrocknete, in Olivenöl eingelegte Tomaten
- Getrocknete Steinpilze
- Chinesische gesalzene und fermentierte schwarze Sojabohnen

Einige Hinweise zu den Rezepten

Zur Einteilung der Rezepte: Unter die kleinen Rundfische fallen alle artentypischen Fische, die weniger als 550 g wiegen, also einer Portion entsprechen. Große Rundfische sind schwerer als 550 g und können bis etwa 5 kg im Ganzen gegart, aber auch als Filet zubereitet werden. Fische mit mehr als 5 kg sind zum Garen im Ganzen zu groß und müssen daher immer zerteilt oder filetiert werden. Zu den großen, fleischigen Fischen zählen Thunfisch, Hai und Schwertfisch, die ausschließlich als Steaks oder Filetstück gehandelt werden. Auch Rochen und Aal werden in aller Regel küchenfertig angeboten.

Kapitel 1–4

Küchen-praxis

Küchenpraxis
Kapitel 1

Fisch vorbereiten

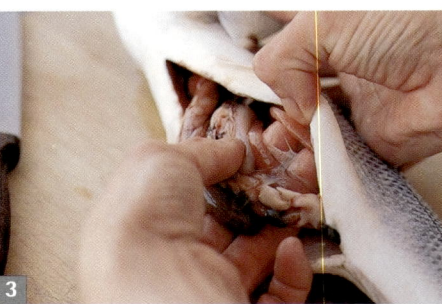
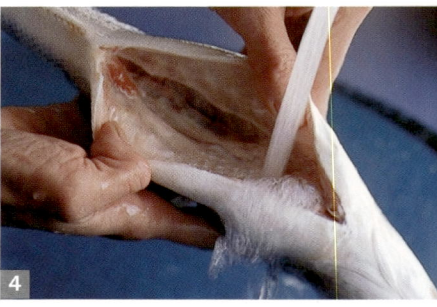

Den Fisch am Schwanz greifen und unter fließend kaltes Wasser oder über einige Lagen Zeitungspapier halten. Die Schuppen mit einem Fischschupper oder dem Rücken eines stabilen Kochmessers gegen den Strich in Richtung Kopf abschaben.

Mit einer kräftigen Fischschere die Brustflossen sowie Rücken-, Bauch- und Afterflosse abschneiden.

Den Fisch am Bauch von der Afteröffnung zum Kopf hin aufschneiden und die Eingeweide behutsam herausziehen.

In der Bauchhöhle verbliebene Innereienreste mit einem kleinen Messer herauslösen und den Fisch unter fließendem kaltem Wasser gründlich ausspülen.

Kleine Rundfische schuppen, ausnehmen und zum Grillen vorbereiten

GEGRILLTER GANZER WOLFSBARSCH (Rezept siehe Seite 163)

Den Fisch auf beiden Seiten 4- bis 5-mal schräg einschneiden. Mit Öl einreiben und mit Salz und Pfeffer würzen.

Die Bauchhöhle ebenfalls mit Salz und Pfeffer ausstreuen und einen kleinen, frischen Zweig Fenchelkraut hineinlegen.

Den Fisch in einen Grillkorb einspannen und mit den Klemmen verschließen. Auf jeder Seite 6–8 Minuten grillen; kurz vor dem Wenden mit etwas Pernod beträufeln.

Sobald der Fisch durchgegart ist und eine knusprige goldbraune Haut bekommen hat, nochmals etwas Pernod darüber träufeln, mit Fenchelkraut garnieren und mit Mayonnaise (siehe Seite 224) servieren.

Kleine Fettfische zum Grillen vorbereiten

GESPALTENE HERINGE MIT SALSA (Rezept siehe Seite 158)

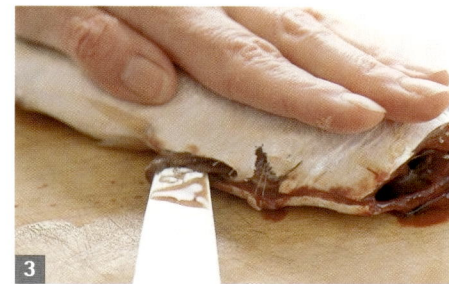

Die Schuppen mit dem Daumen abschaben und die Heringe unter fließendem kaltem Wasser gründlich waschen.

Den Kopf abschneiden und wegwerfen. Wenn Sie die Eingeweide entfernen wollen, ohne den Fisch aufzuschlitzen, mit einem Finger den Bauch Richtung Kopfende leicht andrücken, die hervortretenden Innereien mit dem Messerrücken auf das Brett drücken und herausziehen.

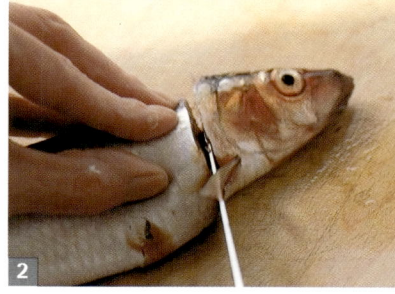

Eine andere Möglichkeit: Den Hering an der Bauchseite zum Schwanz hin aufschneiden und die Eingeweide mit den Fingern herauslösen. Die Bauchhöhle gründlich auswaschen.

Die Bauchhöhle auseinander klappen und den Fisch mit der Innenseite auf das Brett legen. Mit dem Handballen entlang der Rückengräte fest nach unten drücken.

So lange weiter mit den gestreckten Fingern fest auf das Brett drücken, bis der Hering vollkommen flach liegt.

Den Fisch umdrehen,
die Mittelgräte heraus-
ziehen und am Schwanzende
mit einer Schere abschneiden.
Im Fleisch verbliebene kleine
Gräten mit einer Fischzange
oder Pinzette restlos herausziehen. Den Fisch von innen und
außen würzen und wieder in
die gewünschte Form bringen.

7

Die Tomaten in kleine
Würfel schneiden. Den
Knoblauch fein hacken; die Petersilie grob hacken und die Kapern
abspülen. Alles in einer Schüssel
vermengen und würzen.

8

Den Fisch bei
großer Hitze
von jeder Seite 2 Minu-
ten grillen und mit
einem großzügigen
Löffel Salsa servieren.

Einen ganzen Plattfisch häuten und braten

SEEZUNGE MÜLLERINART (*À LA MEUNIÈRE*) (Rezept siehe Seite 181)

1 Den Fisch auf ein Arbeitsbrett legen und mit einer Küchenschere an beiden Seiten den Flossensaum ganz dicht am Fleisch entlang abschneiden. Alle anderen kleinen Flossen ebenfalls abschneiden.

2 Die Haut am Schwanzende mit einem scharfen Messer quer einschneiden und mit der Messerspitze so weit ablösen, dass sie gut zu fassen ist.

3 Die Finger der einen Hand in etwas Salz tauchen und die Schwanzspitze damit festhalten. Mit einem Tuch in der anderen Hand die abgelöste Haut greifen und mit einem kräftigen Ruck über die gesamte Länge abziehen. Die andere Seite auf gleiche Weise häuten.

4 Den Fisch sorgfältig in gewürztem Mehl wenden, sodass beide Seiten gut bedeckt sind.

5 Den Fisch hochheben und das überschüssige Mehl behutsam abklopfen.

Braune Butter (*beurre noisette*)

Das Bratfett wegkippen und die Pfanne mit Küchenpapier auswischen. Pro Portionsfisch 20 g Butter bei mäßiger Hitze aufschäumen lassen (1). Sobald die Butter goldbraun ist und ein nussiges Aroma angenommen hat (2), 1 Teelöffel Zitronensaft (3) und ½ Teelöffel gehackte Petersilie hinzufügen. Die braune Butter sofort über den Fisch gießen.

In einer großen, gut eingebrannten Bratpfanne oder einer Pfanne mit Antihaft-Beschichtung pro Seezunge 1 Esslöffel Sonnenblumenöl erhitzen. Den Fisch einlegen, die Hitze etwas herunterstellen und pro Portion 7 g Butter zugeben.

Den Fisch 4–5 Minuten bei mittlerer Hitze braten, bis die Unterseite eine schöne goldgelbe Farbe angenommen hat. Den Fisch wenden und von der anderen Seite ebenfalls 4–5 Minuten braten.

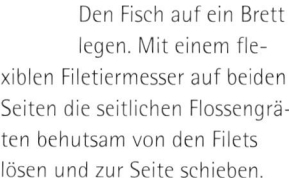

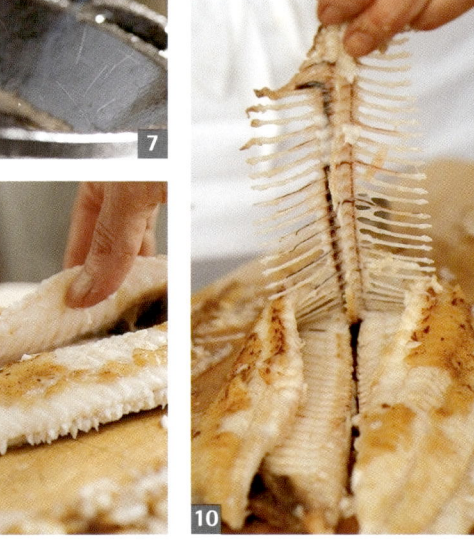

Den Fisch auf ein Brett legen. Mit einem flexiblen Filetiermesser auf beiden Seiten die seitlichen Flossengräten behutsam von den Filets lösen und zur Seite schieben.

Das Messer auf der Mittelgräte (Rückgrat) führen und die Filets vorsichtig anheben, aber nicht vollständig bis an den Rand lösen.

Die Mittelgräte am Kopfende greifen und vorsichtig vom Fleisch abheben. So lässt sich die Karkasse problemlos vollständig entfernen. Die Filets fallen anschließend in ihre ursprüngliche Position zurück.

Den Fisch auf eine vorgewärmte Platte heben und die oberen Filets am Kopfende etwas spreizen, sodass die darunter liegenden Filets zum Vorschein kommen. Mit brauner Butter übergießen und sogleich servieren.

Einen großen Rundfisch filetieren und die dicken Filets grillen

GEGRILLTER KABELJAU MIT ROTWEINSAUCE (Rezept siehe Seite 126)

EINEN
GROSSEN
RUNDFISCH
FILETIEREN
UND DIE
DICKEN FILETS
GRILLEN

1 Den Fisch schuppen. Mit einem Messer auf beiden Seiten direkt hinter der Kiemenöffnung von den Bauchflossen bis zur Oberseite des Kopfes schräg bis auf die Mittelgräte einschneiden und den Kopf abtrennen.

2 Den Rücken mit einem scharfen, dünnen und flexiblen Messer vom Kopfende bis zum Schwanz direkt an der Mittelgräte (Rückgrat) entlang einschneiden.

3 Wieder vom Kopfende aus das Filet nach und nach von der Mittelgräte lösen. Dabei die Klinge so dicht wie möglich an den Gräten entlangführen. Sind die Gräten an der Bauchhöhle sehr dick, den Schnitt an der Karkasse entlang fortführen. Sind sie eher fein, die Gräten am Rückgrat durchtrennen und anschließend mit einer Fischzange oder Pinzette aus den Filets ziehen.

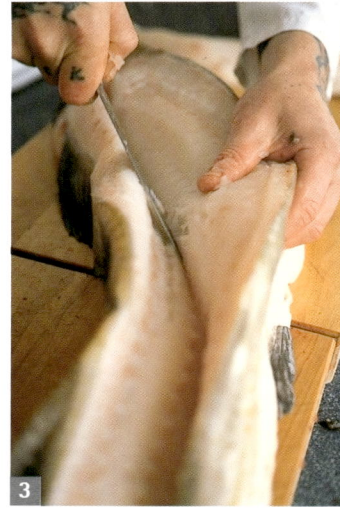

4 Kurz vor dem Schwanzende die Klinge ganz unter das Filet schieben und mit einem kräftigen Schnitt vollständig ablösen. Den Fisch umdrehen und den Vorgang auf der anderen Seite wiederholen.

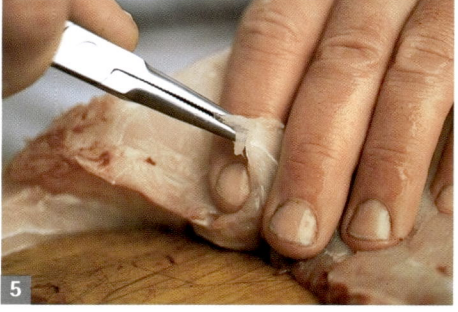

5 Die verbliebenen Gräten mit einer Pinzette oder Grätenzange entfernen.

6 Den fransigen Saum der Filets und den dünnen, unteren Teil des Bauchlappens wegschneiden. Die Filets quer in Scheiben von 175–225 g schneiden.

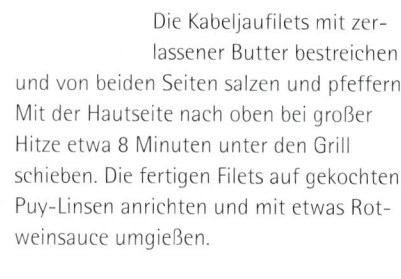

Für die Sauce die Butter aufschäumen lassen und das klein geschnittene Gemüse mit den Gewürzen bei großer Hitze darin goldbraun anschwitzen.

Rotwein und Hühnerbrühe zugießen, mit Salz und Zucker würzen und einige Zeit einkochen lassen, damit sich die Aromen konzentrieren.

Die Sauce durch eine feinmaschiges Sieb in einen anderen Topf abseihen, erneut leise köcheln lassen, mit etwas Mehlbutter (*beurre manié*) binden und abschmecken.

Die Kabeljaufilets mit zerlassener Butter bestreichen und von beiden Seiten salzen und pfeffern. Mit der Hautseite nach oben bei großer Hitze etwa 8 Minuten unter den Grill schieben. Die fertigen Filets auf gekochten Puy-Linsen anrichten und mit etwas Rotweinsauce umgießen.

Kleine Rundfische filetieren und pochieren

POCHIERTE MAKRELE MIT MINZE-BUTTERSAUCE (Rezept siehe Seite 158)

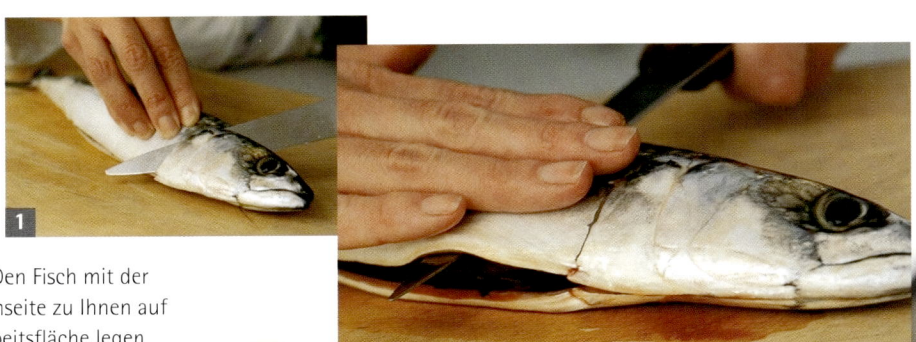

1 Den Fisch mit der Rückenseite zu Ihnen auf die Arbeitsfläche legen und mit einem scharfen, dünnen Messer hinter dem Kopf schräg bis auf die Mittelgräte (Rückgrat) einschneiden.

2 Die Messerschneide in Richtung Schwanz drehen und den Schnitt entlang der Mittelgräte (Rückgrat) beginnen. Sobald die Klinge ganz unter dem Filet liegt, die andere Hand flach auf den Fisch legen und das Filet in einem durchgehenden Schnitt ablösen. Dabei das Messer so flach und dicht wie möglich an der Gräte entlang führen.

3 Das Filet abheben und beiseite legen. Den Fisch wenden und den Vorgang auf der anderen Seite auf die gleiche Weise wiederholen.

Eine Art Hollandaise zubereiten: Eigelbe, Wasser und eine Sherryessig-Reduktion in einen Schneekessel füllen und im heißen Wasserbad kräftig aufschlagen, bis die Masse hellgelb und cremig ist. Aus dem Wasserbad nehmen, etwas geklärte Butter, Zitronensaft und gehackte Minze unterrühren, mit Salz und Pfeffer abschmecken.

4

Die Fischfilets in leicht gesalzenem Wasser etwa 3 Minuten pochieren. Nach der Hälfte der Garzeit wenden. Die Filets aus dem Wasser nehmen und etwas abtropfen lassen. Mit der warmen Minze-Buttersauce servieren.

5

Kleine Rundfische filetieren und zum Füllen vorbereiten

HERING »RECHEADO« (Rezept siehe Seite 160)

Den Kopf abtrennen, wie auf der linken Seite beschrieben. Vom Kopfende aus das Filet von der Mittelgräte lösen. Sobald die Klinge ganz unter dem Fleisch liegt, den Fisch mit der anderen Hand festhalten und den Schnitt bis etwa 2½ cm vor dem Schwanzende fortführen.

Den Hering umdrehen und auf der anderen Seite auf gleiche Weise verfahren.

Das obere Filet zur Seite klappen und die Mittelgräte direkt am Schwanzende durchtrennen. Die Filets bleiben am Schwanz miteinander verbunden.

Das untere Filet mit etwas Masalapaste bestreichen und anschließend mit dem oberen Filet wieder bedecken.

Den Fisch an zwei Stellen mit Küchengarn zusammenbinden und unter dem Backofengrill oder auf einem Standgrill von beiden Seiten je 3 Minuten grillen.

Plattfische zum Grillen vorbereiten

GEGRILLTE SCHOLLE MIT GERÖSTETER ROTER PAPRIKASCHOTE (Rezept siehe Seite 178)

Mit einer Fischschere die Flossen mitsamt den quer im Flossensaum liegenden Gräten ganz dicht am Filet entlang abschneiden.

Auf diese Weise werden der Flossensaum und ein etwa 1 cm breiter Streifen Fleisch entfernt.

Den Fisch auf beiden Seiten mit einem scharfen Messer wie das Rippenmuster eines Blattes einritzen (ziselieren).

Eine rote Paprikaschote im Ofen rösten, bis die Haut schwarz ist und Blasen wirft. Etwas abkühlen lassen, in der Mitte durchschneiden und die Samen und Scheidewände entfernen. Die Haut abziehen und das Fruchtfleisch fein würfeln.

Aus den Paprikawürfeln und den anderen Zutaten des Rezepts eine Marinade zubereiten. Diese auf dem Fisch verteilen und mit den Fingern sorgfältig in die Einschnittstellen reiben. 1 Stunde marinieren lassen. Den Fisch mit der dunklen Seite nach oben bei großer Hitze 7–8 Minuten grillen.

24

Plattfische zum Frittieren vorbereiten

GEBACKENE ROTZUNGENSTREIFEN (Rezept siehe Seite 180)

Den Fisch mit einem scharfen, flexiblen Messer direkt hinter dem Kopf halbkreisförmig bis auf die Karkasse einschneiden. Anschließend einen Schnitt auf der Mittelgräte (Rückgrat) bis zum Schwanz führen.

Vom Kopfende aus das Messer an einem der Filets ansetzen und zum Rand hin lösen. Dabei die Klinge ganz flach unter dem Fleisch dicht an den Gräten entlangführen. Das daneben liegende Filet ebenfalls ablösen, den Fisch umdrehen und auf der anderen Seite genauso verfahren.

Die Filets mit der Haut nach unten und der schmalen Seite zu Ihnen auf die Arbeitsfläche legen. Mit der Messerspitze das Fleisch am hinteren Ende etwas von der Haut lösen. Das lose Hautende mit den Fingern fixieren und das Messer möglichst flach unter dem Filet entlangführen. Dabei die Klinge mit schneidenden Bewegungen ganz eng auf der Haut führen, bis das Fleisch vollständig abgelöst ist.

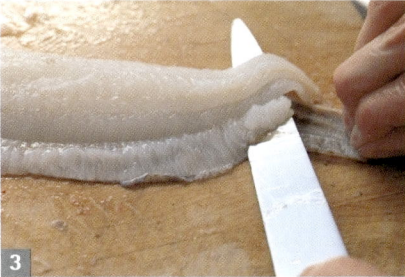

Den fransigen Flossenrand mit dem Messer von den enthäuteten Filets sorgfältig abschneiden.

Die Filets schräg in Streifen von der Dicke eines kleinen Fingers schneiden.

Die Streifen in Mehl, verschlagenem Ei und Semmelbröseln wenden. Einzeln in das heiße Öl gleiten lassen und portionsweise goldbraun ausbacken.

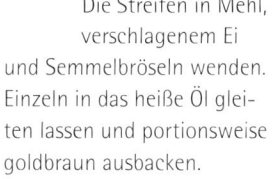

Große Plattfische in Steaks schneiden

GEBRATENE STEINBUTT-TRANCHEN MIT *SAUCE VIERGE*
(Rezept siehe Seite 182)

Mit einer Fischschere den Flossensaum vom Schwanz zum Kopf abschneiden. Dicht hinter dem Kopf im Halbkreis bis auf die Mittelgräte (Rückgrat) so einschneiden, dass möglichst wenig Filetfleisch verloren geht. Mit einem Küchenbeil das Rückgrat durchtrennen und den Kopf ganz abschneiden.

Den Steinbutt mit einem scharfen Messer zum Schwanz hin bis aufs Rückgrat einschneiden. Die Mittelgräte mit einem Küchenbeil und Holzhammer durchtrennen und die Fischhälften mit dem Messer vollends trennen.

Jede Hälfte in portionsgroße Tranchen schneiden. Falls nötig, beim Durchtrennen der kräftigen Mittelgräte (Rückgrat) das Küchenbeil zu Hilfe nehmen.

GROSSE
PLATTFISCHE
UND RUND-
FISCHE IN
STEAKS
SCHNEIDEN

Große Rundfische in Steaks schneiden

Den Fisch schuppen und mit einer Schere die Flossen abschneiden (1). Die Bauchhöhle gründlich mit kaltem Wasser ausspülen (2). Den Fisch mit einem schweren, scharfen Messer quer in etwa 4 cm dicke Scheiben (Steaks) schneiden (3).

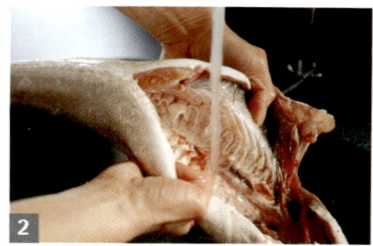

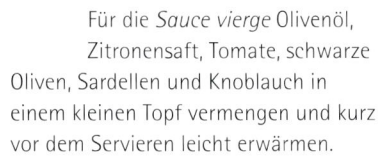

Für die *Sauce vierge* Olivenöl, Zitronensaft, Tomate, schwarze Oliven, Sardellen und Knoblauch in einem kleinen Topf vermengen und kurz vor dem Servieren leicht erwärmen.

In einer kleinen Bratpfanne etwas Olivenöl, gehackten Rosmarin, Thymian und Lorbeerblatt sowie zerstoßene Fenchelsamen und Pfefferkörner und etwas Meersalz verrühren. Die Steinbutt-Tranchen in dem Kräuteröl wenden, sodass sie von allen Seiten bedeckt sind.

Die Tranchen mit der dunklen Seite nach unten in eine sehr heiße, ofenfeste Pfanne legen und kurz anbraten, bis die Haut eine goldbraune Farbe angenommen hat. Den Fisch wenden, in den Ofen schieben und in 8–10 Minuten fertig braten. Inzwischen gehackte Petersilie unter die *Sauce vierge* rühren und abschmecken. Die fertigen Steinbutt-Tranchen auf vorgewärmten Tellern anrichten und mit der Sauce umgießen.

Schnitzel (*escalopes*) aus einem Lachsfilet schneiden

LACHSSCHNITZEL IN SAUERAMPFERSAUCE (Rezept siehe Seite 141)

Den Lachs filetieren, wie auf Seite 20 am Beispiel von Kabeljau beschrieben. Das Filet mit der Hautseite nach unten und dem Schwanzende zu Ihnen gerichtet auf die Arbeitsfläche legen. Am Filetende etwas Fleisch wegschneiden und das frei liegende Hautstück festhalten. Die Klinge zwischen Haut und Fleisch in Richtung Kopfende führen und so das Filet möglichst rückstandslos von der Haut lösen. Wenn Ihnen das bereits gelöste Fleisch im Wege ist, das Filet umklappen, das Hautende erneut fest greifen und den Schnitt fortsetzen.

Die verbliebenen kleinen Gräten, die in der Mitte über die gesamte Länge des Filets verborgen liegen, müssen entfernt werden. Dazu mit dem Daumen gegen den Strich der Gräten fahren, damit sie sich aufrichten und aus dem Fleisch ragen. Die Gräten mit einer Pinzette, Grätenzange oder zwischen Daumen und Klinge eines kleinen Messers Stück für Stück herausziehen.

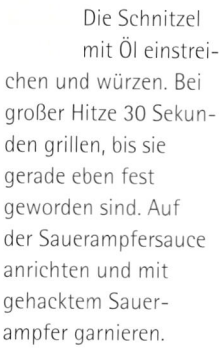

Das Filet mit der enthäuteten Seite auf die Arbeitsfläche legen und mit einem langen Messer schräg im 45-Grad-Winkel in große, etwa 5 mm dicke Scheiben (*escalopes*) schneiden.

Die Schnitzel mit Öl einstreichen und würzen. Bei großer Hitze 30 Sekunden grillen, bis sie gerade eben fest geworden sind. Auf der Sauerampfersauce anrichten und mit gehacktem Sauerampfer garnieren.

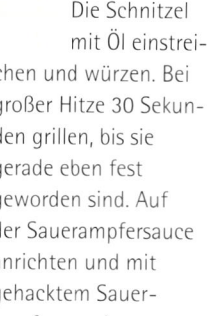

Lachssteaks schneiden

LACHS-PAVÉ
(Rezept siehe Seite 142)

Das Lachsfilet mit der enthäuteten Seite nach unten auf die Arbeitsfläche legen. Mit einem scharfen Messer den dünnen Bauchlappen abschneiden und die Fileträder begradigen. Das Filet quer in rechteckige Stücke von etwa 175 g schneiden, die man auch Pavés (Pflastersteine) nennt.

Die Pavés mit etwas Öl bestreichen, würzen und mit der enthäuteten Seite nach unten in eine sehr heiße Grillpfanne (oder auf eine Griddle-Platte) legen. Bei großer Hitze braten und das Fleisch dabei gelegentlich mit einer Palette leicht andrücken, bis sich ein goldbraunes Grillmuster an der Unterseite gebildet hat.

Den Fisch mit etwas Weißwein beträufeln, einige Sekunden weitergaren und dann behutsam wenden.

Den Lachs von der anderen Seite 30 Sekunden grillen, die Pfanne vom Herd nehmen und die Pavés in der verbliebenen Hitze weitere 30 Sekunden ziehen lassen; sie sollten innen noch etwas roh sein. Den Fisch auf dem gerösteten Gemüse mit einer *Sauce vierge* aus warmem Rotweinessig und Fenchelsamen anrichten.

Scheibenförmige Fische filetieren und grillen

PETERSFISCH MIT LAUCH (Rezept siehe Seite 169)

Den Petersfisch mit einem scharfen Messer mit dünner, flexibler Klinge um den Kopf herum und unter den harten, scharfen Kiemendeckeln entlang einschneiden.

Mit einer stabilen Fischschere die stacheligen Flossen abschneiden.

Den Fisch auf ein Brett legen und mit der senkrecht gestellten Messerspitze um den äußeren Rand herum direkt an dem leicht erhöhten Saum kleiner, spitzer Gräten entlangfahren.

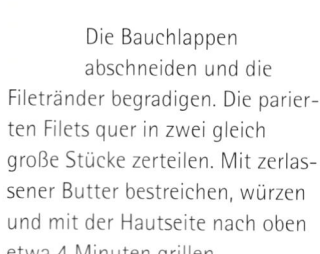

Das Messer seitlich ansetzen und das Filet nach und nach von der darunter liegenden Karkasse lösen. Dabei die Klinge so flach und so dicht wie möglich an den Gräten führen. Das Filet lässt sich in einem Stück abheben. Den Fisch umdrehen und das andere Filet auf gleiche Weise ablösen.

Die Bauchlappen abschneiden und die Fileträner begradigen. Die parierten Filets quer in zwei gleich große Stücke zerteilen. Mit zerlassener Butter bestreichen, würzen und mit der Hautseite nach oben etwa 4 Minuten grillen.

SCHEIBEN-FÖRMIGE UND LANG GESTRECKTE FISCHE ZUM GRILLEN UND BRATEN VOR-BEREITEN

Den Fisch anrichten

In einer Grillpfanne den blanchierten Lauch sautieren. In der Mitte des Tellers dekorativ arrangieren (1) und den Petersfisch darauf anrichten. Mit den halbierten Eiern garnieren und alles mit etwas Vinaigrette beträufeln (3). Mit frisch gehobeltem Parmesan bestreuen und servieren.

Lang gestreckte Fische filetieren und braten

SALAT MIT GEBRATENEM HORNHECHT (Rezept siehe Seite 167)

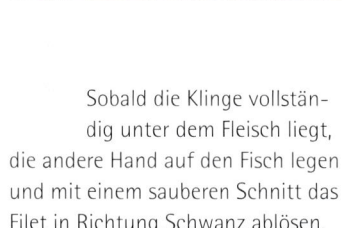

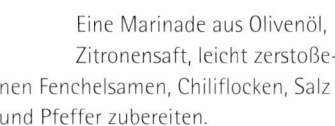

Kleine Fische brauchen vor dem Filetieren nicht ausgenommen zu werden. Mit einem scharfen Filetiermesser den Fisch hinter dem Kopf halbkreisförmig einschneiden.

Das Messer flach und so dicht wie möglich an der Mittelgräte (Rückgrat) entlang in Richtung Schwanzende führen und das Filet lösen.

Sobald die Klinge vollständig unter dem Fleisch liegt, die andere Hand auf den Fisch legen und mit einem sauberen Schnitt das Filet in Richtung Schwanz ablösen. Den Fisch wenden und den Vorgang auf der anderen Seite wiederholen.

Eine Marinade aus Olivenöl, Zitronensaft, leicht zerstoßenen Fenchelsamen, Chiliflocken, Salz und Pfeffer zubereiten.

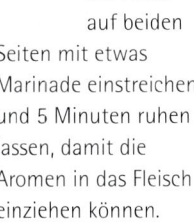

Die Filets auf beiden Seiten mit etwas Marinade einstreichen und 5 Minuten ruhen lassen, damit die Aromen in das Fleisch einziehen können.

Eine flache, gerippte, gusseiserne Grillplatte (griddle) sehr heiß werden lassen. Die vorbereiteten Hornhechtfilets hineinlegen und von jeder Seite 1–1½ Minuten braten. Bis zum Anrichten auf einen Teller legen, damit sie nicht weitergaren.

Die Filets mit Streifen von sonnengetrockneten Tomaten auf jungen, gemischten Salatblättern anrichten. Die Pfanne mit der restlichen Marinade und etwas Sherryessig ablöschen. Die Sauce über und um den Salat herum verteilen und servieren.

Einen Knurrhahn enthäuten und im Ganzen braten

GEBRATENER KNURRHAHN MIT SALBEI UND KNOBLAUCH (Rezept siehe Seite 175)

Den Fisch mit der Bauchseite nach unten auf ein Brett legen. Direkt hinter dem Kopf am Ansatz der Rückenflosse einen flachen Einschnitt anbringen.

Das Messer flach unter der Haut zum Schwanzende hin führen, dabei mit der anderen Hand die Rückenflosse festhalten.

Die Rückenflosse mitsamt der Haut über die gesamte Länge des Knurrhahns abtrennen und abheben.

Die Mittelgräte (Rückgrat) direkt am Kopfansatz durchschneiden, den Fisch aber nicht vollständig durchtrennen.

Die Daumen unter die Haut beiderseits des Kopfes führen und behutsam nach außen abziehen.

Einen Wittling zum Frittieren im Ganzen vorbereiten

SPEZIELLE TECHNIKEN FÜR KLEINE RUNDFISCHE

FRITTIERTER WITTLING (MERLAN FRIT EN COLÈRE) (Rezept siehe Seite 166)

Den Wittling schuppen, ausnehmen und parieren. Den Fisch zu einem Kreis drehen und den Schwanz ins Maul stecken.

Zum Fixieren einen Holzspieß von unten durch den Unterkiefer stechen, durch den Schwanz führen und an der Kopfoberseite wieder austreten lassen. Den Fisch von innen und außen salzen und pfeffern.

Den Fisch von allen Seiten in gewürztem Mehl wenden und das überschüssige Mehl wieder abklopfen.

Mit der einen Hand den Kopf, mit der anderen den restlichen Körper des Fisches greifen. Den Kopf zum Bauch hin drücken.

Sobald sich der Kopf vom Rumpf getrennt hat, mit seiner Hilfe und festem Griff die Haut vom Fischkörper abziehen.

Auf diese Weise die gesamte Haut bis über den Schwanz abziehen. Dabei hält die andere Hand den Fisch fest umschlungen.

Den so vorbereiteten Fisch in einer Pfanne mit etwas Öl und Butter goldbraun braten. Auf einem Teller warm stellen und die Pfanne mit Küchenpapier auswischen. Die verbliebene Butter darin zerlassen, ein wenig Knoblauch und die ganzen Salbeiblätter hineingeben und etwa 30 Sekunden sanft anschwitzen. Etwas Zitronensaft zugießen, salzen und pfeffern und die Mischung über dem Fisch verteilen.

Den melierten Fisch durch verschlagenes Ei ziehen und darauf achten, dass er von allen Seiten gleichmäßig bedeckt ist.

Zuletzt den Fisch sorgfältig in frischen Weißbrotbröseln wenden. Gut andrücken, sodass er von allen Seiten mit einer gleichmäßig dicken Schicht bedeckt ist.

Den Fisch – einen nach dem anderen – im 160 °C heißen Öl in etwa 5 Minuten goldbraun und knusprig ausbacken.

33

Einen ganzen Rochen häuten und die Flügel braten

GEBRATENE ROCHENFLÜGEL (Rezept siehe Seite 123)

Den Rochen auf ein großes Küchenbrett legen. Mit einem scharfen, biegsamen Messer jeweils 2½ cm hinter der Nase ansetzen, durch die Haut und das Fleisch stechen und zu beiden Seiten im Halbkreis um den Kopf herum und am Rückgrat entlang einen Schnitt zum Schwanz führen. Den Kopf vom Rückgrat trennen und beiseite legen. Schwanz und Rückgrat wegwerfen.

Die beiden Flügel dort trennen, wo sie an der Nase miteinander verbunden sind, und einzeln weiterverarbeiten.

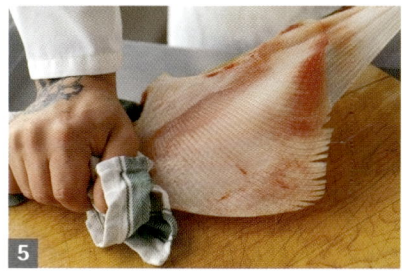

Die Messerspitze am Nasenende unter die Haut schieben und einen Hautlappen lösen, der groß genug ist, um ihn zu greifen. Den Flügel wenden und auf der anderen Seite einen weiteren Hautlappen lösen.

Die gelöste Haut mit einer Fischzange fest greifen und ein gutes Stück vom Filet ziehen.

EINEN GANZEN ROCHEN HÄUTEN, DIE BÄCKCHEN AUSLÖSEN UND DIE FLÜGEL BRATEN

Sobald ein genügend großes Stück Haut abgelöst ist, den Rochenflügel mit einem Tuch gut festhalten und die restliche Haut mithilfe der Fischzange mit einem kräftigen Ruck abziehen. Den Flügel umdrehen und die andere Seite auf gleiche Weise häuten. Den Vorgang mit dem anderen Flügel wiederholen.

Den Flügel parieren, dafür an der dünnen Außenseite der Flügel einen etwa 2½ cm breiten Streifen wegschneiden.

7

8

Die Rochenflügel mit Küchenpapier trockentupfen und von beiden Seiten mit etwas Paprikapulver und grob zerstoßenem schwarzem Pfeffer würzen.

9

Die Flügel in einer rechteckigen Bratpfanne mit etwas Butter auf dem Herd ein wenig Farbe nehmen lassen. Mit Salz bestreuen und im Ofen in 10 Minuten fertig braten.

10

Die Rochenflügel auf einem Bett aus Chilibohnen anrichten. Den Bratensatz in der Pfanne auf dem Herd mit etwas Sherryessig und Hühnerbrühe ablöschen und mit einem Holzlöffel losrühren.

Die Sauce durch ein feines Sieb in einen kleinen Topf passieren, abschmecken und über die Rochenflügel schöpfen.

Die Bäckchen auslösen

Den Kopf mit der dunklen Seite nach unten auf das Brett legen und den Kiefer zurückziehen, sodass sich das Maul öffnet (1). Das Messer unterhalb des Kiefers ansetzen und das Stück, in dem die Bäckchen liegen, zum Nasenende hin abschneiden (3). Die kugelförmigen Bäckchen mit der Messerspitze herauslösen (4). Genau in der Mitte der Bäckchen befindet sich noch ein kleiner Knorpel, den Sie gleich herausschneiden können (5), im gegarten Zustand geht das allerdings leichter.

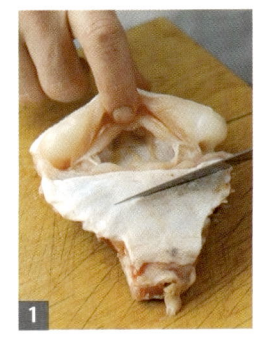

1

2

3

4

5

Einen Flussaal abziehen und pfannenrühren

IM WOK ZUBEREITETER AAL (Rezept siehe Seite 125)

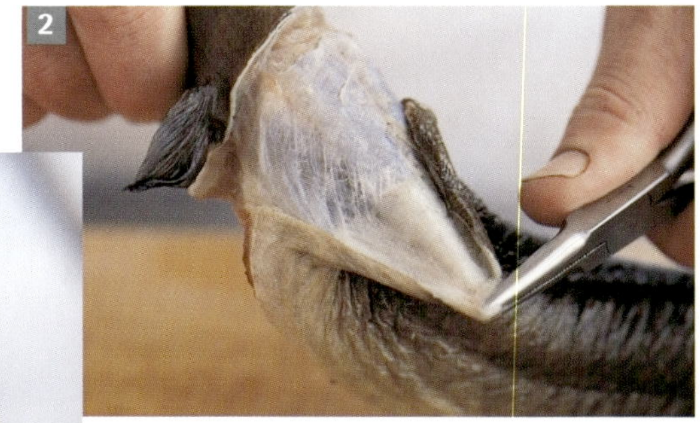

(Rezept siehe Seite 125)

1 Mit einem kleinen, scharfen Messer die Haut um den Kopf herum hinter den Brustflossen einschneiden.

2 Mit einer Fischzange die Haut etwa 2½ cm vom Kopf zurückziehen, um sie daran fest greifen zu können.

3 Den Aal am Kopf an einem Fleischerhaken oder einer kräftigen Schnur aufhängen. Achten Sie darauf, dass Sie genügend Platz zum Arbeiten haben. Die bereits gelöste Haut an beiden Seiten mit zwei Fischzangen greifen und langsam nach unten abziehen.

4 Sobald sich die Haut leichter lösen lässt, etwas stärker, aber gleichmäßig weiterziehen. Zum Schwanzende hin sitzt die Haut wieder fester. Hier ist es notwendig, mit einem kräftigen letzten Zug die Haut vollständig über den Schwanz abzuziehen.

5 Zum Filetieren des Aals den Fisch auf ein Brett legen und den Kopf abtrennen. Mit einem scharfen Filetiermesser über die gesamte Länge direkt am Rückgrat entlang einschneiden. Die Klinge so nah wie möglich an den Gräten führen und das Filet ablösen.

6 Sobald die Klinge vollständig unter dem Filet liegt, das bereits gelöste Fleisch mit der anderen Hand festhalten und das restliche Filet mit einem durchgehenden Schnitt ablösen. Den Fisch wenden und den Vorgang auf der anderen Seite wiederholen.

EINEN
FLUSSAAL
ABZIEHEN
UND
PFANNEN-
RÜHREN

Die Aalfilets
flach auf
das Brett legen
und schräg in
2½ cm breite
Streifen schneiden.

Die Aalstreifen in einer
Schüssel mit der Maisstärke
und einer Prise Salz bestreuen und
vermengen. Sie sollten von allen
Seiten gleichmäßig mit dem Stärke-
mehl überzogen sein.

Einen Wok sehr heiß werden
lassen. Sesamöl und Knob-
lauch, kurz danach Ingwer und Chili
hineingeben und einige Sekunden
pfannenrühren.

Die Schwarze-Bohnen-
Paste und gleich darauf
die Aalstreifen hinzufügen und alles
1 Minute unter Rühren rasch anbraten.
Reiswein, Sojasauce und Wasser
zugießen und weitere 2 Minuten pfannenrühren, bis der Aal gar ist.

Zuletzt die Frühlings-
zwiebeln unterrühren
und 1 Minute mitgaren. Auf einer vorgewärmten Platte anrichten und mit
gedämpftem Reis servieren.

Küchenpraxis
Kapitel 2

Fisch zubereiten

Anleitung 19

In einem Fischkessel eine Court-Bouillon zubereiten. Den Lachs auf dem gelochten Einsatz hineinsetzen. Die Brühe wieder zum Köcheln bringen und den Fisch 16–18 Minuten pochieren. Den Einsatz mit dem Lachs herausheben und kurz auf dem Kesselrand absetzen, damit die überschüssige Flüssigkeit abtropfen kann.

Den Fisch auf eine Servierplatte heben. Die Haut um den Kopf herum und am Rückgrat entlang einschneiden.

Die Haut vom Kopf aus nach hinten vorsichtig abziehen. Den Fisch behutsam wenden und auf der anderen Seite auf gleiche Weise verfahren.

Anleitung 20

Die Milch oder eine Mischung aus Milch und Wasser in einen großen, flachen Topf gießen und einige Lorbeerblätter, Zwiebelscheiben und schwarze Pfefferkörner zugeben.

Zum Kochen bringen, die geräucherten Schellfisch- oder Kabeljaufilets einlegen und die Flüssigkeit wieder bis an den Siedepunkt erhitzen.

Ganze Fische in Court-Bouillon pochieren

POCHIERTER LACHS (Rezept siehe Seite 144)

Zum Servieren das obere Filet mit einem kleinen Messer der Länge nach in zwei Teile teilen und vorsichtig von der Mittelgräte ablösen.

Die Portionsstücke abheben und auf vorgewärmten Tellern anrichten. Den Lachs wenden und den Vorgang wiederholen. Mit Mayonnaise, Gurkensalat und neuen Kartoffeln servieren.

Fischfilet in Milch pochieren

Den Fisch 3–4 Minuten pochieren und herausheben, sobald das Fleisch opak ist und bei Berührung nicht mehr nachgibt. Die Haut entfernen, wegwerfen oder etwas abkühlen lassen, das Fleisch in größere Stücke zerteilen, Haut und Gräten entfernen und wegwerfen.

Fischfilet in Öl pochieren

Den Fisch, wie auf Seite 20 und 28 beschrieben, filetieren und enthäuten. Die Filets von beiden Seiten mit einer dicken Schicht Salz bedecken und 10 Minuten ruhen lassen. Anschließend gründlich abspülen und mit Küchenpapier trockentupfen.

Ein aromatisches Bett aus Kräutern und Gemüse zum Garen des Fisches vorbereiten: In einer Pfanne einige Zwiebelstreifen und Knoblauch in Olivenöl sanft anschwitzen, bis sie ganz weich, aber nicht braun sind. Einige Lorbeerblätter, Zitronenscheiben und Thymian zugeben.

Die Filets nebeneinander auf das Gemüsebett legen.

So viel einfaches Olivenöl zugießen, dass der Fisch ganz bedeckt ist. Das Öl auf niedriger Stufe langsam auf 100 °C erhitzen. Das wird etwa 15 Minuten dauern. Die Pfanne von der Kochstelle nehmen und die Filets in dem Öl etwas abkühlen lassen, anschließend herausnehmen und abtropfen lassen. Das Öl können Sie für die Zubereitung von Thunfisch mit weißen Bohnen (siehe Seite 118) weiterverwenden.

2

Fisch in Öl bei niedriger Temperatur pochieren

In Olivenöl pochierter Heilbutt (Rezept siehe Seite 183)

In einen flachen Topf, in dem alle Filets nebeneinander Platz haben, eine dünne Schicht einfaches Olivenöl gießen. Die gewürzten Fischstücke einlegen und so viel Öl zugießen, dass sie eben bedeckt sind.

Das Öl auf sehr niedriger Stufe ganz langsam auf etwa 55–60 °C erwärmen. Dabei den Fisch mit einem Pfannenwender regelmäßig bewegen, damit sich das Öl und der Fisch gleichmäßig erwärmen.

Hat das Öl die gewünschte Temperatur erreicht, den Fisch darin 15 Minuten gar ziehen lassen. Darauf achten, dass die Temperatur konstant bleibt. Falls nötig, den Topf kurz vom Herd nehmen.

Der durchgegarte Fisch ist fest und opak und von ungemein zarter Konsistenz.

Einen großen Plattfisch im Ganzen dünsten

MYRTLE ALLENS STEINBUTT (Rezept siehe Seite 182)

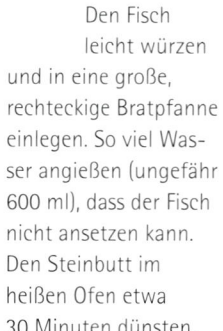

Den Steinbutt mit der Blindseite auf das Brett legen und die Haut direkt am Flossensaum rundherum einschneiden. So reißt sie nicht während des Garens und lässt sich zum Servieren problemlos abheben.

Den Fisch leicht würzen und in eine große, rechteckige Bratpfanne einlegen. So viel Wasser angießen (ungefähr 600 ml), dass der Fisch nicht ansetzen kann. Den Steinbutt im heißen Ofen etwa 30 Minuten dünsten.

Aus zerlassener Butter und frischen, gehackten Kräutern eine Sauce zubereiten. Sie können dafür auch die reduzierte Garflüssigkeit mitverwenden.

Den Steinbutt auf eine vorgewärmte Platte heben und vorsichtig die Haut abziehen. Die restliche Garflüssigkeit bis auf einige Esslöffel kräftig einkochen lassen und zuletzt unter die Kräutersauce rühren.

Die Sauce gleichmäßig über den Fisch verteilen und diesen sofort servieren.

Eine Palette vorsichtig flach unter die Filets führen und das Fleisch portionsweise abheben und anrichten.

Die Karkasse abheben, sodass auch die unteren beiden Filets frei liegen.

Fischfilets dünsten

GEDÜNSTETE LACHSFORELLENFILETS

(Rezept siehe Seite 149)

In einer flachen Pfanne, in der sämtliche Filets nebeneinander Platz haben, ein großes Stück Butter aufschäumen lassen. Einige Scheiben von Möhre, Lauch und Bleichsellerie hineingeben.

Das Gemüse unter Rühren kurz anschwitzen; die Pfanne fest verschließen und das Gemüse etwa 3 Minuten dünsten lassen, bis es weich zu werden beginnt. Den Deckel abnehmen und etwas trockenen Weißwein zugießen.

Hühnerbrühe zugießen und erneut zum Köcheln bringen und einkochen lassen.

Das Gemüse unbedeckt sanft weitergaren, bis fast die gesamte Flüssigkeit verdampft, das Gemüse aber noch feucht ist. Dies bildet die aromatische Grundlage, auf der der Fisch gegart wird.

Die Fischfilets mit der enthäuteten Seite nach unten auf das Gemüsebett legen, salzen, pfeffern und mit einigen klein geschnittenen Basilikumblättern bestreuen. Die Pfanne mit einem Deckel verschließen und den Fisch 8–10 Minuten dünsten.

FISCHFILETS
DÜNSTEN

6

Die Filets mit einem Fischmesser oder einer Palette vorsichtig aus dem Gemüsebett heben und auf vorgewärmten Tellern anrichten.

7

Beim Garen gibt der Fisch etwas Flüssigkeit ab. Daher die Temperatur erhöhen und die Flüssigkeit nochmals einkochen lassen, bis die Sauce von sämiger Konsistenz ist und glänzt. Noch etwas Butter zufügen und die Pfanne beständig rütteln, bis sich die Butter gleichmäßig mit dem Gemüse verbunden hat. Mit Zitronensaft, Salz und Pfeffer abschmecken, über die Fischfilets schöpfen und servieren.

Fisch im Dämpfeinsatz zubereiten

GEDÄMPFTE MEERÄSCHE (Rezept siehe Seite 171)

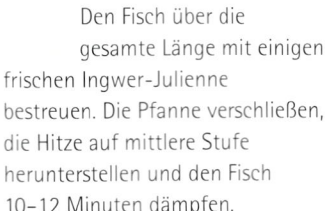

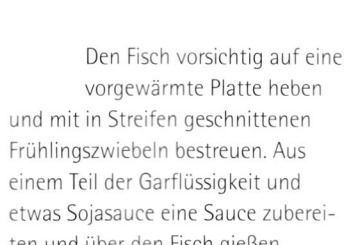

In eine flache, fest verschließbare Pfanne (oder in einen großen, weiten Topf) etwa 2½ cm hoch Wasser einfüllen. Einen Dämpfeinsatz hineinsetzen, das Wasser zum Kochen bringen und den vorbereiteten Fisch auf den Einsatz legen.

Den Fisch über die gesamte Länge mit einigen frischen Ingwer-Julienne bestreuen. Die Pfanne verschließen, die Hitze auf mittlere Stufe herunterstellen und den Fisch 10–12 Minuten dämpfen.

Den Fisch vorsichtig auf eine vorgewärmte Platte heben und mit in Streifen geschnittenen Frühlingszwiebeln bestreuen. Aus einem Teil der Garflüssigkeit und etwas Sojasauce eine Sauce zubereiten und über den Fisch gießen.

In einer kleinen Pfanne etwas Sesamöl erhitzen. In dünne Scheiben geschnittenen Knoblauch hineingeben und einige Sekunden rösten. Anschließend sofort auf dem Fisch verteilen.

Fisch auf Meeresalgen dämpfen

AUF MEERESALGEN GEDÄMPFTER STREIFENBRASSEN

(Rezept siehe Seite 164)

Den Boden einer flachen, fest verschließbaren Pfanne mit gewaschenem Blasentang so auslegen, dass er gleichmäßig darin verteilt ist.

Etwa 300 ml Wasser zugießen und den vorbereiteten und gewürzten Fisch auf das Algenbett legen. Die Pfanne fest mit einem Deckel verschließen.

Für die Sauce Fenchel, Zwiebeln und Knoblauch würfeln und in Butter weich schwitzen. Hühnerbrühe oder Fischfond, Weißwein und Gewürze zugeben und leise köcheln lassen, bis die Flüssigkeit fast vollständig verdampft und das Gemüse ganz weich ist. Kurz abkühlen lassen und die Mischung in der Küchenmaschine mit Pernod, Zitronensaft und Eigelb glatt verarbeiten.

Bei laufendem Gerät nach und nach die zerlassene heiße Butter einlaufen lassen, sodass eine der Hollandaise ähnliche Emulsion entsteht.

Die Sauce in eine Schüssel füllen. Einige gehackte Fenchelzweige unterrühren, nochmals abschmecken und warm stellen.

Die Pfanne bei großer Hitze auf den Herd stellen. Sobald Dampf am Deckelrand entweicht, die Hitze herunterstellen und den Fisch 5 Minuten dämpfen. Den Fisch in der Pfanne servieren, damit jeder den Duft genießen kann, wenn der Deckel abgehoben wird.

Einen großen Fisch im Ganzen im Ofen garen

WOLFSBARSCH MIT ROTEN PAPRIKASCHOTEN AUS DEM OFEN (Rezept siehe Seite 148)

Den vorbereiteten Fisch mit einem Messer über die ganze Länge 5- bis 6-mal erst in die eine, dann in die andere Richtung schräg einschneiden, sodass ein Kreuzmuster entsteht.

Den Fisch umdrehen und die andere Seite ebenfalls mit einem Kreuzmuster versehen. So kann die Hitze gleichmäßig bis in die tiefen Schichten eindringen.

Das vorbereitete Gemüse in einer großen, rechteckigen Bratpfanne verteilen und 30 Minuten im vorgeheizten Ofen anbraten.

Den Fisch auf das Gemüsebett legen, etwas Öl darüber träufeln, mit Meersalz und Pfeffer würzen und sorgfältig in die Einschnitte reiben. Die Pfanne für weitere 35 Minuten in den Ofen schieben, bis der Fisch durchgegart ist. Die Temperatur an der Mittelgräte sollte ungefähr 50 °C betragen.

Fischfilets sanft im Ofen garen

L ACHS NACH A RT VON T ETSUYA W AKUDA (Rezept siehe Seite 144)

Aus einem dickfleischigen, enthäuteten Lachsfilet 4 Stücke von je 65–90 g schneiden. Aus Traubenkern- und Olivenöl, gemahlenen Koriandersamen, weißem Pfeffer, Knoblauch, frischem Thymian und Basilikum eine Marinade zubereiten, den Fisch darin wenden und 2–3 Stunden marinieren.

Auf einem Backblech fein gewürfeltes Gemüse ausbreiten und den Fisch darauf betten. So gerät er nicht in Kontakt mit dem heißen Blech.

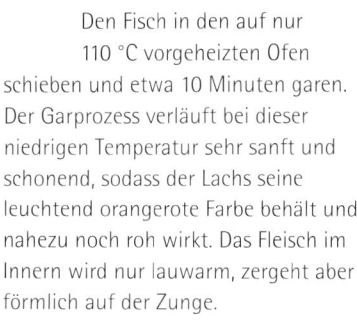

Den Fisch in den auf nur 110 °C vorgeheizten Ofen schieben und etwa 10 Minuten garen. Der Garprozess verläuft bei dieser niedrigen Temperatur sehr sanft und schonend, sodass der Lachs seine leuchtend orangerote Farbe behält und nahezu noch roh wirkt. Das Fleisch im Innern wird nur lauwarm, zergeht aber förmlich auf der Zunge.

Fisch in einer Teighülle backen

LACHS IM TEIGMANTEL (Rezept siehe Seite 140)

Zwei gleich große, dicke, enthäutete Lachsfilets vorbereiten (siehe Seite 28). Die innere Seite des einen Filets mit der Buttermischung bestreichen und das andere Filet darauf legen.

Ein Stück Blätterteig zu einem Rechteck ausrollen und auf ein gefettetes Backblech legen. Den Lachs in die Mitte der Teigplatte setzen. Die Teigränder rund um den Fisch mit verschlagenem Ei bestreichen.

Ein zweites, etwa 5 cm größeres Teigrechteck ausrollen und mithilfe der Kuchenrolle über dem Lachs abrollen, sodass die Teigränder rundum aufeinander liegen.

Den Teigdeckel um den Lachs herum fest andrücken, dabei aber keinesfalls ziehen. Darauf achten, dass nicht zu viel Luft darunter verbleibt, da der Teig sonst während des Backens schrumpft oder beim Anschneiden »platzt«. Anschließend die Teigränder fest zusammenpressen.

Die Teigränder begradigen und mit einer Gabel rundherum ein Muster anbringen – dabei werden die Kanten noch fester versiegelt. Mit einem Teelöffel die Oberseite mit einem Schuppenmuster dekorieren, 1 Stunde kalt stellen. Mit verschlagenem Ei bestreichen und bei 200 °C im Ofen 35–40 Minuten backen. In Scheiben schneiden und servieren.

Fisch in einer Salzkruste backen

WOLFSBARSCH IN DER SALZKRUSTE (Rezept siehe Seite 150)

In einer Schüssel Salz und Eiweiß vermengen. Die Mischung erinnert an feuchten Sand.

Etwa die Hälfte der Salzmasse gleichmäßig in einer ofenfesten Form verteilen und die Fische darauf legen.

Mit der restlichen Salzmasse vollständig bedecken. Darauf achten, dass keine Lücken bleiben. Die Schwänze können ruhig herausragen. Bei 200 °C im vorgeheizten Ofen etwa 20 Minuten backen.

Die Fische aus dem Ofen nehmen und die obere Salzkruste mit dem Messerrücken aufstechen, aufbrechen und abheben, sodass die Fische frei liegen.

Die Fische auf eine Servierplatte heben und die Haut am Rücken entlang und hinter dem Kopf einschneiden.

Die Haut abziehen und die beiden Filets abheben. Die Fische wenden und das untere Filet auf gleiche Weise ablösen. Mit Zitronensauce und Kartoffel-Tomaten-Confit anrichten und servieren.

Einen ganzen Fisch in der Folie backen

In der Folie gebackener Lachs mit Estragon

(Rezept siehe Seite 140)

Ein großes Stück Alufolie zuschneiden, mit reichlich zerlassener Butter einstreichen und den vorbereiteten Lachs darauf legen.

Die Folie an den Längsseiten hochklappen und an einem der Enden so verschließen, dass die Form eines Kanus entsteht. Das Paket vorsichtig auf ein Backblech heben.

FISCH IN DER FOLIE (EN PAPILLOTE) BACKEN

Eine Mischung aus zerlassener Butter, Estragon, Weißwein, Zitronensaft und Gewürzen in die Bauchhöhle und über den Fisch gießen. Die Folie über dem Fisch locker, aber sorgfältig und »wasserdicht« verschließen, damit kein Dampf entweichen kann. Bei 220 °C im vorgeheizten Ofen 30 Minuten backen.

Den Fisch aus dem Ofen nehmen und das Paket öffnen. Vorsichtig auf eine Servierplatte heben und, wie auf Seite 38 (Anleitung 19) beschrieben, servieren.

Fischfilet in der Folie backen

SEEHECHT *EN PAPILLOTE*
(Rezept siehe Seite 135)

Aus Alufolie und Pergamentpapier je zwei Quadrate mit 38 cm Kantenlänge zuschneiden. Die Alufolie auf das Pergamentpapier legen und in der Mitte mit Olivenöl bestreichen. Jeweils drei im Ofen geröstete Tomatenstücke knapp außerhalb der Mitte auf die Folie legen. Mit frischem Basilikum bestreuen und die gewürzten Hechtstücke darauf setzen.

Die größere, freie Seite des Quadrates so über den Fisch schlagen, dass die Ränder bündig abschließen. An einem offenen Ende beginnend, die Kanten mit kleinen, etwa 4 cm langen und 1 cm breiten Knicken verschließen. Auf diese Weise den gesamten Rand versiegeln, bis ein halbkreisförmiges Paket entstanden ist.

Den gefalteten Rand mit einem Wellholz gut andrücken, sodass keine Luft eindringen oder entweichen kann. Die Pakete auf ein Backblech legen und bei 240 °C im vorgeheizten Ofen 15 Minuten backen.

Während des Garvorgangs werden die fest verschlossenen Pakete von dem sich darin entwickelnden Dampf aufgebläht. Nach Ende der Garzeit die Pakete rasch auf eine vorgewärmte Platte umsetzen und erst bei Tisch öffnen.

Die Hülle mit einer scharfen Messerspitze behutsam aufschlitzen.

Pergamentpapier und Alufolie zurückschlagen und den Fisch freilegen.

Den Fisch mit den Tomaten auf vorgewärmten Tellern anrichten und mit der Garflüssigkeit übergießen. Mit etwas Tapenade garnieren und servieren.

Fischsuppe zubereiten

CACCIUCCO (Italienische Fischsuppe; Rezept siehe Seite 102)

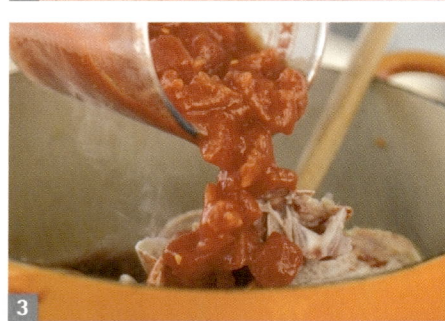

Die Fische filetieren, wie auf den Seiten 30 und 32 beschrieben. Den Kalmar säubern, den Tintensack zurückbehalten (siehe Seite 92, Schritte 1–6). Das gekochte Hummerfleisch auslösen (siehe Seite 76), den Panzer aufbewahren. Die Fischfilets quer in 4 cm breite Stücke, das Hummerfleisch in Würfel schneiden.

Eine aromatische Brühe als Basis für die Suppe zubereiten: Fein gehackte Zwiebel, Möhre und Bleichsellerie in Olivenöl etwas Farbe nehmen lassen. Rotwein zugießen, die Hummerschalen hineingeben und alles 3–4 Minuten lebhaft kochen lassen.

Gehackte Tomaten, frische Lorbeerblätter, rote Chilis zufügen, mit Wasser auffüllen und erneut zum Kochen bringen.

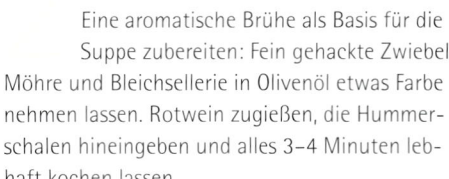

Den kleinen Tintensack mit etwas Wasser in ein kleines Gefäß geben und mit einem Löffel zerdrücken, sodass die Tinte austritt. Den Tintensack wegwerfen.

Die Tinte in die Brühe einrühren und weitere 45 Minuten leise köcheln lassen.

Die Brühe durch ein feines Sieb in einen anderen Topf abseihen. Mit dem Rücken einer Kelle möglichst viel Flüssigkeit und Aroma aus den im Sieb verbliebenen Resten herauspressen. Falls nötig, die Brühe bei großer Hitze rasch einkochen lassen, um das Aroma zu konzentrieren. Es sollten etwa 1,2 Liter zurückbleiben.

Den Körperbeutel des Kalmars in Ringe, die Arme in Streifen schneiden. In einer Kasserolle etwas Olivenöl erhitzen. Den Kalmar, Knoblauch und ganze Salbeiblätter darin rasch goldgelb anbraten. Auf einen Teller heben und beiseite stellen. In einem großen, verschließbaren Topf einige Miesmuscheln in etwas Weißwein oder Wasser dämpfen, bis sie sich gerade geöffnet haben (siehe Seite 88, Schritte 1–4). In einem Sieb abtropfen lassen, den Sud auffangen.

Die Brühe und Muschelsud in die Kasserolle gießen und zum Kochen bringen. Zunächst nur die Fischstücke einlegen und 2 Minuten köcheln lassen.

Das Hummerfleisch, die Muscheln und den Kalmar hinzufügen und 1 Minute durchwärmen. Jeweils zwei Scheiben mit Olivenöl bestrichenes und geröstetes Ciabatta in große Suppenteller legen und die Fischsuppe darüber schöpfen.

Kleine Fische frittieren

FRITTIERTE KLEINE HERINGE MIT ZITRONE UND PERSILLADE

(Rezept siehe Seite 166)

Die kleinen Heringe waschen, zum Abtropfen in einem Sieb gut schütteln und mit Küchenpapier trockentupfen. In einer Schüssel Mehl mit Cayennepfeffer und Salz vermengen und die Fische hineingeben.

Die Fische in dem Mehl wenden, bis sie gleichmäßig bedeckt sind. Eine gute Hand voll Fische in den Frittierkorb füllen und das überschüssige Mehl abschütteln.

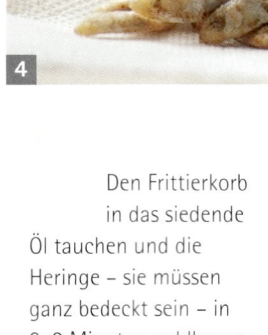

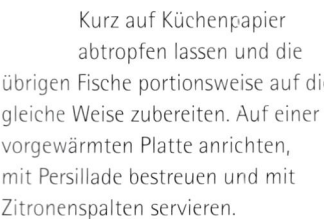

Den Frittierkorb in das siedende Öl tauchen und die Heringe – sie müssen ganz bedeckt sein – in 2–3 Minuten goldbraun und knusprig frittieren.

Kurz auf Küchenpapier abtropfen lassen und die übrigen Fische portionsweise auf die gleiche Weise zubereiten. Auf einer vorgewärmten Platte anrichten, mit Persillade bestreuen und mit Zitronenspalten servieren.

Kleine Fische grillen

Am Spiess gegrillte Stinte (Rezept siehe Seite 160)

Die vorbereiteten
Stinte auf Bambus-
spieße stecken, die zuvor
1 Stunde in kaltem Wasser
eingeweicht wurden. Die
aufgespießten Fische auf
ein leicht mit Öl bestrichenes Backblech legen.

Die Stinte mit
Olivenöl beträu-
feln, salzen und pfeffern.
Unter dem sehr heißen
Backofengrill 2 Minuten
grillen.

Die Stinte auf vorge-
wärmten Tellern
anrichten und mit einer fein
gehackten Mischung aus Zitronenschale, Rosmarin, Petersilie,
Knoblauch, grünen Oliven und
Kapern bestreuen. Mit etwas Öl
umträufeln und servieren.

Kleine ganze Fische wie Sardellen entgräten

Den Kopf zwischen Daumen und Zeigefinger abkneifen
und mit ihm die Eingeweide herausziehen. Den Fisch mit
den Fingern am Rücken entlang öffnen und die Mittelgräte entfernen. Da das Fleisch sehr weich ist, lässt sie
sich problemlos lösen. Die zusammenhängenden Filets
auseinander klappen und nach Rezept fortfahren. (Ein
Rezept für marinierte Sardellen in Chili, Zitrone und
Knoblauch siehe Seite 161).

Fischklößchen zubereiten

POCHIERTE KNURRHAHNKLÖSSCHEN

(Rezept siehe Seite 174)

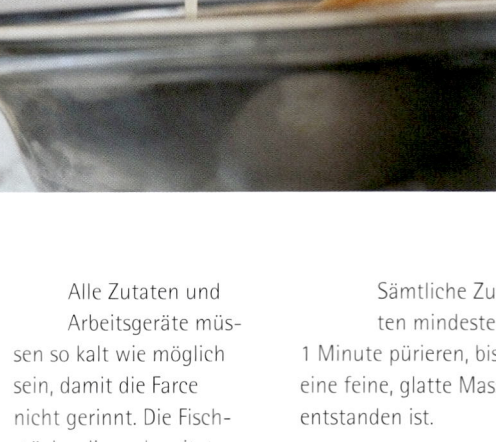

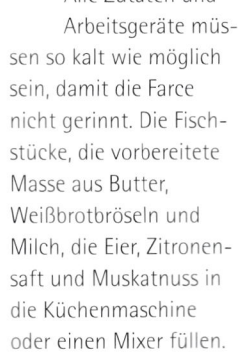

Alle Zutaten und Arbeitsgeräte müssen so kalt wie möglich sein, damit die Farce nicht gerinnt. Die Fischstücke, die vorbereitete Masse aus Butter, Weißbrotbröseln und Milch, die Eier, Zitronensaft und Muskatnuss in die Küchenmaschine oder einen Mixer füllen.

Sämtliche Zutaten mindestens 1 Minute pürieren, bis eine feine, glatte Masse entstanden ist.

Die Farce in eine Schüssel füllen und diese in eine weitere, mit Eis gefüllte Schüssel stellen. Nach und nach die Sahne unterrühren, dabei nach jeder Portion kräftig schlagen.

Die fertige Farce sollte von lockerer, aber relativ dicker Konsistenz sein. Die Schüssel mit Folie abdecken und die Farce 30 Minuten im Kühlschrank durchkühlen lassen.

In einem großen, flachen Topf leicht gesalzenes Wasser zum Kochen bringen. Die Klößchen mithilfe zweier befeuchteter Esslöffel abstechen: Einen gehäuften Löffel der Farce abnehmen, den anderen Löffel lose darauf legen und mit einer leichten Drehbewegung von hinten unter die Farce führen und diese übernehmen. Diesen Vorgang 2- bis 3-mal wiederholen, bis sich ein ovaler, glatter Kloß mit einem leichten Grat an der Oberseite gebildet hat. Den Kloß ins simmernde Wasser gleiten lassen und 3–4 Minuten pochieren. Nach der Hälfte der Garzeit wenden.

Die fertigen Klößchen mit einem Schaumlöffel aus dem Wasser nehmen und kurz auf einem Tuch abtropfen lassen. In ovalen kleinen Backformen anrichten und mit der vorbereiteten Garnelensauce übergießen. Bei großer Hitze unter dem Grill 1 Minute gratinieren, bis sich die Oberseiten der Klöße leicht braun gefärbt haben.

Küchenpraxis
Kapitel 3

Fische räuchern, beizen und roh verarbeiten

Den gekochten japanischen Klebreis in eine flache Form füllen und mit einer süß-salzigen Essigmischung würzen. Dabei die Flüssigkeit nach und nach einarbeiten und den Reis sorgfältig wenden, bis er einen glänzenden Schimmer angenommen hat.

Die Hände mit etwas Essigwasser befeuchten, jeweils etwa 20 g Reismasse abnehmen und zu rechteckigen Blöckchen formen.

Die Fischscheiben in kleine Rechtecke schneiden, die etwas größer sind als die Oberfläche der Reispäckchen. Eine kleine Menge *wasabi* (japanische Meerrettichpaste) auf die Fingerspitze geben.

Keta-Kaviar
Keta ist der japanische Name für den großperligen orangeroten Kaviar des Keta-Lachses aus dem Pazifik.

Sushi zubereiten Nigiri Sushi (Rezept siehe Seite 105)

Die Fischstücke von einer Seite oder die Oberfläche der Reispäckchen mit der Paste bestreichen.

Den Fisch mit der bestrichenen Seite auf die Reispäckchen legen und mit den Fingern leicht andrücken.

Die Unterseite der gekochten Garnelen bis zum Schwanz aufschneiden und die Schnittflächen ebenfalls mit *wasabi* bestreichen.

Die Garnelen aufgeklappt ebenfalls flach auf die Reispäckchen setzen und etwas andrücken.

Die verbliebenen Reispäckchen mit etwas Keta-Kaviar belegen. Die Sushi auf einzelnen Tellern anrichten und mit eingelegtem Ingwer und einer Sojasauce zum Dippen servieren.

Seeteufel vorbereiten für ein rohes Gericht

SALAT VON ROHEM SEETEUFEL MIT AVOCADO

(Rezept siehe Seite 155)

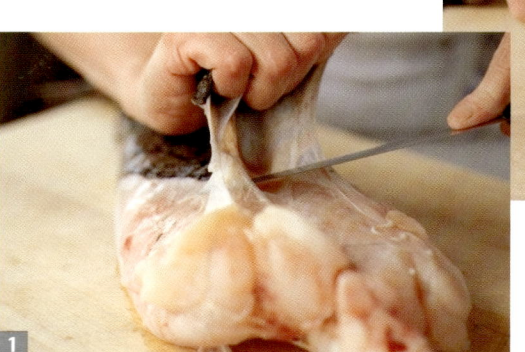

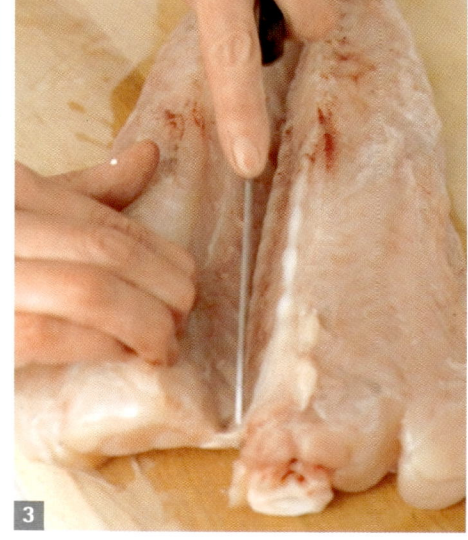

FISCH FÜR
ROHE
GERICHTE
VORBEREITEN

1 Zunächst die Haut abziehen. Dazu das kopflose Schwanzstück des Seeteufels mit der Bauchseite nach unten auf ein Brett legen. Am vorderen, breiten Ende ein Stück Haut ablösen, sodass sich ein scharfes Filetiermesser darunter ansetzen lässt, um die Haut von den feinen Rückenknochen abzutrennen.

2 Das breite Ende des Schwanzstückes festhalten und mit der anderen Hand die Haut mit einem kräftigen Ruck über das hintere Schwanzende abziehen.

3 Die beiden Filets mit einem scharfen, flexiblen Messer jeweils entlang dem Rückgrat auslösen. Die Messerklinge dabei so dicht wie möglich am Rückgrat entlangführen.

4 Die dünne Außenhaut der Filets abziehen. Falls nötig, ein Messer zu Hilfe nehmen.

5 Die Filets quer in dünne Scheiben schneiden und in ein großes, flaches Gefäß legen.

Etwas natives Olivenöl extra zugießen, würzen und den Salat nochmals vorsichtig durchheben. Mit in schmale Streifen geschnittener Avocado servieren.

Den Fisch mit reichlich Limettensaft beträufeln, abdecken und im Kühlschrank 40 Minuten marinieren lassen. Der Fisch wird dabei weiß und opak.

Den Fisch aus dem Saft heben und mit dünn geschnittenen Chilis, roten Zwiebeln, Tomaten und gehacktem Koriandergrün vermengen.

Thunfisch-Carpaccio zubereiten (Rezept siehe Seite 117)

Den Thunfisch so in Klarsichtfolie einwickeln, dass sich eine nahezu runde Form ergibt. In der Tiefkühltruhe sehr fest werden, aber nicht völlig gefrieren lassen; auf diese Weise lässt er sich leichter schneiden. Die Folie entfernen (1) und das Fleisch mit einem langen, scharfen Messer in hauchdünne Scheiben schneiden (2). Über den ganzen Teller dekorativ anrichten, mit Olivenöl beträufeln und mit Meersalz und Pfeffer würzen (3). Parmesan darüber hobeln (4), in der Mitte mit Rucola garnieren (5).

Fisch heiß räuchern

MILD GERÄUCHERTER UND GEGRILLTER WANDERSAIBLING (Rezept siehe Seite 151)

Die enthäuteten Filets in eine milde Salzlake einlegen und 20 Minuten einwirken lassen.

Eine 2½ cm hohe Schicht Hartholz-Sägespäne in einen Wok füllen und darüber sechs hölzerne Stäbchen zu einem Tragegerüst für den Fisch anordnen. Den Wok erhitzen, bis die Sägespäne zu rauchen beginnen. Dann die Hitze herunterstellen.

Eine Sushimatte oder eine andere durchlässige und nicht zu schwere Unterlage behutsam auf das Stäbchengerüst legen und die Filets darauf betten. Den Wok mit einem Deckel verschließen und den Fisch 3–4 Minuten räuchern.

Den Deckel abnehmen und die Sushimatte mit dem Fisch herausheben. Das geräucherte Filet mit einer Palette vorsichtig auf ein Brett umsetzen und in vier gleich große Portionen schneiden.

Aus fein gehackter Schalotte, Schnittlauchröllchen, Olivenöl, Essig und Salz ein Dressing zubereiten.

Die geräucherten Saiblingstücke mit einem Pinsel mit Olivenöl bestreichen.

Eine gusseiserne Grillplatte (*griddle*) oder Grillpfanne sehr heiß werden lassen. Die Fischstücke hineinlegen und von jeder Seite 30 Sekunden grillen, bis sich ein leichtes Grillmuster abzeichnet. Etwas Dressing in der Mitte eines jeden Tellers verteilen, den Fisch darauf setzen und warm servieren.

Heißräuchern im Räucherkasten

Ein Räucherkasten ist eine kleine Metallbox mit fest verschließbarem Deckel. Darin befindet sich direkt unter einer Schale ein Spiritusbrenner. In die Schale werden 1½–2 Esslöffel Hartholz-Sägespäne gestreut und erhitzt. Wenn der Rauch versiegt ist, ist der darüber platzierte Fisch gar. Lässt man ihn zum Abkühlen in dem Kasten, wird der Rauchgeschmack noch ausgeprägter. Diese Räucherkästen sind ideal zum Räuchern von kleinen, ausgenommenen, parierten und eingeritzten Fischen zwischen 175 und 450 g, zum Beispiel Makrelen, Heringe und Forellen. Aber auch Steaks oder dicke Filetstücke zwischen 100 und 350 g vom Lachs, Kabeljau, Wolfsbarsch, Barramundi, Schnapper und Thunfisch gelingen hervorragend. Den geräucherten Fisch kann man warm oder kalt essen.

Eine skandinavische Beize für Lachs

GRAVLAX (Rezept siehe Seite 143)

1 Eine ungehäutete Lachsseite mit der Hautseite nach unten auf ein großes Stück Frischhaltefolie legen. Die obere Seite mit einer dicken Schicht einer Mischung aus frischem gehacktem Dill, Salz, Zucker und zerstoßenen weißen Pfefferkörnern bedecken. Das andere Filet nach Belieben darauf legen.

2 Den Lachs fest in 2 oder 3 Lagen Klarsichtfolie einwickeln und vorsichtig auf ein Blech (oder in eine flache Schale) heben.

3 Den Lachs mit einem Brett abdecken und beschweren. 2 Tage im Kühlschrank marinieren lassen; dabei alle 12 Stunden wenden, damit die Beize gleichmäßig die Außenseiten überzieht. Das Brett immer wieder auflegen und beschweren.

4 Den gebeizten Lachs aus der Folie wickeln, auf ein Brett legen und in Scheiben schneiden. Dafür mit einem langen, sehr scharfen Lachsmesser im 45-Grad-Winkel sehr dünne Scheiben herunterschneiden.

5 Die hauchdünnen, fast durchsichtigen Lachsscheiben vorsichtig abheben. Auf jedem Teller einige Scheiben ein wenig überlappend anrichten und mit der traditionellen Meerrettich-Senfsauce servieren.

66

Frischen Kabeljau einsalzen

KLIPPFISCHPÜREE (Rezept siehe Seite 130)

In ein flaches Kunststoffgefäß eine etwa 1 cm dicke Schicht Salz einstreuen. Ein fleischiges, ungehäutetes Kabeljaufilet darauf legen und mit einer weiteren dicken Schicht Salz vollständig bedecken. Zugedeckt über Nacht in den Kühlschrank stellen.

Am folgenden Tag das nun steife Filet aus dem Salzbett nehmen und unter fließendem kaltem Wasser abspülen.

Den Kabeljau in eine große Schüssel legen und mit reichlich kaltem Wasser bedecken. Den Fisch 1 Stunde wässern.

Kommerziell hergestellter Klippfisch ist sehr trocken und muss daher länger gewässert werden: Die äußere Salzschicht abspülen und den Fisch in reichlich kaltem Wasser 24–48 Stunden einweichen. Zwischendurch das Wasser mehrmals wechseln.

Für das Püree den Kabeljau aus dem Wasser nehmen; Haut und Gräten entfernen. Den Fisch 5 Minuten pochieren, gut abtropfen lassen und in die Küchenmaschine oder einen Mixer geben.

In einem kleinen Topf eine Mischung aus Sahne, Knoblauch und Olivenöl zum Kochen bringen.

Die heiße Sahnemischung über den Fisch gießen und alles zu einem glatten, weichen Püree verarbeiten. Mit Zitronensaft und Pfeffer abschmecken. Das Püree auf einer vorgewärmten Platte anrichten, mit Brot und Oliven garnieren. Warm servieren.

Eine Sauce mit Kaviar verfeinern

GEGRILLTER MULLOWAY MIT GRÜNEM SPARGEL UND KAVIAR-RAHMSAUCE

(Rezept siehe Seite 145)

1 Aus reduziertem Fischfond, Wermut und Sahne eine Sauce zubereiten. Die portionierten Mullowayfilets mit zerlassener Butter bestreichen, salzen und pfeffern und mit der Haut nach oben 7–8 Minuten grillen. Den grünen Spargel dämpfen, bis er eben gar ist.

VERSCHIEDENE
ZUBEREI-
TUNGEN
FÜR ROGEN
UND MILCH

2 Den Spargel auf vorgewärmten Tellern anrichten und die Mullowayfilets darauf setzen.

3 Die Sauce erneut aufkochen und etwas Zitronensaft sowie 1 Teelöffel Kaviar unterrühren. Abschmecken. Den Fisch und den Spargel mit der Sauce umgießen.

Frische Fischmilch braten

GEBRATENE HERINGSMILCH AUF GERÖSTETEM BRIOCHE

(Rezept siehe Seite 159)

Die Herings-
milch in
leicht gewürztem
Mehl wenden und
abschütteln.

In einer
Pfanne etwas
Butter aufschäumen
lassen und die Milch-
stücke hineingeben.

Bei mittlerer
Hitze etwa
2 Minuten sanft braten,
bis die Stücke gleich-
mäßig goldbraun sind.
Zwischendurch einmal
wenden.

Die gebratenen Milch-
stückchen auf gerös-
teten Briochescheiben
anrichten und mit gemischten
Blattsalaten, brauner Butter
(siehe Seite 18) und Kapern
servieren.

Taramasalata zubereiten

(Rezept siehe Seite 130)

Mit einem Messer den Rogen von der dicken äußeren Haut abschaben (1).
Den Rogen, eingeweichtes Brot, Knoblauch, Zwiebel und Zitronensaft in
die Küchenmaschine füllen (2). Bei laufendem Gerät nach und nach
etwas Olivenöl zugießen – wie bei der Zubereitung von Mayonnaise. Die
fertige Paste auf einer Platte anrichten und mit einigen Zitronenecken,
schwarzen Oliven und gehackter Petersilie garnieren (3).

Küchenpraxis
Kapitel 4

4

Meeresfrüchte vor- und zubereiten

Anleitung 46a und 46b

Für geschälte »Schmetterlinge« zunächst den Kopf abdrehen, falls noch vorhanden; dann die Garnelen bis auf das letzte Schalensegment vor dem Schwanzfächer schälen (siehe Seite 72). Mit einem kleinen, scharfen Messer über die gesamte Rückenlänge nicht zu tief einschneiden und den dunklen Darm vorsichtig herausziehen.

Die Garnelen mit Öl oder zerlassener Butter bestreichen, würzen und mit der Seite auf ein leicht geöltes Backblech legen. 2 Minuten im Backofen grillen.

Anleitung 47

Die Garnelen in einer Marinade aus Zitronensaft, Cayennepfeffer und Salz 20 Minuten ziehen lassen. Die vorbereitete Tandoori-Paste einrühren und weitere 20 Minuten marinieren lassen.

Die ungeschälten Garnelen an beiden Seiten jeweils zwischen den Schalensegmenten mit drei kleinen Einschnitten versehen. So kann die Marinade besser eindringen.

Rohe Garnelen in »Schmetterlinge« schneiden

Die Garnelen aufklappen und mit der Fleischseite nach oben auf ein leicht geöltes Backblech legen.

Für »Schmetterlinge« in der Schale zunächst den Kopf abdrehen, falls noch vorhanden (siehe Seite 72). Das Schwanzteil mit der Unterseite nach oben auf ein Brett legen und mit einem Messer bis etwa 1 cm vor dem Schwanzende durchschneiden.

Mit Öl oder zerlassener Butter bestreichen, würzen und bei großer Hitze unter dem Backofengrill etwa 2 Minuten grillen.

Rohe Garnelen für ein Barbecue marinieren

TANDOORI PRAWNS (Rezept siehe Seite 200)

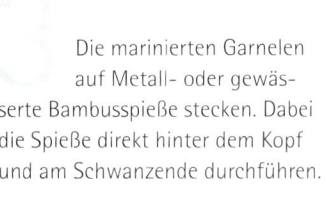

Sobald eine ausreichende Glut bereitet oder der Backofengrill entsprechend vorgeheizt ist, die Spieße auf den Grillrost legen.

Die marinierten Garnelen auf Metall- oder gewässerte Bambusspieße stecken. Dabei die Spieße direkt hinter dem Kopf und am Schwanzende durchführen.

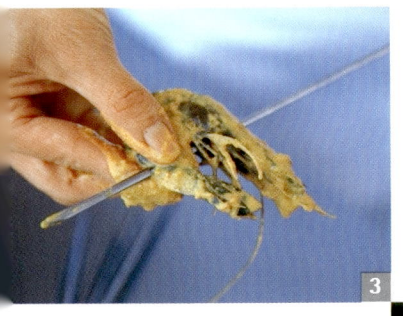

Die Garnelenspieße von beiden Seiten je 2 Minuten grillen, bis sie eine schöne Farbe angenommen haben. Mit Tomatensalat servieren.

Rohe Garnelen für Currys und Wok-Gerichte vorbereiten GARNELENCURRY (Rezept siehe Seite 197)

ROHE
GARNELEN
FÜR CURRYS
UND WOK-
GERICHTE
VORBEREITEN

1 Das Schwanzteil der Garnelen mit der einen Hand festhalten und mit der anderen den Kopf mit einer kräftigen Drehbewegung abtrennen. Die Köpfe für einen Garnelenfond verwenden.

2 Die Schale mit den Fingern an der weichen Unterseite aufbrechen und das Fleisch herauslösen. Je nach Rezept können Sie das letzte Schalenglied daran belassen.

3 Mit der Spitze eines scharfen Messers den Rücken einschneiden und den dunklen, meist gut sichtbaren Darm herausziehen. Dies wird aber nicht immer nötig sein.

4 Die vorbereiteten Garnelen mit etwas Essig und Salz vermengen und beiseite stellen. In einer mittelgroßen Pfanne etwas Öl erhitzen, einige Zwiebelscheiben, Knoblauchstifte und gehackten Ingwer in 5 Minuten sanft anschwitzen, bis sie weich sind.

5 Kurkuma, schwarze Pfefferkörner, Kreuzkümmel und weißen Mohn mahlen und vermengen. In die Zwiebelmischung streuen und 2 Minuten mitschwitzen, damit sich die Aromen besser entfalten.

6 Die Kokosmilch, Tamarindenwasser und Wasser zugießen und zum Kochen bringen.

7 Einige von ihren Samen befreite und in feine Streifen geschnittene milde grüne Chilis unterrühren, salzen und weitere 5 Minuten köcheln lassen.

Die Garnelen
einlegen und
3–4 Minuten simmern
lassen, bis sie gar, innen
aber noch saftig sind.

Weitere
grüne Chili-
streifen und etwas
gehacktes Koriander-
grün unterrühren.

Den
Curry
in Schüsseln füllen
und mit gedämpftem
Reis servieren.

Kaisergranat zubereiten

GEGRILLTER KAISERGRANAT MIT PERNOD-OLIVENÖL-DRESSING

(Rezept siehe Seite 190)

In einem großen Topf Salzwasser oder eine Brühe für Schaltiere (siehe Seite 223) sprudelnd aufkochen.

Die Kaisergranate portionsweise und mit dem Kopf voraus einlegen und erneut zum Kochen bringen.

Je nach Größe der Tiere etwa 2–5 Minuten kochen. Anschließend abkühlen lassen.

Die Kaisergranate mit
der Unterseite auf ein
Brett legen und mit einem Messer der Länge nach halbieren.

Die bräunliche Creme im
Kopfteil (die Leber) und
eventuell vorhandenen Rogen
mit einem Teelöffel herausholen
und mit dem vorbereiteten Dressing verrühren.

Die halbierten Kaiser-
granate mit den
Schnittflächen nach oben
auf ein Beckblech legen und mit
zerlassener Butter bestreichen.
Unter dem Backofengrill
1–2 Minuten erhitzen. Auf
vorgewärmten Tellern anrichten
und mit dem Dressing großzügig
beträufeln.

Einen gekochten Hummer auslösen

HUMMER THERMIDOR

(Rezept siehe Seite 194)

Einen Hummer töten und kochen

Einen großen Topf mit stark gesalzenem Wasser (150 g Salz auf 4½ l Wasser) zum Kochen bringen. Den Hummer mit dem Kopf voraus in das sprudelnd kochende Wasser einlegen (er ist nach wenigen Sekunden tot) und je nach Größe des Exemplars 15 Minuten (bei 750 g Gewicht) bis 20 Minuten (bei 1,25 kg Gewicht) kochen lassen. Mit dem Schaumlöffel aus dem Wasser heben und abkühlen lassen.

DAS FLEISCH EINES GEKOCHTEN HUMMERS AUSLÖSEN

1 Den Hummer auf ein Brett legen. Darauf achten, dass die Beine seitlich frei liegen. Das Messer in der Körpermitte ansetzen und den Hummer zuerst zum Kopf hin durch die Augen hindurch halbieren. Den Hummer umdrehen und durch das Schwanzende vollständig durchtrennen.

2 Den Hummer auseinander klappen, das Schwanzfleisch auslösen.

3 Den gut sichtbaren schwarzen Darm lösen und aus dem Schwanzfleisch entfernen.

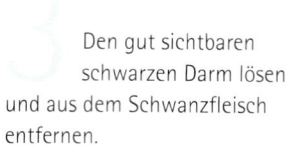

4 Die Scheren mit einer Drehbewegung abtrennen und an den Gelenken auseinander drehen. Die großen Scherenstücke mit dem Messerrücken aufschlagen.

5 Das Fleisch in möglichst großen Stücken aus den einzelnen Segmenten herauslösen.

6 Die grünliche Hummerleber und den eventuell vorhandenen rötlichen Rogen (Corail) mit einem Teelöffel aus dem Kopfteil lösen und zurückbehalten. Den Magensack entfernen und wegwerfen.

7

8

9

9 Mit fein geriebe-
nem Parmesan
bestreuen und bei großer
Hitze unter dem Backofen-
grill 4 Minuten gratinieren,
bis das Fleisch durch und
durch heiß und der Parme-
san goldbraun ist.

7 Das Schwanzfleisch
in Stücke schneiden
und mit dem Scheren-
fleisch sowie eventuellem
Corail gleichmäßig in die
gesäuberten Panzerhälften
verteilen. Die Hälften auf
ein Backblech setzen.

8 Aus Fischfond
und Sahne eine
feine Sauce zubereiten
(siehe Seite 194). Die
Hummerleber unterrühren
und jeweils 3 Esslöffel
Sauce über jede Hummer-
hälfte träufeln.

Das Schwanzfleisch in einem Stück auslösen

Das Schwanzteil mit einer Drehbewegung vom Kopf trennen (1). Mit einer Küchenschere den dünnen Bauchpanzer zu beiden Seiten aufschneiden (2), nach hinten
wegziehen (3) und das Schwanzfleisch in einem Stück herauslösen (4). Den Darm entfernen: Das Schwanzfleisch in dünne Scheiben schneiden und das Darmstückchen
aus jeder Scheibe mit einer Messerspitze entfernen; oder das Schwanzfleisch am Rücken der Länge nach einschneiden und den Darm in einem Stück herausziehen.

1

2

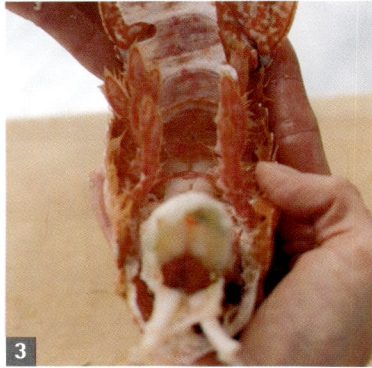

3

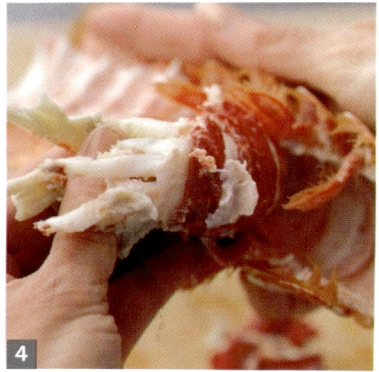

4

Rohen Hummer zum Pfannenrühren zerschneiden

HUMMER MIT INGWER, FRÜHLINGSZWIEBELN UND EIERNUDELN (Rezept siehe Seite 193)

Den Hummer töten, wie auf Seite 76 beschrieben. Der Länge nach halbieren und den Magensack und Darm entfernen (siehe Seite 79, Schritte 1–3). Jede Schwanzhälfte in 3 Stücke schneiden.

Die Scheren vom Kopfteil abdrehen und an den Gelenken in zwei Hälften teilen. Den Panzer mit einem schweren Messerrücken aufschlagen.

Mit einer Küchenschere die großen Antennen direkt am Kopf abschneiden und wegwerfen.

Die dünnen Beine ebenfalls so dicht am Kopf wie möglich abtrennen und wegwerfen. Dann die Kopfhälften in je 2 Stücke schneiden.

Rohen Hummer zum Grillen halbieren

GEGRILLTER HUMMER MIT FRISCHEN KRÄUTERN (Rezept siehe Seite 192)

Den Hummer töten, wie auf Seite 76 beschrieben. Mit der Bauchseite nach unten auf ein Brett legen und der Länge nach halbieren.

Den ebenfalls halbierten Magensack – ein halb durchsichtiger Beutel – aus beiden Kopfhälften entfernen.

Den Darm in einem Stück vorsichtig aus dem Schwanzteil herausziehen.

Die Hummerhälften auf ein Backblech legen und mit zerlassener Butter bestreichen. Mit Salz und Pfeffer würzen und im Backofen bei mittlerer Hitze 8–10 Minuten grillen.

Aus Fischfond, Thai-Fischsauce (*nam pla*), Zitronensaft, Butter und frischen gehackten Kräutern (*fines herbes*) eine Sauce zubereiten. Die Hummerhälften mit der Sauce beträufeln und sogleich servieren.

Das Fleisch einer gekochten Krabbe auslösen

Eine Krabbe töten und kochen

Einen großen Topf mit Wasser füllen und kräftig salzen (150 g Salz auf 4½ l Wasser), das Wasser zum Kochen bringen.
Sobald das Wasser sprudelnd kocht, die Krabbe einlegen, das Wasser erneut rasch zum Kochen bringen und die Krabbe 1 Minute kochen (sie ist nach wenigen Sekunden tot), dann die Hitze reduzieren. Zum Garen die Krabbe je nach Größe 15 Minuten (Exemplare bis zu 550 g), 20 Minuten (bis 900 g), 25 Minuten (bis 1,5 kg) oder 30 Minuten bei noch größeren Tieren gar ziehen lassen. Anschließend mit einem Schaumlöffel herausheben und bis zur weiteren Verarbeitung abkühlen lassen.

Die Krabbe (in diesem Beispiel ist es ein Taschenkrebs) mit dem Rückenpanzer auf ein Brett legen und die Scheren vom Körper abdrehen.

2 Die Beine ebenfalls abdrehen und dabei darauf achten, dass auch die Gelenke entfernt werden.

Den Krabbenkörper auf ein Brett legen und mit einem großen Messer in der Mitte glatt durchschneiden.

7 Mit einem Teelöffel das braungelbe Fleisch aus dem Körper heben und getrennt vom weißen Fleisch beiseite stellen.

9 Das weiße Fleisch aus all den kleinen Kanälen mit einer Hummergabel oder einem Spieß herauslösen.

Die kleine Schwanz-
klappe anheben und
durch leichten Druck nach
oben abbrechen.

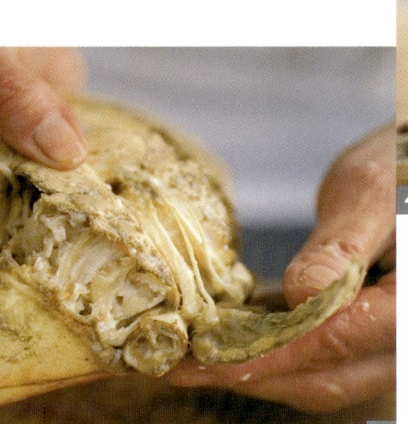

Die Klinge eines großen
Messers zwischen Kör-
per und Rückenpanzer einführen
und beide durch hebelnde Bewegungen voneinander lösen.

Beide Daumen seitlich auf den
Körper legen und durch festen
Druck nach oben drücken, bis er sich
aus dem Panzer löst.

Die Kiemen, die
auch »Finger des
toten Mannes« genannt
werden, entfernen und
wegwerfen.

Ist sämtliches
Fleisch ausgelöst,
sollte ein löchriges und sehr viel
leichteres Schalengerüst übrig
bleiben.

Die Scheren durch Schlag
mit einem Messerrücken
aufbrechen und das Fleisch auslösen. Das
im Fleisch verborgene flache Knorpelblatt
herausziehen. Die Beine mit dem Messer
aufbrechen und das weiße Fleisch mit
einem Spieß herausziehen.

Den Panzer auf ein Brett
legen. Auf das direkt hinter
den Augen liegende Plättchen drücken, bis
es bricht. Das komplette Maulstück mit dem
Magensack herausheben und wegwerfen.

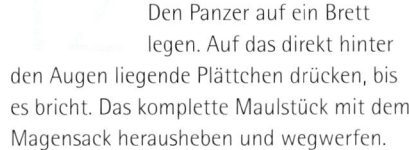

Das bräunliche
Fleisch aus
dem hinteren Teil des Panzers
(es fällt unterschiedlich fest
oder flüssig aus) herauslöffeln und zu dem Fleisch von
Schritt 7 geben.

Krabbenküchlein zubereiten

KRABBENKÜCHLEIN MIT ESTRAGON-BUTTERSAUCE

(Rezept siehe Seite 187)

KRABBEN-
KÜCHLEIN
ZUBEREITEN

3 Die Mischung vorsichtig unter das Krabbenfleisch heben; dabei darauf achten, dass die Fleischstücke nicht zu sehr zerfallen. Zuletzt gehackte Petersilie unterziehen.

4 Aus der vorbereiteten Masse 8 Küchlein von etwa 7–8 cm Durchmesser formen und nebeneinander auf eine Platte legen. Abdecken und im Kühlschrank mindestens 1 Stunde fest werden lassen.

1 Das weiße Krabbenfleisch mit fein zermahlenen Crackern vermischen, um jegliche verbliebene Flüssigkeit zu absorbieren.

2 Zum Binden der Masse verschlagenes Ei mit Mayonnaise, Senf, Zitronensaft, Worcestersauce und Gewürzen vermischen.

Die Krabbenküchlein einlegen und bei mittlerer Hitze von beiden Seiten je 2–3 Minuten goldbraun und knusprig braten.

Zum Braten in einer gut eingebrannten oder beschichteten Pfanne etwas geklärte Butter heiß werden lassen.

Jeweils 2 Küchlein in der Mitte der vorgewärmten Teller anrichten und mit der Estragon-Buttersauce umgießen. Sofort servieren.

Softshell Crabs vorbereiten

GEBRATENE SOFTSHELL CRABS MIT KNOBLAUCHBUTTER
(Rezept siehe Seite 188)

Die Augen mit dem Maulstück durch einen quer etwa 5 mm hinter den Augen angesetzten Schnitt abtrennen. Einen Finger oder Löffelstiel in die entstandene Öffnung führen und den kleinen, gallertartigen Magensack herausholen. Die Krabbe umdrehen, die kleine Schwanzklappe umbiegen und abschneiden. Die Krabbe wieder umdrehen, die Seiten des weichen oberen Panzers anheben und die darunter liegenden Kiemen entfernen. Nun sind die Krabben küchenfertig vorbereitet.

Krabben zum Dämpfen und Braten vorbereiten

GEDÄMPFTE KRABBEN MIT ZITRONENGRAS-DRESSING (Rezept siehe Seite 184)

1 Die Krabben töten, wie auf Seite 80 beschrieben. Mit dem Rückenpanzer auf ein Brett legen und die Schwanzklappe abbrechen. Dann die Scheren direkt am Körper herausdrehen.

2 Mit einem großen Messer den Krabbenkörper längs spalten, aber nicht den ganzen Rückenpanzer durchschneiden.

3 Die Körperhälften an den Beinen greifen und vorsichtig auseinander biegen, um den Körper aus dem Panzer zu ziehen. Sie können ein Messer als zusätzlichen Hebel verwenden, wenn nötig, doch in der Regel lässt sich der Körper problemlos lösen, ohne dass die Beine abbrechen.

4 Die seitlich liegenden Kiemen aus beiden Körperhälften entfernen. Den Panzer wegwerfen oder für einen Fond verwenden.

5 Die Scheren an den Gelenken durchtrennen und mit einem Hammer oder dem Rücken eines schweren Messers aufbrechen.

In eine große Pfanne oder einen Wok 2½ cm hoch Wasser einfüllen und zum Kochen bringen. Die Krabbenstücke auf einem Dämpfeinsatz in die Pfanne setzen, mit einem Deckel fest verschließen und 8 Minuten dämpfen.

Den Deckel abnehmen und den Dämpfeinsatz mit den gegarten Krabbenstücken aus der Pfanne heben.

Die Krabben auf einer vorgewärmten Servierplatte anrichten und mit dem Zitronengras-Dressing überziehen.

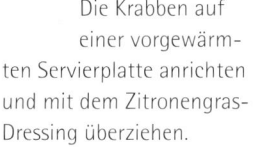

Krabbenfleisch und -karkassen für eine Suppe

STRANDKRABBEN-CREMESUPPE (Rezept siehe Seite 101)

1 Die Krabben unter fließendem kaltem Wasser gründlich waschen. In siedendem Salzwasser 2 Minuten kochen (siehe Seite 80). Anschließend abtropfen lassen.

2 Die Krabben mit einem kräftigen Schlagmesser in ziemlich kleine Stücke hacken.

3 In einem Topf das Suppengemüse kurz anschwitzen und die Krabbenstücke sowie einen Schuss Cognac zufügen.

4 Die Krabbenstücke 3–4 Minuten unter gelegentlichem Rühren mitschwitzen, bis sämtliche Flüssigkeit verdampft ist.

5 Einige Tomaten, Tomatenmark, Weißwein und Estragon zugeben, mit Fischfond auffüllen und zum Kochen bringen. Bei reduzierter Hitze unbedeckt 30 Minuten köcheln lassen.

6 Die Suppe portionsweise in der Küchenmaschine kurz pürieren, bis die Schalen noch etwa fingernagelgroß sind, sie sollte nicht völlig glatt sein. Anschließend durch ein Spitzsieb in einen sauberen Topf abseihen.

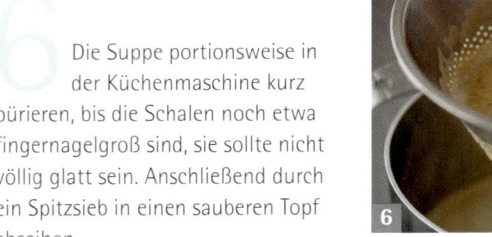

7 Aus den im Sieb verbliebenen Rückständen mit dem Rücken einer Kelle möglichst viel Flüssigkeit herauspressen. Die ausgepressten Reste dann wegwerfen.

8 Die Suppe nochmals durch ein feinmaschiges Sieb passieren, um auch die feineren festen Teile herauszufiltern. Zum Kochen bringen und je nach Geschmack und gewünschter Konsistenz einkochen lassen. Etwas Sahne unterrühren und mit Salz, Cayennepfeffer und Zitronensaft abschmecken.

4

Klare Krabbensuppe zubereiten

<small>KLARE KRABBENSUPPE MIT MEERESFRÜCHTEN UND
INGWER</small> (Rezept siehe Seite 104)

In einem großen Topf Hühnerbrühe mit Ingwer, Limettenschale und -saft, Zitronengras, Chili und Thai-Fischsauce aufkochen. Die vorbereiteten Krabben (siehe Seite 84) und Garnelenschalen hineingeben.

Die Brühe zum Kochen bringen und 25 Minuten sanft köcheln lassen, um das Aroma aus den Krustentieren herauszuziehen.

Die Brühe durch ein Sieb in einen sauberen Topf abseihen und abkühlen lassen. Inzwischen das Fleisch aus den Scheren lösen und beiseite stellen.

In die abgekühlte Brühe sehr fein gehacktes weißes Fischfleisch einer preisgünstigen Sorte, wie beispielsweise Köhler, einige fein geschnittene Lauchringe und 2 Eiweiße geben.

Die Brühe bei mittlerer Hitze unter ständigem, kräftigem Rühren langsam wieder erhitzen. Sobald die Brühe siedet, sofort aufhören zu rühren und weitere 5 Minuten ganz sanft köcheln lassen. Dabei bildet sich ein fester Schaum auf der Oberfläche.

Ein Spitzsieb mit einem Mulltuch auslegen und die geklärte Brühe in einen sauberen Topf abseihen. Zuletzt den Schaum in das Mulltuch gleiten und abtropfen lassen. Die Garnelen, einige Streifen Seeteufel und die vorbereitete Gemüseeinlage kurz in der geklärten Brühe garen. Zuletzt die Nudeln und das Krabbenfleisch zufügen.

Geklärte Suppen und Brühen

Beim allmählichen Erhitzen der Brühe gerinnt langsam das zugesetzte Eiweiß des Fisches und der Eier und bindet die unerwünschten Trübstoffe, die sich als Schaum an der Oberfläche absetzen. Darunter sollte eine glasklare Brühe zum Vorschein kommen.

Miesmuscheln säubern und dämpfen

MUSCHELN NACH SEEMANNSART

(Rezept siehe Seite 213)

1 Die Muscheln gründlich unter fließendem kaltem Wasser waschen. Geöffnete Exemplare, die sich bei Berührung nicht schließen, wegwerfen. Die fest zwischen den Schalen sitzenden Bärte oder Byssusfäden herausziehen.

2 Mit einem großen Messer etwaige Kalkreste oder Kleinkrebse abschlagen und die Muscheln nochmals kurz abspülen, um letzte Verunreinigungen zu entfernen.

3 Die Muscheln mit Butter, fein gehackten Zwiebeln und Weißwein in einen sehr großen Topf füllen. Sie sollten ausreichend Platz haben und sich hin und her bewegen lassen. Ist der Topf zu voll, übergaren die am Boden liegenden Muscheln, bevor die Hitze bis oben vordringen kann. Den Topf also niemals mehr als halb voll füllen.

4 Den Topf mit einem Deckel verschließen und die Muscheln bei großer Hitze unter wiederholtem kräftigem Rütteln 3–4 Minuten dämpfen, bis sie sich geöffnet haben.

5 Die Muscheln sofort in vorgewärmte Schalen füllen; ungeöffnete Exemplare wegwerfen. Gehackte Petersilie in den Sud rühren und anschließend wieder über die Muscheln schöpfer.

Rohe Miesmuscheln öffnen

An der geraden Seite der Muschel die Messerspitze zwischen die Schalen schieben und rundum führen (1). Die obere Schale vorsichtig aufhebeln (2), mit der Messerspitze an der Innenkante entlangfahren und das Fleisch lösen, ohne es zu verletzen. Die obere Schale aufklappen (3) und nach Belieben ganz abtrennen.

Das Fleisch großer Venusmuscheln auslösen

NEW ENGLAND CLAM CHOWDER

(Rezept siehe Seite 204)

Die Venusmuscheln (Clams) unter reichlich fließendem kaltem Wasser waschen. Die Muscheln nebeneinander auf den Boden einer flachen Kasserolle legen und etwas Wasser zugießen.

Die Kasserolle mit einem Deckel fest verschließen und die Muscheln bei großer Hitze 2–3 Minuten dämpfen, bis sie sich gerade weit genug geöffnet haben, um das Muschelfleisch aus den Schalen herauslösen zu können. Sie sollen nicht durchgegart werden.

Die Muscheln aus der Kasserolle nehmen und abkühlen lassen; die Garflüssigkeit, falls weiterverwendet, zurückbehalten. Mit einem kleinen, scharfen Messer die beiden Muskeln an den Seiten des Scharniers durchschneiden, mit denen die Muschel die Schalen zusammenhält.

Das Fleisch aus den unteren Schalen lösen und anschließend in kleine Stücke schneiden.

Kleine Venusmuscheln öffnen und roh servieren

VENUSMUSCHELN MIT *SAUCE MIGNONNETTE* (Rezept siehe Seite 204)

Die Klinge eines kleinen, scharfen Messers an der Vorderseite (gegenüber dem Scharnier) zwischen die geschlossenen Muschelschalen schieben.

Die Klinge so weit zurückziehen, dass nur noch ihre äußerste Spitze im Inneren der Muschel verbleibt. Die Messerspitze rundherum zwischen den Schalen so führen, dass das Muschelfleisch unverletzt bleibt. Nach einigen Zentimetern werden Sie merken, wie der Widerstand nachlässt.

Die Klinge am inneren Rand der oberen Schale entlangführen, um das Fleisch von dieser Schale zu lösen. Die obere Schale vorsichtig öffnen, ohne das Fleisch zu verletzen; noch anhaftendes Fleisch mit dem Messer trennen. Das Fleisch aus der unteren Schale lösen und die obere, leere Schale nach Belieben entfernen.

Die Venusmuscheln in der Schale auf einer Platte mit zerstoßenem Eis und Blasentang anrichten, mit der *Sauce mignonnette* überziehen und servieren.

Jakobsmuschel auslösen, braten

GEBRATENE JAKOBSMUSCHELN (Rezept siehe Seite 215)

1 Die Jakobsmuscheln unter fließendem kaltem Wasser gründlich waschen. Eine Muschel mit der flachen Schalenseite nach oben in die Hand nehmen. Die Klinge eines kurzen Messers zwischen beiden Schalen entlangführen.

2 Mit der flach geführten Klinge den an der oberen Schale liegenden Schließmuskel erfühlen, der das Muschelfleisch mit der Schale verbindet, und diesen durchtrennen. Die obere Schale entfernen.

3 Den grauen Rand, der das weiße Muschelfleisch (Nüsschen) und den orangefarbenen Rogen (Corail) umgibt, sowie den schwarzen Magensack mit den Fingern wegziehen. In der Schale verbliebenen Sand ausspülen.

4 Die Messerklinge möglichst dicht an der Schale unter das Muschelfleisch schieben und dieses lösen. Den kleinen weißen Schließmuskel an der Seite des Muschelfleisches entfernen und wegwerfen.

5 Den Boden einer beschichteten Pfanne mit etwas kalter Butter einreiben. Die Pfanne auf großer Stufe erhitzen. Sobald die Butter zu rauchen beginnt, die Jakobsmuscheln einlegen und von beiden Seiten je 2 Minuten braten. Dabei ab und zu mit einer Palette nach unten drücken, damit das Muschelfleisch eine schöne goldbraune Farbe annimmt.

6 Die Jakobsmuscheln mit dem vorbereiteten Salat und Schinken anrichten. Die Pfanne von der Kochstelle nehmen, etwas Sherryessig hineingießen und den Bratensatz vom Pfannenboden losrühren. Die Pfanne wieder auf den Herd stellen, etwas Butter und gehackte Petersilie unterrühren und würzen. Das Dressing über das Muschelfleisch und den Salat träufeln und servieren.

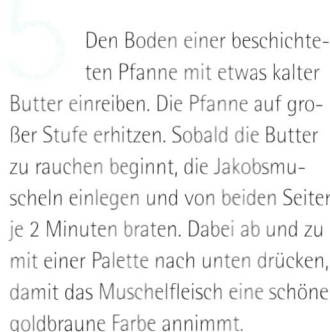

Austern öffnen

WARME AUSTERN MIT SCHWARZEN BOHNEN, INGWER UND KORIANDER (Rezept siehe Seite 213)

Die Auster mit einem Küchentuch fest in die Hand nehmen, die flache Schalenseite nach oben. Mit der Spitze eines Austernmessers direkt am Scharnier an der schmalsten Seite einstechen.

Die Klinge mit kräftigen Bewegungen vor und zurück schieben, bis das Scharnier nachgibt und sich das Messer zwischen den Schalen rundherum führen lässt.

Mit der aufgestellten Messerklinge die obere Schale anheben und den etwas rechts von der Mitte liegenden Schließmuskel erfühlen, der Schale und Fleisch verbindet, und diesen durchtrennen. Die obere Schale abheben; dabei die untere Schale waagerecht halten, damit die darin enthaltene Flüssigkeit nicht verloren geht. Für diese Zubereitung wird jedoch nur die Hälfte der Flüssigkeit benötigt.

Das Austernfleisch von der unteren Schale lösen und kleine Schalenreste entfernen. Die Austern auf einer hitzebeständigen Platte, die mit einer dicken Schicht Steinsalz ausgestreut ist, anrichten und mit frischem Ingwer bestreuen. Bei großer Hitze 3 Minuten unter den vorgeheizten Ofengrill schieben. Eine Mischung aus Gurkenstückchen, Koriandergrün und Schnittlauch darüber verteilen und mit dem Schwarze-Bohnen-Dressing beträufeln. Warm servieren.

Kalmar zum Pfannenrühren vorbereiten

KALMAR MIT FRÜHLINGSZWIEBELN UND ROTER CHILISCHOTE (Rezept siehe Seite 221)

Den Körperbeutel des Kalmars in die eine Hand nehmen und mit der anderen vorsichtig die Fangarme (Tentakeln) mitsamt den milchig weißen Innereien herausziehen.

Die Fangarme direkt über den Augen so vom Kopf abschneiden, dass sie durch einen schmalen Ring verbunden bleiben. Den Kopf wegwerfen. Die Tentakeln nur dann voneinander trennen, wenn sie sehr groß sind.

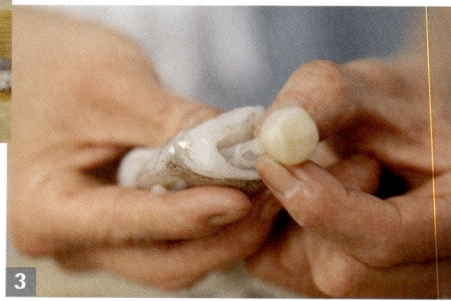

Das schnabelähnliche Kauwerkzeug in der Mitte der Tentakeln von unten durch den Ring herausdrücken.

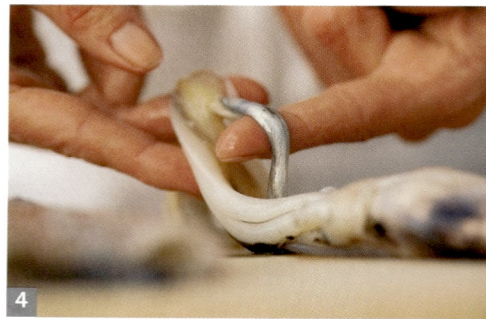

Falls Sie den Tintensack zurückbehalten und die Tinte mitverwenden wollen, suchen Sie in den Innereien nach einem sehr kleinen, silbrig blau glänzenden, länglichen Schlauch und schneiden Sie ihn vorsichtig heraus.

In den Körperbeutel fassen und das transparente Fischbein herausziehen.

Die beiden seitlichen Flossen mit der Hand vom Körper abziehen und von Körper und Flossen die halb durchsichtige Haut ebenfalls abziehen. Den Körperbeutel gründlich waschen.

Ein scharfes Messer mit schmaler, flexibler Klinge in die Beutelöffnung schieben und den Beutel an einer Seite aufschneiden. Den Beutel auseinander klappen und verbliebene Haut- oder Innereienreste entfernen.

Mit einem kleinen, scharfen Messer die Innenseite des Beutels mit einem Karomuster versehen, aber nicht zu tief einschneiden. Dann den Beutel in 5 cm große Stücke schneiden.

Einen Wok auf großer Stufe trocken erhitzen, bis er zu rauchen beginnt. Etwas Öl und eine Hand voll Kalmarstückchen hineingeben und 2 Minuten pfannenrühren, bis die Stückchen eine goldbraune Farbe angenommen haben. Mit dem restlichen Kalmar in gleicher Weise verfahren.

Mit einer Mischung aus geröstetem Szechuanpfeffer und Salz würzen, rote Chilis und Frühlingszwiebeln zugeben und nochmals kurz durchschwenken. Mit einem Salat servieren.

Einen Kraken vorbereiten und im Ofen weich dünsten

GESCHMORTER KRAKE NACH ART VON LA VELA IN NEAPEL (Rezept siehe Seite 217)

2 Die Innereien abziehen und wegwerfen. Die knorpeligen Streifen an den Körperseiten entfernen.

1 Den Körperbeutel des Kraken umstülpen und die Innereien nach außen kehren.

3 Den Magensack, der etwa die Größe eines Avocadosteines besitzt, lokalisieren und herausschneiden.

7 Schalotten und Knoblauch in Olivenöl sanft anschwitzen, bis sie weich sind und etwas Farbe angenommen haben.

9 Die Temperatur wieder herunterstellen und köcheln lassen, bis die Flüssigkeit fast vollständig verdampft ist.

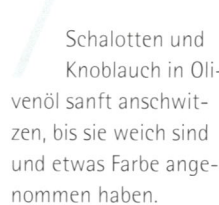

8 Den Rotwein und den Zucker sowie einige halbierte Eiertomaten zufügen und langsam zum Kochen bringen.

10 Den Kraken aus dem Ofen nehmen und auf ein Brett legen. Die Garflüssigkeit beiseite stellen.

Den Kraken von innen und außen gründlich waschen und die richtige Beutelseite wieder nach außen wenden. Das Kauwerkzeug und den es umgebenden weichen Vorhof aus der Mitte der Tentakeln herauspressen und mit einem kleinen Messer abschneiden.

Den nun küchenfertig vorbereiteten Kraken locker in eine flache, ofenfeste Form legen.

6 Etwas Olivenöl darüber gießen, mit einem Deckel fest verschließen und den Kraken bei 150 °C im nicht vorgeheizten Ofen 2 Stunden dünsten, bis das Fleisch ganz weich ist.

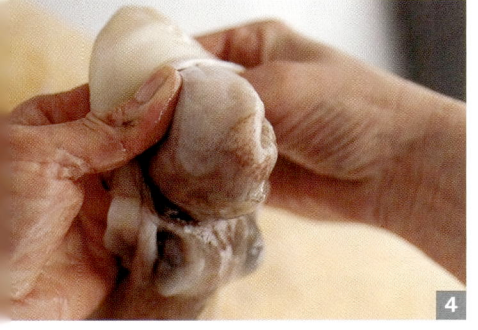

Sobald das Fleisch etwas abgekühlt ist, den Kraken quer in kleine Stücke schneiden. Das Fleisch, die zurückbehaltene Garflüssigkeit und etwas Wasser in die Rotwein-Schalotten-Mischung rühren.

Weitere 15–20 Minuten schmoren und dabei die Flüssigkeit erneut einkochen lassen. Die Erbsen 5 Minuten mitschmoren. Petersilie unterrühren, abschmecken, mit Olivenöl beträufeln und servieren.

Sepia vorbereiten

SALAT VON ROHER SEPIA

(Rezept siehe Seite 219)

1 Die Tentakeln direkt über den Augen abschneiden. Das schnabelähnliche Kauwerkzeug aus der Mitte der Fangarme herausdrücken und wegwerfen.

2 Die Tentakeln voneinander trennen und einzeln die Haut mit den Händen abziehen.

3 Die zähe Haut vom Körperbeutel ebenfalls mit den Händen abziehen.

4 Mit einem scharfen Messer den Rücken des Körpers aufschneiden und die Kalkschale (Sepiaschale) herauslösen.

5 Den Körperbeutel auseinander klappen. Den silbrig glänzenden Tintensack lokalisieren und vorsichtig heraustrennen, er darf keinesfalls verletzt werden. Die restlichen Innereien und den Kopf entfernen und wegwerfen.

SEPIA UND
SEEIGEL
VORBEREITEN

6 Den Körper gründlich waschen und der Länge nach halbieren. Für Salate die Hälften quer in sehr feine Streifen schneiden.

7 Die Tomaten und Sepiastreifen auf Tellern anrichten. Mit etwas Zitronensaft, Meersalz und grob gemahlenem schwarzem Pfeffer würzen. Ein wenig Olivenöl darüber träufeln, mit Rucolablättern garnieren und servieren.

Seeigel vorbereiten

SPAGHETTI MIT SEEIGELROGEN, ZITRONE UND PETERSILIE (Rezept siehe Seite 218)

Den Seeigel mit einem Tuch in die Hand nehmen, die Unterseite (mit der weichen Mundöffnung in der Mitte) nach oben. Mit einer Küchenschere ein kreisrundes Stück von 5–7½ cm Durchmesser herausschneiden. Alternativ dazu können Sie auch mit einem Sägemesser eine 2½ cm dicke Scheibe abschneiden.

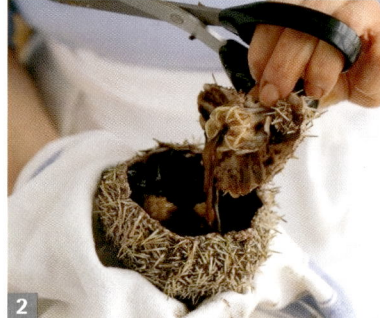

Das abgetrennte Stück abheben und die Flüssigkeit im Inneren des Seeigels abgießen.

Sämtliche schwarzen Bestandteile aus dem Inneren der Schale entfernen, sodass die orangerote Creme – die weiblichen Eierstöcke oder die männlichen Gonaden (auch Zungen genannt) – frei liegen.

Die einzelnen Gonaden vorsichtig und möglichst unversehrt mit einem Teelöffel herausheben. Direkt in die heiße Pasta geben und ein- bis zweimal behutsam durchheben. Die Hitze der Nudeln genügt, um den Rogen leicht zu garen.

Kapitel 5–12

2 Rezepte

Rezepte
Kapitel 5

Suppen, Eintöpfe und gemischte Seafood-Gerichte

Klassische Fischsuppe mit Rouille und Croûtons

FÜR 4 PERSONEN

900 g verschiedene Fische, z. B. Knurrhahn, Meeraal, Katzenhai, Franzosendorsch, Kabeljau und Meeräsche

1,2 l Wasser

85 ml Olivenöl

75 g Zwiebel, Bleichsellerie, Lauch und Fenchel, grob gehackt

3 Knoblauchzehen, in Scheiben geschnitten

2 Streifen Orangenschale

200 g Dosentomaten, gehackt

1 kleine rote Paprikaschote, Samen und Scheidewände entfernt, in Streifen geschnitten

1 Lorbeerblatt und 1 Zweig Thymian

Einige Safranfäden

100 g Tiefseegarnelen, ungeschält

Saft von ½ Orange

1 Prise Cayennepfeffer

Salz und frisch gemahlener schwarzen Pfeffer

25 g frisch geriebener Parmesan

½ Rezeptmenge Rouille (siehe Seite 224)

FÜR DIE CROÛTONS

1 kleines Baguette, in dünne Scheiben geschnitten

Etwas Olivenöl zum Rösten

1 Knoblauchzehe, halbiert

1 Die Fische filetieren, wie auf den Seiten 14 und 20 beschrieben. Aus den Karkassen und dem Wasser einen Fischfond zubereiten (siehe Seite 222).

2 In einem großen Topf das Olivenöl erhitzen, das Gemüse und den Knoblauch darin 20 Minuten ohne Farbe sanft schmoren. Orangenschale, Tomaten, Paprika, Lorbeerblatt, Thymian, Safran sowie die Garnelen und Fischfilets zugeben und 2–3 Minuten bei lebhafter Hitze anschwitzen. Den Fischfond und Orangesaft zugießen, zum Kochen bringen und 40 Minuten leise köcheln lassen. Inzwischen für die Croûtons die Baguettescheiben in dem Olivenöl knusprig und goldbraun rösten. Auf Küchenpapier abtropfen lassen und jede Scheibe auf einer Seite mit dem Knoblauch einreiben.

3 Die Suppe in der Küchenmaschine pürieren und durch ein Spitzsieb in einen sauberen Topf abseihen. Die im Sieb verbliebenen Reste mit dem Rücken einer Schöpfkelle gut ausdrücken. Die Suppe erneut erhitzen und mit Cayennepfeffer, Salz und Pfeffer abschmecken.

4 In eine vorgewärmte Terrine füllen, die Croûtons, den Parmesan und die Rouille separat dazu reichen. Zum Servieren die Suppe in vorgewärmte Schalen schöpfen. Nach Belieben einige Croûtons mit etwas Rouille überziehen, in die Suppe geben und mit dem Parmesan bestreuen.

Klippfischsuppe mit weißen Bohnen und Trüffelöl

FÜR 4 PERSONEN

175 g getrocknete weiße Bohnen, über Nacht in kaltem
    Wasser eingeweicht
450 g frisch eingesalzener Kabeljau (siehe Seite 67
    und 227), gewässert
600 ml Milch
6 Knoblauchzehen, in Scheiben geschnitten
120 ml Olivenöl
300 ml Sahne, 1 EL Trüffelöl
Glatte Petersilie, gehackt, zum Garnieren

1 Die Bohnen abgießen und in einem großen Topf mit 900 ml frischem Wasser zum Kochen bringen. Zugedeckt 1 Stunde kochen lassen, bis die Bohnen fast zu zerfallen beginnen. In einem Sieb abtropfen lassen, die Garflüssigkeit auffangen.

2 Den Kabeljau aus dem Wasser nehmen, mit der Milch in einem Topf zum Kochen bringen und 4–5 Minuten garen. Auf einen Teller heben und vor dem Weiterverarbeiten etwas abkühlen lassen. Den Fisch grob zerpflücken, Haut und Gräten entfernen. Die Milch zurückbehalten.

3 Die Fischstücke und den Knoblauch in die Küchenmaschine füllen. Das Öl und die Sahne in einer kleinen Kasserolle zum Kochen bringen und mit den Bohnen ebenfalls in die Küchenmaschine füllen. Alles zu einer glatten Masse pürieren. Bei laufendem Gerät die zurückbehaltene Milch zugießen.

4 Die pürierte Suppe langsam wieder erhitzen, aber nicht aufkochen. Ist sie zu dick, mit dem Bohnenwasser auf die gewünschte Konsistenz bringen. Die heiße Suppe in vorgewärmte tiefe Teller schöpfen, mit etwas Trüffelöl beträufeln und mit etwas Petersilie garnieren.

Strandkrabben-Cremesuppe

(siehe Anleitung 57, Seite 86)

FÜR 4 PERSONEN

Salz
900 g Strandkrabben, gewaschen
50 g Butter
50 g Zwiebel, Möhre und Bleichsellerie, fein gehackt
1 Lorbeerblatt
2 EL Cognac
4 Tomaten
1 TL Tomatenmark
75 ml trockener Weißwein
1 Zweig frischer Estragon
1³/₄ l Fischfond (siehe Seite 222)
4 EL Sahne
1 Prise Cayennepfeffer
2 EL Zitronensaft
Frisch gemahlener schwarzer Pfeffer

1 In einem großen Topf kräftig gesalzenes Wasser zum Kochen bringen. Die Krabben einlegen und 2 Minuten sprudelnd kochen lassen. Abgießen, etwas abkühlen lassen, mit einem Schlagmesser in grobe Stücke teilen.

2 Die Butter in einem großen Topf mit schwerem Boden aufschäumen lassen. Das zerkleinerte Gemüse und das Lorbeerblatt darin 3–4 Minuten farblos anschwitzen.

3 Die Krabbenstücke und den Cognac hineingeben und mitgaren, bis sämtliche Flüssigkeit verdampft ist.

4 Die Tomaten, das Tomatenmark, den Wein, Estragon und Fischfond hinzufügen. Zum Kochen bringen und 30 Minuten köcheln lassen.

5 Die Suppe portionsweise in der Küchenmaschine grob pürieren. Die Schalen der Krabben sollten die Größe eines Fingernagels behalten.

6 Durch ein Spitzsieb in einen saubern Topf passieren und mit dem Rücken einer Kelle sämtliche Flüssigkeit aus den Siebresten herauspressen. Anschließend nochmals durch ein feines Sieb passieren.

7 Die Suppe erneut aufkochen und je nach Geschmack noch etwas einkochen lassen. Die Hitze herunterstellen und die Sahne unterrühren. Mit Cayennepfeffer und dem Zitronensaft würzen und mit Salz und Pfeffer abschmecken.

Klippfischsuppe mit weißen Bohnen und Trüffelöl

Cacciucco (Italienische Fischsuppe) (siehe Anleitung 33, Seite 54)

FÜR 8–10 PERSONEN

1 Ciabatta-Brot

150 ml Olivenöl

5 Knoblauchzehen, geschält und in dünne Scheiben geschnitten

450 g mittelgroße Kalmare

1 Petersfisch (900 g), filetiert (siehe Seite 30)

1 Knurrhahn (1,5 kg), filetiert (siehe Seite 32)

900 g fleischige Kabeljaufilets mit Haut

1 Hummer (450 g), gekocht

Salz und frisch gemahlener schwarzer Pfeffer

1 große Zwiebel, geschält und fein gehackt

1 große Möhre, geschält und fein gehackt

2 Stangen Bleichsellerie, fein gehackt

300 ml Rotwein

400 g Dosentomaten, abgetropft

2 Lorbeerblätter

2–3 mittelscharfe rote Chilischoten, längs aufgeschnitten

2½ l Wasser

6 frische Salbeiblätter

900 g Miesmuscheln, gesäubert (siehe Seite 88)

50 ml trockener Weißwein

1 Den Ofen auf 200 °C vorheizen. Das Ciabatta in 1 cm dicke Scheiben schneiden und auf ein Backblech legen. Mit etwa 2 Esslöffeln des Olivenöls beträufeln und im Ofen in 10-12 Minuten goldgelb und knusprig rösten. Herausnehmen und von einer Seite mit einer der Knoblauchzehen einreiben. Beiseite stellen.

2 Die Kalmare säubern (siehe Seite 92), einen Tintensack zurückbehalten. Die Körperbeutel in Ringe schneiden und die Fangarme voneinander trennen. Die Fischfilets in 4 cm breite Stücke schneiden. Das Hummerfleisch auslösen (siehe Seite 76), die Schalen zurückbehalten. Kalmare und Hummerfleisch mit etwas Salz und Pfeffer würzen.

3 Die Hälfte des verbliebenen Olivenöls in einem großen Topf erhitzen. Zwiebel, Möhre und Sellerie darin etwa 8 Minuten anschwitzen, bis das Gemüse Farbe zu nehmen beginnt. Den Rotwein zugießen, die Hummerschalen, Tomaten, Lorbeerblätter und Chilis zugeben und mit dem Wasser auffüllen. Den zurückbehaltenen Tintensack mit etwas Wasser zerdrücken und untermengen. Zum Kochen bringen und 45 Minuten köcheln lassen.

4 Die Brühe durch ein Sieb in einen anderen großen Topf abseihen. Die Siebrückstände mit dem Rücken einer Kelle gut ausdrücken, damit keine Flüssigkeit und kein Aroma verloren gehen. Es sollten etwa 1,2 Liter kräftige Brühe zurückbleiben. Ist die Menge größer, die Brühe bei großer

Cacciucco

Hitze einige Minuten einkochen lassen, um das Aroma zu konzentrieren. Abschmecken.

5 Das restliche Olivenöl, die Salbeiblätter und den Knoblauch in einem großen Topf langsam erhitzen. Sobald sich kleine, zischende Bläschen bilden, die Kalmarstücke einlegen und 2 Minuten Farbe nehmen lassen. Wieder herausnehmen und warm stellen.

6 Die Muscheln mit dem Weißwein in einem großen Topf zugedeckt bei großer Hitze 3 Minuten dämpfen, bis sie sich geöffnet haben. Über einem Sieb abgießen und abtropfen lassen, den Muschelsud auffangen.

7 Die Brühe und den Fisch in den Topf füllen, in dem die Kalmare gegart wurden, zum Kochen bringen und 2 Minuten köcheln lassen. Das Hummerfleisch, die Kalmarstücke und Muscheln zugeben. Den Muschelsud durch ein feines Sieb zugießen und alles 1 Minute köcheln lassen. Im Topf servieren. Die gerösteten Ciabatta-Scheiben dazu reichen.

Bouillabaisse

FÜR 8–10 PERSONEN

85 ml Olivenöl

2 mittelgroße Zwiebeln, grob gehackt

Das Weiße von 2 Stangen Lauch, geputzt und grob gehackt

4 Stangen Bleichsellerie, in dünne Scheiben geschnitten

2 Fenchelknollen, in dünne Scheiben geschnitten

10 Knoblauchzehen, gehackt

Frisch gemahlener schwarzer Pfeffer

2 Streifen Orangenschale

900 g Eiertomaten, enthäutet und gehackt

5

½ mittelscharfe rote Chilischote, Samen entfernt, gehackt

1 TL Safranfäden

2 Zweige frischer Thymian

4 Lorbeerblätter

3½ l Fischfond (siehe Seite 222)

3,5 kg verschiedene Fischsorten (in jedem Fall Petermännchen, Seeteufel, Meeraal, Roter Knurrhahn, Petersfisch; aber auch Lippfisch, Zackenbarsch, Katzenhai,
Meerbrassen, Meerbarbe, Wolfsbarsch und Meeräsche)

750 g Miesmuscheln, gesäubert (siehe Seite 88)

1 TL Fenchelkraut, gehackt

1 TL frischer Oregano, gehackt

1 TL frische Thymianblättchen

2 EL Pernod

750 g gekochte Hummer- oder Langustenstücke in der
Schale, gekochter Kaisergranat oder Garnelen

2 EL natives Olivenöl extra

Salz, Cayennepfeffer nach Belieben

½ Rezeptmenge Rouille (siehe Seite 224)

FÜR DIE CROÛTONS

Olivenöl zum Rösten

12 dünne Scheiben Baguette

2–3 ganze Knoblauchzehen

1 Für die Croûtons das Olivenöl in einer Pfanne erhitzen. Die Brotscheiben darin von beiden Seiten goldbraun rösten. Auf Küchenpapier
kurz abtropfen lassen und jede Scheibe auf einer Seite mit Knoblauch
einreiben. Im lauwarmen Ofen warm stellen.

2 Für die Bouillabaisse das Olivenöl in einem großen, hohen Topf erhitzen. Zwiebeln, Lauch, Sellerie, Fenchel und Knoblauch 4–5 Minuten
darin weich schwitzen. Pfeffern, Orangenschale, Tomaten, Chili, Safranfäden, Thymianzweige und Lorbeerblätter zugeben und mit dem Fischfond aufgießen. Zum Kochen bringen und 10 Minuten köcheln lassen.

3 Die festfleischigen Fischsorten wie Meeraal, Katzenhai und Seeteufel
zuerst einlegen, aufkochen und 3 Minuten sanft pochieren. Die weichflei-
schigeren Sorten hineingeben und weitere 2–3 Minuten garen. Muscheln,
Fenchelkraut, Oregano, Thymianblättchen und Pernod zugeben und
1 weitere Minute köcheln lassen. Zuletzt die Hummer- oder Langustenstücke sowie die Kaisergranate oder Garnelen zufügen und durchwärmen.

4 Den Fisch und die Meersfrüchte mit einer Schaumkelle vorsichtig
herausheben, auf eine vorgewärmte Platte legen, warm stellen. Die
Suppe durch ein Sieb passieren, zurück in den Topf gießen und das
Olivenöl unterrühren. Bei großer Hitze rasch einkochen lassen, bis die
Suppe von kräftigem Aroma und sämiger Konsistenz ist. Abschmecken.

5 Zum Servieren die Croûtons auf der Suppe anrichten und mit
einem Klecks Rouille bedecken. Den Fisch dazu reichen.

Muschel-Masala

FÜR 4 PERSONEN

2 EL Sonnenblumenöl

1,75 kg Mies-, Herz- und Venusmuscheln, gesäubert
(siehe Seite 88/89)

2 EL grob gehackte Korianderblätter

FÜR DIE MASALAPASTE

1 EL Koriandersamen

1 TL Gewürznelken

2 EL Kreuzkümmel

2 mittelgroße Zwiebeln, geviertelt

8 große Knoblauchzehen

50 g frische Ingwerwurzel, gehackt

1 walnussgroßes Stück Tamarindenmark, Samen entfernt

1 TL gemahlene Kurkuma

3 mittelscharfe rote Chilischoten, gehackt

2 EL Rotweinessig

40 g Kokoscreme

1 Für die Masalapaste eine Pfanne mit schwerem Boden bei mittlerer
Temperatur trocken erhitzen. Die Koriandersamen, Nelken und den
Kreuzkümmel hineingeben und rösten, bis sie sich dunkel verfärben
und aromatisch zu duften beginnen. In einer Gewürzmühle zu einem
Pulver zermahlen. Die Gewürzmischung mit allen anderen Zutaten für
die Paste in der Küchenmaschine oder im Mixer zu einer glatten Masse
verarbeiten.

2 In einem großen Topf das Öl erhitzen und die Masalapaste darin
einige Minuten anschwitzen, bis sich die Gewürze von dem Öl zu
trennen beginnen.

3 Die Muscheln in den Topf füllen, mit einem Deckel verschließen und
3–4 Minuten bei großer Hitze dämpfen. Den Topf immer wieder kräftig
rütteln, bis sich sämtliche Muscheln geöffnet haben.

4 Falls sich zu wenig Sauce gebildet hat, etwas Wasser zugießen und
nötigenfalls noch etwas salzen. Zuletzt das Koriandergrün untermengen.
In vorgewärmte Schüsseln füllen und servieren.

Klare Krabbensuppe mit Meeresfrüchten und Ingwer

(siehe Anleitung 58, Seite 87)

FÜR 4 PERSONEN

2¹/₂ cm frische Ingwerwurzel

2 Limetten

1³/₄ l Hühnerbrühe (siehe Seite 222)

1 Stängel Zitronengras

1 roter Vogelaugen-Chili (Thai-Chili), längs halbiert

1 EL Thai-Fischsauce (nam pla)

1 EL helle Sojasauce

4 Blaukrabben oder 1 kleiner, gekochter Taschenkrebs

8 rohe Garnelenschwänze

15 g Reis-Vermicelli, Salz

100 g Seeteufelfilet, in dünne Scheiben geschnitten

2 Frühlingszwiebeln, in 5 cm lange Stücke, dann längs
   in Julienne geschnitten

25 g Pak-Choi, in 2¹/₂ cm große Stücke geschnitten

25 g Sojabohnensprossen

Korianderblätter zum Garnieren

ZUM KLÄREN DER BRÜHE

100 g Seelachs oder eine andere billige, weißfleischige
   Sorte, gehäutet und fein gehackt

1 kleine Stange Lauch, geputzt und in dünne Streifen
   geschnitten

2 Eiweiß

ZUM SERVIEREN

Je 1 EL frische Minze und frischer Koriander, gehackt

2 rote Vogelaugen-Chilis, in feine Streifen geschnitten

2 EL Reiswein- oder Weißweinessig

1 Den Ingwer schälen und in feine Scheibe schneiden; die Schale zurückbehalten. Mit einem Sparschäler einen Streifen Limettenschale abschälen und den Saft beider Früchte auspressen.

2 In einem großen Topf die Hühnerbrühe mit drei Viertel des Ingwers, der Ingwerschale, Limettenschale und -saft, den äußeren Zitronengrasblättern, der Chilischote, Fisch- und Sojasauce vermengen und langsam zum Kochen bringen.

3 Inzwischen die Krabben vorbereiten, wie auf Seite 84 beschrieben. Die Garnelenschwänze schälen und die Därme entfernen; die Schalen zurückbehalten (siehe Seite 72).

4 Die Beine und Körper der Krabben, nicht aber die Scheren, sowie die Garnelenschalen in die kochende Brühe geben. Wieder zum Kochen bringen und zugedeckt 25 Minuten leise köcheln lassen. Nach 20 Minuten die Scheren einlegen.

5 Die Brühe durch ein großes Sieb in einen anderen großen Topf abseihen. Die festen Rückstände bis auf die Krabben wegwerfen. Die Brühe abkühlen lassen. In der Zwischenzeit das Krabbenfleisch in möglichst großen Stücken aus den Beinen, Scheren und dem Körper auslösen (siehe Seite 80).

6 Zum Klären der Brühe die Seelachsstücke, den Lauch und die Eiweiße hineingeben und bei mittlerer Hitze unter ständigem Rühren langsam zum Kochen bringen. Sobald die Brühe kocht, sofort aufhören zu rühren, die Hitze herunterstellen und 5 Minuten sanft köcheln lassen.

7 Ein Spitzsieb mit zwei Lagen Mulltuch auskleiden und auf einen sauberen Topf setzen. Die geklärte Brühe vorsichtig in das Sieb gießen und vollständig ablaufen lassen. Sie ist nun gebrauchsfertig.

8 Die Reis-Vermicelli in kochendes Salzwasser einstreuen, den Topf vom Herd nehmen und die Nudeln 2 Minuten ziehen lassen. In ein Sieb abgießen und beiseite stellen. Den restlichen Ingwer und die Hälfte des verbliebenen Zitronengrases fein hacken.

9 Die Brühe wieder bis an den Siedepunkt erhitzen und die Garnelenschwänze, das Seeteufelfleisch, den Ingwer sowie das Zitronengras 1 Minute darin köcheln lassen. Die Nudeln, das Krabbenfleisch, die Frühlingszwiebeln, Pak-Choi und Sojabohnensprossen unterrühren und weitere 30 Sekunden köcheln lassen. Von der Kochstelle nehmen.

10 Die Minze und die Korianderblätter in einer kleinen Schale vermengen. In einer zweiten Schale die Chilis und den Essig verrühren.

11 Die Reis-Vermicelli gleichmäßig in 4 Suppenteller verteilen und die Suppe darüber schöpfen. Mit den Korianderblättern garnieren und servieren. Die Minze-Koriander-Mischung und den Chili-Essig separat dazu reichen. So kann jeder seine Suppe nach Belieben würzen.

Miso-Suppe

FÜR 4 PERSONEN

7 g gemischter getrockneter Seetang (z. B. Dulse,
   Wakame und Agar-Agar)

50 g fleischiges Kabeljaufilet, enthäutet

1 EL weiße Miso-Paste

3 Jakobsmuscheln, ausgelöst (siehe Seite 90)

7 g junger Spinat

7 g Mizuna-Blätter (chinesische Salatsorte)

2 Frühlingszwiebeln, schräg in dünne Scheiben
   geschnitten

2 kleine Champignons, in feine Scheiben geschnitten

FÜR DIE DASHI-BRÜHE

1,2 l Wasser

Ein 5 cm großes Quadrat getrockneter Kombu

3 EL Bonitoflocken

1 Das gemischte Meeresgemüse in einer Schüssel 8–10 Minuten in kaltem Wasser einweichen. Abgießen und abtropfen lassen.

2 Inzwischen für die Dashi-Brühe das Wasser und den Kombu in einem Topf langsam zum Kochen bringen. Die kochende Flüssigkeit sofort passieren, zurück in den Topf gießen und erneut aufkochen. Die Bonitoflocken einrühren, kurz aufkochen und dann abseits der Kochstelle 1 Minute ziehen lassen. Die Dashi-Brühe durch ein mit Mulltuch ausgekleidetes Spitzsieb in einen sauberen Topf abseihen.

3 Das Kabeljaufilet zuerst in 2½ cm große Stücke, dann in dünne Streifen schneiden. Die Jakobsmuscheln waagerecht in sehr feine Scheiben schneiden.

4 Die Dashi-Brühe wieder zum Köcheln bringen. Eine Kelle der heißen Brühe mit der Miso-Paste glatt rühren. Zurück in den Topf gießen, die Jakobsmuscheln und den Kabeljau einlegen und 30 Sekunden pochieren. Das Meeresgemüse, die Spinat- und Mizuna-Blätter zufügen und einige Sekunden in der heißen Brühe ziehen lassen.

5 Die Miso-Suppe in Suppenschalen schöpfen, mit den Frühlingszwiebeln und Champignonscheiben garnieren und sofort servieren.

Sashimi von Lachsforelle, Glattbutt und Jakobsmuscheln

FÜR 4 PERSONEN ALS VORSPEISE

100 g Lachsforellenfilet von einem kleinen Fisch, enthäutet
100 g Glattbuttfilet von einem kleinen Fisch, enthäutet
4 Jakobsmuscheln, ausgelöst, je etwa 25 g (siehe Seite 90)
1 EL Wasabi
Einige Halme Schnittlauch zum Garnieren

FÜR DIE SOJA-DIPSAUCE

1 cm Ingwerwurzel, geschält und sehr fein gewürfelt
2 Frühlingszwiebeln, fein gehackt
Saft und fein abgeriebene Schale von ½ Limette
Je 40 ml dunkle Sojasauce und Wasser

1 Mit einem scharfen, dünnen Messer die Fischfilets im 45-Grad-Winkel in etwa 5 mm dünne Scheiben schneiden.

2 Den Corail der Jakobsmuscheln, falls vorhanden, entfernen und das Fleisch horizontal in je 2–3 Scheiben schneiden. Den Fisch und die Jakobsmuscheln auf 4 Tellern anrichten und am Rand mit etwas Wasabi garnieren.

3 Sämtliche Zutaten für die Soja-Dipsauce miteinander verrühren und in 4 kleine Schälchen verteilen. Die Schälchen neben dem Fisch auf den Tellern platzieren, mit dem Schnittlauch garnieren und servieren.

Nigiri Sushi (siehe Anleitung 37, Seite 60)

FÜR 6 PERSONEN (ERGIBT ETWA 30 STÜCK)

6 kleine, rohe Garnelenschwänze, ungeschält, Salz
40–50 g fleischiges Lachsfilet am Stück, enthäutet
40–50 g fleischiges Thunfischfilet am Stück
40–50 g Rotzungenfilet am Stück, enthäutet
Etwas Wasabi
6 TL Keta-Kaviar

FÜR DEN KLEBREIS

375 g japanischer Klebreis
600 ml kaltes Wasser
6 EL Reisessig
2 TL extrafeiner Zucker, 1 TL Salz

ZUM SERVIEREN

4 EL japanische dunkle Sojasauce
1 EL Mirin
25 g japanischer eingelegter Ingwer

1 Den Klebreis in einer großen Schüssel mit kaltem Wasser bedecken und mit den Händen gründlich durchwaschen. Dabei das Wasser mehrmals wechseln, bis es fast ganz klar bleibt. Den Reis abgießen und mit 600 ml frischem Wasser in einem großen Topf zum Kochen bringen. 1 Minute sprudelnd kochen lassen, dann die Hitze auf niedrige Stufe herunterstellen und unbedeckt 10 Minuten garen. Den Topf von der Kochstelle nehmen und den Reis zugedeckt weitere 10 Minuten ungestört ziehen lassen. Inzwischen in einer kleinen Kasserolle 4 Esslöffel Reisessig mit dem Zucker und Salz langsam erhitzen, bis sich der Zucker aufgelöst hat. In eine Schale umfüllen und abkühlen lassen.

2 Den gegarten Reis in eine große, flache Form oder auf ein Backblech geben und nach und nach die Essigmischung unterziehen. Dabei den Reis sehr behutsam und gleichmäßig durcharbeiten, sodass er beim Abkühlen einen schimmernden Glanz annimmt. Den Reis in einer Schüssel, mit Frischhaltefolie bedeckt, beiseite, aber nicht in den Kühlschrank stellen.

3 Die Garnelenschwänze an der Unterseite vom Kopf bis zum Schwanz direkt unter der Schale mit einem Holz- oder Bambusspießchen durchstechen, damit sie sich beim Garen nicht aufrollen. In leicht gesalzenes, kochendes Wasser einlegen und in 3 Minuten gar ziehen lassen. Abgießen, in kaltem Wasser abschrecken, abtropfen und ganz abkühlen lassen. Die Spießchen herausziehen und die Garnelen wie auf Seite 72, Schritte 1–3, aus der Schale lösen. An der Unterseite über die gesamte Länge aufschneiden, sodass sie sich flach auseinander klappen lassen.

4 Das Lachs- und Thunfischfilet zuerst in dünne Scheiben, dann den gesamten Fisch in etwa 6 x 3 cm große Rechtecke schneiden.

5 Den restlichen Reisessig mit 225 ml kaltem Wasser verrühren. Die Hände mit dem Essigwasser benetzen, jeweils 20 g von der Reismasse

abnehmen und zu einem Block formen, der etwas kleiner ist als die vorbereiteten Fischscheiben. Dabei den Reis nicht zu fest zusammendrücken.

6 Alle Fischscheibchen auf einer Seite sowie die Schnittseiten der Garnelen dünn mit Wasabi bestreichen. Mit der bestrichenen Seite nach unten auf die Reisblöckchen setzen und leicht andrücken. Die Oberseite der verbliebenen Reisblöcke ebenfalls mit ein wenig Wasabi bestreichen und mit je 1 Teelöffel Keta-Kaviar belegen.

7 Die Sojasauce mit dem Mirin verrühren und in 6 kleine Schälchen verteilen. Die Sushi in der Mitte der Teller anrichten und an der Seite mit einem Häufchen eingelegtem Ingwer garnieren. Die Schälchen mit dem Dip an den Tellerrand stellen und servieren.

Laksa (Malaysischer Meeresfrüchtetopf mit Nudeln)

FÜR 4 PERSONEN

8 große rohe Garnelenschwänze, ungeschält
5 EL Pflanzenöl
900 ml Hühnerbrühe (siehe Seite 222)
100 g kleine Kalmare, küchenfertig (siehe Seite 92)
175 g Reisbandnudeln, Salz
100 g Sojabohnensprossen
400 ml Kokosmilch aus der Dose
2 TL Palmzucker oder heller Rohrzucker

FÜR DIE LAKSA-WÜRZPASTE

3 mittelscharfe getrocknete rote Chilis
25 g getrocknete Garnelen (nach Belieben)
2 Stängel Zitronengras, äußere Blätter entfernt und
    das Innere fein gehackt
25 g Cashewkerne
2 Knoblauchzehen, gehackt
2½ cm Ingwerwurzel, gehackt
1 TL gemahlene Kurkuma
1 kleine Zwiebel, gehackt
1 TL gemahlene Koriandersamen, 3 EL Wasser

ZUM GARNIEREN

5 cm Salatgurke, in Julienne geschnitten
Je 1 EL gehackte Korianderblätter und Minze
4 Frühlingszwiebeln, in dünne Scheiben geschnitten
1 mittelscharfe rote Chilischote, in dünne Ringe
    geschnitten

1 Für die Laksa-Würzpaste die Chilis und Garnelen, falls verwendet, in einer Schüssel in warmem Wasser 15 Minuten einweichen. Abtropfen lassen und mit den restlichen Zutaten im Mixer zu einer glatten Paste verarbeiten. Beiseite stellen.

2 Die Garnelenschwänze schälen (siehe Seite 72) und, falls nötig, die Därme entfernen.

3 In einem Topf 1 Esslöffel des Öls erhitzen und die Garnelenschalen darin einige Minuten anbraten, bis sie eine leicht bräunliche Farbe angenommen haben. Mit der Hühnerbrühe aufgießen, zum Kochen bringen und 10 Minuten köcheln lassen.

4 In der Zwischenzeit die Körperbeutel der Kalmare auf einer Seite aufschneiden und flach auf der Arbeitsfläche ausbreiten. Auf den Innenseiten mit einem kleinen, kurzen Messer ein Karomuster einritzen (siehe Seite 93). Anschließend in 2½ cm große Quadrate schneiden und beiseite stellen.

5 Die Brühe passieren, die Garnelenschalen wegwerfen. In einem sauberen Topf das restliche Öl erhitzen. Die Würzpaste darin 5–6 Minuten sanft anschwitzen, bis sich die Gewürze von dem Öl zu trennen beginnen und einen aromatischen Duft verströmen. Die passierte Brühe zugießen, zum Kochen bringen und zugedeckt 20 Minuten köcheln lassen.

6 Die Reisnudeln in einen Topf mit kochendem Salzwasser geben, vom Herd nehmen und 4 Minuten ziehen lassen. Die Sojabohnensprossen zufügen und 1 weitere Minuten ziehen lassen. Anschließend gut abtropfen lassen.

7 Die Kokosmilch in die Brühe einrühren und 3 Minuten köcheln lassen. Die Garnelen, Kalmarstücke, Zucker und 1–1½ Teelöffel Salz zugeben und weitere 4 Minuten köcheln lassen.

8 Die Reisnudeln in 4 vorgewärmte Suppenschalen verteilen und die heiße Suppe darüber schöpfen. Mit den Gurken-Julienne, den Korianderblättern, der Minze, den Frühlingszwiebeln und Chili garnieren.

Klippfischeintopf mit Kichererbsen

FÜR 4 PERSONEN

350 g getrocknete Kichererbsen
1 Kartoffel (75 g), geschält
750 g frisch eingesalzener Kabeljau (siehe Seite 67
    und 227), gewässert
85 ml Olivenöl
8 Knoblauchzehen, fein gehackt
1 TL getrocknete Chiliflocken
4 Eiertomaten, grob gehackt
3–4 EL gehackte glatte Petersilie, schwarzer Pfeffer

1 Die Kichererbsen mit kaltem Wasser bedecken und über Nacht einweichen lassen.

2 Am folgenden Tag das Einweichwasser abgießen und die Kichererbsen etwa 5 cm hoch mit frischem Wasser bedecken. Zum Kochen bringen, die Kartoffel ein egen und garen, bis das Gemüse weich ist.

Klippfischeintopf mit Kichererbsen

Gegebenenfalls ab und zu etwas heißes Wasser zugießen, damit die Kichererbsen ständig bedeckt sind. Abgießen und abkühlen lassen; die Garflüssigkeit auffangen.

3 Den gesalzenen Kabeljau aus dem Wasser nehmen, in kochendes Wasser einlegen und 6–8 Minuten ziehen lassen. Abgießen und das Fleisch in große Stücke zerpflücken. Haut und Gräten wegwerfen.

4 In einem großen Topf das Olivenöl erhitzen und den Knoblauch und die Chiliflocken 1–2 Minuten farblos anschwitzen. Die Tomaten, Kichererbsen und die mit einem Holzlöffel grob zerkleinerte Kartoffel einrühren. Ein wenig von der Kichererbsenbrühe und 300 ml Wasser zugießen und alles 20–30 Minuten köcheln lassen, bis der Eintopf ein wenig eingedickt ist. Die Kabeljaustücke und die gehackte Petersilie vorsichtig unterrühren und großzügig mit frisch gemahlenem schwarzem Pfeffer abschmecken. Salzen wird in der Regel nicht mehr nötig sein.

ALTERNATIVE FISCHE

Alle Arten der Dorschfamilie wie Schellfisch, Seehecht, Steinköhler oder Seelachs lassen sich hervorragend einsalzen. Je billiger der Fisch, desto besser ist er geeignet. Steinköhler schmeckt zum Beispiel als Klippfisch besser denn als Frischfisch.

Weiße-Bohnen-Eintopf mit Meeresfrüchten, Klippfisch und Schweinsbratwurst (Cassoulet)

FÜR 6 PERSONEN

175 ml Olivenöl
225 g grobe Schweinsbratwurst, in 2½ cm große Stücke geschnitten
1 Prise getrocknete Chiliflocken
550 g getrocknete weiße Bohnen, über Nacht in kaltem Wasser eingeweicht
6 Knoblauchzehen, fein gehackt
2 Lorbeerblätter
2 Zweige frischer Thymian
900 ml Hühnerbrühe (siehe Seite 222)
Frisch gemahlener schwarzer Pfeffer
225 g frisch eingesalzener Kabeljau (siehe Seite 67 und 227), gewässert
350 g Kalmare, küchenfertig (siehe Seite 92) und in dünne Streifen geschnitten
225 g Seeteufelfilet, in 2½ cm große Stücke geschnitten
100 g frische grobe Weißbrotbrösel
1 EL gehackte Petersilie, Salz

1 Den Ofen auf 150 °C vorheizen. In einer großen Kasserolle oder einem Schmortopf 120 ml des Olivenöls erhitzen, die Wurststücke und Chiliflocken darin 4 Minuten anbraten, bis die Wurst etwas Farbe genommen hat.

2 Die Bohnen abgießen und mit 4 der gehackten Knoblauchzehen, den Lorbeerblättern, Thymianzweigen, 600 ml der Hühnerbrühe und etwas Pfeffer zu den Wurststücken geben. Mit einem Deckel fest verschließen und im Ofen 1½ Stunden schmoren lassen, bis die Bohnen weich sind und die meiste Flüssigkeit absorbiert haben.

3 Den Kabeljau abgießen, enthäuten und in 2½ cm große Stücke schneiden. In einer kleinen Pfanne etwas von dem verbliebenen Öl erhitzen und die Kalmar- und Seeteufelstücke darin von allen Seiten goldbraun anbraten. Falls nötig, in mehreren Durchgängen arbeiten. Die Kalmar- und Seeteufelstücke mit dem Kabeljau unter die weißen Bohnen heben. Die restliche Hühnerbrühe zugießen und abschmecken. Die Ofentemperatur auf 200 °C erhöhen.

4 Die Weißbrotbrösel mit dem restlichen Öl in einer Schüssel vermengen. Den restlichen Knoblauch, die Petersilie sowie etwas Salz und Pfeffer unterrühren. Die Mischung auf den Bohnen verteilen, den Eintopf wieder in den Ofen schieben und unbedeckt weitere 30 Minuten schmoren, bis sich eine knusprige goldbraune Kruste gebildet hat.

Fischsuppe mit Rotbarbe, Glattbutt und Klippfisch (Bourride)

FÜR 4 PERSONEN

225 g Rotbarbenfilet mit Haut

225 g Glattbuttfilet mit Haut

225 g frisch eingesalzener Kabeljau (siehe Seite 67 und 227), gewässert

2 EL Olivenöl

1 mittelgroße Zwiebel, gehackt

1 kleine Stange Lauch, geputzt und gehackt

½ Fenchelknolle, klein geschnitten

4 Knoblauchzehen, gehackt

2 Streifen Orangenschale

2 Tomaten, in Scheiben geschnitten

1 Lorbeerblatt und 1 Zweig Thymian

1,2 l Fischfond (siehe Seite 222), ½ TL Salz

1 Rezeptmenge Aïoli (siehe Seite 224)

Gehackte Petersilie zum Garnieren

FÜR DIE CROÛTONS

2 EL Olivenöl

4 Scheiben Baguette (2½ cm dick), schräg geschnitten

1 mittelscharfe rote Chilischote, Samen entfernt, fein gehackt

4 sonnengetrocknete Tomaten in Öl, abgetropft und gehackt

1 Die Fischfilets in 50 g große Stücke schneiden.

2 Für die Croûtons das Öl in einer Pfanne erhitzen und die Brotscheiben darin von beiden Seiten goldgelb rösten. Kurz auf Küchenpapier abtropfen lassen und warm stellen. Die sonnengetrockneten Tomaten mit 1 Esslöffel der Aïoli vermischen und auf die Croûtons streichen.

3 Für die Bourride das Öl in einem großen Topf erhitzen. Zwiebel, Lauch, Fenchel, Knoblauch und Orangenschale darin ohne Farbe 5 Minuten anschwitzen. Die Tomaten, Lorbeerblatt und Thymian zugeben, mit dem Fischfond aufgießen, salzen und 30 Minuten köcheln lassen.

4 Die Fischstücke einlegen und 5 Minuten pochieren. Wieder herausheben und auf einer vorgewärmten Servierplatte warm stellen. Die Brühe durch ein feines Sieb in einen sauberen Topf abseihen.

5 Die Aïoli in eine Schüssel füllen und mit 1 Schöpfkelle der Brühe verrühren. Zurück in die Brühe rühren und bei niedriger Hitze etwas eindicken lassen. Nicht mehr kochen. Die Suppe über den Fischstücken verteilen und mit Petersilie bestreuen. Mit den Croûtons und nach Belieben mit Salzkartoffeln servieren.

Cotriade (Bretonischer Fischeintopf)

FÜR 8 PERSONEN

1,5 kg gemischte Fischfilets, z. B. Kabeljau, Seehecht, Schellfisch, Glattbutt, Petersfisch, Knurrhahn, Wolfsbarsch, Meeräsche, Makrele und Hering (eine Sorte sollte fettreich sein)

900 g neue Kartoffeln, halbiert

Butter zum Bestreichen

Salz

450 g Miesmuscheln, gesäubert (siehe Seite 88)

FÜR DIE COURT-BOUILLON

2 Möhren, gehackt

1 Stange Lauch, geputzt und gehackt

2 Stangen Bleichsellerie, gehackt

1 Fenchelknolle, in Stücke geschnitten

½ Zwiebel, gehackt

2½ l Wasser

Schale und Fruchtfleisch von ½ Zitrone

2 Knoblauchzehen und 1 Lorbeerblatt

150 ml trockener Weißwein

2 EL Pernod

6 schwarze Pfefferkörner

15 g Salz

100 g Crème fraîche

50 g Fenchelkraut (Stängel und Blätter)

FÜR DIE SAUERAMPFER-SARDELLEN-BUTTER

10 Blätter Sauerampfer

4 gesalzene Sardellenfilets in Öl, abgetropft

100 g streichfähige Butter

1 Jede Fischsorte in 8 gleich große Stücke schneiden. Für die Sauerampfer-Sardellen-Butter alle Zutaten im Mixer zu einer glatten Masse verarbeiten. Die Buttermischung in die Mitte eines großen Stücks Frischhaltefolie setzen und zu einem etwa 4 cm dicken Strang rollen. In Folie einwickeln und im Kühlschrank fest werden lassen.

2 Für die Court-Bouillon sämtliche Zutaten bis auf die Crème fraîche und das Fenchelkraut in einen großen Topf füllen, zum Kochen bringen und 30 Minuten köcheln lassen.

3 Die Court-Bouillon durch ein Sieb in einen sauberen Topf abseihen, erneut zum Kochen bringen und bei großer Hitze rasch auf die Hälfte einkochen lassen. Die Crème fraîche und das Fenchelkraut bis auf einen Zweig zum Garnieren in die Brühe einrühren und weitere 5 Minuten köcheln lassen. Die Brühe nochmals passieren und wieder zum Kochen bringen. Die Kartoffeln in 15 Minuten darin weich kochen.

5

4 Den Grill auf hoher Stufe vorheizen. Die fettreichen Fischfilets (wie Makrele und Hering) mit der zerlassenen Butter bestreichen und von beiden Seiten etwas salzen. Mit der Hautseite nach oben auf ein leicht gebuttertes Backblech legen.

5 Die Miesmuscheln und etwas Court-Bouillon in einen großen Topf füllen und zugedeckt bei starker Hitze 3–4 Minuten dämpfen, bis sich alle Muscheln geöffnet haben. Über einem Sieb abgießen, den Sud auffangen. Die Muscheln bedecken und warm stellen. Den Muschelsud abseihen, in die Court-Bouillon rühren und zum Kochen bringen.

6 Die restlichen Fischfilets portionsweise in der Court-Bouillon etwa 3 Minuten pochieren, bis sie gerade fest geworden sind. Nach der Hälfte der Garzeit wenden. Anschließend aus der Court-Bouillon nehmen und warm stellen. Zeitgleich mit der letzten Fischportion die fettreichen Filets 3 Minuten unter den Grill schieben.

7 Zum Servieren den Fisch in 8 vorgewärmten tiefen Tellern dekorativ anrichten. Die Muscheln und Kartoffeln um den Fisch herum verteilen und gerade so viel Court-Bouillon darüber schöpfen, dass die Fischstücke halb bedeckt sind.

8 Die Sauerampfer-Sardellen-Butter aus der Folie wickeln und in Scheiben schneiden. Auf jeden Teller 2 Scheiben legen und servieren.

Rotzungenragout mit Beaujolais

FÜR 4 PERSONEN
750 g Rotzungenfilets mit Haut
Butter zum Bestreichen
Salz und frisch gemahlener schwarzer Pfeffer

FÜR DIE SAUCE
25 g Butter
Je 50 g Möhre, Bleichsellerie, Lauch und Zwiebel, fein gehackt
1 EL Weinbrand
1,2 l Hühnerbrühe (siehe Seite 222)
$\frac{1}{2}$ Flasche Beaujolais
1 Lorbeerblatt
1 Zweig Thymian
25 g Mehlbutter (siehe Seite 227)
1 Rezeptmenge Persillade (siehe Seite 166)

FÜR DIE GARNITUR
25 g Butter
24 Schalotten, geschält
1 großzügige Prise Zucker
1 Scheibe geräucherter Speck ohne Schwarte
225 g junge Champignons, abgewischt und geviertelt

FÜR DIE CROÛTONS
2 mitteldicke Scheiben Weißbrot
2 EL Sonnenblumenöl
1 kleines Stück Butter

1 Für die Sauce die Butter in einem mittelgroßen Topf aufschäumen lassen. Das zerkleinerte Gemüse darin bei mittlerer Hitze anrösten, bis es von allen Seiten etwas gebräunt ist. Den Weinbrand zugießen und, sobald er verdampft ist, mit 900 ml der Hühnerbrühe und dem Wein aufgießen. Das Lorbeerblatt und den Thymian einlegen, zum Kochen bringen und 30 Minuten sanft köcheln lassen. Die Brühe durch ein feines Sieb in eine großflächige Sauteuse abseihen und bei großer Hitze einkochen, bis nur noch etwa 350 ml konzentrierte Brühe übrig sind.

2 In der Zwischenzeit für die Garnitur die Hälfte der Butter in einer Sauteuse zerlassen. Die Schalotten mit dem Zucker hineingeben und goldbraun karamellisieren lassen. Mit der restlichen Hühnerbrühe ablöschen und die Schalotten garen, bis sie weich sind. Die Hitze heraufstellen und die Flüssigkeit rasch einkochen lassen, bis sie glänzt und von sirupartiger Konsistenz ist. Dabei die Sauteuse immer wieder rütteln, damit die Schalotten gleichmäßig mit der Sauce überzogen werden. Mit einem Deckel verschließen und warm stellen. Den Speck quer in dünne Streifen schneiden. In einer Pfanne die restliche Butter erhitzen und den Speck darin ausbraten. Die Champignons zugeben und 2–3 Minuten sautieren, bis sie weich sind. Abschmecken und warm stellen.

3 Für die Croûtons mit einem Teigausstecher aus den Brotscheiben 2½ cm große Kreise ausstechen. Das Öl in einer Pfanne erhitzen, die Butter zufügen und die Brotscheiben von beiden Seiten goldbraun rösten. Auf Küchenpapier abtropfen lassen und warm stellen.

4 Den Grill auf hoher Stufe vorheizen. Die Rotzungenfilets auf beiden Seiten mit der zerlassenen Butter bestreichen, mit Salz und Pfeffer würzen, auf ein leicht mit Butter bestrichenes Backblech legen und 2–3 Minuten grillen.

5 Inzwischen die Mehlbutter in kleinen Stückchen unter die Sauce schlagen und 2–3 Minuten kochen lassen, bis die Flüssigkeit eingedickt ist. Nochmals abschmecken und die Persillade unterziehen.

6 Die Rotzungenfilets auf 4 vorgewärmten Tellern anrichten und mit den Schalotten, Champignons und dem Speck garnieren. Die Sauce über den Fisch schöpfen, die Croûtons auflegen und servieren.

Meeresfrüchteragout mit Safran und Zitrone

FÜR 4 PERSONEN

8 rohe Riesengarnelen, ungeschält

2 Rotzungenfilets (je 50–75 g), enthäutet

8 junge Möhren, geputzt und abgeschabt

8 sehr kleine Brokkoliröschen

8 grüne Bohnen, geputzt und halbiert

8 Miesmuscheln, gesäubert (siehe Seite 88)

4 Jakobsmuscheln, ausgelöst (siehe Seite 90)

100 g kalte Butter, gewürfelt

Salz und frisch gemahlener schwarzer Pfeffer

Grobes Meersalz zum Garnieren

FÜR DEN GEMÜSEFOND

1/2 Zitrone

1 Fenchelknolle

1 große Zwiebel, geschält

4 Stangen Bleichsellerie

Eine Hand voll junge Champignons

1/2 TL Salz

1 TL schwarze Pfefferkörner

2 Lorbeerblätter

3 Zweige Thymian

1/2 TL Fenchelsamen

300 ml Weißwein

Eine großzügige Anzahl Safranfäden

1 Für den Gemüsefond die gelbe Schale der Zitrone hauchdünn abschälen; dann die innere weiße Haut entfernen und das Fruchtfleisch in Scheiben schneiden. Das Gemüse grob zerkleinern und mit der Zitronenschale, dem Fruchtfleisch, Salz, den Pfefferkörnern, Lorbeerblättern, Thymian und Fenchelsamen in einen Topf füllen und mit Wasser bedecken. Zum Kochen bringen und 20 Minuten köcheln lassen. Vom Herd nehmen und den Wein zugießen. Zugedeckt 2 Stunden abkühlen lassen.

2 Den Gemüsefond durch ein Sieb abseihen und 1,2 Liter in einen großflächigen Topf füllen (den Rest für einen späteren Gebrauch einfrieren). Den Safran einrühren, den Fond zum Kochen bringen und bei großer Hitze einkochen lassen, bis nur noch 120 ml Flüssigkeit übrig sind. In einen kleinen Topf umfüllen und beiseite stellen.

3 Die Garnelen schälen, das letzte Schalenglied daran belassen (siehe Seite 72). Die Rotzungenfilets schräg in je 4 Stücke schneiden.

4 Das vorbereitete Gemüse in kochendem Salzwasser kurz blanchieren. Abgießen und sofort kalt abschrecken, damit es seine leuchtende Farbe behält. Anschließend abtropfen lassen.

Meeresfrüchteragout mit Safran und Zitrone

5 Einen Dämpftopf mit zwei stapelbaren Aufsätzen oder zwei separate Dämpftöpfe vorbereiten (siehe Seite 46). Das blanchierte Gemüse auf einen Teller, die Garnelen, Rotzungefilets, Muscheln und Jakobsmuscheln auf einen anderen Teller legen und in den Dämpftopf einsetzen. Das Gemüse 3 Minuten, Fisch und Meersfrüchte 3–4 Minuten dämpfen. Warm stellen, während Sie die Sauce zubereiten.

6 Die Dämpfflüssigkeit der Meeresfrüchte vom Teller in den reduzierten Fond gießen. Zum Kochen bringen und stückweise die kalte Butter unterschlagen, bis die Sauce eine sämige Emulsion gebildet hat. Mit Salz und Pfeffer abschmecken.

7 Seafood und Gemüse auf 4 vorgewärmten Tellern anrichten. Mit der Sauce überziehen, mit etwas Meersalz bestreuen und servieren.

ALTERNATIVE MEERESFRÜCHTE

Hummer, Austern, Kaisergranat und Flusskrebse.

Meeresfrüchtegratin

FÜR 4 PERSONEN

450 g gekochte Tiefseegarnelen, ungeschält

½ Zwiebel, grob gehackt

65 g Butter

1 EL Cognac

600 ml Fischfond (siehe Seite 222)

50 ml Weißwein

2 Tomaten, grob gehackt

900 g Miesmuscheln, gesäubert (siehe Seite 88)

2 Schalotten, fein gehackt

20 g Mehl

150 ml Sahne

1 EL gehackte Petersilie

Saft von ½ Zitrone

Salz und frisch gemahlener schwarzer Pfeffer

8 Jakobsmuscheln, ausgelöst (siehe Seite 90)

175 g Schellfischfilet, enthäutet und in kleine Stücke geschnitten

100 g kleine Champignons, in Scheiben geschnitten

100 g frisches weißes Krabbenfleisch

100 g Greyerzer, Emmentaler, Fontina oder Jarlsberg, grob gerieben

¾ TL Paprikapulver, 1 Prise Cayennepfeffer

1 Die Garnelen schälen, Schalen und Köpfe zurückbehalten (siehe Seite 72). Die Zwiebel in 15 g der Butter glasig schwitzen. Die Garnelenköpfe, -schalen und den Cognac 1–2 Minuten mitschwitzen. Den Fischfond, Wein und die Tomaten zugeben und 20 Minuten köcheln lassen.

2 Die Muscheln einlegen und zugedeckt bei großer Hitze 3–4 Minuten dämpfen, bis sie sich geöffnet haben. In ein Sieb schütten und die Brühe auffangen. Sie sollten etwa 600 ml Brühe erhalten – bei zu wenig etwas Fischfond zugießen, bei zu viel die Brühe entsprechend einkochen lassen. Die Muscheln auslösen und mit den geschälten Garnelenschwänzen beiseite stellen. Die im Sieb verbliebenen Reste wegwerfen.

3 Die Schalotten in weiteren 25 g der Butter glasig schwitzen. Das Mehl unter Rühren 1 Minute mitschwitzen. Nach und nach unter ständigem Rühren die Brühe zugießen und zum Kochen bringen. Die Sahne unterrühren und auf niedriger Stufe 10 Minuten leise köcheln lassen, bis die Sauce den Rücken eines Holzlöffels überzieht. Die Petersilie untermischen und mit Zitronensaft, Salz und Pfeffer abschmecken.

4 Den Grill auf hoher Stufe vorheizen. Die restliche Butter zerlassen. Die Jakobsmuscheln, Schellfischstücke und Champignons gleichmäßig in einer großen Auflaufform verteilen, mit der Butter bestreichen, würzen und 2 Minuten unter den Grill schieben.

5 Die Garnelenschwänze, Miesmuscheln und das Krabbenfleisch ebenfalls in die Form füllen und alles mit der Sauce überziehen. Den Käse darüber verteilen, mit etwas Paprika und Cayennepfeffer bestreuen und 1–2 Minuten unter dem Grill überbacken, bis die Oberfläche goldgelb ist und Blasen schlägt.

ALTERNATIVE MEERESFRÜCHTE

Gekochtes Hummerfleisch, Seeteufel, Kabeljau und Jakobsmuscheln.

Scharfe Meeresfrüchte mit Knoblauch und Zitronensaft

FÜR 4 PERSONEN

8 gekochte Kaisergranate oder Blassrote Tiefseegarnelen

4 Wellhornschnecken

32 Strandschnecken

24 Miesmuscheln, gesäubert (siehe Seite 88)

50 ml trockener Weißwein

20 Herzmuscheln

16 Venusmuscheln, z. B. Kreuzmuster-Teppichmuscheln, gesäubert (siehe Seite 89)

8 Pazifische Felsenaustern

85 ml natives Olivenöl extra

2 Knoblauchzehen, fein gehackt

1 Hand voll gehackte glatte Petersilie

1 mittelscharfe rote Chilischote, Samen entfernt, gehackt

Saft von ½ Zitrone

1 Einen Dämpftopf vorbereiten (siehe Seite 46). Die Kaisergranate und, falls bereits gegart, die Wellhorn- und Strandschnecken 2–3 Minuten erwärmen.

2 Bei roher Ware die Schnecken separat in kochendes Salzwasser einlegen und die Strandschnecken 1 Minute, die Wellhornschnecken 4 Minuten kochen. Abtropfen lassen und warm stellen.

3 Die Miesmuscheln mit dem Wein in einen Topf füllen und zugedeckt bei großer Hitze 3–4 Minuten dämpfen, bis sich alle Muscheln geöffnet haben. Mit einem Schaumlöffel herausheben und warm stellen. In demselben Sud nacheinander die Herzmuscheln, Venusmuscheln und Austern garen. Die Austern werden sich nicht vollständig öffnen, daher anschließend mit einem kurzen, kräftigen Messer nachhelfen (siehe Seite 91).

4 Den Sud in einen kleinen Topf abseihen und mit dem Olivenöl, Knoblauch, Petersilie, Chili und Zitronensaft verrühren.

5 Die warmen Meeresfrüchte auf einer großen, vorgewärmten Servierplatte anrichten. Die Sauce aufkochen, über die Meeresfrüchte schöpfen und mit reichlich Baguette servieren.

Linguine mit Meeresfrüchten (*Linguine ai frutti di mare*)

FÜR 4 PERSONEN

1 kg gemischte, küchenfertige Schal- und Krustentiere, z. B. Kreuzmuster-Teppichmuscheln, Braune Venusmuscheln, Miesmuscheln, frischer Kaisergranat und kleine, ungeschälte Garnelen

50 ml trockener Weißwein

450 g Kirschtomaten oder kleine Strauchtomaten

Salz

450 g Linguine

120 ml Olivenöl

5 Knoblauchzehen, in feine Scheiben geschnitten

1 Prise getrocknete Chiliflocken

3 EL gehackte glatte Petersilie

Frisch gemahlener schwarzer Pfeffer

1 Die Venus- und Miesmuscheln mit dem Weißwein in einen großen Topf füllen und zugedeckt bei großer Hitze 3–4 Minuten dämpfen, bis sie sich geöffnet haben (ungeöffnete Exemplare wegwerfen). In ein Sieb schütten, den Sud auffangen und beiseite stellen.

2 Aus den Tomaten möglichst viel Saft und die Samen herausdrücken; das Fruchtfleisch grob hacken.

Linguine mit Meeresfrüchten

3 In einem großen Topf stark gesalzenes Wasser (1 Teelöffel Salz auf 600 ml Wasser) zum Kochen bringen. Die Linguine hineingeben und in 8 Minuten *al dente* kochen.

4 Inzwischen das Olivenöl mit dem Knoblauch in einer großen Pfanne langsam erhitzen, bis sich am Knoblauch kleine, zischende Bläschen bilden. Die Chiliflocken und Tomaten zufügen und 5 Minuten mitschwitzen. Den Muschelsud durch ein feines Sieb zugießen und zum Kochen bringen. Einkochen lassen, bis die Flüssigkeit eine sämige, sauceartige Konsistenz angenommen hat.

5 Die Kaisergranate in die Sauce einlegen und darin wenden, bis sie sich rosa verfärben. Die Garnelen dazugeben und 2–3 Minuten mitgaren. Die Venus- und Miesmuscheln und die Petersilie zufügen und mehrmals behutsam durchheben, bis alle Meeresfrüchte heiß sind. Falls nötig, nochmals mit etwas Salz und Pfeffer abschmecken.

6 Die Linguine abgießen und in eine vorgewärmte Schüssel füllen. Die Meersfrüchte mit ihrer Sauce darüber schöpfen und sorgfältig vermengen.

ALTERNATIVE MEERESFRÜCHTE
Jede erdenkliche Kombination von Schaltieren ist möglich. Dazu passen auch in Scheiben geschnittenes Jakobsmuschelfleisch und Kalmar.

Meeresfrüchte-Paella

FÜR 6 PERSONEN

1 gekochter Hummer (450 g)

1,2 l Hühnerbrühe (siehe Seite 222)

2 Lorbeerblätter

1 große Stange Lauch, geputzt und in Scheiben geschnitten

12 Miesmuscheln, gesäubert (siehe Seite 88)

85 ml natives Olivenöl extra

450 g Seeteufelfilet, in 1 cm dicke Scheiben geschnitten (siehe Seite 62, Schritte 1–5)

175 g Hühnerbrustfilet, in dünne Streifen geschnitten

100 g kleine Kalmare, küchenfertig (siehe Seite 92)

1 mittelgroße Zwiebel, fein gehackt

8 Knoblauchzehen, davon 4 fein gehackt und 4 geviertelt

1 rote Paprikaschote, Samen und Scheidewände entfernt, in dünne Streifen geschnitten

450 g Arborio- oder Valencia-Reis

1/2 TL Safranfäden

6 gekochte Blassrote Tiefseegarnelen

1 Die Scheren und Beine des Hummers abtrennen; den Kopf vom Schwanz trennen (siehe Seite 77). Das Schwanzstück mit dem Panzer jeweils zwischen den Schalensegmenten in Scheiben schneiden; die Scheren in je 3 Stücke zerteilen. Beiseite stellen.

2 Den Kopf und die Beine des Hummers mit der Hühnerbrühe, den Lorbeerblättern und nur dem Grün des Lauchs zum Kochen bringen und 20 Minuten leise köcheln lassen. Die Brühe durch ein feines Sieb in einen sauberen Topf abseihen. Sie benötigen 900 ml Brühe. Je nach erzielter Menge entweder mit etwas Wasser auffüllen oder die Brühe einkochen lassen. Beiseite stellen.

3 Die Muscheln mit ein wenig Brühe in einen Topf füllen. Mit einem Deckel verschließen und bei großer Hitze 3–4 Minuten dämpfen, bis sich alle Muscheln geöffnet haben. In ein Sieb schütten, den Muschelsud auffangen. Den Sud durch ein feines Sieb zurück in die Brühe gießen; die Muscheln bedecken und beiseite stellen.

4 Das Öl in einer tiefen, 30 cm großen Pfanne (oder einer Paellapfanne, falls verfügbar) erhitzen. Die Seeteufelscheiben 3 Minuten darin braten; nach 2 Minuten wenden. Auf einen Teller legen und beiseite stellen. Die Hühnerbruststreifen einlegen (bei Bedarf noch etwas Öl zugießen) und 2–3 Minuten braten, bis sie eine goldbraune Farbe angenommen haben. Zu dem Seeteufel beiseite stellen. Die Kalmarstücke hineingeben und in 2–3 Minuten unter Rühren goldbraun sautieren. Ebenfalls beiseite stellen.

5 Die Zwiebel, sämtlichen Knoblauch, den restlichen Lauch und die Paprikastreifen in der Pfanne braten, bis alles nach 4–5 Minuten weich und goldbraun ist.

6 Den Reis einstreuen und unter ständigem Rühren anbraten, bis die Körner gleichmäßig mit dem Öl überzogen sind. Den Safran und die Brühe zugeben und zum Kochen bringen. Die Hitze herunterstellen, die Pfanne mit einem Deckel verschließen und den Reis 15 Minuten sanft garen.

7 Den Deckel abnehmen und die Hummerstücke, Seeteufelscheiben, Hühnerbruststreifen, Kalmar, Muscheln und Garnelen auf dem Reis verteilen. Den Deckel wieder aufsetzen und weitere 5 Minuten sanft garen. Die Pfanne vom Herd nehmen und die Paella 5 Minuten ruhen lassen. Vor dem Servieren den Reis und die Meeresfrüchte vorsichtig durchheben.

Meeresfrüchtesalat mit Rucola, geschmortem Gemüse und Pasta

FÜR 4 PERSONEN

Salz

350 g reisförmige Nudeln, z. B. orzo oder puntalette

1 kleine Aubergine, in 2½ cm große Würfel geschnitten

1 rote Zwiebel, halbiert und in dünne Scheiben geschnitten

1 rote Paprikaschote, Samen und Scheidewände entfernt, in 2½ cm große Stücke geschnitten

1 Eiertomate, in dünne Ecken geschnitten

2 Knoblauchzehen, fein gehackt

75 ml natives Olivenöl extra

½ TL grobes Meersalz

450 g Miesmuscheln, gesäubert (siehe Seite 88)

100 g Kalmar, küchenfertig (siehe Seite 92) und in Ringe geschnitten

Frisch gemahlener schwarzer Pfeffer

100 g gekochte Tiefseegarnelen, geschält

3 sonnengetrocknete Tomaten in Öl, abgetropft und in dünne Streifen geschnitten

1 mittelscharfe rote Chilischote, Samen entfernt, fein gehackt

25 g frisch geriebener Parmesan

1 EL Weißweinessig

5 EL gehackte glatte Petersilie

50 g Rucola

1 Den Backofen auf 220 °C vorheizen. In einem Topf kräftig gesalzenes Wasser (1 Teelöffel Salz auf 600 ml Wasser) zum Kochen bringen. Die Nudeln einstreuen und in 8 Minuten auf den Punkt (*al dente*) garen. Abgießen und abkühlen lassen.

2 Inzwischen die Aubergine, Zwiebel, Paprikaschote und Tomate in einer Schüssel mit dem Knoblauch, 2 Esslöffeln des Olivenöls und dem Meersalz gründlich vermengen. Die Mischung in eine kleine Bratreine füllen und im Ofen 30 Minuten schmoren, bis das Gemüse an den Rändern eine goldbraune Farbe angenommen hat. Aus dem Ofen nehmen und abkühlen lassen.

3 Die Miesmuscheln mit einem Schuss Wasser in einen großen Topf füllen und zugedeckt bei großer Hitze 3–4 Minuten dämpfen, bis sie sich geöffnet haben. In ein Sieb schütten und etwas abkühlen lassen; dann das Fleisch aus den Schalen lösen und beiseite stellen.

4 In einer Pfanne 1 Esslöffel des verbliebenen Öls erhitzen. Die Kalmarstücke unter Rühren in 2½ Minuten goldgelb sautieren. Mit Salz und Pfeffer würzen und abkühlen lassen.

5 Sobald die Nudeln, das Gemüse, die Muscheln und Kalmare abgekühlt sind, alles in einer großen Schüssel mit dem restlichen Olivenöl, den Garnelen, sonnengetrockneten Tomaten, Chili, Parmesan, Essig, 4 Esslöffeln der Petersilie, 1 Teelöffel Salz und 10 Umdrehungen aus der Pfeffermühle vermengen. Den Salat vorsichtig wenden, zuletzt den Rucola unterheben. Den Salat auf einer große Platte anrichten und mit der restlichen Petersilie bestreuen.

Meeresfrüchteplatte (*Plateau de fruits de mer*)

FÜR 2 PERSONEN

1 gekochter Hummer (450 g)

1 gekochter Taschenkrebs (750 g)

2 Europäische Austern

2 Pazifische Felsenaustern

12 Miesmuscheln, gesäubert (siehe Seite 88)

12 Kreuzmuster-Teppichmuscheln, gewaschen

6 gekochte Kaisergranate

4 Blassrote Tiefseegarnelen

12 Strandschnecken, gekocht (siehe Seite 111)

2 Wellhornschnecken, gekocht (siehe Seite 111)

ZUM SERVIEREN

50 ml Rotwein

50 ml Rotweinessig

1 Schalotte, fein gehackt

½ Rezeptmenge Mayonnaise (siehe Seite 224), auf Olivenölbasis

Reichlich zerstoßenes Eis

1,5 kg Blasentang, gewaschen

1 Zitrone, halbiert

1 Den Hummer der Länge nach zerteilen (siehe Seite 76). Den Taschenkrebs durch die Augen hindurch in zwei Hälften schneiden. Die Austern öffnen, wie auf Seite 91 beschrieben; die Mies- und Kreuzmuster-Teppichmuscheln nach den Anleitungen auf Seite 88 und 89 öffnen.

2 Den Rotwein, Rotweinessig und die Schalotte verrühren und in eine kleine Schale füllen. Die Mayonnaise in eine weitere Schale füllen.

3 Zum Anrichten der Meeresfrüchte den Boden einer großen Servierplatte mit einer dicken Schicht zerstoßenen Eises auslegen und mit dem Blasentang bedecken. Die Meeresfrüchte dekorativ darauf anrichten und mit den Zitronenhälften garnieren. Mit dem Schalottenessig und der Mayonnaise servieren.

ALTERNATIVE MEERESFRÜCHTE

Rohe, küchenfertige Jakobsmuscheln, Seeigel, rohe Herzmuscheln (wie Venusmuscheln vorbereiten), gekochte Tiefseegarnelen, gekochte Strandkrabben usw.

Meeresfrüchteplatte

Rezepte
Kapitel 6

Große, fleischige Fische, Rochen und Aal

Pochierte Pelamide mit Thymian-Tomaten-Kartoffeln

FÜR 4 PERSONEN

Salz

4 dicke Stücke Pelamidenfilet (je 175 g)

**6 schwarze Oliven (z. B. Kalamata), entsteint und
in feine Scheiben geschnitten**

4 EL Mayonnaise (siehe Seite 224), auf Olivenölbasis

4 Zweige Petersilie zum Garnieren

FÜR DIE THYMIAN-TOMATEN-KARTOFFELN

**450 g fest kochende Kartoffeln, geschält und
in 2 cm große Stücke geschnitten, Salz**

25 g Butter

1 große Schalotte, fein gehackt

1 Zweig frischer Thymian, gerebelt

1 Eiertomate, enthäutet, Samen entfernt, gewürfelt

1 EL gehackte Petersilie

Frisch gemahlener schwarzer Pfeffer

1 Die Kartoffeln in Salzwasser in 8 Minuten auf den Punkt garen und abgießen. Die Butter in einer mittelgroßen Pfanne zerlassen. Die Schalotte und den Thymian 4 Minuten darin anschwitzen, bis die Schalotte weich, aber nicht braun ist. Die Kartoffeln 2 Minuten mitschwitzen. Gelegentlich vorsichtig wenden, sodass sie nicht zu sehr zerfallen. Die Pfanne von der Kochstelle nehmen und die Tomate und Petersilie unterheben. Abschmecken.

2 Während die Kartoffeln kochen, in einer großen Pfanne 600 ml Wasser mit 1 Esslöffel Salz zum Kochen bringen. Die Hitze herunterstellen, die Pelamidenstücke einlegen und 3 Minuten pochieren. Nach 1½ Minuten wenden. Mit einem Schaumlöffel herausnehmen und auf einer Seite einer großen, vorgewärmten Servierplatte anrichten. Abdecken und warm stellen.

3 Die schwarzen Oliven und 40 ml des Fischsudes unter die Mayonnaise rühren und in eine kleine, vorgewärmte Schüssel füllen. Den Fisch mit den Petersilienzweigen garnieren, die Thymian-Tomaten-Kartoffeln neben dem Fisch anrichten und getrennt mit der Sauce servieren.

ALTERNATIVE FISCHE

Dieses Gericht gelingt auch hervorragend mit den wunderbar fleischigen Makrelen, die es im Winter überall zu kaufen gibt. Sie sollten etwa 350–400 g wiegen. Aber auch Lachsforelle, Echter Bonito und Lachs sind geeignete Alternativen.

Thunfisch-Carpaccio mit Rucola und Parmesan

(siehe Anleitung 39, Seite 63

FÜR 4 PERSONEN

225 g Thunfischfilet am Stück
4 EL natives Olivenöl extra
Grob gemahlener schwarzer Pfeffer
Grobes Meersalz
15 g gehobelter Parmesan
50 g Rucola

1 Den Thunfisch fest in Frischhaltefolie einwickeln, sodass er eine zylindrische Form annimmt. Für 3 Stunden in die Tiefkühltruhe legen, bis das Fleisch sehr fest, aber nicht vollständig durchgefroren ist.

2 Den Thunfisch aus der Tiefkühltruhe nehmen, aus der Folie wickeln und auf ein Brett legen. Mit einem langen, sehr scharfen Messer in hauchdünne Scheiben schneiden. Sie sollten möglichst noch dünner sein, als dies bei aufgeschnittenem Räucherlachs üblich ist.

3 Jeweils 4 Thunfischscheiben nebeneinander auf 4 kalten Tellern anrichten, sodass sie eine zusammenhängende Fläche bilden. Mit dem Öl beträufeln, mit schwarzem Pfeffer und etwas Meersalz bestreuen.

4 Die Parmesanspäne auf dem Thunfisch verteilen und die Mitte eines jeden Tellers mit einigen Rucolablättern garnieren. Frisches, krustiges Brot dazu servieren.

ABWANDLUNG

Seeteufel-Carpaccio mit Zitronen-Olivenöl

Anstelle des Thunfischs vorbereitete Seeteufelfilets verwenden (siehe Seite 62). In Frischhaltefolie 1 Stunde tiefgefrieren. Mit Zitronen-Olivenöl (siehe Seite 227) oder nativem Olivenöl extra beträufeln.

Thunfisch-Carpaccio mit Rucola und Parmesan

Thunfischsalat mit Guacamole

FÜR 4 PERSONEN

450 g Thunfischfilet am Stück

Öl zum Bestreichen

Meersalz und frisch gemahlener schwarzer Pfeffer

4 Zweige frische Korianderblätter zum Garnieren

FÜR DEN GUACAMOLE

1 große Avocado

1 Jalapeño-Chili, Samen entfernt

Saft von 1 Limette

2 Frühlingszwiebeln, gehackt

1 EL gehackte Korianderblätter

3 EL Sonnenblumenöl

½ TL Salz

FÜR DAS SOJA-DRESSING

50 ml Wasser

1 EL dunkle Sojasauce

1 Frühlingszwiebel, fein gehackt

¼ Jalapeño-Chili, Samen entfernt, gehackt

Saft und abgeriebene Schale von ½ Limette

½ Stängel Zitronengras, Außenblätter entfernt und das Innere in feine Scheiben geschnitten

1 TL fein gehackter frischer Ingwer

1 Eine gusseiserne Grillpfanne sehr heiß werden lassen. Den Thunfisch mit Öl einstreichen und großzügig mit Salz und frisch gemahlenem schwarzem Pfeffer würzen. Von jeder Seite jeweils 1–1½ Minuten grillen, bis sich rundherum ein kräftiges goldbraunes Grillmuster abzeichnet. Innen sollte der Fisch jedoch noch roh sein. Den Thunfisch aus der Pfanne nehmen, nochmals würzen und vollständig abkühlen lassen.

2 Sämtliche Zutaten für den Guacamole in der Küchenmaschine oder im Mixer zu einer glatten Masse verarbeiten. Alle Zutaten für das Soja-Dressing verrühren.

3 Den Thunfisch in 5 mm dicke Scheiben schneiden und auf 4 kalten Tellern anrichten. Die Scheiben sollten sich fächerförmig etwas überlappen und seitlich auf dem Teller arrangiert werden. Ebenfalls etwas seitlich 1 Esslöffel Guacamole geben (Speisen wirken natürlicher, wenn man sie leicht versetzt statt exakt symmetrisch anrichtet). Den Fisch großzügig mit dem Soja-Dressing überziehen. Den Guacamole mit einem Korianderzweig garnieren und servieren.

Thunfisch mit weißen Bohnen (*Tonno con fagioli*)

FÜR 4 PERSONEN

225 g getrocknete Cannellini-Bohnen

1 Lorbeerblatt

1 Schalotte, in feine Scheiben geschnitten

2 Zweige Thymian

2 Knoblauchzehen, davon 1 im Ganzen, geschält, und 1 geschält und durchgepresst

85 ml natives Olivenöl extra, plus etwas Öl zum Beträufeln

3 EL Zitronensaft

Salz und frisch gemahlener schwarzer Pfeffer

1 kleine rote Zwiebel, in feine Scheiben geschnitten

3 EL gehackte glatte Petersilie, plus etwas Petersilie zum Garnieren

FÜR DAS THUNFISCH-CONFIT

Salz

275 g fleischiges Thunfischsteak

Etwa 300 ml einfaches Olivenöl

1 Zwiebel, in feine Scheiben geschnitten

2 Knoblauchzehen, in Scheiben geschnitten

2 frische oder getrocknete Lorbeerblätter

¼ kleine Zitrone, in Scheiben geschnitten

1 großer Zweig Thymian

1 Die Bohnen über Nacht in reichlich kaltem Wasser einweichen.

2 Das Thunfisch-Confit zubereiten (dies sollte 24 Stunden vor dem Servieren geschehen, damit der Fisch gut durchziehen kann): Eine flache Form dünn mit Salz ausstreuen, den Thunfisch darauf legen und mit einer weiteren Salzschicht bedecken. 10 Minuten einwirken lassen. Das Salz grob abreiben und den Thunfisch unter fließendem kaltem Wasser abspülen. Mit Küchenpapier trockentupfen und gegebenenfalls in Stücke schneiden, sodass sämtlicher Fisch nebeneinander in einem kleinen Topf Platz hat.

3 In dem Topf 3 Esslöffel des Öls erhitzen, Zwiebel und Knoblauch in 5 Minuten glasig schwitzen. Lorbeerblätter, Zitronenscheiben und Thymian einlegen, darauf den Thunfisch legen und mit dem restlichen Olivenöl begießen. Der Fisch sollte vollständig bedeckt sein. Nötigenfalls noch etwas Öl hinzufügen. Bei niedriger Temperatur das Öl langsam auf 100 °C erhitzen. Von der Kochstelle nehmen und abkühlen lassen.

4 Die Bohnen abgießen und in einem großen Topf mit frischem Wasser rund 2½ cm hoch bedecken. Zum Kochen bringen, Lorbeerblatt, Schalotte, Thymian und die ganze Knoblauchzehe einlegen. Die Bohnen 45 Minuten garen, bis sie weich sind. Falls nötig, etwas Wasser nachgießen, damit sie immer ausreichend bedeckt sind.

6

5 Sobald die Bohnen gar sind, den Thunfisch erneut bei niedriger Temperatur auf 100 °C erhitzen. Die Bohnen abtropfen lassen, Lorbeerblatt, Thymian und Knoblauch wegwerfen und die Bohnen in eine Schüssel füllen. Mit dem Olivenöl, dem durchgepressten Knoblauch, Zitronensaft, etwas Salz und reichlich Pfeffer vermengen. Etwas abkühlen lassen.

6 Sobald der Thunfisch die gewünschte Temperatur erreicht hat, herausnehmen und kurz abtropfen lassen. In grobe Stücke zerpflücken und mit ½ Teelöffel Salz und Pfeffer würzen.

7 Die rote Zwiebel und die Petersilie unter die Bohnen rühren und anschließend die Thunfischstücke so unterheben, dass sie nicht zerfallen. In eine große Schüssel füllen, etwas Olivenöl darüber träufeln, mit Petersilie bestreuen und mit frischem, krustigem Brot servieren.

Gebratener Thunfisch auf Reisnudelsalat mit Koriander

FÜR 4 PERSONEN

4 Thunfischsteaks (je 200 g)

6 EL dunkle Sojasauce

4 EL Balsamico-Essig

FÜR DEN REISNUDELSALAT MIT KORIANDER

1 EL Sesamsamen

50 g Koriandergrün

6 Frühlingszwiebeln, geputzt

Grob abgerieben Schale und Saft von 1 Limette

2 EL Thai-Fischsauce (nam pla)

75 ml Wasser

2 TL geröstetes Sesamöl

2 EL Sonnenblumenöl

85 g Reis-Vermicelli

3 mittelscharfe grüne Chilis, Samen entfernt, fein gehackt

2 EL japanischer eingelegter Ingwer, in Streifen geschnitten

1 kleines Bund Schnittknoblauch, fein geschnitten (nach Belieben)

1 Bund Brunnenkresse, die dicken Stiele entfernt und in Zweige zerteilt

1 Für den Salat die Sesamsamen auf einem Backblech ausbreiten und unter dem vorgeheizten Grill unter gelegentlichem Rütteln goldbraun rösten. Die Korianderblätter abzupfen (die Stängel wegwerfen) und – falls sie sehr groß sind – grob hacken. Sie benötigen insgesamt 6 Esslöffel. Die Frühlingszwiebeln schräg in sehr feine Scheiben schneiden. Den Limettensaft, die Thai-Fischsauce, das Wasser sowie Sesam- und Sonnenblumenöl zu einem Dressing verrühren.

2 Wasser in einem Topf zum Kochen bringen, die Reisnudeln hineingeben und von der Kochstelle nehmen. Die Nudeln 2 Minuten ziehen, gut abtropfen lassen und zurück in den Topf füllen. Zugedeckt warm stellen. Eine Pfanne mit schwerem Boden sehr heiß werden lassen. Den Boden mit etwas Öl einstreichen und die Thunfischsteaks von jeder Seite 2 Minuten braten. Mit der Sojasauce und dem Essig ablöschen und kräftig aufkochen lassen. Die Thunfischsteaks wenden, sodass sie gleichmäßig mit der sämigen braunen Sauce überzogen werden. Von der Kochstelle nehmen und warm stellen, während Sie den Salat fertig stellen.

3 Sesamsamen, Koriandergrün, Frühlingszwiebeln, Limettenschale, Chilis, Ingwer, Schnittknoblauch (falls verwendet) und die Brunnenkresse unter die Reisnudeln mischen. Das Dressing behutsam unterheben.

4 Den Salat in der Mitte von 4 vorgewärmten Tellern aufschichten. Die Thunfischsteaks schräg in jeweils 3 Stücke schneiden, dekorativ auf dem Salat anrichten und servieren. Den verbliebenen Salat separat reichen.

Gegrillter Weißer Thun auf warmem Bohnensalat

FÜR 4 PERSONEN

4 Steaks Weißer Thun (je 175–225 g)

Etwas Olivenöl

Salz und frisch gemahlener schwarzer Pfeffer

FÜR DEN WARMEN BOHNENSALAT

Salz, 350 g Prinzessbohnen, geputzt

2 EL natives Olivenöl extra

3 Tomaten, Samen entfernt, in kleine Würfel geschnitten

1 große Knoblauchzehe, fein gehackt

½ TL Thymianblättchen

Frisch gemahlener Pfeffer

1 Für den Salat Salzwasser in einem Topf zum Kochen bringen. Die Bohnen darin in 3 Minuten bissfest kochen. Abgießen, kurz kalt abschrecken und abtropfen lassen.

2 Eine gusseiserne Grillpfanne sehr heiß werden lassen (oder Holzkohlegrill verwenden). Den Thun von beiden Seiten großzügig mit Olivenöl bestreichen und mit Salz und Pfeffer würzen. In der Pfanne von beiden Seiten je 2 Minuten grillen.

3 Inzwischen die Bohnen zurück in den Topf geben, das Olivenöl, die Tomatenwürfel, den Knoblauch und Thymian untermengen, salzen und pfeffern. Den Salat behutsam wenden, bis er durch und durch warm ist. Auf 4 vorgewärmten Tellern anrichten und den gegrillten Thun darauf setzen. Den Tellerrand mit Olivenöl beträufeln und alles mit einigen grob zerstoßenen schwarzen Pfefferkörnern bestreuen.

Haifisch »Vindaloo«

FÜR 4 PERSONEN

900 g kleine Haifischsteaks ohne Haut
Salz
3–4 EL Erdnuss- oder Sonnenblumenöl
1 Zwiebel, gehackt
2 Tomaten, grob gehackt
4 EL Vindaloo-Currypaste (siehe Seite 226)
300 ml Wasser
8 kleine grüne Chilischoten
Kokos- oder Weißweinessig nach Geschmack

1 Die Haifischsteaks salzen und beiseite stellen. Das Öl in einer großen, tiefen Pfanne erhitzen und die Zwiebel darin goldbraun anbraten.

2 Die gehackten Tomaten zugeben und zu einem goldenen Püree einköcheln lassen.

3 Die Vindaloo-Paste hinzufügen und unter Rühren 5 Minuten sanft anschwitzen, bis sie leicht karamellisiert ist. Das Wasser zugießen und die Sauce 10 Minuten köcheln lassen. Ab und zu durchrühren.

4 Inzwischen die Chilis der Länge nach aufschneiden, aber nicht vollständig durchtrennen. Die Samen entfernen.

5 Die Haifischsteaks und Chilis in die Sauce legen und 10 Minuten köcheln lassen. Nach der Hälfte der Garzeit vorsichtig wenden.

6 Mit dem Essig und Salz abschmecken und mit Pilaw-Reis (siehe Rezept für Hering »Recheado« auf Seite 160) servieren.

ABWANDLUNG

Seeteufel »Vindaloo«

Anstelle der Haifischsteaks 900 g gehäutetes Seeteufelfilet (siehe Seite 62) quer in 2½ cm dicke Scheiben schneiden. In der vorbereiteten Sauce 10 Minuten garen. Die Seeteufelscheiben herausnehmen und auf einen Teller legen. Die Sauce rasch auf die gewünschte Konsistenz einkochen (Seeteufel gibt während des Garens wesentlich mehr Flüssigkeit ab als Haifisch). Den Seeteufel in der Sauce wieder kurz erhitzen und nach Rezeptanleitung fortfahren.

ALTERNATIVE FISCHE
Schwertfisch, Kingfish.

Haifisch »Vindaloo«

Gegrillte Schwertfischspieße, mariniert in Olivenöl, Oregano und Zitronensaft

FÜR 4 PERSONEN

550 g Schwertfischsteaks (etwa 2¹/₂ cm dick)
50 ml Olivenöl
1 TL frischer, gehackter Oregano
Saft von ¹/₂ Zitrone
1 TL grobes Meersalz
¹/₂ TL zerstoßene schwarze Pfefferkörner

1 Die Schwertfischsteaks in 2¹/₂ cm große Würfel schneiden.

2 Für die Marinade in einer Schüssel das Olivenöl mit allen anderen Zutaten vermengen. Das Schwertfischfleisch hineinlegen, gründlich durchmengen und bei Raumtemperatur 20 Minuten marinieren lassen. 8 Bambusspieße in Wasser einweichen.

3 Die Schwertfischwürfel auf die Bambusspieße stecken und 2–3 Minuten grillen – am besten auf einem vorbereiteten Holzkohlegrill. Die Spieße wenden, sobald sie Farbe genommen haben. Mit gerösteten (siehe Seite 146) oder in Olivenöl frittierten Kartoffeln und einem gemischten Salat servieren.

Kingfish-Curry

FÜR 4 PERSONEN

4 dicke Stücke Kingfishfilet (je 175–225 g), enthäutet
Salz
3 EL Erdnussöl
¹/₂ TL schwarze Senfsamen
¹/₂ TL Kreuzkümmel
¹/₂ TL Fenchelsamen
¹/₄ TL Bockshornkleesamen
1 Zwiebel, in dünne Scheiben geschnitten
1 Rezeptmenge Masalapaste nach Goa-Art (siehe Seite 226)
1 TL gemahlene Kurkuma
6 Curryblätter
2 mittelscharfe rote Chilischoten, Samen entfernt, schräg in Ringe geschnitten
12 kleine Okraschoten, am Stielansatz wie ein Bleistift zugespitzt
3 Tomaten, enthäutet und geviertelt
400 ml Kokosmilch
4 EL Tamarindenwasser (siehe Seite 227)
150 ml Wasser

1 Den Fisch leicht salzen. In einer Pfanne, in der alle Fischstücke nebeneinander gerade Platz haben, das Öl erhitzen. Sämtliche Gewürzsamen einstreuen und 30 Sekunden anrösten; die Zwiebel zugeben und goldgelb braten.

2 Masalapaste und Kurkuma einrühren und 3–4 Minuten mitschwitzen. Die Curryblätter, Chilis, Okraschoten und Tomaten sowie die Kokosmilch, das Tamarindenwasser, das Wasser und Salz nach Geschmack zufügen und alles 5 Minuten köcheln lassen.

3 Die Fischstücke einlegen und 5 Minuten garen. Mit gedämpftem Basmati-Reis servieren.

ALTERNATIVE FISCHE

Dieses Rezept funktioniert auch ausgezeichnet mit allen anderen großen Fischarten wie Haifisch, Thunfisch, Bonito oder auch beliebten Sportangler-Fischen wie Marlin oder Sailfish. Doch auch der weniger spektakuläre Kabeljau bietet sich an.

Gratin von Rochenbäckchen

FÜR 4 PERSONEN

600 ml Milch

1 kleine Zwiebel, geschält und halbiert

6 Gewürznelken

4 Lorbeerblätter

Etwas frisch geriebene Muskatnuss

2 kleine Zweige Thymian

1 TL schwarze Pfefferkörner

75 g Butter

40 g Mehl

120 ml Sahne

Salz und frisch gemahlener weißer Pfeffer

550 g Rochenbäckchen (siehe Seite 35)

75 g reifer Cheddar oder Emmentaler, grob gerieben

25 g grobe Weißbrotbrösel, aus Brot vom Vortag

¼ TL Cayennepfeffer

10 Umdrehungen schwarzer Pfeffer aus der Mühle

1 Die Milch in einem Topf mit der Zwiebel, den Nelken, Lorbeerblättern, Muskat, Thymian und Pfefferkörnern zum Kochen bringen. 5 Minuten köcheln lassen, von der Kochstelle nehmen und 1 Stunde ziehen lassen.

2 Die Milch erneut aufkochen und in einen sauberen Topf abseihen. In einem weiteren Topf 50 g der Butter zerlassen, das Mehl einrühren und 2–3 Minuten farblos anschwitzen. Unter Rühren nach und nach die heiße Milch zugießen, aufkochen und bei geringer Hitze 10 Minuten leise köcheln lassen, bis die Flüssigkeit etwas eingedickt ist. Gelegentlich umrühren. Die Sahne zugießen und mit etwas Salz und frisch gemahlenem weißem Pfeffer abschmecken.

3 Die restliche Butter in einer Pfanne aufschäumen lassen. Die Rochenbäckchen, mit Salz und weißem Pfeffer gewürzt, darin 4 Minuten von allen Seiten braten, bis sie eine goldgelbe Farbe angenommen haben. Sie sollten auf den Punkt durchgegart sein.

4 Die Bäckchen in 4 Auflaufförmchen verteilen und mit der Sauce überziehen.

5 Den Grill auf hoher Stufe vorheizen. Den Käse mit den Weißbrotbröseln, Cayennepfeffer und schwarzem Pfeffer vermengen und über die Bäckchen verteilen. 2–3 Minuten goldbraun überbacken. Mit Vollkorntoast servieren.

ALTERNATIVE FISCHE
Große Filetstücke von enthäutetem weißfleischigem Fisch wie Kabeljau, Schellfisch oder Seeteufel.

Rochen mit dunkler Butter

FÜR 4 PERSONEN

4 Rochenflügel (je 225 g), enthäutet (siehe Seite 34)

15 g Kapern in Lake, abgespült und abgetropft

FÜR DIE COURT-BOUILLON

300 ml trockener Weißwein

1,2 l Wasser

85 ml Weißweinessig

2 Lorbeerblätter

12 schwarze Pfefferkörner

1 Zwiebel, grob gehackt

2 Möhren, grob gehackt

2 Stangen Bleichsellerie, gehackt

1 TL Salz

FÜR DIE DUNKLE BUTTER

175 g Butter

50 ml Rotweinessig

1 EL gehackte Petersilie

1 Für die Court-Bouillon sämtliche Zutaten in einem großen Topf zum Kochen bringen. 20 Minuten köcheln lassen und anschließend abseits der Kochstelle eine Weile durchziehen und abkühlen lassen.

2 Die Rochenflügel in einen großen Topf legen, mit der Court-Bouillon übergießen und zum Kochen bringen. Die Hitze herunterstellen und in 15 Minuten sanft gar ziehen lassen.

3 Die Rochenflügel vorsichtig aus der Brühe heben, abtropfen lassen und auf 4 vorgewärmten Tellern anrichten. Mit den Kapern bestreuen und warm stellen.

4 Für die dunkle Butter die Butter in einer Pfanne aufschäumen lassen. Sobald sie braun wird und ein nussiges Aroma verströmt, den Essig zugießen und die Petersilie einrühren. Die Mischung etwa 1 Minute kochen lassen, bis sie ein wenig reduziert ist. Die dunkle Butter über die Rochenflügel gießen und sofort servieren.

Gebratene Rochenflügel mit Chilibohnen

Gebratene Rochenflügel mit Chilibohnen (siehe Anleitung 17, Seite 34)

FÜR 4 PERSONEN

4 Rochenflügel (je 225 g), küchenfertig (siehe Seite 34)
1 TL Paprikapulver
1 TL grob zerstoßene schwarze Pfefferkörner
50 g Butter
3 EL Sherryessig

FÜR DIE CHILIBOHNEN

350 getrocknete Cannellini-Bohnen, über Nacht in
   kaltem Wasser eingeweicht
2 EL natives Olivenöl extra
1 Knoblauchzehe, fein gehackt
2 mittelscharfe rote Chilischoten, Samen entfernt,
   fein gehackt
1 kleine Zwiebel, fein gehackt
350 ml Hühnerbrühe (siehe Seite 222)
2 Fleischtomaten, enthäutet, Samen entfernt, gewürfelt
1 TL gehackter Estragon
Salz und frisch gemahlener schwarzer Pfeffer

1 Die Bohnen abgießen und in einem Topf mit reichlich frischem Wasser bedecken. Zum Kochen bringen und den sich an der Oberfläche absetzenden Schaum abschöpfen. Zugedeckt 1 Stunde garen, bis die Bohnen weich sind. Abgießen und beiseite stellen.

2 Den Ofen auf 200 °C vorheizen. Die Rochenflügel mit Küchenpapier trockentupfen und von beiden Seiten mit etwas Paprikapulver und dem zerstoßenen Pfeffer würzen.

3 Für die Chilibohnen das Olivenöl, Knoblauch und Chilis in einem Topf erhitzen. Sobald sich zischende Bläschen zu bilden beginnen, die Zwiebel einrühren und in 5 Minuten weich schwitzen. Die Bohnen und 300 ml der Hühnerbrühe zufügen und 10 Minuten köcheln lassen.

4 Die Butter in einer Bratpfanne auf dem Herd erhitzen. Die Rochenflügel einlegen und von beiden Seiten je 1 Minute etwas Farbe nehmen lassen. Mit etwas Salz bestreuen und im Ofen in 10 Minuten fertig braten.

5 In der Zwischenzeit die Tomatenwürfel unter die Bohnen heben und weitere 10 Minuten garen. Den Estragon unterrühren und mit Salz und Pfeffer abschmecken.

6 Die Chilibohnen auf 4 vorgewärmten Tellern anrichten und die Rochenflügel darauf legen. Den Bratfond bei mäßiger Hitze auf dem Herd mit dem Sherryessig und der restlichen Hühnerbrühe ablöschen, aufkochen und mit einem Holzlöffel den Bratensatz vom Pfannenboden losrühren. Die Sauce durch ein feines Sieb in einen kleinen Topf abseihen, abschmecken und über die Rochenflügel ziehen.

Geschmorter Meeraal

FÜR 4 PERSONEN

6 Knoblauchzehen
1,25 kg Meeraal am Stück, enthäutet (aus dem
   fleischigen Stück hinter der Bauchhöhle geschnitten)
100 g Schweinenetz, gewässert, oder 4 Scheiben
   durchwachsener Speck ohne Schwarte
100 g Möhren, 100 g Bleichsellerie
50 g Butter
100 g kleine Zwiebeln, geschält
Salz und frisch gemahlener schwarzer Pfeffer

1 Den Ofen auf 230 °C vorheizen. 2 Knoblauchzehen in feine Scheiben schneiden. Den Meeraal rundherum mit kleinen, tiefen Einschnitten versehen und mit den Knoblauchscheiben spicken. In das Schweinenetz oder die Speckscheiben einwickeln und mit Küchengarn binden.

2 Die Möhren und den Sellerie zuerst quer in 4 cm große Stücke, dann der Länge nach in 1 cm lange Stäbchen schneiden.

3 In einem ofenfesten Schmortopf, der Platz genug für den Fisch bietet, die Butter zerlassen. Möhren, Sellerie, Zwiebeln und die restlichen ganzen Knoblauchzehen einlegen und zugedeckt bei mäßiger Hitze 5 Minuten garen. Den Fisch einlegen und ein-, zweimal wenden, sodass er von allen Seiten gleichmäßig mit Butter überzogen ist. Mit Salz und Pfeffer würzen und zugedeckt im Ofen 20 Minuten schmoren. Zwischendurch den Fisch zweimal mit der Butter überziehen.

4 Den Deckel abnehmen, den Meeraal noch einmal mit Butter bestreichen und unbedeckt weitere 10 Minuten schmoren.

5 Den Fisch auf eine vorgewärmte Servierplatte heben und das Gemüse mit der Sauce um den Fisch herum verteilen. Den Fisch längs portionieren und servieren.

Aal in grüner Sauce (*Anguilles au vert*)

FÜR 4 PERSONEN

300 ml Fischfond (siehe Seite 222)

15 g Butter

2 große Schalotten, sehr fein gehackt

½ Knoblauchzehe, durchgepresst

1 kleiner Zweig Thymian

1 kleines Lorbeerblatt

50 ml trockener Wermut, z. B. Noilly Prat

25 g frische Spinatblätter, in Streifen geschnitten

25 g Brunnenkresse (Stängel entfernt)

Je 1 EL gehackter Estragon, Kerbel, Petersilie und Schnittlauchröllchen (plus einige Kräuter zum Garnieren)

25 g Sauerampfer, in Streifen geschnitten

¼ Baguette

50 ml geklärte Butter (siehe Seite 226)

350 g Flussaal, enthäutet (siehe Seite 36) und in 10 cm lange Stücke geschnitten

Salz und frisch gemahlener schwarzer Pfeffer

175 ml Sahne

3 Eigelb

Zitronensaft

1 Für die Sauce den Fischfond bei großer Hitze rasch einkochen lassen, bis nur noch etwa 4 Esslöffel Flüssigkeit übrig sind. In einem anderen Topf die Butter zerlassen und die Schalotten, den Knoblauch, Thymian und Lorbeerblatt farblos darin anschwitzen. Den reduzierten Fischfond und den Wermut zugießen und um drei Viertel einkochen lassen. Den Thymian und das Lorbeerblatt herausfischen und wegwerfen. Den Spinat, die Brunnenkresse und die gehackten Kräuter zugeben und 2 Minuten köcheln lassen. Den Sauerampfer zufügen und kurz in der Sauce zusammenfallen lassen. Die Mischung in der Küchenmaschine glatt pürieren, zurück in den Topf gießen und beiseite stellen.

2 Das Brot schräg in 4 lange, nicht mehr als 1 cm dicke Scheiben schneiden und in der Hälfte der geklärten Butter von beiden Seiten einige Minuten goldbraun rösten. Im lauwarmen Ofen warm stellen.

3 Den Grill auf hoher Stufe vorheizen. Die Aalstücke mit der restlichen geklärten Butter bestreichen und würzen. Auf ein gefettetes Backblech legen und 1–1½ Minuten grillen. Warm stellen.

4 Die Sahne mit den Eigelben glatt rühren und unter die Kräutersauce mischen. Auf niedriger Stufe unter Rühren langsam erhitzen, bis die Mischung allmählich dick wird. Nicht zu stark erhitzen, sonst gerinnt das Ei. Mit etwas Zitronensaft, Salz und Pfeffer abschmecken und weiterschlagen, bis die Sauce schaumig ist.

5 Zum Servieren die gerösteten Brotscheiben auf 4 vorgewärmte Teller legen und einige Stücke Aal darauf anrichten. Die Sauce darüber löffeln und jeden Teller mit einem kleinen Kräutersträußchen aus Estragon, Petersilie, Kerbel und Schnittlauch garnieren.

ALTERNATIVE FISCHE

Dies ist ein klassisches Aalgericht, also muss es wohl Aal sein ... oder? Ich denke, auch dünne Filets von jedem weißfleischigen Fisch wie Flunder, Rotzunge oder Wittling sind geeignet.

Aal in Gelee

FÜR 4–6 PERSONEN

900 g Aal, enthäutet (siehe Seite 36)

Schale und Saft von 1 Zitrone

3 Lorbeerblätter

4 Gewürznelken

8 schwarze Pfefferkörner

4 TL Salz

1 kleines Bund krause Petersilie, gehackt

Malzessig guter Qualität

Frisch gemahlener weißer Pfeffer

Bauernbrot und Butter zum Servieren

1 Die Flossen am Rückensaum der Aale in Richtung Kopf abschneiden. Dann die Fische in 4 cm große Stücke schneiden.

2 Die Aalstücke mit der Zitronenschale, dem Zitronensaft, Lorbeerblättern, Nelken, Pfefferkörnern und Salz in einen großen Topf füllen. Mit kaltem Wasser eben bedecken, zum Kochen bringen und 20 Minuten köcheln lassen.

3 Die Aalstücke mitsamt der Garflüssigkeit in eine Schüssel füllen und abkühlen lassen.

4 Die gehackte Petersilie unterrühren und die Mischung in 4–6 kleine Schalen verteilen. Abdecken und kalt stellen, bis die Flüssigkeit vollständig geliert ist. Mit dem Essig, Pfeffer, Brot und Butter servieren.

Im Wok zubereiteter Aal mit schwarzen Bohnen (siehe Anleitung 18, Seite 36)

FÜR 2 PERSONEN

225–275 g Aalfilet, enthäutet (siehe Seite 36)

Salz, 1½ TL Maisstärke

1½ TL chinesische gesalzene und fermentierte schwarze Sojabohnen

½ TL extrafeiner Zucker

2 EL Sesamöl

2 Knoblauchzehen, in dünne Stifte geschnitten

2½ cm Ingwerwurzel, in feine Streifen geschnitten

1 mittelscharfe rote Chilischote, in feine Scheiben geschnitten

3 EL chinesischer Reiswein oder trockener Sherry

1 TL dunkle Sojasauce

4 Frühlingszwiebeln, schräg in lange, dünne Scheiben geschnitten

1 Das Aalfilet schräg in 2½ cm lange Stücke schneiden. Ein wenig salzen und in der Maisstärke wenden.

2 Die schwarzen Sojabohnen, den Zucker und 2 Esslöffel kaltes Wasser in einer kleinen Schüssel zu einer groben Paste zerdrücken.

3 Einen Wok auf großer Stufe heiß werden lassen. Das Sesamöl und den Knoblauch hineingeben; den Ingwer, Chili und Bohnenpaste rasch folgen lassen und einige Sekunden pfannenrühren. Die Aalstücke zufügen und 1 Minute unter Rühren sautieren.

4 Den Reiswein oder Sherry, die Sojasauce und 3–4 Esslöffel Wasser zugießen und 2 Minuten weiterrühren, bis der Aal durchgegart ist.

5 Die Frühlingszwiebeln in den Wok geben und etwa 1 Minute mitrühren. Mit gedämpftem Reis sofort servieren.

Im Wok zubereiteter Aal mit schwarzen Bohnen

Rezepte
Kapitel 7

7

Große Rundfische

Gegrillter Kabeljau mit Rotweinsauce (siehe Anleitung 4, Seite 20)

FÜR 4 PERSONEN

75 g Butter

4 dicke Stücke Kabeljaufilet (je 175 g), enthäutet (siehe Seite 20)

Grobes Meersalz

Frisch gemahlener schwarzer Pfeffer

50 g Möhre, fein gehackt

50 g Bleichsellerie, fein gehackt

50 g Zwiebel, fein gehackt

1 kleine Prise gemahlener Piment

1 kleine Prise Nelkenpulver

1 kleine Prise geriebene Muskatnuss

1 kleine Prise Curry

600 ml Rotwein

600 ml Hühnerbrühe (siehe Seite 222)

1 TL Zucker

1 EL Mehl

FÜR DIE LINSEN

50 g getrocknete Puy-Linsen

300 ml Fischfond (siehe Seite 222)

1 Gewürznelke und 1 Lorbeerblatt

2 Zwiebelscheiben, geschält

½ TL Salz

1 Für die Linsen sämtliche Zutaten in einem Topf weich kochen. Abgießen, Nelke und Lorbeerblatt entfernen, die Linsen warm stellen.

2 In einem mittelgroßen Topf 50 g der Butter zerlassen und mit einem Teil davon die Kabeljaustücke bestreichen. Salzen, pfeffern und mit der Hautseite nach oben auf ein gefettetes Backblech legen.

3 Für die Sauce Möhre, Sellerie, Zwiebel und die Gewürze in der zerlassenen Butter bei großer Hitze in 10 Minuten braun schwitzen. Rotwein, Hühnerbrühe, Zucker und ¼ TL Salz zugeben, zum Kochen bringen und einkochen lassen, bis noch etwa 175 ml konzentrierte Sauce übrig sind. Durch ein Sieb in einen sauberen Topf abseihen und warm stellen.

4 Den Grill auf hoher Stufe vorheizen. Den Kabeljau 8 Minuten grillen, bis die Haut schön gebräunt ist. Inzwischen die restliche Butter mit dem Mehl verkneten (*Beurre manié*). Die Sauce aufkochen und die Mehlbutter stückweise unterrühren. 2 Minuten köcheln lassen, bis sie bindet. Falls nötig, nachwürzen.

5 Auf 4 vorgewärmten Tellern die Linsen und darauf den Fisch anrichten. Mit der Rotweinsauce umgießen und servieren.

Fischküchlein

FÜR 4 PERSONEN

**900 g mehlig kochende Kartoffeln, geschält und
in Stücke geschnitten, Salz**
900 g Kabeljaufilet, enthäutet
25 g Butter, zerlassen
15 g Petersilie, gehackt
Frisch gemahlener schwarzer Pfeffer
Sonnenblumenöl zum Frittieren
50 g gewürztes Mehl
2 Eier, verschlagen
150 g frische Weißbrotbrösel
1 Rezeptmenge Tatarensauce (siehe Seite 224)

1 Die Kartoffeln in Salzwasser 20 Minuten kochen, bis sie weich sind. Abgießen, zurück in den Topf füllen und zu einer glatten Masse zerstampfen. Etwas abkühlen lassen.

2 In einer großen, tiefen Pfanne etwas Wasser zum Kochen bringen. Den Kabeljau einlegen, erneut zum Kochen bringen und den Fisch 8 Minuten pochieren. Auf einen Teller heben und, sobald er etwas abgekühlt ist, in größere Stücke zerpflücken.

3 Den Fisch mit den Kartoffeln, der Butter, Petersilie, Salz und Pfeffer in einer Schüssel gründlich vermengen. 8 etwa 2½ cm dicke Küchlein formen und, mit Frischhaltefolie bedeckt, 20 Minuten kalt stellen.

4 Das Öl in einem Frittiertopf auf 180 °C erhitzen. Das Mehl, die Eier und die Weißbrotbrösel in drei flache Schalen füllen. Die Fischküchlein in dem Mehl wenden, durch das verschlagene Ei ziehen und mit den Weißbrotbröseln panieren. Gut andrücken, sodass sie von allen Seiten gleichmäßig bedeckt sind. Portionsweise in 4 Minuten goldgelb und knusprig ausbacken. Mit einem Schaumlöffel herausheben und auf Küchenpapier kurz abtropfen lassen. Warm stellen, bis alle Fischküchlein fertig sind. Mit Tatarensauce servieren.

ABWANDLUNGEN

Lachsküchlein

Das Kabeljaufilet durch Lachsfilet und 1 Esslöffel der Petersilie durch gehackten Dill ersetzen.

Makrelenküchlein

Statt des Kabeljaufilets 900 g ganze Makrelen von jeder Seite 5 Minuten grillen und zerpflücken. Haut und Gräten wegwerfen. Die Petersilie durch 2 Esslöffel gehacktes Fenchelkraut ersetzen und 1 Esslöffel Pernod oder Ricard untemischen.

Seelachs- und Räucherlachsküchlein

Den Kabeljau durch 750 g Seelachsfilet und 150 g fein gehackten Räucherlachs, die Petersilie durch 2 Esslöffel gehackten Dill ersetzen. Den Seelachs wie oben pochieren und mit dem Räucherlachs und Dill unter die Kartoffelmasse mischen.

Kabeljau im Backteig mit Pommes frites und Tatarensauce

FÜR 4 PERSONEN

240 g Mehl, Salz
3½ TL Backpulver
270 ml eiskaltes Wasser
900 g mehlig kochende Kartoffeln
Sonnenblumenöl zum Frittieren
**4 dicke Stücke Kabeljaufilet (je 175 g), aus dem
vorderen Teil geschnitten**
Frisch gemahlener schwarzer Pfeffer
1 Rezeptmenge Tatarensauce (siehe Seite 224)

1 Für den Ausbackteig das Mehl, 1 Teelöffel Salz und das Backpulver mit dem Wasser verrühren. Kalt stellen und innerhalb von 20 Minuten weiterverarbeiten. Den Ofen auf 150 °C vorheizen. Ein Backblech mit mehreren Lagen Küchenpapier auslegen und beiseite stellen.

2 Die Kartoffeln schälen und der Länge nach in 1 cm dicke Stäbchen schneiden. Eine große, tiefe Pfanne zu einem Drittel mit Sonnenblumenöl füllen und auf 130 °C erhitzen. Die Hälfte der Kartoffelstäbchen in einem Frittierkorb 5 Minuten in dem heißen Öl blanchieren, bis sie weich, aber noch farblos sind. Herausheben, überschüssiges Fett abtropfen lassen. Die restlichen Kartoffelstäbchen auf gleiche Weise blanchieren. Beiseite stellen.

3 Das Öl auf 160 °C erhitzen. Die Kabeljaustücke mit Salz und Pfeffer würzen und durch den Backteig ziehen. Nacheinander je 2 Stücke in das heiße Fett gleiten lassen und in 7–8 Minuten goldbraun und knusprig ausbacken. Auf dem Küchenpapier abtropfen lassen, warm stellen.

4 Das Öl auf 190 °C erhitzen und die Kartoffelstäbchen in kleinen Portionen etwa 2 Minuten frittieren, bis sie goldbraun und knusprig sind. Den Frittierkorb aus dem Fett heben, kurz rütteln, damit das überschüssige Öl ablaufen kann, die Fritten auf Küchenpapier abtropfen lassen und warm stellen, bis alle fertig sind. Die Pommes frites salzen und mit dem Kabeljau und der Tatarensauce servieren.

Gegrillter Kabeljau mit Kartoffel-Frühlingszwiebel-Püree und Soja-Buttersauce

FÜR 4 PERSONEN

4 dicke Stücke Kabeljaufilet (je 175–225 g) mit Haut

Grobes Meersalz

Etwas zerlassene Butter zum Bestreichen

Frisch gemahlener schwarzer Pfeffer

FÜR DAS KARTOFFEL-FRÜHLINGSZWIEBEL-PÜREE

1,25 kg mehlig kochende Kartoffeln, geschält und
in Stücke geschnitten, Salz

50 g Butter

1 Bund Frühlingszwiebeln, geputzt und in dünne
Scheiben geschnitten

Etwas Milch

Frisch gemahlener weißer Pfeffer

FÜR DIE SOJA-BUTTERSAUCE

600 ml Hühnerbrühe (siehe Seite 222)

2 EL dunkle Sojasauce

75 g Butter

1 Tomate, enthäutet, Samen entfernt, gewürfelt

1 gehäufter TL gehackte Korianderblätter

1 Die Kabeljaustücke mit der Hautseite nach unten in eine flache Form legen und mit 1 Teelöffel Salz bestreuen. 30 Minuten einwirken lassen.

2 Den Fisch abspülen und mit Küchenpapier trockentupfen. Mit der Butter bestreichen und mit der Haut nach oben auf ein gefettetes Backblech oder in die Grillpfanne legen. Mit ein paar Salzkörnern und Pfeffer bestreuen.

3 Für das Püree die Kartoffeln in Salzwasser in 20 Minuten weich kochen.

4 In der Zwischenzeit die Hühnerbrühe mit der Sojasauce vermengen und bei großer Hitze auf die Hälfte einkochen lassen.

5 Den Grill auf hoher Stufe vorheizen. Die Kabeljaustücke 8 Minuten grillen, ohne sie zu wenden.

6 Kurz bevor der Fisch fertig ist, die Butter unter die Sauce schlagen, bis sie glatt ist. Von der Kochstelle nehmen, die Tomate und die Korianderblätter unterrühren.

7 Die Kartoffeln abgießen, zurück in den Topf füllen und zu einem glatten Püree zerstampfen. In einer Sauteuse die Butter aufschäumen lassen, die Frühlingszwiebeln einige Sekunden darin schwenken und mit etwas Milch unter das Kartoffelpüree mischen. Mit Salz und Pfeffer abschmecken.

8 Das Püree in der Mitte von 4 vorgewärmten Tellern aufhäufen und den gegrillten Kabeljau darauf anrichten. Mit der Soja-Buttersauce umgießen und servieren.

Gegrillter Kabeljau mit Spargel, Salatherzen und Estragon-Dressing

FÜR 4 PERSONEN

550 g fleischiges Kabeljaufilet ohne Haut

Salz

1,2 l Hühnerbrühe (siehe Seite 222)

Einige Zweige frischer Estragon

2 Knoblauchzehen, geschält

2 EL natives Olivenöl extra

Frisch gemahlener schwarzer Pfeffer

100 g grüne Spargelspitzen

4 kleine Kopfsalat

12 dünne Scheiben Pancetta (geräucherter
Schweinebauch)

1 TL Schnittlauchröllchen

1 TL gehackter Estragon

1½ TL Weißweinessig

1 Das Kabeljaufilet in eine flache Form legen und großzügig salzen. 20 Minuten einwirken lassen. Inzwischen die Hühnerbrühe mit den Estragonzweigen und den ganzen Knoblauchzehen in einem weiten Topf zum Kochen br ngen und auf etwa 85 ml einkochen lassen. In einen kleinen Topf abseihen und warm stellen.

Gegrillter Kabeljau mit Spargel, Salatherzen und Estragon-Dressing

2 Den Kabeljau gründlich abspülen und mit Küchenpapier sorgfältig trockentupfen. Mit etwas Olivenöl bestreichen, pfeffern und auf ein leicht mit Öl gefettetes Backblech legen.

3 Die Spargelspitzen in kochendem Salzwasser bissfest garen. Abgießen, kurz kalt abschrecken und warm stellen. Die Außenblätter der Salatköpfe entfernen, die hellgrünen Salatherzen vierteln.

4 Den Grill auf hoher Stufe vorheizen. Den Fisch 10–12 grillen. Mit dem Pancetta belegen und weitere 1–2 Minuten grillen, bis der Speck knusprig und leicht goldbraun ist.

5 Die Salatherzen in der Mitte von 4 vorgewärmten Tellern anrichten. Den Pancetta in Stücke zerbröckeln, den Kabeljau in größere Stücke zerteilen. Die Fischstücke mit dem Speck und den Spargelspitzen um die Salatherzen herum verteilen und mit den Schnittlauchröllchen und dem Estragon bestreuen. Die warme Hühnerbrühe über die Salatherzen und ein wenig über den Fisch löffeln. Das verbliebene Olivenöl mit dem Essig verrühren, würzen, über den Salat träufeln und sofort servieren.

ALTERNATIVE FISCHE
Ich bevorzuge dicke Filets von blättriger Struktur. Schellfisch wäre da eine gute Alternative, aber auch Lachs ist gut geeignet.

Kabeljau-Pie

Kabeljau-Pie

FÜR 4 PERSONEN
1 kleine Zwiebel, in dicke Scheiben geschnitten
2 Gewürznelken
1 Lorbeerblatt
600 ml Milch
300 ml Sahne
450 g Kabeljaufilet mit Haut
225 g ungefärbtes geräuchertes Kabeljaufilet
4 Eier
100 g Butter
45 g Mehl
5 EL gehackte glatte Petersilie
Frisch geriebene Muskatnuss
Salz und frisch gemahlener weißer Pfeffer
1,25 kg mehlig kochende Kartoffeln, geschält
1 Eigelb

1 Zwei Zwiebelscheiben mit den Nelken spicken und mit dem Lorbeerblatt in einen großen Topf legen. 450 ml von der Milch und die Sahne zugießen und den frischen Kabeljau sowie den Räucherfisch einlegen. Zum Kochen bringen und 8 Minuten garen. Den Fisch auf eine Platte heben und den Sud durch ein Sieb in eine Kanne abseihen. Sobald der Fisch etwas abgekühlt ist, das Fleisch in große Stücke zerpflücken, Haut und Gräten wegwerfen. Den Fisch in einer 1¾ Liter fassenden Pie-Form verteilen.

2 Die Eier in 8 Minuten hart kochen; abkühlen lassen. Schälen, in Scheiben schneiden und auf dem Fisch verteilen.

3 In einem Topf 50 g der Butter zerlassen, das Mehl 1 Minute unter Rühren darin anschwitzen. Den Topf von der Kochstelle nehmen und nach und nach den Sud einrühren. Auf dem Herd unter ständigem Rühren langsam zum Kochen bringen. 10 Minuten leise köcheln lassen, damit der Mehlgeschmack verschwindet. Von der Kochstelle nehmen, die Petersilie unterrühren und mit Muskatnuss, Salz und Pfeffer würzen. Die Sauce über den Fisch schöpfen und abkühlen lassen. Im Kühlschrank 1 Stunde kalt stellen.

4 Die Kartoffeln 15–20 Minuten kochen. Abgießen, zerstampfen und mit der restlichen Butter und dem Eigelb vermengen. Mit Salz und Pfeffer würzen. So viel von der restlichen Milch einarbeiten, dass ein glattes, streichfähiges Püree entsteht.

5 Den Ofen auf 200 °C vorheizen. Das Kartoffelpüree über dem Fisch verstreichen und die Oberfläche mit einer Gabel verzieren. 35–40 Minuten backen, bis sich eine goldbraune Kruste gebildet hat.

ALTERNATIVE FISCHE
Versuchen Sie einmal frischen und geräucherten Schellfisch oder – wenn Sie in Australien weilen – Flathead anstelle des frischen Fischs.

Taramasalata (Fischrogen-paste) (siehe Anleitung 45, Seite 69

FÜR 4 PERSONEN
100 g altbackenes Weißbrot
175 g geräucherter Kabeljaurogen (siehe Seite 69)
1 Knoblauchzehe, durchgepresst
1 dünne Zwiebelscheibe
2 EL Zitronensaft
6 EL Olivenöl
Schwarze Oliven und Zitronenspalten zum Garnieren
**Leicht geröstetes Pita-Brot oder knuspriges Weißbrot
  als Beilage**

1 Die Rinde des altbackenen Brots abschneiden. Das Brot 10 Minuten in kaltem Wasser einweichen.

2 Das Brot aus dem Wasser nehmen und gut ausdrücken. Zusammen mit dem Fischrogen, dem Knoblauch, der Zwiebelscheibe und dem Zitronensaft in einen Mixer füllen und in 2 Minuten zu einem glatten Püree verarbeiten.

3 Bei laufendem Gerät nach und nach das Olivenöl zugießen – wie bei der Zubreitung von Mayonnaise. Die Taramasalata auf einer Platte oder in einer flachen Schale anrichten und abgedeckt 1 Stunde kalt stellen. Mit den Oliven und Zitronenspalten garnieren und mit geröstetem Pita-Brot oder knusprigem Weißbrot servieren.

Klippfischpüree (*Brandade de morue*) (siehe Anleitung 42, Seite 67)

FÜR 4–6 PERSONEN
12 dünne Scheiben Baguette
150 ml Olivenöl
**450 g frisch eingesalzener Kabeljau (siehe Seite 67
  und 227), gewässert**
3 Knoblauchzehen, durchgepresst
175 ml Sahne
**Zitronensaft und frisch gemahlener schwarzer Pfeffer
  nach Geschmack**
**Schwarze Oliven und gehackte glatte Petersilie
  zum Garnieren**

1 Die Baguettescheiben in 2 Esslöffeln des Olivenöls von beiden Seiten in 1–2 Minuten goldbraun rösten. Kurz auf Küchenpapier abtropfen lassen und im mäßig warmen Ofen warm stellen.

2 Den Kabeljau abgießen, Haut und Gräten entfernen. In einem Topf mit frischem Wasser bedecken, zum Kochen bringen und 5 Minuten pochieren. Den Fisch mit einem Schaumlöffel herausheben, abtropfen lassen und in die Küchenmaschine oder den Mixer füllen.

3 Den Knoblauch, das restliche Olivenöl und die Sahne in einem kleinen Topf aufkochen. Die Mischung über den Fisch in den Mixer gießen und alles zu einer glatten Masse pürieren. Mit Zitronensaft und reichlich schwarzem Pfeffer abschmecken. Salzen wird in der Regel nicht mehr nötig sein.

4 Das Klippfischpüree in einer flachen Schüssel oder auf einer Platte anrichten und rundherum die gerösteten Brotscheiben anordnen. Mit den schwarzen Oliven und der Petersilie garnieren und warm servieren.

Klippfisch-Tortilla mit Kartoffeln und Zwiebel

FÜR 6 PERSONEN
**350 g frisch eingesalzener Kabeljau (siehe Seite 67
  und 227), gewässert**
85 ml natives Olivenöl extra
1 große Zwiebel, in dünne Scheiben geschnitten
**450 g Kartoffeln, geschält und in streichholzlange
  Stäbchen geschnitten**
8 Eier
3 EL gehackte glatte Petersilie
Salz und frisch gemahlener schwarzer Pfeffer

Klippfisch-Tortilla mit Kartoffeln und Zwiebel

1 Den Kabeljau in einen Topf mit kochendem Wasser gleiten lassen und 6–8 Minuten pochieren. Herausheben, abkühlen lassen und in grobe Stücke zerpflücken. Haut und Gräten wegwerfen.

2 Das Öl in einer großen (23 cm Durchmesser) und gut eingebrannten oder beschichteten Pfanne erhitzen. Die Zwiebel darin bei mittlerer Hitze 3–4 Minuten anschwitzen. Die Kartoffeln zufügen und unter gelegentlichem Wenden in 15 Minuten weich garen. Den Fisch zugeben und ein-, zweimal durchheben, bis sämtliche Zutaten gleichmäßig verteilt sind. Die Eier mit der Petersilie, Salz und Pfeffer verschlagen, in die Pfanne gießen und auf sehr niedriger Stufe in 15 Minuten fast vollständig stocken lassen.

3 Den Grill auf hoher Stufe vorheizen. Die Tortilla 2–3 Minuten unter den Grill schieben, bis sich eine goldbraune Kruste gebildet hat. In Stücke schneiden und warm servieren.

ALTERNATIVE FISCHE
Alle Dorschartigen Fische wie Schellfisch, Seehecht, Steinköhler oder Seelachs lassen sich hervorragend einsalzen. Je billiger der Fisch ist, desto besser. Steinköhler etwa schmeckt eingesalzen besser denn als Frischfisch.

Mildes Kartoffelcurry mit geräuchertem Schellfisch und pochiertem Ei

FÜR 4 PERSONEN
4 ungefärbte geräucherte Schellfischfilets (je 100 g)
2 TL Weißweinessig
4 Eier
Korianderzweige zum Garnieren

FÜR DAS KARTOFFELCURRY
350 g vorwiegend fest kochende Kartoffeln, geschält und in 1 cm große Würfel geschnitten
Salz
2 EL Sonnenblumenöl
½ TL gelbe Senfsamen
¼ TL gemahlene Kurkuma
100 g Zwiebeln, fein gehackt
Frisch gemahlener schwarzer Pfeffer
2 Tomaten, enthäutet und gehackt
1 TL grob gehackte Korianderblätter

1 Für das Curry die Kartoffeln in kochendem Salzwasser 6–7 Minuten kochen und abtropfen lassen. Inzwischen in einem Topf das Öl erhitzen, die Senfsamen hineingeben und, sobald sie zu springen beginnen, Kurkuma und Zwiebeln zufügen. 5 Minuten braten, bis die Zwiebeln weich und etwas gebräunt sind. Die Kartoffeln untermischen, salzen, pfeffern und 1–2 Minuten mitbraten. Die Tomaten einrühren und 1–2 Minuten garen. Die Korianderblätter einstreuen und warm stellen.

2 In eine flache Kasserolle 5 cm hoch Wasser einfüllen und zum Kochen bringen. Die geräucherten Schellfischfilets einlegen, erneut zum Kochen bringen und 4 Minuten pochieren. Den Fisch mit einem Schaumlöffel herausheben und abgedeckt warm stellen.

3 Die Garflüssigkeit wegschütten und durch frisches Wasser ersetzen. Das Wasser bis kurz unter den Siedepunkt erhitzen – der Zeitpunkt ist erreicht, wenn die ersten Blasen vom Topfboden aufsteigen. Das Wasser darf nicht sprudeln. Den Essig zugießen und die Eier nacheinander aufschlagen und behutsam in das Wasser gleiten lassen. 3 Minuten pochieren und mit einem Schaumlöffel herausheben. Auf Küchenpapier kurz abtropfen lassen.

4 Das Kartoffelcurry in der Mitte der vorgewärmten Teller anrichten. Die Haut von dem Schellfisch abziehen und jeweils 1 Filet auf das Kartoffelbett legen. Ein pochiertes Ei darauf setzen, mit den Korianderzweigen garnieren und servieren.

Kedgeree mit geräuchertem Schellfisch

FÜR 4 PERSONEN

25 g Butter
1 kleine Zwiebel, gehackt
2 grüne Kardamomkapseln, längs aufgeschlitzt
¼ TL gemahlene Kurkuma
1 Stück Zimtstange (2½ cm)
1 Lorbeerblatt, fein zerkrümelt
350 g Basmati-Reis
600 ml Hühnerbrühe (siehe Seite 222)
Salz
2 Eier
450 g ungefärbtes geräuchertes Schellfischfilet
2 EL gehackte glatte Petersilie, plus einige Zweige zum Garnieren
Frisch gemahlener schwarzer Pfeffer

1 Die Butter in einem großen Topf zerlassen und die Zwiebel 5 Minuten ohne Farbe darin anschwitzen, bis sie weich ist. Die Kardamomkapseln, Kurkuma, Zimtstange und das zerkrümelte Lorbeerblatt zugeben und unter Rühren 1 Minute mitschwitzen.

2 Den Reis einstreuen und 1 Minute anbraten, dabei gut rühren, bis die Körner gleichmäßig mit der Gewürzbutter überzogen sind. Mit der Hühnerbrühe auffüllen, ½ Teelöffel Salz einrühren und zum Kochen bringen. Den Topf mit einem Deckel fest verschließen, die Hitze herunterstellen und den Reis 15 Minuten sanft garen.

3 Inzwischen die Eier in 8 Minuten hart kochen. In eine große, flache Kasserolle 5 cm hoch Wasser einfüllen, zum Kochen bringen, die geräucherten Schellfischfilets einlegen und 4 Minuten pochieren. Den Fisch herausheben und auf einem Teller abkühlen lassen; anschließend zerpflücken, Haut und Gräten wegwerfen. Die Eier etwas abkühlen lassen, schälen und in Würfel schneiden.

4 Die Fischstücke und gewürfelten Eier vorsichtig unter den Reis heben. Den Deckel wieder aufsetzen und den Fisch 5 Minuten in dem Reis durchwärmen. Vorsichtig die gehackte Petersilie untermischen und mit Salz und schwarzem Pfeffer abschmecken. Mit den Petersilienzweigen garnieren und servieren.

Pochierter Schellfisch mit Miesmuscheln und Spinat

FÜR 4 PERSONEN

150 g Butter
1 Schalotte, fein gehackt
600 ml Miesmuscheln, gesäubert (siehe Seite 88)
4 Schellfischfilets (je 175 g) mit Haut
900 g frischer Spinat, gewaschen, die harten Stängel entfernt
Salz und frisch gemahlener schwarzer Pfeffer
1 EL Malt-Whisky
1 TL Zitronensaft
1 TL gehackter Kerbel

1 In einem mittelgroßen Topf 25 g der Butter zerlassen und die Schalotte 3 Minuten darin glasig schwitzen. Die Muscheln mit 150 ml Wasser einfüllen, mit einem Deckel verschließen und bei großer Hitze 3–4 Minuten dämpfen, bis sie sich geöffnet haben. In ein Sieb schütten, den Sud auffangen. Sobald die Muscheln etwas abgekühlt sind, das Fleisch aus den Schalen lösen. 8 besonders schöne Exemplare zum Garnieren in der Schale belassen. Abgedeckt beiseite stellen.

2 Den Muschelsud durch ein feines Sieb in eine große (30 cm Durchmesser) Pfanne gießen und zum Kochen bringen. Die Schellfischfilets mit der Haut nach oben einlegen, die Pfanne verschließen und den Fisch 3 Minuten pochieren. Vom Herd nehmen und die Filets bedeckt weitere 4 Minuten ziehen lassen.

3 In der Zwischenzeit weitere 25 g der Butter in einem großen Topf zerlassen. Den Spinat darin bei großer Hitze zusammenfallen und unter ständigem Rühren sämtliche Flüssigkeit verkochen lassen. Mit Salz und Pfeffer abschmecken.

4 Den Spinat auf 4 vorgewärmte Teller verteilen, die Schellfischfilets darauf anrichten und warm stellen. Die Pfanne wieder auf den Herd setzen, die restliche Butter einrühren und 3–4 Minuten bei lebhafter Hitze einkochen lassen, bis die Sauce eine sämige Konsistenz erreicht hat. Den Whisky und Zitronensaft einrühren und weitere 30 Sekunden kochen lassen. Den Kerbel und das ausgelöste Muschelfleisch unterrühren und noch einige Sekunden erhitzen.

5 Die Muscheln um den Spinat und Schellfisch herum verteilen und zu gleichen Teilen mit den nicht ausgelösten Muscheln garnieren. Mit der Sauce übergießen und servieren.

Eier Benedict mit geräuchertem Schellfisch

Omelett nach Arnold Bennett

Eier Benedict mit geräuchertem Schellfisch

FÜR 4 PERSONEN

½ Rezeptmenge Sauce hollandaise (siehe Seite 223)
300 ml Milch
3 Lorbeerblätter
2 Zwiebelscheiben
6 schwarze Pfefferkörner
4 ungefärbte geräucherte Schellfischfilets
    (je 100 g)
1 EL Weißweinessig
4 Eier
2 englische Muffins
Grob zerstoßene schwarze Pfefferkörner und einige
    Schnittlauchröllchen zum Garnieren

1 Die Sauce hollandaise zubereiten und im Wasserbad warm halten.

2 Die Milch mit 300 ml Wasser in einer flachen Kasserolle zum Kochen bringen. Lorbeerblätter, Zwiebelscheiben, Pfefferkörner und die Schellfischfilets einlegen und 4 Minuten pochieren (siehe Seite 38). Den Schellfisch auf eine Platte heben, die Haut abziehen, warm stellen.

3 In einen flachen Topf 5 cm hoch Wasser einfüllen, aufkochen, den Essig zugießen und die Hitze herunterstellen. Die Eier nacheinander aufschlagen, in das Wasser gleiten lassen und 3 Minuten pochieren. Inzwischen die Muffins halbieren und goldbraun rösten. Die Eier mit einem Schaumlöffel herausheben und auf Küchenpapier abtropfen lassen.

4 Die Muffinhälften auf 4 vorgewärmte Teller legen. Die Schellfischfilets und pochierten Eier darauf setzen. Mit der Hollandaise überziehen und mit Pfefferkörnern und Schnittlauchröllchen garnieren.

Omelett nach Arnold Bennett

FÜR 2 PERSONEN

300 ml Milch
3 Lorbeerblätter
2 Zwiebelscheiben
6 schwarze Pfefferkörner
275 g ungefärbtes geräuchertes Schellfischfilet
6 Eier
Salz und frisch gemahlener schwarzer Pfeffer
20 g Butter
2–3 EL Sahne
2 EL frisch geriebener Parmesan

1 Die Milch mit 300 ml Wasser vermengen und in einem flachen Topf zum Kochen bringen. Lorbeerblätter, Zwiebelscheiben, Pfefferkörner und die Schellfischfilets einlegen und bei mäßiger Hitze 3–4 Minuten pochieren. Den Fisch auf eine Platte heben und kurz abkühlen lassen. Das Fleisch zerpflücken, Haut und Gräten wegwerfen (siehe Seite 38).

2 Den Grill auf hoher Stufe vorheizen. Die Eier mit etwas Salz und Pfeffer verschlagen. Eine 23–25 cm große, beschichtete Pfanne bei mittlerer Hitze heiß werden lassen. Die Butter zerlassen und durch Schwenken gleichmäßig den Pfannenboden überziehen. Die Eier einfüllen und, sobald sie zu stocken beginnen, mit einem Gabelrücken das bereits gestockte Ei auseinander ziehen, sodass die noch flüssige Masse auf den Pfannenboden fließen kann.

3 Wenn das Omelett an der Unterseite fest, an der Oberfläche aber noch feucht ist, den Fisch darüber verteilen, mit der Sahne beträufeln, mit dem Parmesan bestreuen und unter dem Grill goldbraun gratinieren. Auf eine vorgewärmte Platte gleiten lassen und nach Belieben mit einem knackigen grünen Salat servieren.

133

Gegrillter Seehecht mit Kartoffel-Frühlingszwiebel-Püree und Morchelsauce

FÜR 4 PERSONEN

4 fleischige Seehechtfilets (je 175–225 g) mit Haut

Etwas zerlassene Butter zum Bestreichen

Grobes Meersalz

Grob zerstoßener schwarzer Pfeffer

FÜR DAS KARTOFFEL-FRÜHLINGSZWIEBEL-PÜREE

**1,25 kg mehlig kochende Kartoffeln, geschält und
 in Stücke geschnitten**

Salz

50 g Butter

**1 Bund Frühlingszwiebeln, geputzt und in dünne
 Scheiben geschnitten**

Etwas Milch

Frisch gemahlener weißer Pfeffer

FÜR DIE MORCHELSAUCE

75 g Butter

**Je 50 g Zwiebel, Möhre, Bleichsellerie und Lauch,
 fein gehackt**

1 EL (Laphroaig-)Whisky

1 EL Balsamico-Essig

1,2 l Fischfond (siehe Seite 222)

15 g getrocknete Steinpilze

7 g getrocknete Morcheln

1 EL gehacktes Selleriekraut oder Selleriegrün

1 Für die Sauce 40 g der Butter in einer flachen Kasserolle zerlassen. Die Zwiebel, Möhre, den Sellerie und Lauch darin bei lebhafter Hitze unter Rühren anschwitzen, bis das Gemüse eine schöne Farbe angenommen hat. Die Kasserolle von der Kochstelle nehmen, den Whisky und den Essig zugießen und fast vollständig verkochen lassen. Mit 1 Liter Fischfond auffüllen, die getrockneten Steinpilze zugeben, aufkochen und 30 Minuten köcheln lassen.

2 Inzwischen die getrockneten Morcheln in dem restlichen Fischfond in einem kleinen Topf zum Kochen bringen. Von der Kochstelle nehmen und 20 Minuten ziehen lassen, bis die Pilze weich sind. Die Morcheln in ein Sieb abgießen; die Einweichflüssigkeit auffangen. Die Pilze quer in Scheiben schneiden.

3 Die Fisch-Gemüse-Brühe durch ein feines Sieb in einen sauberen Topf abseihen und die zurückbehaltene Einweichflüssigkeit der Morcheln zugießen. Das Gemüse beiseite stellen. Die Brühe zum Kochen bringen und bei großer Hitze rasch einkochen lassen, bis sich die Aromen konzentriert haben. Sie sollten etwa 175 ml Flüssigkeit erhalten. Warm stellen. Inzwischen die Kartoffeln für das Püree in Salzwasser 20 Minuten kochen, bis sie weich sind.

4 Den Grill auf hoher Stufe vorheizen. Die Seehechtfilets mit zerlassener Butter bestreichen und mit der Haut nach oben auf den Grillrost legen, der auf der Fettpfanne des Ofens platziert ist. Den Fisch mit Meersalz und grob zerstoßenem Pfeffer bestreuen und 8 Minuten grillen.

5 Die Kartoffeln abgießen, zurück in den Topf füllen und zu einem glatten Püree zerstampfen. In einer Sauteuse die Butter aufschäumen lassen, die Frühlingszwiebeln hineingeben und einige Sekunden durchschwenken. Die sautierten Frühlingszwiebeln mit etwas Milch unter das Kartoffelpüree mischen und mit Salz und frisch gemahlenem weißem Pfeffer abschmecken. Warm stellen.

6 Die restliche Butter und das zurückbehaltene Gemüse in die Sauce einrühren und abschmecken. Zuletzt die in Scheiben geschnittenen Morcheln zufügen.

7 Das Kartoffel-Frühlingszwiebel-Püree in der Mitte von 4 vorgewärmten Tellern anrichten und die gegrillten Seehechtfilets darauf setzen. Mit der Sauce umgießen und servieren.

Seehecht *en papillote* mit gerösteten Tomaten und Tapenade (siehe Anleitung 32, Seite 53)

FÜR 4 PERSONEN

Olivenöl zum Bestreichen

2 EL in feine Streifen geschnittenes Basilikum

4 fleischige Seehechtfilets (je 175–225 g) mit Haut

Salz und frisch gemahlener schwarzer Pfeffer

4 EL Tapenade (siehe Seite 226)

FÜR DIE GERÖSTETEN TOMATEN

750 g reife Eiertomaten

1/2 TL grobes Meersalz

1 TL frische Thymianblättchen

Frisch gemahlener schwarzer Pfeffer

1 Für die gerösteten Tomaten den Ofen auf 240 °C vorheizen. Die Tomaten halbieren und mit der Schnittfläche nach oben in eine flache und leicht mit Öl bestrichene Bratenpfanne setzen. Mit dem Meersalz, Thymian und etwas Pfeffer bestreuen und im Ofen 15 Minuten rösten. Die Temperatur auf 150 °C herunterstellen und weitere 1½ Stunden rösten, bis die Tomaten auf etwa die Hälfte ihrer ursprünglichen Größe zusammengeschrumpft sind und sich ihr Aroma konzentriert hat. Aus dem Ofen nehmen und abkühlen lassen. Die Tomaten lassen sich problemlos im Voraus zubereiten.

2 Die Ofentemperatur wieder auf 240 °C erhöhen. Pergamentpapier und Alufolie vorbereiten, wie auf Seite 53 beschrieben. Jeweils 3 Tomatenstücke etwas versetzt zur Mitte auf die Alufolie setzen und mit Basilikum bestreuen. Die Seehechtfilets von beiden Seiten salzen und pfeffern und auf die Tomaten legen. Die Pakete verschließen (siehe Seite 53), auf ein Backblech legen und im Ofen 15 Minuten backen.

3 Die Päckchen auf eine große Platte legen und erst am Tisch aufschlitzen, damit jeder in den Genuss des ausströmenden Aromas kommt. Den Fisch mit den Tomaten aus der Hülle heben und auf vorgewärmten Tellern anrichten. Um den Fisch herum etwas Tapenade verteilen.

ALTERNATIVE FISCHE

Jedes einigermaßen große, fleischige Filet von beispielsweise Kabeljau, Schellfisch, Lachs, ja sogar von Wolfsbarsch oder Vertretern aus der Gruppe der Zackenbarsche sind für diese Zubereitung geeignet.

Seehecht mit Bohnen, Mayonnaise und Kapern nach Simon Hopkins

FÜR 4 PERSONEN

1 Rezeptmenge Court-Bouillon (siehe Seite 223)

1 Seehecht (1,75 kg)

1 kleine Knoblauchzehe, fein gehackt

450 g grüne Bohnenkerne aus der Dose, abgespült und abgetropft

2 große Tomaten, enthäutet, Samen entfernt, fein gewürfelt

2 TL Estragonessig

2 EL Olivenöl

Salz und frisch gemahlener schwarzer Pfeffer

1 EL kleine Kapern, abgespült

Einige Estragonblätter zum Garnieren

1 Prise Cayennepfeffer

FÜR DIE MAYONNAISE

2 Eigelb

1 TL Dijon-Senf

Einige Spritzer Tabasco

2 TL trockener Weißweinessig

150 ml Sonnenblumenöl

150 ml Olivenöl

Die Blätter von 4 Zweigen Estragon, fein gehackt

1 Die Mayonnaise zubereiten, wie auf Seite 224 beschrieben. Den Estragon unterrühren und beiseite stellen.

2 Die Court-Bouillon in einem großen Topf zum Kochen bringen. Den Seehecht einlegen, erneut aufkochen, Deckel auflegen und den Herd abschalten. In 20–30 Minuten gar ziehen lassen.

3 In einem Topf den Knoblauch, die Bohnen, Tomaten, den Essig und das Olivenöl vermengen, würzen und langsam durchwärmen, aber nicht aufkochen lassen.

4 Die Bohnen auf einer vorgewärmten großen, ovalen Platte anrichten. Den Seehecht auf ein Brett heben und die Haut abziehen. Vorsichtig die Filets ablösen und auf den Bohnen anrichten. 1–2 Esslöffel der Court-Bouillon unter die Mayonnaise rühren, sodass sie eine leicht fließende Konsistenz erhält. Die Mayonnaise über die Seehechtfilets ziehen und mit den Kapern und Estragonblättern garnieren. Mit etwas Cayennepfeffer bestäuben und servieren.

ALTERNATIVE FISCHE

Wolfsbarsch und Kabeljau.

Lengfilet mit Salatherzen, Erbsen und Pancetta

FÜR 4 PERSONEN

4 fleischige Lengfilets (je 175–225 g), enthäutet
Salz
100 ml Hühnerbrühe (siehe Seite 222)
100 g Butter
12 große Lauchzwiebeln, geputzt und in 2¹⁄₂ cm große
Stücke geschnitten
4 kleine Kopfsalatherzen, geviertelt
350 g frische oder tiefgefrorene feine Erbsen
Frisch gemahlener weißer Pfeffer
8 sehr dünne Scheiben Pancetta (geräucherter
Schweinebauch), ersatzweise Frühstücksspeck
1 EL gehackter Kerbel oder gehackte Petersilie

1 Die Lengfilets etwas salzen. Die Hühnerbrühe in einem kleinen Topf zum Kochen bringen und warm halten.

2 In einem großen, flachen Schmortopf die Hälfte der Butter zerlassen und die Zwiebeln darin in 2–3 Minuten ohne Farbe glasig schwitzen. Die geviertelten Salatherzen einlegen und kurz von allen Seiten in der Butter wenden. Die Erbsen und die heiße Hühnerbrühe zugeben, salzen, pfeffern und 3–4 Minuten lebhaft köcheln lassen, bis das Gemüse weich zu werden beginnt und etwa drei Viertel der Flüssigkeit verkocht sind. Die Salatherzen ab und zu wenden. Die Lengfilets auf das Gemüsebett legen, den Topf mit einem Deckel verschließen und den Fisch in 7–8 Minuten gar dämpfen.

3 Kurz bevor der Fisch gar ist, eine Grillpfanne auf großer Stufe erhitzen und die Pancetta- oder Speckscheiben von jeder Seite 1 Minute knusprig und goldbraun braten. Warm stellen.

4 Den Deckel vom Schmortopf abnehmen, die restliche Butter in Flocken gleichmäßig darin verteilen und den Kerbel oder die Petersilie über das Gemüse streuen. Den Topf auf dem Herd hin und her rütteln, bis die Butter geschmolzen und mit der Sauce emulgiert ist. Die Lengfilets mit dem Pancetta garnieren und mit kleinen neuen Kartoffeln servieren.

Lengfilet mit Salatherzen, Erbsen und Pancetta

Leng-Pasteten mit Tomaten und Kartoffeln

ERGIBT 9 STÜCK

550 g gesalzener Leng, Klippfisch oder 750 g frisch eingesalzener Kabeljau (siehe Seite 67 und 227), gewässert

1,5 kg tiefgekühlter Blätterteig

225 g Eiertomaten, grob gehackt

275 g Kartoffeln, geschält und in kleine Stücke geschnitten

1 mittelgroße Zwiebel, geviertelt und in feine Streifen geschnitten

100 g Chorizo (scharfe spanische Bratwurst), in feine Würfel geschnitten

2 Knoblauchzehen, fein gehackt

15 g gehackte glatte Petersilie

Salz und frisch gemahlener schwarzer Pfeffer

2 EL Olivenöl oder 25 g zerlassene Butter

1 Ei, verschlagen

1 Den gesalzenen Leng oder Klippfisch gründlich abspülen und in einer großen Schüssel in reichlich kaltem Wasser 24–48 Stunden wässern, das Wasser mehrmals wechseln.

2 Am folgenden Tag den Blätterteig in 9 gleich große Stücke teilen, auf einer leicht bemehlten Arbeitsfläche ausrollen und mithilfe eines kleinen Tellers Kreise von 19 cm Durchmesser ausschneiden. Kalt stellen.

3 Den Fisch aus dem Wasser nehmen, Haut und Gräten entfernen und in 2½ cm große Stücke schneiden. In einer Schüssel mit den Tomaten, Kartoffeln, Zwiebel, Chorizo, Knoblauch, Petersilie, Salz und reichlich Pfeffer vermengen. Vorsichtig das Olivenöl oder die Butter unterrühren.

4 Die Mischung möglichst gleichmäßig auf die Teigkreise verteilen. Den halben Teigrand mit dem verschlagenen Ei bestreichen und die andere Hälfte so über die Füllung schlagen, dass die Ränder bündig aufeinander liegen. Die Kante fest zusammendrücken und mit den Fingern ein Wellenmuster anbringen. Auf ein leicht gefettetes Backblech heben und 20 Minuten kalt stellen.

5 Den Ofen auf 200 °C vorheizen. Die Pasteten mit dem restlichen Ei bestreichen und in 15–20 Minuten goldbraun und knusprig backen.

ABWANDLUNG

Krabben-Pasteten mit Lauch und Safran

ERGIBT 6 STÜCK

¼ Teelöffel Safranfäden in 2 Esslöffel heißem Wasser 5 Minuten einweichen. In einer Schüssel 550 g weißes und 100 g braunes Krabbenfleisch, 350 g in feine Streifen geschnittenen Lauch, 75 g frische Weißbrotbrösel, 1½ Teelöffel Salz, 15 Umdrehungen weißen Pfeffer, Safran und 40 g zerlassene Butter vermengen. Wie oben füllen und backen.

Thai-Fischküchlein mit grünen Bohnen (*tod nam pla*)

FÜR 4 PERSONEN

450 g Seelachsfilet, enthäutet, in Stücke geschnitten

1 EL Thai-Fischsauce (nam pla)

1 EL thailändische rote Currypaste (siehe Seite 226)

1 Kaffir-Limettenblatt oder 1 Streifen Limettenschale, in feine Streifchen geschnitten

1 EL gehackte Korianderblätter

1 Ei

1 TL Palmzucker oder brauner Rohrzucker

½ TL Salz

40 g grüne Bohnen, in feine Röllchen geschnitten

150 ml Erdnuss- oder Sonnenblumenöl

FÜR DIE SÜSSSAURE GURKENSAUCE

50 ml Weißweinessig

100 g feiner Zucker

1½ EL Wasser

2 TL Thai-Fischsauce (nam pla)

50 g Salatgurke, in sehr feine Würfel geschnitten

25 g Möhre, in sehr feine Würfel geschnitten

25 g Zwiebel, sehr fein gehackt

2 rote Vogelaugen-Chilis, in feine Ringe geschnitten

1 Für die Sauce den Essig, Zucker und das Wasser in einem kleinen Topf langsam erhitzen, bis sich der Zucker gelöst hat. Aufkochen, 1 Minute kochen und anschließend auskühlen lassen. Die Fischsauce, Gurken-, Möhren-, Zwiebelwürfel und die Chilis einrühren. Die Sauce in 4 kleine Schälchen füllen und beiseite stellen.

2 Für die Fischküchlein die Seelachsstücke mit der Fischsauce, Currypaste, Limettenblatt oder -schale, Korianderblätter, Ei, Zucker und Salz im Mixer zu einer glatten Masse verarbeiten. Die Bohnen untermischen.

3 Die Masse in 16 Portionen teilen, jede zu einer Kugel rollen, flach drücken und zu 6 cm großen Küchlein formen. In einer großen Bratpfanne das Öl erhitzen und die Fischküchlein portionsweise von jeder Seite in 1 Minute goldbraun braten. Auf Küchenpapier abtropfen lassen und mit der süßsauren Gurkensauce servieren.

Ein Festessen mit Goldmakrele, Tortillas und grüner Tomaten-Salsa

FÜR 4 PERSONEN

1 Römersalatherz, quer in feine Streifen geschnitten

2 Avocados, halbiert, geschält und gewürfelt

3 Tomaten, in kleine Würfel geschnitten

1 rote Zwiebel, halbiert und in sehr feine Streifen geschnitten

8 frische Mais-Tortillas

750 g Filets von Goldmakrele (Mahi Mahi), Wolfsbarsch oder Petersfisch, enthäutet

Etwas Sonnenblumenöl

Salz und frisch gemahlener schwarzer Pfeffer

FÜR DIE GRÜNE TOMATEN-SALSA

2 Tomatillos oder grüne Tomaten

2 Jalapeño-Chilis

1 Knoblauchzehe, grob gehackt

1 kleine Zwiebel, grob gehackt

1 EL gehackte Korianderblätter

Etwas frisch gepresster Limettensaft (falls Sie grüne Tomaten verwenden)

Salz

1 Für die Salsa die papierartigen Hüllblätter der Tomatillos (falls verwendet) entfernen. Die Tomatillos oder grünen Tomaten und die Chilis in einen Topf mit kochendem Wasser einlegen. 10 Minuten köcheln lassen, abgießen und etwas abkühlen lassen. Zusammen mit den restlichen Salsa-Zutaten in die Küchenmaschine oder einen Mixer füllen. Falls Sie grüne Tomaten verwenden, noch etwas Limettensaft zugießen. Die Mischung einige Sekunden pürieren, sodass sie noch eine grobe Konsistenz hat. Mit Salz abschmecken und in eine Servierschüssel füllen.

2 Den Römersalat, die Avocado- und Tomatenwürfel sowie die Zwiebelstreifen getrennt in Schälchen füllen.

3 Die Tortillas auf einem Teller aufhäufen, mit einem Küchentuch bedecken und in der Mikrowelle auf großer Stufe etwa 30 Sekunden erhitzen. Oder: Eine Pfanne auf mittlerer Stufe trocken erhitzen. Eine Tortilla einlegen, einige Sekunden erwärmen, wenden und eine zweite Tortilla auflegen. Nach einigen Sekunden beide Tortillas zusammen umdrehen und eine dritte auflegen. Auf diese Weise sämtliche Tortillas nach und nach erhitzen. Anschließend in ein Tuch einschlagen und im lauwarmen Ofen warm stellen, während der Fisch zubereitet wird.

4 Den Grill auf hoher Stufe vorheizen. Die Goldmakrelenfilets in kurze, dicke Streifen schneiden. Mit etwas Öl bestreichen und großzügig würzen. Die Fischstücke auf einem Backblech ausbreiten und etwa 2 Minuten nur von einer Seite grillen, bis sie gerade durchgegart sind.

5 Die Fischstücke auf einer vorgewärmten Platte anrichten und mit den anderen Zutaten servieren. Bei Tisch kann sich so jeder seine eigene Tortilla zusammen stellen.

Gedämpfter Seewolf mit Pak-Choi

FÜR 4 PERSONEN

4 dicke Stücke Seewolf- oder Kabeljaufilet (je 175 g), enthäutet

Salz

2 dünne Scheiben frische geschälte Ingwerwurzel, in Julienne geschnitten

8 kleine Köpfe Pak-Choi (chinesischer Senfkohl)

4 TL geröstetes Sesamöl

6–8 TL dunkle Sojasauce

2 Frühlingszwiebeln, halbiert und in feine Streifen geschnitten

1 Die Fischstücke von beiden Seiten etwas salzen, in einen Dämpfeinsatz legen und in einen 1 cm hoch mit Wasser gefüllten Dämpftopf einsetzen (siehe Seite 46). Die Ingwer-Julienne auf dem Fisch verteilen.

2 Den Pak-Choi der Länge nach vierteln und in einen zweiten vorbereiteten Dämpftopf einsetzen. Beide Töpfe verschließen. Den Fisch 2–3 Minuten oder bis er gar ist dämpfen; den Kohl 3–4 Minuten dämpfen oder bis er weich ist.

3 Den Pak-Choi auf 4 vorgewärmte Teller verteilen und mit etwas Sesamöl und Sojasauce beträufeln. Die Fischstücke darauf anrichten und mit je 1 Esslöffel der Dämpfflüssigkeit benetzen. Mit den Frühlingszwiebeln garnieren und servieren.

GOLD-
MAKRELE,
SEEWOLF,
FLATHEAD
(FLACHKOPF),
KAISER-
SCHNAPPER
(EMPEROR)

7

Frittierter Flathead mit Pilz-Walnuss-Kruste

FÜR 4 PERSONEN

750 g Filet von Flathead (Flachkopf), Kabeljau, Heilbutt
   oder Seeteufel, enthäutet
Salz und frisch gemahlener schwarzer Pfeffer
4 EL Mayonnaise (siehe Seite 224), auf Olivenölbasis
4 EL warmes Wasser
6 grüne Oliven guter Qualität, entsteint und in dünne
   Scheiben geschnitten
Sonnenblumenöl zum Frittieren
150 g kleine Champignons, abgewischt und
   sehr fein gehackt
100 g Walnusskerne, angeröstet und
   sehr fein gehackt
50 g Mehl
2 Eier
1 EL gehackte glatte Petersilie
Einige Zweige glatte Petersilie zum Garnieren

1 Die Fischfilets quer in 1 cm breite Streifen schneiden, salzen und
pfeffern. Die Mayonnaise, das warme Wasser und die Olivenscheiben in
einem kleinen Topf verrühren und beiseite stellen.

2 Das Frittieröl auf 180 °C erhitzen. Die fein gehackten Champignons
und Walnüsse auf einem großen Teller vermengen. Das Mehl mit Salz
und Pfeffer würzen und auf einen anderen Teller geben. Die Eier in
einem flachen Gefäß verschlagen.

3 Die Fischstücke mit Küchenpapier trockentupfen. Jeweils 4–6 Streifen zuerst in dem Mehl, dann in dem Ei und zuletzt in der Champignon-
Walnuss-Mischung wenden. Die Panade gut andrücken, damit der Fisch
gleichmäßig bedeckt ist. Die Fischstücke in dem heißen Öl in 3 Minuten
goldbraun und knusprig frittieren. Auf einem mit Küchenpapier aus-
gelegten Backblech im nicht zu heißen Ofen warm stellen, während Sie
den restlichen Fisch frittieren.

4 Die Mayonnaise-Mischung behutsam erwärmen, bis sie etwa hand-
warm ist. Auf keinen Fall aufkochen, da sie sonst gerinnt. Die Petersilie
unterrühren und mit Salz und Pfeffer abschmecken.

5 Die frittierten Fischstücke in der Mitte von 4 vorgewärmten Tellern
anrichten. Mit der Mayonnaise umrahmen, mit den Petersilienzweigen
garnieren und servieren.

Geschmorter Kaiserschnapper mit Oliven und Kapern

FÜR 4 PERSONEN

4 dicke Stücke Kaiserschnapperfilets (je 175 g),
   enthäutet
Salz und frisch gemahlener schwarzer Pfeffer
10 schwarze Oliven guter Qualität, in Olivenöl eingelegt
4 EL Olivenöl
150 ml Wasser
Saft von 1/2 Zitrone
3 mittelgroße Strauchtomaten, Samen entfernt,
   grob gehackt
1 TL kleine Kapern, abgetropft und abgespült
2 EL gehackte glatte Petersilie

1 Die Fischstücke von beiden Seiten mit Salz und Pfeffer würzen.
Die Oliven entsteinen und in je 4 Scheiben schneiden.

2 Das Öl in einer großen, tiefen Pfanne erhitzen. Die Fischstücke einlegen und von jeder Seite etwa 2 Minuten etwas Farbe nehmen lassen.
Die Hitze herunterstellen, das Wasser und den Zitronensaft zugießen
und 1/2 Teelöffel Salz einrühren. Zum Kochen bringen.

3 Die Pfanne mit einem Deckel verschließen und den Fisch bei geringer
Hitze 2 Minuten auf den Punkt schmoren.

4 Den Fisch herausnehmen und abgedeckt auf einem Teller warm
stellen. Die Flüssigkeit in der Pfanne sprudelnd aufkochen. Die Olivenscheiben, Tomaten, Kapern und die Petersilie einrühren und weitere
30 Sekunden kochen lassen.

5 Die Fischstücke auf 4 vorgewärmten Tellern anrichten, mit der Sauce
überziehen und servieren.

ALTERNATIVE FISCHE
Kaiserschnapper (Red Emperor), einer der schmackhaftesten Fische
auf dem australischen Markt, lässt sich hervorragend durch Wolfsbarsch,
Petersfisch oder auch Steinbutt ersetzen.

In der Folie gebackener Zander oder Lachs

(siehe Anleitung 31, Seite 52)

FÜR 4 PERSONEN

50 g Butter, zerlassen

1 Zander oder Lachs (1,5 kg), küchenfertig pariert
(siehe Seite 14)

1 kleines Bund Estragon, grob gehackt

120 ml trockener Weißwein

Saft von ½ Zitrone

Salz und frisch gemahlener schwarzer Pfeffer

1 Rezeptmenge weiße Buttersauce (siehe Seite 223)

1 Den Ofen auf 220 °C vorheizen. Ein großes Stück Alufolie in der Mitte mit etwas zerlassener Butter bestreichen. Den Fisch darauf legen und die Folienränder rund um den Fisch hochschlagen. Das noch offene Paket auf ein großes Blech legen.

2 Den Estragon mit der restlichen zerlassenen Butter, dem Wein, Zitronensaft, Salz und Pfeffer verrühren. Einen Teil der Mischung in die Bauchhöhle des Fisches streichen, den Rest über den ganzen Fisch verteilen. Die Folienränder über dem Fisch zusammenschlagen und mehrmals ineinander falzen, sodass ein lockeres, aber luftdicht verschlossenes Paket entsteht. Im Ofen 30 Minuten backen.

3 Den Fisch aus dem Ofen nehmen und das Paket öffnen. Nach Belieben die Haut entfernen: Dazu die Haut vom Kopf bis zum Schwanz einschneiden und abziehen. Den Fisch umdrehen und die Haut auf der anderen Seite auf gleiche Weise entfernen (siehe Seite 38).

4 Den Fisch auf eine vorgewärmte Servierplatte heben und mit der weißen Buttersauce und neuen Kartoffeln servieren.

ALTERNATIVE FISCHE
Großer Wolfsbarsch, Schnapper oder Lachsforelle.

Lachs im Teigmantel mit Ingwer und Korinthen

(siehe Anleitung 29, Seite 50)

FÜR 6 PERSONEN

2 Stücke Lachsfilet (je 550 g), aus der Mitte eines
3–4 kg großen Fisches geschnitten, enthäutet
(siehe Seite 28, Abbildung 1 und 2)

Salz

100 g weiche Butter

4 Stücke eingelegter Ingwer, gut abgetropft und
fein gewürfelt

25 g Korinthen

½ TL gemahlene Muskatblüte

Frisch gemahlener schwarzer Pfeffer

750 g tiefgekühlter Blätterteig

1 Ei, verschlagen

1 Die Lachsstücke von beiden Seiten kräftig salzen. Die weiche Butter mit dem Ingwer, den Korinthen, der Muskatblüte, ½ Teelöffel Salz und etwas schwarzem Pfeffer vermischen. Die Innenseite eines Filets mit der Masse gleichmäßig bestreichen und das andere Filet auflegen.

2 Den Blätterteig halbieren. Die eine Hälfte auf der leicht bemehlten Arbeitsfläche zu einem Rechteck ausrollen, das rundherum etwa 4 cm größer ist als der Lachs (ungefähr 18 x 33 cm). Die zweite Hälfte zu einem Rechteck ausrollen, das etwa 5 cm größer ist als das erste.

3 Das kleinere Teigrechteck auf ein gut mit Mehl ausgestreutes Backblech legen und den Lachs in die Mitte setzen. Den freien Teigrand rundherum mit verschlagenem Ei einstreichen. Das andere Teigrechteck auflegen, dabei den Teig nicht auseinander ziehen. Den Teig dicht um

Lachs im Teigmantel mit
Ingwer und Korinthen

den Fisch schmiegen, damit möglichst wenig Luft eingeschlossen wird. Die Ränder fest zusammendrücken.

4 Die Teigränder gerade schneiden, sodass ein etwa 2½ cm breiter Streifen verbleibt. Diesen mit Ei einstreichen und mit den Zinken einer Gabel verzieren. Die Oberseite des Teigpakets mit einem Schuppenmuster versehen. Dazu einen Teelöffel mit der vorderen Kante vorsichtig Reihe für Reihe über die gesamte Fläche in den Teig drücken (siehe Seite 50). Das Teigpaket mindestens 1 Stunde kalt stellen.

5 Den Ofen auf 200 °C vorheizen und ein großes Backblech darin heiß werden lassen. Das Teigpaket aus dem Kühlschrank nehmen und mit dem verschlagenen Ei einstreichen.

6 Das heiße Backblech aus dem Ofen nehmen und das Teigpaket vorsichtig darauf heben. Im Ofen 35–40 Minuten backen.

7 Den Lachs aus dem Ofen nehmen und 5 Minuten ruhen lassen. Auf eine vorgewärmte Servierplatte heben und erst am Tisch in Scheiben schneiden.

Lachsschnitzel mit Saueampfersauce

(siehe Anleitung 11, Seite 28)

FÜR 4 PERSONEN
750 g Lachsfilet von einem großen Fisch
2 EL Sonnenblumenöl
Salz

FÜR DIE SAUERAMPFERSAUCE
600 ml Fischfond (siehe Seite 222)
175 ml Sahne
50 ml trockener Wermut, z. B. Noilly Prat
25 g Sauerampfer, gewaschen und trockengetupft
75 g Butter
2 TL Zitronensaft

1 Aus dem Lachsfilet 12 Schnitzel (*escalopes*) schneiden (siehe Seite 28). Mit etwas Öl bestreichen, salzen und auf ein leicht mit Öl bestrichenes Backblech legen.

2 Für die Sauce den Fischfond mit 85 ml der Sahne und dem Wermut in einem weiten Topf bei großer Hitze einkochen lassen, bis noch etwa 175 ml Flüssigkeit übrig sind. Inzwischen die harten Blattrippen des Sauerampfers entfernen und die Blätter in sehr feine Streifen schneiden. Sobald die Sauce auf die gewünschte Menge eingekocht ist, die restliche Sahne, die Butter und den Zitronensaft einrühren und weiter reduzieren lassen, bis die Sauce von sämiger Konsistenz ist. In der Zwischenzeit den Grill auf hoher Stufe vorheizen.

Lachsschnitzel mit Saueampfersauce

3 Den Sauerampfer bis auf einen kleinen Rest zum Garnieren unter die Sauce rühren, abschmecken und warm stellen. Die Lachsschnitzel ½–1 Minute grillen, bis das Fleisch gerade eben fest geworden ist.

4 Zum Servieren die Sauce in die Mitte von 4 vorgewärmten Tellern schöpfen und jeweils 3 Schnitzel leicht versetzt hineinlegen. Mit dem restlichen Sauerampfer bestreuen und servieren.

ABWANDLUNG
Champagner-Schnittlauch-Sauce

In einer mittelgroßen Sauteuse 7 g Butter zerlassen. Eine fein gehackte Schalotte darin sanft anschwitzen, ohne Farbe nehmen zu lassen. 100 ml Champagner zugießen und 2 Minuten kochen lassen. Mit 600 ml Fischfond auffüllen, ½ Teelöffel feinen Zucker einrühren und rasch um etwa drei Viertel einkochen lassen, bis noch etwa 175 ml Flüssigkeit übrig sind. 50 ml Sahne zugießen und auf die gewünschte Konsistenz einkochen lassen. Warm stellen. Weitere 50 ml Sahne mit 1 Esslöffel Champagner und 2 Teelöffeln Schnittlauchröllchen aufschlagen, bis sich weiche Spitzen bilden. Kurz vor dem Servieren die Sauce erneut aufkochen, 20 g Butter unterschlagen und zuletzt die geschlagene Sahnemischung unterziehen. Die Lachsschnitzel auf vorgewärmten Tellern überlappend anrichten und mit der Sauce umgießen. Mit einigen Schnittlauchröllchen garnieren und servieren, solange die Sauce noch schaumig ist.

Zandertranchen in Muscadet mit Brunnenkresse

FÜR 4 PERSONEN

750 g große neue Kartoffeln, abgebürstet

Salz

1 kleines Bund Dill

4 Zandertranchen (je 200 g)

Frisch gemahlener schwarzer Pfeffer

25 g geklärte Butter (siehe Seite 226)

50 ml Muscadet oder ein anderer trockener Weißwein

120 ml Fischfond oder Hühnerbrühe (siehe Seite 222)

50 g Butter

1 EL gehackte Petersilie

75 g Brunnenkresse, die harten Stiele entfernt

2 EL natives Olivenöl extra

1 TL Weißweinessig

1 Die Kartoffeln der Länge nach in 4–6 Schiffchen schneiden. In Salzwasser mit 2 Dillzweigen 10 Minuten kochen, bis sie weich sind.

2 Inzwischen den Ofen auf 200 °C vorheizen. Die Zandertranchen von beiden Seiten etwas salzen und pfeffern. Die geklärte Butter in einer ofenfesten Pfanne erhitzen. Den Fisch einlegen und auf jeder Seite 1–2 Minuten braten, bis er etwas Farbe angenommen hat.

3 Die Pfanne von der Kochstelle nehmen und 30 Sekunden abkühlen lassen. Den Wein zugießen und den Fisch im Ofen weitere 5 Minuten garen.

4 Die Pfanne aus dem Ofen nehmen, die Zandertranchen auf eine Platte heben und warm stellen. Für die Sauce Fischfond oder Hühnerbrühe in die Pfanne gießen, aufkochen und die Butter unterschlagen. Bei großer Hitze rasch auf die Hälfte einkochen lassen. Die Petersilie einrühren und bei Bedarf nachwürzen.

5 Zum Servieren die Zandertranchen, Brunnenkresse und Kartoffeln auf 4 vorgewärmten Tellern anrichten. Das Olivenöl, den Essig und ½ Teelöffel Salz verrühren. Das Dressing über die Brunnenkresse träufeln; die Sauce über den Fisch schöpfen und servieren.

Lachs-Pavés mit gerösteten Tomaten und Fenchel

(siehe Anleitung 12, Seite 29)

FÜR 4 PERSONEN

4 Lachs-Pavés (je 175 g; siehe Seite 29)

Olivenöl zum Bestreichen

Salz und frisch gemahlener schwarzer Pfeffer

Ein Schuss Weißwein

FÜR DIE GERÖSTETEN TOMATEN UND FENCHEL

450 g kleine Strauchtomaten

Olivenöl zum Bestreichen

Grobes Meersalz

Zerstoßene schwarze Pfefferkörner

3 große Fenchelknollen, geputzt

FÜR DIE SAUCE VIERGE

120 ml Rotweinessig

½ TL Fenchelsamen, leicht zerstoßen

½ TL schwarze Pfefferkörner, grob zerstoßen

150 ml natives Olivenöl extra

1 großzügige Prise grobes Meersalz

1 Den Ofen auf 220 °C vorheizen. Die Tomaten horizontal halbieren und mit der Schnittseite nach oben in eine leicht mit Öl bestrichene Bratenpfanne setzen. Mit Salz und Pfeffer bestreuen und 10 Minuten im Ofen rösten. Die Temperatur auf 150 °C herunterstellen und 1 weitere Stunde rösten, bis sie auf die Hälfte zusammengeschrumpft sind und sich ihr Aroma konzentriert hat. Den Fenchel senkrecht durch den Strunk in dünne Scheiben schneiden, nebeneinander in eine leicht mit Öl bestrichene Bratenpfanne legen und bei 180 °C in 35–40 Minuten weich und goldbraun rösten. Tomaten und Fenchel warm stellen.

2 Für die *Sauce vierge* den Essig mit den Fenchelsamen und dem Pfeffer in einem kleinen Topf auf etwa 2 Esslöffel einkochen lassen. Das Olivenöl einrühren und mit Meersalz abschmecken. Beiseite stellen.

3 Die Lachs-Pavés von beiden Seiten mit Olivenöl bestreichen, salzen und pfeffern. Eine gusseiserne Grillpfanne sehr heiß werden lassen. Die Lachs-Pavés mit der enthäuteten Seite nach unten einlegen und goldbraun braten. Mit einigen Tropfen Wein beträufeln und verdampfen lassen. Wenden und weitere 30 Sekunden braten. Von der Kochstelle nehmen und den Fisch in der verbliebenen Hitze noch 30 Sekunden ziehen lassen.

4 Die Fenchelscheiben dekorativ in der Mitte der Teller arrangieren. Die Lachs-Pavés darauf setzen und mit einigen Tomaten umgeben. Die *Sauce vierge* kurz durchrühren, damit sich die Essigreduktion mit dem Öl verbindet, und am Tellerrand entlang verteilen.

Gravlax
(Dillgebeizter Lachs)

(siehe Anleitung 41, Seite 66)

FÜR 6 PERSONEN

2 Lachsfilets (je 750 g) mit Haut

1 großes Bund Dill, grob gehackt

100 g grobes Meersalz

75 g weißer Zucker

2 EL zerstoßene weiße Pfefferkörner

FÜR DIE MEERRETTICH-SENFSAUCE

2 TL fein geriebener Meerrettich (frisch oder aus dem Glas)

2 EL fein geriebene Zwiebel

1 TL Dijon-Senf

1 TL feiner Zucker

2 EL Weißweinessig

1 große Prise Salz

175 ml Sahne

1 Ein Lachsfilet mit der Haut nach unten auf ein großes Stück Frischhaltefolie legen. Den Dill mit dem Salz, Zucker und dem zerstoßenen Pfeffer vermengen und auf der Oberfläche des Filets verteilen. Das zweite Lachsfilet mit der Haut nach oben bündig auflegen.

2 Die Lachsfilets fest in 2 oder 3 Lagen Frischhaltefolie einwickeln und auf ein großes, flaches Blech legen. Ein etwas kleineres Blech oder Küchenbrett darauf setzen und beschweren. 2 Tage im Kühlschrank beizen; den Lachs alle 12 Stunden wenden, sodass die sich in der Folie bildende Beize gleichmäßig das Äußere des Fisches überzieht.

3 Für die Meerrettich-Senfsauce sämtliche Zutaten bis auf die Sahne verrühren. Die Sahne schlagen, bis sie weiche Spitzen bildet, unter die Meerrettich-Mischung heben und abgedeckt kalt stellen.

4 Zum Servieren den Fisch aus der Folie wickeln und wie Räucherlachs in dünne Scheiben schneiden (siehe Seite 66). Auf jedem Teller einige Scheiben Gravlax anrichten und mit etwas Sauce servieren.

ALTERNATIVER FISCH

Dieses Rezept lässt sich ganz hervorragend auch mit Lachsforelle zubereiten.

Gravlax

Lachs nach Art von Tetsuya Wakuda (siehe Anleitung 28, Seite 49)

FÜR 4 PERSONEN

350 g Lachsfilet von einem großen Fisch, enthäutet

100 ml Traubenkernöl

80 ml Olivenöl

½ EL frisch gemahlener Koriander

½ TL frisch gemahlener weißer Pfeffer

10 ganze Basilikumblätter

3 Zweige Thymian

½ TL fein gehackter Knoblauch

Je 25 g Möhre und Bleichsellerie, fein gewürfelt

3 EL Schnittlauchröllchen

4 EL fein gehackter getrockneter Kombu

Salz

2 EL Keta-Kaviar

FÜR DEN FENCHELSALAT

½ Fenchelknolle

1 TL Zitronensaft

½ TL Zitronen-Olivenöl (siehe Seite 227)

Salz und frisch gemahlener schwarzer Pfeffer

FÜR DAS PETERSILIENÖL

1 große Hand voll glatte Petersilie, abgezupft

100 ml Olivenöl

½ TL kleine Kapern in Salz, abgespült und abgetropft

1 Das Lachsfilet quer in 65–90 g große Stücke schneiden (sie sollten 100 g nicht überschreiten). Das Traubenkern- und Olivenöl, Koriander, Pfeffer, Basilikum, Thymian und Knoblauch in einem kleinen, flachen Gefäß vermengen. Die Lachsstücke einlegen und abgedeckt im Kühlschrank einige Stunden marinieren.

2 Den Ofen auf 110 °C vorheizen. Die Lachsstücke aus der Marinade nehmen und Raumtemperatur annehmen lassen. Das Gemüse auf einem kleinen Backblech verteilen und die Lachsstücke so darauf legen, dass sie keinen Kontakt zum Blech haben.

3 Den Lachs im Ofen 8–10 Minuten garen; dabei gelegentlich mit der Marinade bestreichen. Die Farbe des Fleisches sollte sich nicht verändern, sondern ein leuchtendes Orangerot bleiben. Der Fisch sollte sich lauwarm anfühlen und auf Fingerdruck nur gerade eben nachgeben.

4 Den Fisch aus dem Ofen nehmen und auf Raumtemperatur abkühlen lassen. Inzwischen für das Petersilienöl die gezupfte Petersilie mit dem Olivenöl im Mixer pürieren. Die Kapern zugeben und nochmals mixen.

5 Für den Fenchelsalat den Fenchel in sehr feine Streifen hobeln. Mit Zitronensaft und dem Öl beträufeln, würzen.

6 Die Lachsstücke mit dem Schnittlauch, Kombu und etwas Salz bestreuen. Den Fenchelsalat in der Mitte der Teller anrichten und den Lachs darauf setzen. Mit dem Petersilienöl umträufeln und in regelmäßigen Abständen rund um den Fisch kleine Kleckse Kaviar setzen.

Pochierter Lachs oder Zander mit neuen Kartoffeln und Gurkensalat (siehe Anleitung 19, Seite 38)

FÜR 4 PERSONEN

1 Rezeptmenge Court-Bouillon (siehe Seite 223)

1 Lachs oder Zander (1,5–1,75 kg), küchenfertig pariert (siehe Seite 14)

750 g neue Kartoffeln

3 Zweige frische Minze

Salz

1 Salatgurke

1 EL Weißweinessig

1 Rezeptmenge Mayonnaise (siehe Seite 224), auf Olivenölbasis

1 Die Zutaten für die Court-Bouillon in einem Fischkessel zum Kochen bringen und 20 Minuten köcheln lassen. Den Fisch auf den Locheinsatz legen, einsetzen, erneut zum Köcheln bringen und 16–18 Minuten pochieren.

2 In der Zwischenzeit die Kartoffeln mit 1 Zweig Minze in Salzwasser weich kochen, abgießen und warm stellen.

3 Die Gurke schälen und in hauchdünne Scheiben hobeln. Die restlichen abgezupften Minzeblätter hacken und mit den Gurkenscheiben, dem Weißweinessig und 1 Prise Salz vermengen.

4 Den Fisch mit dem Locheinsatz herausheben und auf dem Kesselrand abtropfen lassen. Mithilfe zweier Pfannenwender vorsichtig auf eine Servierplatte umsetzen.

5 Den Fisch um den Kopf herum und entlang der Rückengräte einschneiden und die Haut ablösen. Den Fisch behutsam wenden und den Vorgang auf der anderen Seite wiederholen.

6 Mit einem Messer längs zwischen beiden Filets entlangfahren, von der Mittelgräte lösen, portionsweise abheben und auf Tellern anrichten. Den Fisch umdrehen und den Vorgang wiederholen. Mit den neuen Kartoffeln, Mayonnaise und Gurkensalat servieren.

Gegrilltes Hapukufilet mit Pilzen und Cidre-Buttersauce

FÜR 4 PERSONEN

4 Hapuku-, Wolfsbarsch- oder Meeräschenfilets
   (je 175–225 g) mit Haut
15 g Butter, zerlassen
Salz und frisch gemahlener schwarzer Pfeffer

FÜR DIE GEBRATENEN PILZE

5 getrocknete Steinpilze
350 g gemischte Waldpilze
Die Blättchen von 1 Zweig Thymian
3 EL Olivenöl
Salz und frisch gemahlener schwarzer Pfeffer

FÜR DIE CIDRE-BUTTERSAUCE

50 ml Cidreessig von guter Qualität
175 g kalte Butter, in kleine Stücke geschnitten
Salz und frisch gemahlener schwarzer Pfeffer

1 Für die Pilze den Ofen auf 200 °C vorheizen. Die getrockneten Steinpilze in einer kleinen Schüssel mit warmem Wasser bedecken und abgedeckt 10 Minuten einweichen lassen. Inzwischen die Waldpilze abbürsten und die Stielenden abschneiden. Die Pilze in dicke Scheiben schneiden und in eine kleine Bratenpfanne füllen. Die Steinpilze aus dem Wasser nehmen und in feine Scheiben schneiden. Mit den Thymianblättchen, dem Olivenöl, Salz, Pfeffer und 3 Esslöffeln des abgesiebten Einweichwassers zu den anderen Pilzen geben, vermischen, in der Pfanne verteilen und im Ofen 15 Minuten braten. Den Grill auf hoher Stufe vorheizen.

2 Die Fischfilets mit der Butter bestreichen und von beiden Seiten mit etwas Salz und Pfeffer würzen. Mit der Hautseite nach oben auf ein leicht gebuttertes Backblech oder den Grillrost legen.

3 Nach 7 Minuten Bratzeit der Pilze die Filets 6–7 Minuten grillen. Inzwischen für die Sauce den Essig in einer kleinen Sauteuse aufkochen. Stück für Stück die Butter unterschlagen, bis eine sämige Emulsion entstanden ist. Mit Salz und Pfeffer abschmecken.

4 Die Pilze in der Mitte der 4 vorgewärmten Teller anrichten und die Fischfilets darauf setzen. Etwas Sauce darüber löffeln, den Rest darum herum verteilen. Mit gekochten neuen Kartoffeln servieren.

Gegrillter Mulloway mit Kaviar-Rahmsauce

(siehe Anleitung 43, Seite 68)

FÜR 4 PERSONEN

4 dicke Stücke Mulloway- oder Seehechtfilet
   (je 175 g) mit Haut
15 g Butter, zerlassen
Salz und frisch gemahlener schwarzer Pfeffer
225–350 g frischer grüner Spargel

FÜR DIE KAVIAR-RAHMSAUCE

600 ml Fischfond (siehe Seite 222)
50 ml trockener Wermut, z. B. Noilly Prat
85 ml Sahne
1 TL Zitronensaft
1 gehäufter TL Kaviar

1 Für die Sauce den Fischfond, Wermut und die Sahne in einer großflächigen Sauteuse zum Kochen bringen. Auf großer Stufe um drei Viertel der Menge einkochen lassen, sodass Sie am Ende etwa 175 ml Sauce erhalten. Warm stellen.

2 Den Grill auf hoher Stufe vorheizen. Die Mullowayfilets von beiden Seiten mit der zerlassenen Butter bestreichen und mit Salz und Pfeffer würzen. Mit der Hautseite nach oben auf ein leicht gefettetes Backblech oder den Grillrost legen.

3 In einem großen, hohen Dämpftopf etwa 2½ cm hoch Wasser einfüllen und zum Kochen bringen. Die holzigen Enden der Spargelstangen abschneiden und wegwerfen. Die Spargelstangen in einen Dämpfeinsatz legen.

4 Den Fisch 7–8 Minuten grillen, bis er auf den Punkt gar ist. Kurz vor Ende der Garzeit den Spargel in den Dämpftopf einsetzen, mit einem Deckel verschließen und 3–4 Minuten dämpfen, bis er eben gar ist.

5 Zum Servieren den Spargel auf 4 vorgewärmten Tellern verteilen und die Mullowayfilets darauf anrichten. Den Zitronensaft und den Kaviar unter die Sauce rühren, abschmecken und am Tellerrand entlang um den Spargel und Fisch herum gießen.

Gegrillter King Snapper mit Thymiankartoffeln und *Chermoula*

FÜR 4 PERSONEN

4 King Snapper-, Red Snapper- oder große Petersfischfilets (je 175 g)
2 EL natives Olivenöl extra
Schale von 1 Zitrone, fein gehackt
3 Lorbeerblätter, fein zerbröselt
Die Blättchen von 3 Zweigen Thymian
1 TL getrocknete Chiliflocken
½ TL grobes Meersalz

FÜR DIE CHERMOULA

2 EL grob gehackte Korianderblätter
3 Knoblauchzehen, gehackt
1½ TL gemahlener Kreuzkümmel
½ mittelscharfe rote Chilischote, Samen entfernt, gehackt
½ TL Safranfäden
4 EL natives Olivenöl extra
Saft von 1 Zitrone
1½ TL Paprikapulver
1 TL Salz

FÜR DIE THYMIANKARTOFFELN

900 g mehlig kochende Kartoffeln
Salz
2 EL Olivenöl, plus Öl zum Braten
2 große Knoblauchzehen, fein gehackt
Die Blättchen von 2 Zweigen Thymian
Frisch gemahlener schwarzer Pfeffer

1 Die Kartoffeln der Länge nach in Schiffchen schneiden. In kochendem Salzwasser kurz blanchieren und abtropfen lassen. In einer Schüssel mit dem Olivenöl, Knoblauch und den Thymianblättchen vermengen und mit Salz und Pfeffer würzen.

2 Für die Snapperfilets in einem flachen Gefäß das Olivenöl, die Zitronenschale, Lorbeerblätter, Thymian, Chiliflocken und das Meersalz verrühren. Die Snapperfilets einlegen und ein-, zweimal in der Marinade wenden, sodass sie von allen Seiten gleichmäßig bedeckt sind.

3 In der Zwischenzeit sämtliche Zutaten für die *Chermoula* in einen Mixer füllen und zu einer glatten Masse verarbeiten. In eine kleine Schüssel füllen und abschmecken.

4 Eine gusseiserne Pfanne mit Grillbratfläche auf großer Stufe sehr heiß werden lassen. Etwas Olivenöl einträufeln und die Kartoffelschiffchen portionsweise schräg zum Grillmuster hineinlegen. Die Hitze etwas herunterstellen und die Kartoffeln von jeder Seite 4–5 Minuten rösten, bis sie goldbraun und knusprig sind. Die bereits fertigen Kartoffeln in eine Schüssel füllen und im mäßig warmen Ofen warm stellen.

5 Die Snapperfilets aus der Marinade nehmen und mit der Hautseite nach unten in die Grillpfanne legen. 3–4 Minuten grillen, wenden und von der anderen Seite weitere 1–2 Minuten grillen.

6 Den Fisch auf vorgewärmten Tellern anrichten und etwas *Chermoula* darüber löffeln. Einige Thymiankartoffeln daneben aufhäufen und servieren.

Gegrillter Snapper mit scharfer Garnelen-Mango-Salsa

FÜR 4 PERSONEN

4 Snapperfilets (je 175 g) mit Haut

Natives Olivenöl extra

Salz und frisch gemahlener schwarzer Pfeffer

Einige Zweige Koriander zum Garnieren

FÜR DIE SALSA

2 große mittelscharfe rote Chilischoten

**100 g gekochte Tiger-Prawn-Schwänze
(Riesengarnelen), geschält und in dicke
Scheiben geschnitten**

4 Frühlingszwiebeln, in dünne Scheiben geschnitten

1 kleine Knoblauchzehe, fein gehackt

1 reife, feste Avocado, geschält und klein gewürfelt

¹/₂ reife, feste Mango, geschält und klein gewürfelt

Saft von 1 Limette

1 Prise Salz

1 Falls Sie den Fisch auf dem Holzkohlegrill zubereiten, das Grillfeuer etwa 30–40 Minuten im Voraus entfachen, sodass eine ausreichende Glut entsteht.

2 Für die Salsa die Chilis der Länge nach halbieren und die Samen mit der Spitze eines kleinen Messers herausschaben; die Scheidewände nicht entfernen, damit die Salsa etwas schärfer wird. Das Fruchtfleisch quer in feine Streifen schneiden. Dann einfach sämtliche Zutaten miteinander vermengen.

3 Falls Sie keinen Holzkohlegrill verwenden, eine gusseiserne Pfanne mit Grillbratfläche sehr heiß werden lassen oder den Ofengrill auf hoher Stufe vorheizen. Die Snapperfilets von beiden Seiten mit Olivenöl einstreichen und gut mit Salz und Pfeffer würzen. Jedes Filet schräg in 3 Stücke schneiden.

4 Den Fisch entweder mit der Hautseite nach unten 3–4 Minuten in der Grillbratpfanne oder auf dem Holzkohlegrill oder aber mit der Haut nach oben unter dem Ofengrill garen.

5 Zum Servieren die Salsa auf 4 Tellern verteilen und die gegrillten Snapperstücke dekorativ darauf anrichten. Etwas Öl um den Tellerrand träufeln und mit den Korianderzweigen garnieren.

ALTERNATIVE FISCHE

Rotbarbe, Wolfsbarsch, Meerbrassen, Petersfisch oder Meeräsche.

Gegrillter Snapper mit scharfer Garnelen-Mango-Salsa

Wolfsbarsch oder Zander mit roten Paprikaschoten aus dem Ofen (siehe Anleitung 27, Seite 48)

FÜR 4 PERSONEN

Eine großzügige Anzahl Safranfäden
900 g Kartoffeln, geschält und in 1 cm dicke Scheiben geschnitten
Salz
4 Eiertomaten, enthäutet und längs geviertelt
50 g Sardellenfilets in Öl, abgetropft
150 ml Hühnerbrühe (siehe Seite 222)
4 rote Paprikaschoten, Samen und Scheidewände entfernt, in je 8 Stücke geschnitten
8 Knoblauchzehen, in je 3 Stücke geschnitten
8 kleine Zweige Oregano
85 ml Olivenöl
Frisch gemahlener schwarzer Pfeffer
1 Wolfsbarsch oder Zander (1,5–1,75 kg), küchenfertig pariert (siehe Seite 14)

1 Den Ofen auf 200 °C vorheizen. Die Safranfäden in einer Tasse mit 2 Esslöffeln heißem Wasser bedecken und einweichen lassen.

2 Die Kartoffeln in kochendem Salzwasser 7 Minuten ankochen und gut abtropfen lassen. In der Mitte einer rechteckigen Bratenpfanne, in der der Fisch längs oder diagonal Platz hat, einen schmalen Streifen Kartoffeln einlegen. Die Kartoffelscheiben dienen als Bett für den Fisch, links und rechts sollte ausreichend Platz für die Paprikastücke bleiben.

3 Die Tomatenstücke und Sardellenfilets auf den Kartoffeln verteilen und alles mit dem Safranwasser und der Hühnerbrühe übergießen. Die Paprikastücke auf beiden Seiten der Kartoffeln einlegen; den Knoblauch und die Oreganozweige darauf verteilen und mit dem Olivenöl übergießen. Sämtliches Gemüse kräftig mit Salz und Pfeffer würzen und im Ofen 30 Minuten anbraten.

4 Den Fisch auf beiden Seiten 5- bis 6-mal schräg einschneiden. Auf einer Seite in der entgegengesetzten Richtung nochmals einschneiden, sodass ein dekoratives Zickzackmuster entsteht. Den Fisch großzügig mit Olivenöl einreiben, kräftig salzen und pfeffern und auf das Kartoffelbett legen.

5 Die Pfanne wieder in den Ofen schieben und alles weitere 35 Minuten braten, bis der Fisch gar ist. Mit dem Gemüse servieren.

WOLFS-
BARSCH,
ZANDER,
LACHS-
FORELLE,
SEEFORELLE

7

Wolfsbarsch mit roten Paprikaschoten aus dem Ofen

In Weißwein gedünstete Forellenfilets mit Basilikum

(siehe Anleitung 24, Seite 44)

FÜR 4 PERSONEN

75 g Butter

75 g Möhren, in sehr dünne Scheiben geschnitten

75 g Bleichsellerie, in sehr dünne Scheiben geschnitten

75 g Lauch, in sehr dünne Streifen geschnitten

85 ml trockener Weißwein

600 ml Hühnerbrühe (siehe Seite 222)

4 Lachs- oder Seeforellenfilets (je 150 g), enthäutet

Salz und frisch gemahlener schwarzer Pfeffer

1 Hand voll in sehr feine Streifen geschnittene
Basilikumblätter, plus einige Zweige zum Garnieren

1 TL Zitronensaft

1 In einer großen Pfanne, in der sämtliche Fischfilets nebeneinander Platz haben, 50 g der Butter zerlassen. Die Möhren, den Bleichsellerie und den Lauch darin bei mittlerer Hitze zugedeckt etwa 3 Minuten andünsten.

2 Den Wein und die Hühnerbrühe zugießen und unbedeckt kochen lassen, bis fast sämtliche Flüssigkeit verdampft, das Gemüse aber noch feucht ist.

3 Die Forellenfilets mit der enthäuteten Seite nach unten auf das Gemüsebett legen, salzen, pfeffern und mit der Hälfte des klein geschnittenen Basilikums bestreuen. Die Pfanne mit einem Deckel verschließen und den Fisch 8–10 Minuten sehr sanft dünsten.

4 Die Fischfilets mit einer Palette auf 4 vorgewärmte Teller heben und warm stellen. Hat sich in der Pfanne etwas zu viel Flüssigkeit gebildet, diese rasch einkochen lassen, bis sie einen glänzenden Schimmer angenommen hat. Die restliche Butter, den Zitronensaft und das restliche geschnittene Basilikum einrühren und abschmecken. Die Sauce über die Forellenfilets schöpfen, mit den Basilikumzweigen garnieren und servieren.

ALTERNATIVE FISCHE

Filets vom Lachs oder von der Regenbogenforelle.

Mariniertes Forellenfilet mit rosa Pfeffer und Limette

FÜR 4 PERSONEN

225 g Lachs- oder Seeforellenfilet mit Haut

120 ml Sonnenblumenöl

7 g frische Ingwerwurzel, sehr fein gehackt

1 TL rosa Pfefferkörner in Salzlake, abgetropft

Fein abgeriebene Schale und Saft von 1 Limette

$\frac{1}{2}$ TL Salz

1 Das Forellenfilet mit der Hautseite nach unten auf ein Brett legen und wie Gravlax oder Räucherlachs in dünne Scheiben schneiden (siehe Seite 66).

2 Die Scheiben ganz leicht plattieren und auf der gesamten Fläche von 4 Tellern etwas überlappend anrichten.

3 Die restlichen Zutaten zu einem Dressing verrühren und 5 Minuten vor dem Servieren über den Fisch träufeln. Mit dem Löffelrücken gleichmäßig auf den Fischscheiben verstreichen und sofort servieren.

Wolfsbarsch oder Zander in der Salzkruste mit Zitronensauce und Kartoffel-Tomaten-Confit (siehe Anleitung 30, Seite 51)

FÜR 4 PERSONEN

1,75 kg Kochsalz

2 Eiweiß

2 Wolfsbarsche oder Zander (je 750 g), ausgenommen, aber nicht geschuppt oder pariert (siehe Seite 14)

FÜR DIE ZITRONENSAUCE

600 ml Fischfond (siehe Seite 222)

1 EL Fenchelsamen

1 kleine Zitrone, in Scheiben geschnitten

120 ml trockener Weißwein

1 Ei

1 Eigelb

Salz und frisch gemahlener schwarzer Pfeffer

300 ml Olivenöl

FÜR DAS KARTOFFEL-TOMATEN-CONFIT

50 ml Olivenöl

1 kleine Zwiebel, fein gehackt

1 Knoblauchzehe, fein gehackt

450 g neue Kartoffeln, geschält und geviertelt

1 Fleischtomate oder 2 Eiertomaten, enthäutet und gehackt

2 EL fein geschnittenes Basilikum

Salz und frisch gemahlener schwarzer Pfeffer

WOLFS-
BARSCH,
ZANDER,
WANDER-
SAIBLING,
SEESAIBLING

1 Den Ofen auf 200 °C vorheizen. Für die Sauce den Fischfond, die Fenchelsamen, Zitronenscheiben und den Weißwein in einem Topf bei großer Hitze rasch einkochen lassen, bis nur noch etwa 4 Esslöffel Flüssigkeit übrig sind. Durch ein Sieb in eine kleine Schüssel abseihen und abkühlen lassen. Das ganze Ei, das Eigelb, den reduzierten Fond sowie etwas Salz und Pfeffer in die Küchenmaschine oder den Mixer füllen. Bei laufendem Gerät langsam das Öl zugießen, bis eine dicke, der Mayonnaise ähnliche Mischung entstanden ist. In eine Schüssel füllen und abschmecken.

Wolfsbarsch in der Salzkruste mit Zitronensauce und Kartoffel-Tomaten-Confit

2 Für das Confit in einer Pfanne das Olivenöl erhitzen. Die Zwiebel und den Knoblauch darin anschwitzen, bis sie nach 5 Minuten eine goldbraune Farbe angenommen haben. Die Kartoffeln, Tomaten und das Basilikum zugeben und alles 25 Minuten sanft schmoren lassen, bis die Kartoffeln weich sind.

3 Während die Kartoffeln garen, das Salz mit dem Eiweiß vermengen, die Masse erinnert an feuchten Sand. Den Boden einer großen, ofenfesten Bratpfanne oder kleinen, rechteckigen Bratreine mit einer dicken Schicht der Salzmasse ausstreichen. Die Fische darauf legen und vollständig mit der restlichen Salzmasse bedecken. Darauf achten, dass keine Lücken bleiben (die Schwänze können ruhig herausragen). Im Ofen 20 Minuten backen.

4 Die Fische aus dem Ofen nehmen und die obere Salzkruste mit dem Rücken eines schweren Schlagmessers aufbrechen. Den Krustendeckel abnehmen und die Fische vorsichtig aus der Salzhülle auf eine Servierplatte heben.

5 Die Haut der Fische abziehen, behutsam die Filets ablösen (siehe Seite 38/39) und auf 4 vorgewärmten Tellern anrichten. Das Kartoffel-Tomaten-Confit mit Salz und Pfeffer würzen und zusammen mit der Zitronensauce neben dem Fisch anrichten.

3 Den Saibling aus der Salzlake nehmen und mit Küchenpapier trockentupfen. Eine Sushimatte oder eine andere rauchdurchlässige Unterlage auf das Stäbchengerüst legen und das Filet darauf betten. Den Wok mit einem Deckel verschließen und den Fisch 3–4 Minuten räuchern.

4 Den Deckel abnehmen und die Sushimatte mit dem Fisch aus dem Wok heben. Das geräucherte Filet mit einer Palette vorsichtig auf ein Brett umsetzen und in 4 gleich große Portionen schneiden.

5 Für das Dressing den Schnittlauch – 4 Halme zum Garnieren zurückbehalten – in feine Röllchen schneiden. Mit der Schalotte, dem Olivenöl, Essig und Salz verrühren.

6 Eine gusseiserne Pfanne mit Grillbratfläche sehr heiß werden lassen. Die geräucherten Fischstücke mit etwas Öl bestreichen, schräg zu den Rippen in die Pfanne legen und von jeder Seite 30 Sekunden grillen, bis sich ein leichtes Grillmuster abzeichnet und der Fisch in der Mitte warm ist.

7 Mit dem Dressing einen Saucenspiegel auf den 4 Tellern bilden und die Fischstücke hineinsetzen. Mit dem restlichen Schnittlauch garnieren und sofort servieren.

ALTERNATIVER FISCH
Auch Lachsforelle ist bestens für dieses Rezept geeignet.

Mild geräucherter, gegrillter Saibling mit Schnittlauch-Dressing (siehe Anleitung 40, Seite 64)

FÜR 4 PERSONEN

Hartholz-Sägespäne zum Räuchern
1 Wander- oder Seesaibling (350–450 g), enthäutet
1 kleines Bund Schnittlauch
1 kleine Schalotte, fein gehackt
85 ml natives Olivenöl extra
1 EL Weißweinessig
1/2 TL Salz
Olivenöl zum Bestreichen

FÜR DIE MILDE SALZLAKE

50 g Salz
600 ml Wasser

1 Für die Lake das Salz in dem Wasser vollständig auflösen. In ein flaches Gefäß gießen und den Saibling darin einlegen. Bedecken und 20 Minuten einwirken lassen.

2 Zum Räuchern des Fisches eine 2½ cm hohe Schicht Hartholz-Sägespäne in einen Wok füllen und darüber sechs hölzerne Stäbe zu einem Tragegerüst anordnen. Den Wok erhitzen, bis die Sägespäne zu rauchen beginnen. Dann die Hitze auf niedrige Stufe herunterstellen.

Gebratener Seeteufel mit Sardellen-Paprika-Füllung und Kapernsauce

FÜR 4 PERSONEN

1 Schwanzstück vom Seeteufel (1,5 kg), enthäutet (siehe Seite 62)

Salz und frisch gemahlener schwarzer Pfeffer

1 EL schwarze Pfefferkörner, grob zerstoßen

1 EL grob gehackter Thymian

1 EL grobes Meersalz

1 EL Olivenöl

FÜR DIE FÜLLUNG

Eine großzügige Anzahl Safranfäden

1 Dose (50 g) Sardellenfilets in Öl, abgetropft

½ eingelegte Zitrone (siehe Seite 227), in dünne Scheiben geschnitten

1 geröstete rote Paprikaschote (siehe Seite 227), Samen entfernt, in breite Streifen zerpflückt

4–5 sonnengetrocknete Tomaten in Öl, abgetropft und in feine Streifen geschnitten

2 EL Olivenöl

FÜR DIE SAUCE

175 ml Fischfond (siehe Seite 222)

2 EL natives Olivenöl extra

15 g Butter

1 EL Zitronensaft

1 EL gehackte glatte Petersilie

1 EL Kapern in Salzlake, abgespült und abgetropft

½ TL Salz

1 Den Ofen auf 220 °C vorheizen. Die Safranfäden in 2 Teelöffel heißem Wasser einweichen und beiseite stellen.

2 Das Rückgrat des Seeteufels auslösen, ohne die Filets zu durchtrennen: Den Fisch mit der Seite, an der das Rückgrat herausragt, nach oben auf ein Brett legen. Vorsichtig an beiden Seiten entlang dem Rückgrat die Filets ablösen, ohne sie an der Unterseite zu durchtrennen. Die dünne Außenhaut der Filets abziehen, wie auf Seite 62 beschrieben.

3 Die nun grätenfreie Bauchhöhle des Seeteufels etwas salzen und pfeffern. Zunächst die Sardellenfilets in regelmäßigen Abständen auf die Schnittflächen beider Filets legen, dann die Zitronenscheiben, Paprika- und Tomatenstreifen. Mit dem Safranwasser und dem Olivenöl beträufeln und beide Filets über der Füllung zusammenklappen. Den Fisch in Abständen von 2½ cm mit Küchengarn binden.

4 Die zerstoßenen Pfefferkörner, Thymian und Meersalz auf dem Boden einer kleinen Bratreine verstreuen. Den Seeteufel in der Gewürzmischung wenden, sodass er gleichmäßig bedeckt ist. Auf die Bauchseite drehen und mit dem Olivenöl beträufeln.

5 Den Seeteufel im Ofen 25 Minuten braten, herausnehmen und auf einer Platte anrichten. Zwischen dem Küchengarn in 2½ cm dicke Scheiben schneiden und warm stellen.

6 Den Bratensatz bei mittlerer Hitze mit dem Fischfond ablöschen, losrühren und zum Kochen bringen. In eine Sauteuse abseihen und auch den Saft von der Servierplatte dazugießen. Das Olivenöl, die Butter und den Zitronensaft unterrühren, aufkochen und etwa 4 Minuten einkochen lassen, bis die Sauce von sämiger Konsistenz ist. Von der Kochstelle nehmen, Petersilie, Kapern und Salz unterrühren. Den Fisch mit der Sauce umgießen und servieren.

ALTERNATIVER FISCH

Den Seeteufel durch zwei fleischige Kabeljaufilets von einem großen Fisch ersetzen, wie beschrieben füllen und wie einen Rollbraten mit reichlich Küchengarn binden. Das Ergebnis wird nicht ganz so fest sein wie der Seeteufel, aber nicht weniger gut schmecken. Zum Portionieren genügt meist schon eine Gabel.

Gebratener Seeteufel mit angedrückten Kartoffeln und Brunnenkresse

FÜR 4 PERSONEN

2 dicke Seeteufelfilets (je 350 g), küchenfertig (siehe Seite 62)

Salz

750 g neue Kartoffeln, abgebürstet

2 EL Olivenöl

85 ml natives Olivenöl extra, plus Olivenöl zum Servieren

50 g Brunnenkresse, sehr grob gehackt

Balsamico-Essig, grobes Meersalz und grob zerstoßener schwarzer Pfeffer zum Servieren

1 Den Ofen auf 200 °C vorheizen. Die Seeteufelfilets leicht salzen und 15 Minuten ruhen lassen.

2 Die Kartoffeln in kräftig gesalzenem Wasser weich kochen. Inzwischen die 2 Esslöffel Olivenöl in einer großen, ofenfesten Bratpfanne erhitzen. Die Seeteufelfilets mit Küchenpapier trockentupfen und 3–4 Minuten braten, dabei 3- bis 4-mal wenden, bis der Fisch von allen Seiten goldbraun ist. Die Pfanne in den Ofen schieben und den Fisch in 10–12 Minu-

Gebratener Seeteufel mit angedrückten Kartoffeln und Brunnenkresse

ten fertig braten, er soll in der Mitte noch saftig sein. Aus dem Ofen nehmen, mit Alufolie bedecken und 5 Minuten ruhen lassen.

3 Die Kartoffeln, sobald sie gar sind, abgießen und mit dem Olivenöl zurück in den Topf füllen. Mit dem Rücken einer Gabel an der Topfwand ganz leicht andrücken, sodass sie eben aufplatzen.

4 Die Kartoffeln würzen und mit dem Bratfond des Fischs beträufeln. Vorsichtig die Brunnenkresse unterheben.

5 Zum Servieren die Seeteufelfilets quer in dicke Scheiben schneiden. Die Kartoffeln auf 4 vorgewärmten Tellern verteilen und den Fisch darauf anrichten. Etwas natives Olivenöl und Balsamico-Essig rund um den Tellerrand träufeln (die Menge lässt sich mit dem Daumen auf der Flaschenöffnung regulieren). Etwas grobes Meersalz und einige zerstoßene schwarze Pfefferkörner darüber streuen und servieren.

Gebratenes Seeteufelfilet mit frischem Knoblauch und Fenchel

FÜR 4 PERSONEN

100 g Grieß

16 große, frische Knoblauchzehen

15 g Fenchelkraut

100 g Butter

450 g Fenchelknollen, in dünne Scheiben geschnitten

600 ml Fischfond (siehe Seite 222)

Salz und frisch gemahlener schwarzer Pfeffer

4 Seeteufelfilets (je 225 g), küchenfertig
(siehe Seite 62)

4 EL Sonnenblumenöl

2 TL Zitronensaft

1 Schuss Pernod oder Ricard

1 Den Grieß mit 2 in Scheiben geschnittenen Knoblauchzehen und bis auf einen Zweig sämtlichem Fenchelkraut im Mixer zu einem hellgrünen, aromatischen Pulver zermahlen.

2 Die restlichen Knoblauchzehen der Länge nach in Stifte schneiden. In einem Topf die Hälfte der Butter zerlassen, den Knoblauch und die Fenchelscheiben darin bei mittlerer Hitze goldbraun werden lassen. Die Hälfte des Fischfonds zugießen, würzen und 15 Minuten köcheln lassen, bis der Fenchel gar ist.

3 Den Ofen auf 200 °C vorheizen. Die Seeteufelfilets in der Grießmischung wenden. Das Öl in einer ofenfesten Bratpfanne erhitzen, ein kleines Stück Butter zugeben und die Seeteufelfilets bei mäßiger Hitze unter gelegentlichem Wenden braten, bis sie rundherum eine goldbraune Farbe angenommen haben. Die Pfanne in den Ofen schieben und den Fisch in 10 Minuten fertig braten.

4 Die Pfanne aus dem Ofen nehmen und den Fisch auf ein Brett heben. Die Filets schräg in dicke Scheiben schneiden, dabei ihre ursprüngliche Form bewahren und auf einer Platte warm stellen.

5 Das Fenchelgemüse, den Zitronensaft, Pernod und das restliche fein gehackte Fenchelkraut in die Pfanne füllen, in der der Fisch gebraten wurde. Die Flüssigkeit rasch etwas einkochen lassen. Die restliche Butter unterrühren, bis sie sich mit der Sauce zu einer sämigen Emulsion verbunden hat. Falls nötig, nochmals abschmecken. Die Seeteufelscheiben auf 4 vorgewärmten Tellern anrichten und mit der Sauce umgießen.

Gegrilltes Seeteufelfilet mit Safran-Paprika-Dressing

FÜR 4 PERSONEN

2 EL Olivenöl

1 EL gehackter Thymian

¹/₂ TL Salz

Frisch gemahlener schwarzer Pfeffer

4 Seeteufelfilets (je 200 g), küchenfertig
(siehe Seite 62)

FÜR DAS SAFRAN-PAPRIKA-DRESSING

600 ml Fischfond (siehe Seite 222)

85 ml trockener Wermut, z. B. Noilly Prat

Eine großzügige Anzahl Safranfäden

2 geröstete rote Paprikaschoten
(siehe Seite 227)

85 ml natives Olivenöl extra

1 EL Balsamico- oder Sherryessig

Salz und frisch gemahlener schwarzer Pfeffer

1 TL Butter

FÜR DEN SALAT

50 g gemischte Blattsalate, geputzt

1 EL Zitronen-Olivenöl (siehe Seite 227)

1 große Prise grobes Meersalz

Salz und frisch gemahlener schwarzer Pfeffer

1 Für das Dressing den Fischfond, Wermut und Safran in einem kleinen Topf einkochen lassen, bis noch etwa 175 ml Flüssigkeit übrig sind. Inzwischen die Paprikaschoten halbieren, die Stielansätze, Samen und Haut entfernen, das Fruchtfleisch fein hacken. Das Olivenöl, den Essig sowie Salz und Pfeffer nach Geschmack verrühren.

2 Die Glut in einem Holzkohlegrill vorbereiten oder eine gusseiserne Grillpfanne heiß werden lassen. Das Olivenöl, Thymian, Salz und Pfeffer verrühren. Die Seeteufelfilets damit einreiben und auf dem Grill oder in der Pfanne 10 Minuten grillen, ab und zu wenden.

3 In der Zwischenzeit den reduzierten Fischfond erneut erhitzen; Paprika und Olivenöl-Dressing zugeben und sprudelnd aufkochen lassen, abschmecken. Die Butter unterschlagen und von der Kochstelle nehmen.

4 Den Salat mit dem Zitronen-Olivenöl und Meersalz anmachen und in der Mitte von 4 Tellern anrichten. Die Seeteufelfilets in jeweils 4 Scheiben schneiden, dekorativ auf den Salat legen und etwas Dressing darum herum verteilen. Sofort servieren.

Salat von rohem Seeteufel mit Avocado (siehe Anleitung 38, Seite 62)

FÜR 6 PERSONEN

500 g Seeteufelfilet, küchenfertig (siehe Seite 62)
Saft von 3 Limetten
1 mittelscharfe rote Chilischote, halbiert,
  Samen entfernt
1 kleine rote Zwiebel
6 Strauchtomaten, enthäutet
3 EL natives Olivenöl extra
2 EL gehackte Korianderblätter
Salz
1 große, reife, aber feste Avocado

1 Das Seeteufelfilet quer in dünne Scheiben schneiden und in ein flaches Gefäß legen. Mit dem Limettensaft begießen; darauf achten, dass alle Seeteufelscheiben vollständig getränkt sind. Mit Frischhaltefolie bedecken und 40 Minuten kalt stellen. Durch das Marinieren wird der Fisch weiß und opak.

2 Inzwischen die Chilihälften quer in sehr feine Streifen schneiden, die sich etwas zusammenrollen. Die Zwiebel vierteln und anschließend in dünne Scheiben schneiden. Die Tomaten vierteln, die Samen entfernen und das Fruchtfleisch längs in dünne Streifen schneiden.

3 Kurz vor dem Servieren die Seeteufelscheiben mit einem Schaumlöffel aus dem Limettensaft heben und mit den Chilis, Zwiebeln, Tomaten, dem Olivenöl, einem Großteil des Korianders und etwas Salz in eine große Schüssel füllen. Sämtliche Zutaten behutsam durchheben.

4 Die Avocado halbieren, den Stein entfernen und das Fruchtfleisch schälen. Jede Hälfte der Länge nach in schmale Streifen schneiden.

5 Jeweils 3–4 Avocadostreifen etwas seitlich auf jedem Teller dekorativ anrichten. Den Seeteufelsalat auf der anderen Seite aufschichten, mit dem restlichen Koriander garnieren und sofort servieren.

Salat von rohem Seeteufel mit Avocado

Rezepte
Kapitel 8

8

Kleine Rundfische

Pilchard-Bruschetta

FÜR 4 PERSONEN

4 eingesalzene Pilchards, geschuppt
   (siehe Seite 16)
1 Ciabatta oder ein anderes rustikales Weißbrot,
   in 1 cm dicke Scheiben geschnitten
3 Knoblauchzehen, geschält
85 ml natives Olivenöl extra
6 Strauchtomaten, in dünne Scheiben
   geschnitten
1 kleine rote Zwiebel, halbiert und in sehr
   feine Scheiben geschnitten
3 EL grob gehackte glatte Petersilie oder
   Basilikum
Frisch gemahlener schwarzer Pfeffer

1 Den Grill auf hoher Stufe vorheizen. Die Pilchards von jeder Seite
etwa 3 Minuten grillen, bis sie durchgegart sind. Abkühlen lassen und
das Fleisch anschließend in kleine Stücke zerpflücken. Haut und Gräten
wegwerfen.

2 Die Brotscheiben von beiden Seiten goldbraun rösten oder toasten.
Eine Seite mit der geschälten Knoblauchzehe einreiben und mit etwas
Olivenöl beträufeln. Das zerpflückte Pilchardfleisch, die Tomaten,
Zwiebel und die Petersilie auf die Brotscheiben verteilen und mit dem
restlichen Olivenöl beträufeln. Kräftig mit schwarzem Pfeffer würzen
und möglichst bald servieren, bevor das Brot weich wird.

Gegrillte »Feuer-Makrele« mit Tomaten-Minze-Salat

FÜR 4 PERSONEN

4 Makrelen (je 350 g), küchenfertig
   (siehe Seite 14)
40 g Butter
1 TL extrafeiner Zucker
1 TL englisches Senfpulver
1 TL Cayennepfeffer
1 TL Paprikapulver
1 TL gemahlener Koriander
2 EL Rotweinessig
2 TL Salz
1 TL frisch gemahlener schwarzer Pfeffer

Gegrillte »Feuer-Makrele« mit Tomaten-Minze-Salat

Warmer Kartoffelsalat mit Räuchermakrele und Löwenzahn

FÜR 4 PERSONEN

300 g neue Kartoffeln, abgebürstet

Salz

25 g Löwenzahn

75 g geräuchertes Makrelenfilet

2 EL Rotweinessig

150 ml Sonnenblumenöl

Frisch gemahlener schwarzer Pfeffer

15 g fein gehackte Zwiebel

1 Die Kartoffeln in Salzwasser 15 Minuten kochen, bis sie gar sind.

2 Inzwischen den Löwenzahn waschen; die Stiele entfernen. Die Blätter in kochendem Wasser einige Sekunden blanchieren und anschließend unter fließendem kaltem Wasser abschrecken.

3 Die Haut und etwaige Gräten der geräucherten Makrele entfernen und das Filet quer in 2½ cm breite Streifen schneiden. Den Essig, das Öl, ½ Teelöffel Salz und etwas Pfeffer verrühren.

4 Die Kartoffeln abtropfen lassen und in dünne Scheiben schneiden. Mit den Löwenzahnblättern, dem Fisch, der Zwiebel und dem Dressing in einem großen Topf vorsichtig vermengen und langsam erwärmen. Den Salat gleichmäßig auf Tellern verteilen, mit schwarzem Pfeffer übermahlen und servieren.

FÜR DEN TOMATEN-MINZE-SALAT

225 g kleine Strauchtomaten, in Scheiben geschnitten

1 kleine Zwiebel, halbiert und in sehr feine Scheiben geschnitten

1 EL frische, gehackte Minze

1 EL Zitronensaft

1 Den Grill auf hoher Stufe vorheizen. Die Haut der Makrelen auf beiden Seiten im Abstand von 1 cm über die ganze Länge des Körpers einritzen. Dabei nicht zu tief in das Fleisch schneiden.

2 Die Butter in einer kleinen, rechteckigen Bratpfanne zerlassen. Von der Kochstelle nehmen und alle anderen Zutaten gründlich einrühren. Die Makrelen einige Male darin wenden, sodass sie von allen Seiten gleichmäßig mit der Mischung überzogen sind. Auch die Bauchhöhle der Fische mit der Mischung ausstreichen. Die Makrelen auf ein leicht mit Öl bestrichenes Backblech oder auf den Grillrost legen und von jeder Seite 4 Minuten grillen, bis sie durchgegart sind.

3 In der Zwischenzeit die Tomatenscheiben, Zwiebel und Minze auf 4 Tellern anrichten und mit dem Zitronensaft, Salz und Pfeffer würzen. Die Makrelen neben den Salat legen und servieren.

Pochierte Makrelenfilets mit warmer Minze-Buttersauce

(siehe Anleitung 5, Seite 22)

FÜR 4 PERSONEN

8 Makrelenfilets (je 75 g) (siehe Seite 22)

2 EL Salz

Einige Minzezweige zum Garnieren

FÜR DIE SAUCE

2 EL Sherryessig

1 Schalotte, sehr fein gehackt

2 EL kaltes Wasser

2 Eigelb

225 g geklärte Butter (siehe Seite 226)

1 TL Zitronensaft

1 große Prise Cayennepfeffer

1 EL gehackte Minze

½ TL Salz

Frisch gemahlener schwarzer Pfeffer

1 Zunächst die Sauce zubereiten: Den Sherryessig mit der Schalotte in einer kleinen Sauteuse zum Kochen bringen und einkochen lassen, bis noch etwa 1 Teelöffel Flüssigkeit übrig ist. Einen Topf zur Hälfte mit Wasser füllen und zum Kochen bringen. Die Hitze herunterstellen, sodass das Wasser nicht mehr siedet. Eine Glas- oder Edelstahlschüssel auf den Topf setzen. Das Wasser, die Eigelbe und die Essigreduktion einfüllen und kräftig aufschlagen, bis die Masse schaumig ist.

2 Die Schüssel aus dem Wasserbad nehmen und die geklärte Butter unterschlagen, bis die Sauce eine dicke Emulsion gebildet hat, wie bei einer Mayonnaise. Den Zitronensaft, Cayennepfeffer, die gehackte Minze, ½ Teelöffel Salz und etwas schwarzen Pfeffer unterrühren. Im Wasserbad warm stellen.

3 In einer großen Pfanne 1,2 Liter Wasser mit dem Salz zum Kochen bringen. Die Hitze herunterstellen, sodass das Wasser gerade nicht mehr siedet. Die Makrelenfilets einlegen und 3 Minuten pochieren. Nach der Hälfte der Garzeit wenden. Die Filets aus dem Wasser heben, kurz abtropfen lassen und auf jedem vorgewärmten Teller 2 Filets anrichten. Etwas Sauce über den Fisch ziehen, den Rest darum herum verteilen. Mit den Minzezweigen garnieren und servieren.

Pochierte Makrelenfilets mit warmer Minze-Buttersauce

Gespaltene Heringe mit Tomaten-Kapern-Salsa

(siehe Anleitung 2, Seite 16)

FÜR 4 PERSONEN

4 Heringe (je 225 g), die Flossen entfernt (siehe Seite 14, Schritt 2)

Salz und frisch gemahlener schwarzer Pfeffer

225 g Strauchtomaten, grob gewürfelt

1 Knoblauchzehe, sehr fein gehackt

25 g Kapern in Salzlake, abgespült und abgetropft

1 EL grob gehackte glatte Petersilie

1 Den Grill auf hoher Stufe vorheizen. Die Heringe entgräten, wie auf Seite 16 beschrieben.

2 Die gespaltenen Heringe von beiden Seiten salzen und pfeffern und behutsam wieder in Form bringen. Auf ein leicht mit Öl bestrichenes Backblech legen und von jeder Seite 2 Minuten grillen.

3 Für die Salsa die Tomaten, Knoblauch, Kapern, Petersilie, Salz und Pfeffer vermengen. Die Heringe mit der Salsa servieren.

In Hafermehl gebratene Heringe mit Speck

FÜR 4 PERSONEN

**4 Heringe (je 225 g), küchenfertig und filetiert
(siehe Seite 22, Schritte 1–3)**
Salz und frisch gemahlener schwarzer Pfeffer
100 g mittelfeines Hafermehl
2 EL Sonnenblumenöl
**4 Scheiben durchwachsener Speck ohne Schwarte,
in kurze Streifen geschnitten**
1 Zitrone, in Spalten geschnitten, zum Servieren

1 Die Heringsfilets von beiden Seiten mit Salz und Pfeffer würzen. Das Hafermehl auf einem Teller ausbreiten und die Filets darin wenden, sodass sie rundherum gleichmäßig bedeckt sind.

2 Das Öl in einer großen Bratpfanne erhitzen. Die Speckstreifen darin knusprig ausbraten. Mit einer Schaumkelle aus der Pfanne nehmen und warm stellen.

3 Die Heringsfilets mit der Hautseite nach oben in die Pfanne legen und 1 Minute braten. Wenden und von der anderen Seite weitere 1–2 Minuten braten, bis die Haut goldbraun ist. Auf 4 vorgewärmten Tellern anrichten und den gebratenen Speck darauf verteilen. Mit den Zitronenspalten und gekochten Petersilienkartoffeln servieren.

Hering-Kartoffel-Salat

FÜR 4 PERSONEN ALS VORSPEISE

15 g Salz
1¹/₂ TL extrafeiner Zucker
³/₄ TL zerstoßene weiße Pfefferkörner
225 g Heringsfilets, küchenfertig (siehe Seite 22)
Sonnenblumenöl zum Bedecken
450 g neue Kartoffeln, abgebürstet
3 EL Schnittlauchröllchen
Frisch gemahlener schwarzer Pfeffer

1 Zwei Tage, bevor Sie das Gericht servieren wollen, Salz, Zucker und die Pfefferkörner vermengen. Die Heringsfilets in ein flaches Gefäß schichten und jede Lage großzügig mit der Gewürzmischung bestreuen. Mit Frischhaltefolie bedecken und 24 Stunden in den Kühlschrank stellen. Nach 12 Stunden die Filets wenden.

2 Am Folgetag die Heringsfilets leicht schräg in lange, dünne Streifen schneiden und in ein großes, luftdicht verschließbares Glasgefäß geben. So viel Sonnenblumenöl zugießen, dass der Fisch vollständig bedeckt ist, und mindestens weitere 24 Stunden kalt stellen.

3 Die Kartoffeln in kräftig gesalzenem Wasser (1 Teelöffel auf 600 ml Wasser) in etwa 15 Minuten weich kochen. Abgießen und der Länge nach vierteln.

4 Die warmen Kartoffeln mit den Heringsstreifen, dem Schnittlauch und 3 Esslöffeln Sonnenblumenöl in einer Schüssel vermengen.

5 Den Salat auf 4 Tellern anrichten, schwarzen Pfeffer darüber mahlen und servieren, solange die Kartoffeln noch warm sind.

Gebratene Heringsmilch auf gerösteten Brioches mit brauner Butter und Kapern

(siehe Anleitung 44, Seite 69)

FÜR 4 PERSONEN

2 EL natives Olivenöl extra
¹/₂ TL Weißweinessig
Salz
50 g gemischte junge Blattsalate
1 kleines Bund Kerbel, dicke Stiele entfernt
4 Scheiben (je 1 cm dick) Brioche oder Weißbrot
75 g Butter
350 g Heringsmilch
25 g gewürztes Mehl
Saft von ¹/₂ Zitrone
1 EL gehackte Petersilie
1 EL Kapern in Salzlake, abgespült und abgetropft

1 Das Olivenöl, den Essig und 1 Prise Salz verrühren. Die Salatblätter darin wenden und auf 4 leicht vorgewärmte Teller verteilen. Mit dem Kerbel garnieren. Die Brioche-Scheiben toasten und neben den Salat auf die Teller legen.

2 In einer Pfanne 25 g der Butter zerlassen. Die Heringsmilch in dem Mehl wenden und 2 Minuten braten, bis sie leicht gebräunt ist, dabei einmal wenden. Auf die Brioche-Scheiben legen.

3 Die Pfanne auswischen und die restliche Butter aufschäumen lassen, bis sie ein nussiges Aroma hat. Den Zitronensaft, die Petersilie und 1 Prise Salz einrühren. Die braune Butter über die Heringsmilch träufeln, mit einigen Kapern bestreuen und sofort servieren.

Hering »Recheado« mit Tomatensalat und Pilaw-Reis

(siehe Anleitung 6, Seite 23)

FÜR 4 PERSONEN ALS VORSPEISE

4 Heringe (je 225 g)
1 Rezeptmenge Masalapaste Goa-Art (siehe Seite 226)

FÜR DEN PILAW-REIS

Sonnenblumenöl zum Braten
6 große Schalotten, geschält und in dünne Scheiben geschnitten
3 ganze Knoblauchzehen
3 grüne Kardamomkapseln
5 cm Zimtstange
1 Lorbeerblatt
275 g Basmati-Reis
$\frac{1}{2}$ TL Salz
600 ml kochendes Wasser

FÜR DEN TOMATENSALAT

450 g Strauchtomaten, in dünne Scheiben geschnitten
1 mittelgroße rote Zwiebel, geviertelt und in dünne Streifen geschnitten
2 EL grob gehackte Korianderblätter
$\frac{1}{4}$ TL gemahlener Kreuzkümmel
1 Prise Cayennepfeffer
1 EL Weißweinessig
$\frac{1}{4}$ TL Salz

1 Wenn Sie die Heringe auf dem Holzkohlegrill zubereiten, die Glut 40 Minuten im Voraus vorbereiten.

2 Die Heringe vorbereiten, wie auf Seite 23 beschrieben. Jeweils die Innenseite des einen Filets mit der Masalapaste bestreichen und mit dem anderen Filet bedecken. Die Heringe an 2 Stellen mit Küchengarn verschnüren.

3 Für den Pilaw-Reis in eine Pfanne 1 cm hoch Öl einfüllen und erhitzen. Die Schalotten darin unter gelegentlichem Rühren goldbraun und knusprig braten. Mit einer Schaumkelle aus dem Fett heben und auf reichlich Küchenpapier abtropfen lassen.

4 In einem großen Topf 2 Esslöffel Öl erhitzen und sämtliche Gewürze darin einige Sekunden anschwitzen, bis sie aromatisch zu duften beginnen. Den Reis, das Salz und das Wasser zugeben und zum Kochen bringen. Zugedeckt bei niedriger Hitze 10 Minuten garen. Wenn Sie die Heringe im Ofengrill zubereiten, diesen auf hoher Stufe vorheizen.

5 Inzwischen für den Tomatensalat sämtliche Zutaten in ein flaches Gefäß schichten.

6 Den Reis von der Kochstelle nehmen und 5 Minuten ruhen lassen. Inzwischen die Heringe von jeder Seite in 3 Minuten goldbraun und knusprig grillen. Auf 4 vorgewärmten Tellern anrichten. Die Schalotten salzen und unter den Reis heben. Mit den gegrillten Heringen und etwas Tomatensalat servieren.

ABWANDLUNG

Makrele »Recheado«

Die Heringe durch Makrelen von je 225 g ersetzen und mit je 1 Esslöffel Masalapaste bestreichen. Von jeder Seite 3–4 Minuten grillen.

Am Spieß gegrillte Stinte mit Kräutern (siehe Anleitung 35, Seite 57)

FÜR 4 PERSONEN

2 Streifen Zitronenschale
$\frac{1}{2}$ EL fein gehackter Rosmarin
1 EL fein gehackte Petersilie
1 Knoblauchzehe, sehr fein gehackt
$\frac{1}{2}$ EL fein gehackte, entsteinte grüne Oliven
$\frac{1}{2}$ EL gehackte Kapern
$\frac{1}{2}$ TL grobes Meersalz
$\frac{1}{4}$ TL frisch gemahlener schwarzer Pfeffer
16–20 Stinte, küchenfertig (siehe Seite 14)
Natives Olivenöl extra zum Bestreichen und Servieren
Zitronenspalten und frisches, knuspriges Brot zum Servieren

1 Zunächst 4 Bambusspieße 30 Minuten in kaltem Wasser einweichen. Die Zitronenschalen quer zuerst in sehr feine Streifen schneiden und anschließend fein hacken. Mit dem Rosmarin, der Petersilie, dem Knoblauch, den Oliven, Kapern, Salz und Pfeffer vermengen. Beiseite stellen.

2 Den Grill auf hoher Stufe vorheizen. Die Stinte durch den Kopf auf die Bambusspieße stecken und auf ein leicht mit Öl bestrichenes Backblech legen. Mit etwas Olivenöl beträufeln, salzen, pfeffern und 2 Minuten nur von der einen Seite grillen.

3 Die Spieße auf 4 vorgewärmten Tellern anrichten und mit der Kräutermischung bestreuen. Den Tellerrand rundherum mit etwas Olivenöl beträufeln und mit den Zitronenspalten und reichlich knusprigem Brot servieren.

8

»Janssons Versuchung«

FÜR 4 PERSONEN

**50 g in Olivenöl eingelegte Sardellen guter Qualität
(z. B. Ortiz)**
2 mittelgroße Zwiebeln, in dünne Scheiben geschnitten
900 g Kartoffeln, geschält
175 ml Milch
175 ml Sahne
Butter für die Form
Salz und frisch gemahlener schwarzer Pfeffer

1 Den Ofen auf 190 °C vorheizen. Die Sardellen mit ihrem Öl in eine Pfanne geben. Die Zwiebeln zufügen und bei mittlerer Hitze 5 Minuten braten, bis sie weich sind und etwas Farbe angenommen haben.

2 Inzwischen die Kartoffeln in 5 mm dicke Scheiben schneiden. Jeweils ein paar Scheiben übereinander stapeln und in 5 mm breite Stäbchen schneiden.

3 Die Milch und die Sahne über die Zwiebeln gießen und zum Kochen bringen. Mit Salz (je nach Salzgehalt der Sardellen) und Pfeffer würzen und die Kartoffelstäbchen unterrühren. Gründlich vermischen, sodass alle Zutaten gleichmäßig verteilt sind.

4 Die Mischung in eine leicht gebutterte, flache Auflaufform füllen und im Ofen 45 Minuten backen, bis die Kartoffeln weich sind und die Oberfläche leicht gebräunt ist. In der Form servieren und einen knackigen grünen Salat dazu reichen.

Marinierte Sardellen (siehe Anleitung Seite 57)

FÜR 4 PERSONEN

450 g frische Sardellen
Saft von 1 Zitrone
**1 TL fein gehackte mittelscharfe rote Chilischote
(Samen zuvor entfernt)**
1 Knoblauchzehe, fein gehackt
1 EL gehackte glatte Petersilie
Salz und frisch gemahlener schwarzer Pfeffer
50 ml natives Olivenöl extra

1 Zur Vorbereitung der Sardellen die Köpfe abkneifen und mit ihnen die Eingeweide herausziehen. Dann mit den Fingern den Rücken über die ganze Länge der Fische öffnen und die Mittelgräte herauslösen. Das geht ganz leicht, da die Sardellen sehr weich sind. Übrig bleiben die an der Bauchseite zusammenhängenden Filets.

2 Die Sardellen mit der Haut nach unten in ein flaches Gefäß legen und mit dem Zitronensaft beträufeln. 20 Minuten marinieren lassen. Dabei wird das Fleisch allmählich opak und etwas fester.

3 Den überschüssigen Zitronensaft abgießen und die Sardellen mit der Chilischote, dem Knoblauch, der Petersilie und etwas Salz und Pfeffer bestreuen. Mit dem Öl übergießen und im Kühlschrank 24 Stunden marinieren lassen, bis sämtliche Aromen gut durchgezogen sind.

ALTERNATIVE FISCHE
Sprotten, Sardinen oder kleine Makrelen.

Linguine mit Tomaten-Sardellen-Sauce und frischen Sardinen

FÜR 4 PERSONEN

8 frische Sardinen, küchenfertig (siehe Seite 14)
5–6 EL natives Olivenöl extra
Salz und frisch gemahlener schwarzer Pfeffer
3 Knoblauchzehen, fein gehackt
4 Salbeiblätter, in feine Streifen geschnitten
1 mittelscharfe rote Chilischote, Samen entfernt, fein gehackt
450 g Strauchtomaten, enthäutet und gehackt
50 g Kapern, abgetropft
100 g aromatische schwarze Oliven, entsteint und gehackt
100 g Sardellenfilets in Öl, abgetropft und fein gehackt
1 EL gehackter Oregano
450 g Linguine oder Spaghetti
3 EL gehackte glatte Petersilie

1 Die Sardinen von beiden Seiten mit Olivenöl bestreichen, kräftig mit Salz und Pfeffer würzen und auf ein leicht mit Öl bestrichenes Backblech oder auf den Grillrost legen.

2 Das restliche Olivenöl in einem Topf erhitzen. Den Knoblauch und Salbei darin anschwitzen, bis der Knoblauch Farbe zu nehmen beginnt. Die Chilischote kurz mitschwitzen. Die Tomaten, Kapern, Oliven, Sardellen, den Oregano und etwas frisch gemahlenen Pfeffer zugeben und 10 Minuten köcheln lassen.

3 Die Pasta in kräftig gesalzenem Wasser in etwa 8 Minuten al dente kochen. Inzwischen den Grill auf hoher Stufe vorheizen. Die Sardinen von jeder Seite 2 Minuten grillen. Die Fische etwas abkühlen lassen und das Fleisch anschließend grob zerpflücken.

4 Die Pasta abgießen und in eine große Servierschüssel füllen. Die Petersilie unter die Sauce rühren, über die Pasta gießen und sorgfältig vermengen. Die Sardinenstücke vorsichtig unterheben.

ALTERNATIVE FISCHE
Frische Makrele, Pilchards oder Heringe.

Frittierte Teigtäschchen, gefüllt mit Sardinen-Kartoffel-Curry

ERGIBT 12 STÜCK

100 g Kartoffeln, geschält und in 1 cm große Würfel geschnitten
Salz
1 EL Erdnuss- oder Sonnenblumenöl, plus Öl zum Frittieren
2 Knoblauchzehen, durchgepresst
1 cm frische Ingwerwurzel, fein gerieben
½ Zwiebel, in dünne Scheiben geschnitten
1 EL Masalapaste Goa-Art (siehe Seite 226) oder gute Garam-Masala-Paste
225 g Sardinen, filetiert (siehe Seite 22) und quer in 2½ cm breite Streifen geschnitten
1 mittelscharfe rote Chilischote, Samen entfernt, fein gehackt
1 EL Zitronensaft
2–3 Frühlingszwiebeln, in Scheiben geschnitten
2 EL gehackte Korianderblätter
450 g frischer Blätterteig
Zitronenspalten und Koriandergrün zum Garnieren

1 Die Kartoffeln in Salzwasser gerade eben weich kochen. Abgießen. Das Öl in einer großen Pfanne erhitzen und Knoblauch, Ingwer und Zwiebel 1 Minute darin anschwitzen. Die Masalapaste 1 Minute, dann die Sardinenstücke ebenfalls 1 Minute mitschwitzen. Zuletzt die Kartoffeln, Chili, Zitronensaft und ¼ Teelöffel Salz zugeben und 1 weitere Minute garen. Die Pfanne von der Kochstelle nehmen, die Frühlingszwiebeln und Korianderblätter unterrühren und abkühlen lassen.

2 Den Blätterteig auf einer leicht bemehlten Arbeitsfläche ausrollen und zwölf 10 cm große Kreise ausstechen. Jeweils einen gehäuften Teelöffel der Füllung auf die Teigkreise setzen. Den halben Teigrand mit etwas Wasser bestreichen. Die andere Teighälfte über die Füllung schlagen und die Ränder fest zusammendrücken. Mit einer Gabel am Rand ein Muster anbringen – so werden die Teigtäschchen noch fester versiegelt.

3 Das Frittieröl auf 190 °C erhitzen. Jeweils 3–4 Teigtäschchen in das heiße Öl gleiten lassen und in 7–8 Minuten goldbraun frittieren, gelegentlich wenden. Auf Küchenpapier abtropfen lassen und in den warmen Ofen stellen, bis alle Teigtäschchen fertig sind. Auf einer Platte anrichten, mit Zitronenspalten und Koriandergrün garnieren.

ALTERNATIVE FISCHE
Makrele, Pilchards, Sprotten, Heringe oder jeder andere aromatische Fettfisch.

SARDINEN,
WOLFS-
BARSCH

8

Sardinen mit Escabèche

12 Sardinen, küchenfertig (siehe Seite 16)

50 g gewürztes Mehl

150 ml Olivenöl

85 ml Rotweinessig

1 mittelgroße Zwiebel, in dünne Scheiben geschnitten

1 Streifen (5 cm) Orangenschale

1 Zweig Thymian

1 Zweig Rosmarin

1 Lorbeerblatt

4 Knoblauchzehen, durchgepresst

2 getrocknete rote Chilischoten

1 TL Salz

1 kleines Bund glatte Petersilie, grob gehackt

1 Die Köpfe der Sardinen entfernen (siehe Seite 16). Die Fische in dem Mehl wenden. In der Hälfte des Olivenöls von jeder Seite 1 Minute braten und anschließend in eine flache Schale legen.

2 Essig, Zwiebel, Orangenschale, Thymian, Rosmarin, Lorbeerblatt, Knoblauch, Chilis sowie das Salz in die Pfanne geben und 15 Minuten köcheln lassen.

3 Das restliche Olivenöl und die Petersilie einrühren und die heiße Marinade über die Sardinen gießen. Abkühlen lassen.

Wolfsbarschfilet mit Vanille-Vinaigrette

4 Wolfsbarschfilets (je 100 g), enthäutet

100 g geklärte Butter (siehe Seite 226)

Salz und frisch gemahlener schwarzer Pfeffer

1/2 Vanilleschote

50 ml trockener Wermut, z. B. Noilly Prat

2 TL Weißweinessig

1 Schalotte, geschält und halbiert

150 ml Fischfond (siehe Seite 222)

25 g enthäutete, fein gewürfelte Tomaten

1 EL grob gehackter Kerbel

Salz und frisch gemahlener schwarzer Pfeffer

1 Die Wolfsbarschfilets von beiden Seiten mit etwas geklärter Butter bestreichen und mit Salz und Pfeffer würzen.

2 Für die Vinaigrette die Vanilleschote der Länge nach aufschneiden und das Mark mit einem kleinen Teelöffel herauskratzen. Die Schote sehr fein hacken. Mark und Schote mit dem Wermut, dem Essig und der Schalotte in einem kleinen Topf zum Kochen bringen. Einige Minuten einkochen lassen, bis noch etwa 1 Esslöffel Flüssigkeit übrig ist. Den Fischfond zugießen und erneut reduzieren lassen, bis noch etwa 3 Esslöffel Flüssigkeit verbleiben. Die Schalottenhälften herausnehmen und die restliche geklärte Butter, Tomatenwürfel, Kerbel, 1/4 Teelöffel Salz und 6 Umdrehungen schwarzen Pfeffer einrühren. Bei schwacher Hitze warm stellen.

3 Eine gusseiserne Grillpfanne sehr heiß werden lassen. Die Wolfsbarschfilets mit der enthäuteten Seite nach unten 1 Minute braten, dabei mit einem Pfannenwender leicht andrücken, damit sich ein deutliches Grillmuster abzeichnet. Die Filets wenden und von der anderen Seite weitere 30 Sekunden braten.

4 Die Wolfsbarschfilets auf 4 vorgewärmten Tellern anrichten, an der Seite mit etwas Vanille-Vinaigrette garnieren und servieren.

Gegrillter ganzer Wolfsbarsch mit Pernod und Fenchelgrün

(siehe Anleitung 1, Seite 14)

4 Wolfsbarsche (je 450–550 g), küchenfertig (siehe Seite 14)

2 EL Olivenöl

Salz und frisch gemahlener schwarzer Pfeffer

1 großes Bund Fenchelgrün

3 EL Pernod

1 Rezeptmenge Fenchelmayonnaise (siehe Seite 224)

1 Den Holzkohlegrill 40 Minuten im Voraus entfachen. Oder den Elektrogrill auf mittlerer Stufe vorheizen.

2 Die Wolfsbarsche auf jeder Seite 4- bis 5-mal schräg einschneiden, mit Öl einreiben und von innen und außen kräftig mit Salz und Pfeffer würzen. In die Bauchhöhle etwas Fenchelgrün stecken.

3 Die Wolfsbarsche 6–8 Minuten grillen. Über jeden Fisch 1 Teelöffel Pernod träufeln, vorsichtig wenden und von der anderen Seite weitere 6–8 Minuten grillen. Mit dem restlichen Pernod beträufeln.

4 Die Fische auf eine Servierplatte heben und mit der Fenchelmayonnaise und gekochten neuen Kartoffeln servieren.

Frittierter Wolfsbarsch mit Chilisauce

FÜR 4 PERSONEN

4 Wolfsbarsche oder Streifenbrassen (je 350 g), küchenfertig (siehe Seite 14)

50 g Mehl, mit Salz und Pfeffer gewürzt

Sonnenblumenöl zum Frittieren

FÜR DIE CHILISAUCE

2 EL fein gehackter Knoblauch

2 mittelscharfe rote Chilischoten, fein gehackt

2 EL Sonnenblumenöl

2 EL Palmzucker oder brauner Rohrzucker

3 EL Thai-Fischsauce (nam pla)

1 EL Tamarindenwasser (siehe Seite 227)

FÜR DIE GARNITUR

4 Schalotten, in dünne Scheiben geschnitten

2 Knoblauchzehen, in dünne Scheiben geschnitten

50 g Cashewkerne, halbiert

2 Kaffir-Limettenblätter, in feine Streifen geschnitten (nach Belieben)

25 g Basilikumblätter

1 Für die Sauce den Knoblauch und die Chilis in einem Mörser zu einer grobkörnigen Paste zermahlen. Das Öl in einem kleinen Topf erhitzen und die Paste 1 Minute darin anschwitzen. Den Zucker, die Fischsauce und das Tamarindenwasser einrühren, kurz aufkochen lassen und die Sauce warm halten.

2 Als Nächstes die Garnitur zubereiten: Einen Topf, in dem die Fische ausreichend Platz haben, zu einem Drittel mit Sonnenblumenöl füllen und auf 190 °C erhitzen. Die Schalottenscheiben, den Knoblauch und die Cashewkerne hineingeben und 2 Minuten frittieren. Mit einem Schaumlöffel herausheben und auf Küchenpapier abtropfen lassen. Die Limettenblätter (falls verwendet) und das Basilikum einlegen und 30 Sekunden frittieren. Abtropfen lassen und beiseite stellen.

3 Die Fische trockentupfen und in dem gewürzten Mehl wenden. Einzeln nacheinander in dem heißen Öl 5–6 Minuten frittieren, bis sie goldbraun und knusprig sind. Auf Küchenpapier kurz abtropfen lassen und warm stellen, während Sie die restlichen Fische zubereiten.

4 Die Fische auf 4 vorgewärmten Tellern anrichten und mit der Sauce überziehen. Die vorbereitete Garnitur darauf verteilen und servieren.

Auf Meeresalgen gedämpfter Streifenbrassen mit Fenchel-Buttersauce (siehe Anleitung 26, Seite 47)

FÜR 4 PERSONEN

4 Streifenbrassen (je 225 g), küchenfertig (siehe Seite 14)

Salz und frisch gemahlener schwarzer Pfeffer

750 g frischer Blasentang

FÜR DIE FENCHEL-BUTTERSAUCE

200 g Butter

½ Fenchelknolle, geputzt und in dünne Streifen geschnitten

40 g Zwiebel, in dünne Scheiben geschnitten

½ kleine Knoblauchzehe, gehackt

150 ml Fischfond oder Hühnerbrühe (siehe Seite 222)

1 EL Weißwein

Salz und frisch gemahlener schwarzer Pfeffer

2 EL Pernod

2 TL Zitronensaft

2 Eigelb

3 EL gehacktes Fenchelgrün

1 Die Streifenbrassen von innen und außen mit etwas Salz und Pfeffer würzen. Den Blasentang waschen und auf dem Boden einer Pfanne ausbreiten, in der alle Fische nebeneinander Platz haben. Nötigenfalls zwei Pfannen verwenden. 300 ml Wasser zugießen und die Fische auf das Algenbett legen. Die Pfanne mit einem Deckel fest verschließen und beiseite stellen.

Auf Meeresalgen gedämpfter Streifenbrassen mit Fenchel-Buttersauce

2 Für die Sauce 25 g der Butter in einem Topf zerlassen. Den Fenchel, die Zwiebel und den Knoblauch darin 5 Minuten farblos anschwitzen. Den Fond oder die Brühe und den Wein zugießen, salzen, pfeffern und 15 Minuten köcheln lassen, bis das Gemüse ganz weich und die meiste Flüssigkeit verdampft ist.

3 Die Gemüsemischung in die Küchenmaschine füllen und etwas abkühlen lassen. Dann den Pernod, den Zitronensaft und die Eigelbe hinzufügen. Die restliche Butter in einem sauberen Topf zerlassen. Sobald sie Blasen zu bilden beginnt, die Küchenmaschine einschalten und den Inhalt 1 Minute pürieren. Dann langsam die heiße Butter zugießen, bis eine der Hollandaise ähnliche Sauce entsteht. In eine Schüssel füllen, das Fenchelgrün unterziehen, abschmecken und warm stellen.

4 Die mit den Streifenbrassen vorbereitete Pfanne bei großer Hitze auf den Herd stellen. Sobald Dampf am Deckelrand entweicht, die Hitze herunterstellen und den Fisch 5 Minuten dämpfen. Die geschlossene Pfanne mit der Fenchel-Buttersauce servieren. Erst am Tisch den Deckel abheben, damit jeder den Duft des Meeresgemüses genießen kann. Dazu passen Salzkartoffeln.

Gedünsteter Goldbrassen mit Fenchel, Orange und Kräutern

FÜR 4 PERSONEN

1 Orange
3 Fenchelknollen
1 TL getrocknete Kräuter der Provence oder
    1 EL aus frischem gehacktem Thymian, Rosmarin
    und Oregano
1¹/₂ TL gehacktes Fenchelgrün
2 EL Pernod
1 große Zwiebel, gehackt
2 Lorbeerblätter, fein zerkleinert
3 Knoblauchzehen, in dünne Scheiben geschnitten
2 EL Weißweinessig
85 ml Olivenöl
1 TL extrafeiner Zucker
Salz und frisch gemahlener schwarzer Pfeffer
4 Goldbrassen (je 550 g), küchenfertig und geschuppt
    (siehe Seite 14)

1 Die Schale von einer halben Orange dünn abschälen und in feine Streifen – etwa so groß wie Kiefernnadeln – schneiden. Den Saft der Orange auspressen. Die äußeren Fenchelblätter entfernen und die restlichen Knollen hacken.

2 In einem Schmortopf mit schwerem Boden die Kräuter, Orangenschale und -saft, den gehackten Fenchel, das Fenchelgrün, den Pernod, die Zwiebel, Lorbeerblätter, Knoblauch, Weißweinessig, das Olivenöl und den Zucker vermengen. Zugedeckt 15 Minuten köcheln lassen, bis der Fenchel weich ist. Mit Salz und Pfeffer abschmecken.

3 Den Ofen auf 200 °C vorheizen. Die Hälfte der Fenchelmischung in einem flachen, ofenfesten Geschirr verteilen. Den Fisch darauf legen und mit dem Rest der Fenchelmischung bedecken. Mit Alufolie abdecken und im Ofen 20 Minuten dünsten.

4 Die Alufolie abnehmen und unbedeckt weitere 5 Minuten dünsten. Vor dem Servieren mit etwas Olivenöl beträufeln.

Gebratener Sackbrassen nach Art von Patricia Wells

FÜR 4 PERSONEN

5–6 EL natives Olivenöl extra
2 große rote Paprikaschoten, halbiert, Samen und
    Scheidewände entfernt, das Fruchtfleisch gewürfelt
2 EL Kapern in Salzlake, abgespült und abgetropft
2 TL Kreuzkümmel
4 Sackbrassen, Goldbrassen oder Streifenbrassen
    (je 300 g), küchenfertig (siehe Seite 14)
Salz und frisch gemahlener schwarzer Pfeffer

1 In einer mittelgroßen Pfanne 1 Esslöffel des Öls erhitzen. Die Paprikawürfel 4–5 Minuten darin anschwitzen, bis sie weich sind. Die Pfanne vom Herd nehmen, die Kapern und den Kreuzkümmel einrühren und beiseite stellen.

2 Die Fische von innen salzen und pfeffern und von allen Seiten großzügig mit Öl einstreichen. In einer Pfanne 2 weitere Esslöffel Öl erhitzen, 2 Fische einlegen und von jeder Seite 4–5 Minuten braten. Warm stellen, während Sie die anderen beiden Fische zubereiten.

3 Die Sauce wieder erhitzen. Die Fische auf vorgewärmten Tellern anrichten und an der Seite mit dem Paprika garnieren. Den Tellerrand mit etwas Öl beträufeln und servieren.

Frittierte kleine Heringe mit Zitrone und Persillade

Frittierte kleine Heringe mit Zitrone und Persillade

(siehe Anleitung 34, Seite 56)

FÜR 4 PERSONEN

550 g kleine Heringe (Whitebait)
Sonnenblumenöl zum Frittieren
75 g Mehl
½ TL Cayennepfeffer
1 TL Salz
1 Zitrone, in Spalten geschnitten, zum Servieren

FÜR DIE PERSILLADE

2 Knoblauchzehen
1 kleines Bund Petersilie, dicke Stiele entfernt

1 Die Heringe in reichlich kaltem Wasser waschen und zum Abtropfen in einem Sieb kräftig schütteln.

2 Das Frittieröl auf 190 °C erhitzen. Für die Persillade den Knoblauch auf einem Küchenbrett fein hacken. Die Petersilie dazugeben und weiterhacken, bis die Mischung ganz fein ist.

3 Mehl, Cayennepfeffer und Salz in einer großen Schüssel vermengen. Die Fische gründlich darin wenden, sodass sie gleichmäßig bedeckt sind. Überschüssiges Mehl abschütteln.

4 Die Fische portionsweise in etwa 3 Minuten knusprig frittieren. Kurz auf Küchenpapier abtropfen lassen und auf einer vorgewärmten Platte anrichten. Mit der Persillade bestreuen und mit den Zitronenspalten servieren.

Frittierter Wittling (*Merlan frit en colère*)

(siehe Anleitung 1€, Seite 32)

FÜR 4 PERSONEN

4 Wittlinge (je 350 g), küchenfertig (siehe Seite 14)
Sonnenblumenöl zum Frittieren
75 g Mehl
Salz und frisch gemahlener schwarzer Pfeffer
2 Eier, verschlagen
175 g frische Weißbrotbrösel, aus Brot vom Vortag

FÜR DIE TOMATEN-TATARENSAUCE

3 EL Weißweinessig
6 schwarze Pfefferkörner, grob zerstoßen
½ Schalotte, fein gehackt
Einige Estragonzweige, in kleine Stücke zerteilt
2 Eiertomaten, enthäutet, Samen entfernt und das Fruchtfleisch fein gehackt
Je 15 g grüne Oliven, Gewürzgurken und Kapern, fein gehackt
Je 2 EL gehackter Estragon, gehackte Petersilie und Schnittlauchröllchen
100 g Senfmayonnaise (siehe Seite 224)
Salz und frisch gemahlener schwarzer Pfeffer

1 Für die Tomaten-Tatarensauce den Essig, die Pfefferkörner, die Schalotte und die Estragonzweige in einem kleinen Topf zum Kochen bringen und bis auf 1 Teelöffel Flüssigkeit einkochen. Etwas abkühlen lassen und durch ein feines Sieb in eine Schüssel abseihen. Die restlichen Zutaten für die Sauce untermischen. Mit Salz und Pfeffer abschmecken.

2 Die Wittlinge nach der Anleitung auf Seite 32 vorbereiten. Das Frittieröl auf 160 °C erhitzen. Das Mehl mit ½ Teelöffel Salz und etwas Pfeffer würzen. Die vorbereiteten Wittlinge salzen und einzeln nacheinander zuerst in dem Mehl wenden, dann durch das verschlagene Ei ziehen und zuletzt mit den Weißbrotbröseln panieren.

3 Die panierten Wittlinge einzeln nacheinander 5 Minuten frittieren, bis sie goldbraun und knusprig sind. Die fertig ausgebackenen Fische auf ein mit Küchenpapier ausgelegtes Backblech heben und im nicht zu heißen Ofen warm stellen, während Sie die restlichen Fische fertig stellen. Mit der Tomaten-Tatarensauce und knusprigen Pommes frites servieren.

ALTERNATIVE FISCHE
Junger Hecht oder Kabeljau.

Salat mit gebratenem Hornhecht und sonnengetrockneten Tomaten (siehe Anleitung 14, Seite 31)

FÜR 4 PERSONEN

3 EL Olivenöl

2 TL Zitronensaft

1 TL gehackter Thymian

1 TL Fenchelsamen, leicht zerstoßen

1 Prise getrocknete Chiliflocken

Salz und frisch gemahlener schwarzer Pfeffer

4 Hornhechte, Makrelen oder Knurrhähne
(je 275–350 g), filetiert (siehe Seite 31)

Je 25 g Rucola und krause Endivie

15 g glatte Petersilie

15 g Kerbelzweige

4–6 sonnengetrocknete Tomaten in Öl, abgetropft und
in feine Streifen geschnitten

1 EL Sherryessig

1 Das Olivenöl, den Zitronensaft, Thymian, die Fenchelsamen, Chiliflocken, ½ Teelöffel Salz und einige Umdrehungen schwarzen Pfeffer vermengen. Die Hornhechtfilets von beiden Seiten mit ein wenig der Marinade bestreichen und 5 Minuten einwirken lassen.

2 Den Rucola, Endiviensalat, die Petersilie und den Kerbel vermengen und auf 4 Teller verteilen.

3 Eine gusseiserne Pfanne mit oder ohne Grillbratmuster sehr heiß werden lassen. Die Hornhechtfilets mit der Hautseite nach unten einlegen und 1–1½ Minuten braten. Nach der Hälfte der Garzeit wenden. Auf einen Teller heben, um den Garprozess zu unterbrechen. Die Filets in etwa 7½ cm große Stücke zerteilen.

4 Die Fischstücke und Tomatenstreifen dekorativ auf den Blattsalaten anrichten. Darauf achten, dass die Salatblätter nicht platt gedrückt werden.

5 Den Bratfond mit der verbliebenen Marinade und dem Sherryessig ablöschen und kurz durchschwenken. Etwas Sauce über den Salat löffeln, den Rest am Tellerrand um den Salat herum verteilen und sofort servieren.

Salat mit gebratenem Hornhecht und sonnengetrockneten Tomaten

Gegrilltes Pompanofilet mit Thymian-Buttersauce

FÜR 4 PERSONEN

4 Pompano- oder Lachsfilets (je 175 g), enthäutet

25 g Butter, zerlassen

Salz und frisch gemahlener schwarzer Pfeffer

FÜR DIE THYMIAN-BUTTERSAUCE

600 ml Fischfond (siehe Seite 222)

50 ml Sahne

50 ml trockener Wermut, z. B. Noilly Prat

75 g kalte Butter, in kleine Stücke geschnitten

1 TL Thymianblättchen

1 Für die Sauce den Fischfond, die Sahne und den Noilly Prat in einem mittelgroßen Topf rasch um drei Viertel einkochen lassen, sodass noch etwa 175 ml übrig bleiben. Warm stellen.

2 Den Grill auf hoher Stufe vorheizen. Die Pompanofilets auf beiden Seiten mit der zerlassenen Butter einstreichen und mit Salz und Pfeffer würzen. Auf ein leicht mit Butter eingefettetes Backblech legen und etwa 8 Minuten grillen, bis die Filets gar sind.

3 Die eingekochte Sauce wieder zum Köcheln bringen und Stück für Stück die kalte Butter unterschlagen. Den Thymian unterrühren und abschmecken.

4 Die Pompanofilets auf 4 vorgewärmten Tellern anrichten und mit der Sauce nappieren. Die restliche Sauce um den Fisch herum auf dem Tellerrand verteilen.

Gegrillte Petersfischfilets mit Tomaten, Oliven und Kapern

FÜR 4 PERSONEN

450 g Petersfischfilets mit Haut

4 EL natives Olivenöl extra, plus Öl zum Bestreichen

Salz und frisch gemahlener schwarzer Pfeffer

4 kleine, fest kochende neue Kartoffeln

2 Sardellenfilets in Öl, abgetropft

2 Strauchtomaten, enthäutet und Samen entfernt

3 sonnengetrocknete Tomaten in Öl, abgetropft und in feine Streifen geschnitten

4 schwarze Oliven, entsteint und in Scheiben geschnitten

12 kleine Kapern in Salzlake, abgespült und abgetropft

10 Rosmarinnadeln

Eine kleine Hand voll grob gehackte glatte Petersilie

1 Kleine Petersfischfilets der Länge nach halbieren, große Filets längs in 3 Stücke schneiden. Die Filets mit Öl bestreichen und mit der Hautseite nach oben auf ein leicht mit Öl bestrichenes Backblech legen. Salzen und pfeffern.

2 Die Kartoffeln der Länge nach vierteln und in Salzwasser in 10 Minuten weich kochen. Abgießen und warm stellen.

3 Die Sardellenfilets der Länge nach in lange, dünne Streifen schneiden. Das Fruchtfleisch der Tomaten in bogenförmige Streifen schneiden.

4 Den Grill auf hoher Stufe vorheizen. Die Petersfischfilets 2–3 Minuten grillen, bis sie gerade eben gar sind. In der Zwischenzeit das restliche Olivenöl in einer Pfanne mit den Kartoffeln, Sardellen, frischen und getrockneten Tomatenstücken sowie den Oliven, Kapern und Rosmarin vermengen und behutsam erwärmen. Die Petersilie unterheben und abschmecken.

5 Die gegrillten Petersfischfilets mit dem warmen Gemüse dekorativ auf 4 vorgewärmten Tellern anrichten und sofort servieren.

Gegrillter Petersfisch mit Lauch, Ei und Senf-Vinaigrette

(siehe Anleitung 13, Seite 30)

FÜR 4 PERSONEN

16–20 Stangen junger Lauch, geputzt, Salz
2 Eier
Ein großes Stück Parmesan
2 Petersfische (je 350–450 g), filetiert (siehe Seite 30)
25 g Butter, zerlassen
Grobes Meersalz
Frisch gemahlener schwarzer Pfeffer
Grob zerstoßener schwarzer Pfeffer zum Servieren

FÜR DIE SENF-VINAIGRETTE

1½ TL Dijon-Senf
1½ TL Weißweinessig
8 TL natives Olivenöl extra

1 Den Grill auf hoher Stufe vorheizen. Die Lauchstangen in kochendem Salzwasser 2–3 Minuten blanchieren, bis sie nur eben weich geworden sind. Unter fließendem Wasser kalt abschrecken und auf Küchenpapier vollständig abtropfen lassen.

2 Die Eier 7 Minuten in Wasser kochen, sodass das Eiweiß fest, das Eigelb aber noch wachsweich ist. Kalt abschrecken, schälen, halbieren. Von dem Parmesan mit einem scharfen Sparschäler einige dünne Späne abhobeln und beiseite stellen.

3 Für die Vinaigrette den Senf mit dem Essig in einer kleinen Schüssel vermengen und nach und nach das Olivenöl unterrühren. Mit Salz und Pfeffer abschmecken.

4 Eine gusseiserne Grillpfanne auf großer Stufe erhitzen und mit etwas Öl ausstreichen. Die Lauchstangen diagonal zum Grillmuster einlegen, von beiden Seiten rasch (weniger als 1 Minute) rösten, sodass sich ein Linienmuster abzeichnet. Auf 4 großen, vorgewärmten Tellern dekorativ arrangieren.

5 Die Petersfischfilets diagonal in 2 gleich große Stücke schneiden. Von beiden Seiten mit der zerlassenen Butter bestreichen und kräftig mit Salz und Pfeffer würzen. Die Filets mit der Hautseite nach oben auf ein leicht gefettetes Backblech oder auf den Grillrost legen und 4 Minuten grillen. Auf dem Lauch anrichten. Auf jeden Teller ein halbiertes Ei setzen. Die Senf-Vinaigrette mit 1½ Teelöffeln warmem Wasser verrühren und über den Lauch ziehen. Mit den Parmesanspänen, etwas grob zerstoßenem schwarzem Pfeffer und Meersalz bestreuen und servieren.

Gegrillter Petersfisch mit Lauch, Ei und Senf-Vinaigrette

Frittierte Petersfischsteaks mit Curry-Kokos-Sauce

FÜR 4 PERSONEN

2 EL Erdnuss- oder Sonnenblumenöl,
  plus Öl zum Frittieren
3 EL thailändische rote Currypaste (siehe Seite 226)
200 ml Kokosmilch
1 EL Thai-Fischsauce (nam pla)
1 TL Palmzucker oder hellbrauner Rohrzucker
4 Petersfischsteaks (je 225 g)
Saft von 1 Limette
Salz und frisch gemahlener schwarzer Pfeffer

1 In einer großen, tiefen Bratpfanne 2 Esslöffel Öl erhitzen. Die Currypaste etwa 2 Minuten darin anschwitzen, bis sie sich zu lösen beginnt.
Die Kokosmilch und Thai-Fischsauce zugießen, den Zucker einrühren
und 10 Minuten ganz sanft köcheln lassen, bis die Sauce eingedickt ist.

2 Inzwischen das Frittieröl auf 190 °C erhitzen. Jeweils 2 Petersfischsteaks in das heiße Fett gleiten lassen und 2 Minuten frittieren, bis sie
goldbraun und knusprig sind. Auf ein mit Küchenpapier ausgelegtes
Blech legen und im nicht zu heißen Ofen warm stellen, während Sie die
anderen beiden Filets fertig stellen.

3 Die Steaks, sobald sie abgetropft sind, auf 4 vorgewärmten Tellern
anrichten. Den Limettensaft unter die Sauce rühren, mit Salz und
Pfeffer abschmecken und über den Steaks verteilen. Mit gedämpftem
Reis servieren.

ALTERNATIVE FISCHE

Steaks vom Schellfisch, Hecht oder Lachs, ja selbst Seeteufelsteaks,
enthäutet und quer durch das Rückgrat geschnitten, wären einen Versuch wert. Oder probieren Sie es mal mit Hai oder Schwertfischsteaks.

Frittierte Petersfischsteaks mit Curry-Kokos-Sauce

PETERSFISCH,
ROTBARBE,
MEERÄSCHE

8

Marokkanische
Fisch-Tagine

FÜR 4 PERSONEN ALS VORSPEISE

2 EL Olivenöl, plus Öl zum Bestreichen

2 Stangen Bleichsellerie, gehackt

1 Möhre, gehackt

1 kleine Zwiebel, gehackt

$\frac{1}{2}$ eingelegte Zitrone (siehe Seite 227), fein gehackt

1 Rezeptmenge Chermoula (siehe Seite 146)

4 Eiertomaten, in Scheiben geschnitten

600 ml Fischfond (siehe Seite 222)

8 kleine neue Kartoffeln, der Länge nach geviertelt

2 Rotbarben (je 450 g), filetiert (siehe Seite 22)

Salz und frisch gemahlener schwarzer Pfeffer

8 schwarze Oliven, halbiert

1 TL gehackte Korianderblätter

1 TL gehackte Minze

1 Das Öl in einer großen Pfanne erhitzen. Den Sellerie, die Möhre und die Zwiebel darin 5 Minuten sanft anschwitzen, bis das Gemüse weich, aber nicht gebräunt ist. Die Hälfte der eingelegten Zitrone, 2 Esslöffel der Chermoula, die Tomaten und den Fischfond zugeben und zum Kochen bringen. 30 Minuten köcheln lassen, dann die Kartoffeln zufügen und weitere 6–8 Minuten köcheln lassen, bis sie weich sind.

2 Den Grill auf hoher Stufe vorheizen. Die Rotbarbenfilets mit Olivenöl bestreichen, salzen, pfeffern und anschließend diagonal halbieren. Mit der Hautseite nach oben auf ein mit Öl bestrichenes Backblech oder in die Grillpfanne legen und 6 Minuten grillen.

3 Die Oliven, die restliche Chermoula und die verbliebene eingelegte Zitrone unter die Sauce rühren und abschmecken. Die gegrillten Rotbarbenfilets in 4 vorgewärmten Suppenschalen anrichten, mit der Sauce übergießen und mit dem Koriander und der Minze bestreuen.

ALTERNATIVE FISCHE
Meeräsche, Rotbarsch.

Gedämpfte Meeräsche
mit Ingwer und Knoblauch

(siehe Anleitung 25, Seite 46)

FÜR 2 PERSONEN

2 Meeräschen (je 450 g), küchenfertig (siehe Seite 14, Schritte 1–4)

2$\frac{1}{2}$ cm frische Ingwerwurzel, in feine Julienne geschnitten

4 Frühlingszwiebeln, geputzt und in dünne Scheiben geschnitten

2 EL dunkle Sojasauce

2 EL Sesamöl

4 Knoblauchzehen, fein gehackt

1 Die vorbereiteten Meeräschen in einen Dämpftopf einsetzen, wie auf Seite 46 gezeigt, und mit den Ingwer-Julienne bestreuen. Zugedeckt 10–12 Minuten dämpfen, bis der Fisch gar ist. Die Meeräschen auf 2 vorgewärmten Tellern anrichten, mit den Frühlingszwiebeln bestreuen und warm stellen.

2 In einem kleinen Topf 4 Esslöffel der Dämpfflüssigkeit mit der Sojasauce verrühren. Zum Kochen bringen und über den Fisch ziehen.

3 Das Sesamöl in einer kleinen Pfanne erhitzen, den Knoblauch einige Sekunden darin braten, über dem Fisch verteilen und servieren.

Kleine Rundfische

Rotbarbe in Alufolie mit Thymian

FÜR 4 PERSONEN

4 Rotbarben (je 225–275 g), küchenfertig
   (siehe Seite 14)

Salz und frisch gemahlener schwarzer Pfeffer

1 kleines Bund Thymian

120 ml natives Olivenöl extra

50 ml trockener Weißwein

Saft von 1 Zitrone (etwa 8 Teelöffel)

FÜR DEN TOMATEN-OLIVEN-SALAT MIT CHILI

450 g kleine Strauchtomaten, in Spalten geschnitten

½ mittelscharfe rote Chilischote, Samen entfernt,
   fein gehackt

1 Knoblauchzehe, fein gehackt

50 g schwarze Oliven von guter Qualität, entsteint

4 EL natives Olivenöl extra

Salz und frisch gemahlener schwarzer Pfeffer

1 EL gehackte glatte Petersilie

1 Den Ofen auf 220 °C vorheizen. Die Rotbarben von innen und außen salzen und pfeffern. In jede Bauchhöhle 2 Thymianzweige stecken.

2 Vier 30 cm große Quadrate Alufolie mit etwas Olivenöl bestreichen und die Rotbarben diagonal in die Mitte legen. Die Folienränder über dem Fisch zusammenschlagen, die Enden fest ineinander falten, oben aber noch offen lassen.

3 Den Wein mit 50 ml Wasser verrühren. In jedes Paket 2 Esslöffel davon sowie 2 Esslöffel Olivenöl und 2 Teelöffel Zitronensaft träufeln, die restlichen Thymianzweige hineinlegen und nochmals salzen und pfeffern. Die Pakete sorgfältig verschließen und auf ein großes Backblech legen. Im Ofen 10 Minuten backen.

4 Inzwischen für den Salat die Tomaten, Chili, den Knoblauch und die Oliven auf 4 kleine Teller verteilen und mit dem Olivenöl beträufeln. Salzen, pfeffern und mit der Petersilie bestreuen.

5 Die verschlossenen Fischpakete auf 4 vorgewärmte Teller legen und erst bei Tisch öffnen, um den Thymianduft genießen zu können. Mit in Olivenöl ausgebackenen Pommes frites und dem Salatteller servieren. So kann jeder sein Paket selbst öffnen.

ROTBARBE

8

Rotbarbe in Alufolie mit Thymian

Gegrillte Rotbarbe mit *Sauce vierge* und Fenchel

FÜR 4 PERSONEN

4 Rotbarben (je 175 g), küchenfertig
  (siehe Seite 14)
Etwas zerlassene Butter zum Bestreichen
Salz und frisch gemahlener schwarzer Pfeffer
4 kleine getrocknete Fenchelkapseln oder
  1 kleine Prise Fenchelsamen
Einfaches Olivenöl für das Blech

FÜR DIE SAUCE VIERGE

4 EL natives Olivenöl extra
1 TL Zitronensaft
¼ TL Pernod
¼ TL dunkle Sojasauce
1 kleine Knoblauchzehe, fein gehackt
4 Kirschtomaten, enthäutet, Samen entfernt und das
  Fruchtfleisch in kleine Würfel geschnitten
Grobes Meersalz
Grob zerstoßener schwarzer Pfeffer
10 ganze Estragonblätter

1 Die Rotbarben von beiden Seiten mit der zerlassenen Butter bestreichen und von innen und außen mit Salz und Pfeffer würzen.

2 Für die Sauce Olivenöl, Zitronensaft, Pernod, Sojasauce, Knoblauch und die Tomatenwürfel in einem kleinen Topf vermengen. Mit grobem Meersalz und 1 Prise Pfeffer würzen und beiseite stellen.

3 Den Grill auf hoher Stufe vorheizen. Bei getrockneten Fenchelkapseln diese mit der Samenseite nach oben auf ein Backblech legen und einige Sekunden unter den Grill schieben, bis sie zu rauchen beginnen und sich etwas dunkel verfärbt haben. 10 Samen unter die Sauce rühren, den Rest zum Garnieren beiseite stellen. Alternative: Die Fenchelsamen in einer erhitzten Pfanne einige Sekunden fettlos rösten, bis sie aromatisch zu duften beginnen. Dann unter die Sauce rühren.

4 Ein weiteres Backblech sehr großzügig mit einfachem Olivenöl bestreichen und unter dem Grill heiß werden lassen. Herausnehmen, die Rotbarben darauf legen und nur von der einen Seite 5 Minuten grillen. Kurz bevor der Fisch gar ist, die Sauce auf niedriger Stufe langsam erwärmen. Zuletzt die Estragonblätter unterrühren.

5 Die Rotbarben auf 4 vorgewärmten Tellern anrichten und mit den gerösteten Fenchelsamen (falls verwendet) garnieren. 1 Esslöffel Sauce neben die Rotbarben träufeln und mit in Olivenöl ausgebackenen Pommes frites servieren.

Gebratene Rotbarbenfilets mit Petersilie und Spaghettini

FÜR 4 PERSONEN

4 Rotbarben (je 150 g), filetiert (siehe Seite 22)
Salz
450 g Spaghettini
4 EL Olivenöl
Frisch gemahlener schwarzer Pfeffer
2 Knoblauchzehen, fein gehackt
1 mittelscharfe rote Chilischote, Samen entfernt und
  das Fruchtfleisch fein gehackt
4 Eiertomaten, enthäutet, Samen entfernt und das
  Fruchtfleisch gehackt
20 g glatte Petersilie, fein gehackt
Natives Olivenöl extra

1 Die Rotbarbenfilets quer in 2 cm breite Streifen schneiden.

2 In einem großen Topf 3½ Liter Wasser mit 2 Esslöffeln Salz zum Kochen bringen. Die Spaghettini hineingeben, wieder zum Kochen bringen und in 5 Minuten *al dente* kochen.

3 Inzwischen das Olivenöl in einer großen Bratpfanne erhitzen. Die Rotbarbenstreifen mit der Hautseite nach unten einlegen und 3 Minuten braten. Wenden und von der anderen Seite 1 weitere Minute braten. Mit Salz und Pfeffer würzen.

4 Die Spaghettini gut abtropfen lassen und in eine vorgewärmte Schüssel füllen.

5 Den Knoblauch und die Chilischote zu dem Fisch in die Pfanne geben und 30 Sekunden mitbraten. Die Tomaten untermengen und ebenfalls 30 Sekunden mitbraten.

6 Den Pfanneninhalt über die Pasta häufen, dabei auch sämtliche am Pfannenboden haftenden Reste loskratzen. 3 Esslöffel der Petersilie zugeben und alle Zutaten behutsam durchheben, sodass der Fisch leicht zerbröckelt. Mit Olivenöl beträufeln und mit der restlichen Petersilie bestreuen. Sofort servieren.

Gebratene Knurrhahnfilets in Knoblauch-Rouille-Brühe mit Kartoffeln

FÜR 4 PERSONEN

4 EL natives Olivenöl extra

4–6 Zweige Oregano, plus 1½ TL gehackter Oregano

1 kleine Knoblauchknolle, in einzelne Zehen zerlegt

50 ml trockener Weißwein

1 Stange Lauch, geputzt und in Scheiben geschnitten

550 g Kartoffeln, geschält und in dicke Scheiben geschnitten

600 ml Fischfond oder Hühnerbrühe (siehe Seite 222)

Einige Safranfäden

Salz und frisch gemahlener schwarzer Pfeffer

4 Knurrhähne (je 450 g), küchenfertig und filetiert (siehe Seite 14 und 22)

2 EL Rouille (siehe Seite 224)

1 TL Kapern in Salzlake, abgespült und abgetropft

1 In einem mittelgroßen Topf 2 Esslöffel des Olivenöls erhitzen. Die Oreganozweige und die ungeschälten Knoblauchzehen darin 2 Minuten anschwitzen, bis der Knoblauch leicht gebräunt ist. Den Topf vom Herd nehmen, etwas abkühlen lassen und den Wein zugeben. Den Topf wieder auf den Herd stellen und den Wein auf großer Stufe fast vollständig verkochen lassen. Den Lauch hineingeben und 1 Minute unter Rühren dünsten. Die Kartoffelscheiben, den Fischfond oder die Hühnerbrühe und den Safran zufügen und mit Salz und Pfeffer würzen. Die Kartoffeln zugedeckt 15–20 Minuten kochen, bis sie weich sind.

2 Kurz vor Ende der Garzeit das restliche Olivenöl in einer großen Pfanne erhitzen. Die Knurrhahnfilets mit der Hautseite nach unten einlegen und in 2 Minuten goldbraun braten. Die Filets wenden und in 1 weiterer Minute die andere Seite ebenfalls goldbraun braten.

3 Die Rouille in einer kleinen Schüssel mit 50 ml der etwas abgekühlten Kartoffelbrühe verrühren. Die Mischung zurück zu den Kartoffeln gießen und bei mäßiger Hitze langsam erwärmen. Nicht aufkochen, da die Rouille sonst ausflockt. Die Kartoffeln mit ihrer Brühe in 4 vorgewärmte Suppenteller verteilen und die Knurrhahnfilets hineinlegen. Mit den Kapern und dem gehackten Organo bestreuen und servieren.

Pochierte Knurrhahnklößchen mit Garnelensauce

(siehe Anleitung 36, Seite 58)

FÜR 4 PERSONEN

25 g Butter, 150 ml Milch

50 g frische Weißbrotbrösel

350 g Knurrhahnfilet, enthäutet (siehe Seite 32)

1 Prise frisch geriebene Muskatnuss

2 EL Zitronensaft, 1 Ei

Salz und frisch gemahlener weißer Pfeffer

120 ml Sahne

FÜR DIE GARNELENSAUCE

1 Rezeptmenge reduzierter Krustentierfond (siehe Seite 222), aus Garnelenschalen zubereitet

85 ml Sahne

1 TL Mehlbutter (siehe Seite 227)

1 Eigelb

1 Die Butter zerlassen und mit der Milch und den Weißbrotbröseln grob vermengen. Zugedeckt 30 Minuten kalt stellen. Auch alle anderen Zutaten für die Klößchen müssen gut gekühlt sein.

2 Die Knurrhahnfilets in kleine Stücke schneiden und mit der Bröselmasse, Muskatnuss, Zitronensaft, Ei, Salz und Pfeffer in die Küchenmaschine oder einen Mixer füllen und in 1 Minute zu einer sehr feinen, glatten Farce verarbeiten.

3 Die Farce in eine Schüssel geben und auf eine mit Eis gefüllte Schüssel stellen. Nach und nach die Sahne unterrühren, dabei nach jeder Portion kräftig schlagen, sodass die Masse luftig und dick wird. Bedeckt 30 Minuten durchkühlen lassen.

4 Für die Sauce den reduzierten Fond in einem kleinen Topf erhitzen. Die Hälfte der Sahne zugießen und bei mäßiger Hitze die Mehlbutter unterschlagen, bis die Sauce glatt ist und bindet.

5 In einem großen, flachen Topf leicht gesalzenes Wasser zum Kochen bringen. Die Hitze herunterstellen. Aus der Fischfarce Klößchen abstechen (siehe Seite 59), in das heiße Wasser gleiten lassen und 3–4 Minuten pochieren, nach der Hälfte der Garzeit wenden. Mit einem Schaumlöffel auf ein sauberes Küchentuch heben und kurz abtropfen lassen. In 4 einzelne Gratinförmchen verteilen oder in eine große Auflaufform setzen. Den Grill auf hoher Stufe vorheizen.

6 Das Eigelb mit der restlichen Sahne verschlagen und unter die Sauce rühren. Auf niedriger Stufe unter Rühren langsam erhitzen, bis sie dick wird. Nicht aufkochen. Die Sauce gleichmäßig über die Fischklößchen gießen und unter dem Grill in etwa 1 Minute goldbraun überbacken. Sofort servieren.

Gebratener Knurrhahn mit Salbei-Knoblauch-Butter

(siehe Anleitung 15, Seite 32)

FÜR 4 PERSONEN

**4 Knurrhähne (je 350–450 g), im Ganzen enthäutet
(siehe Seite 32)**

Salz und frisch gemahlener schwarzer Pfeffer

4 TL Sonnenblumenöl

75 g Butter

2 Knoblauchzehen, fein gehackt

2 EL kleine Salbeiblätter

2 EL Zitronensaft

1 Die Knurrhähne von beiden Seiten gleichmäßig mit etwas Salz und Pfeffer würzen.

2 In einer großen Bratpfanne das Öl erhitzen. Die Knurrhähne einlegen, 15 g der Butter zugeben und bei mittlerer Hitze von jeder Seite in etwa 4 Minuten goldbraun braten. Die Knurrhähne auf 4 vorgewärmten Tellern anrichten und warm stellen.

3 Das Bratfett weggießen und die Pfanne mit Küchenpapier auswischen. Die restliche Butter hineingeben und, sobald sie zu zerlaufen beginnt, den Knoblauch und die ganzen Salbeiblätter zugeben. Auf den Herd stellen und die Butter behutsam aufschäumen lassen. Rasch den Zitronensaft zugießen, salzen und pfeffern und die Sauce sofort über den angerichteten Fisch schöpfen. Dabei die Knoblauchstücke und Salbeiblätter gleichmäßig verteilen. Sofort servieren.

Gebratener Knurrhahn mit Salbei-Knoblauch-Butter

Rezepte
Kapitel 9

Plattfische

Gedämpfter Glattbutt mit pochierten Austern

FÜR 4 PERSONEN

300 ml Fischfond (siehe Seite 222)

50 g Butter

1 Schalotte, fein gehackt

50 ml trockener Weißwein

16 Austern

4 Glattbuttfilets (je 225 g, siehe Seite 25)

Salz und frisch gemahlener schwarzer Pfeffer

2 EL Sahne

1 EL Schnittlauchröllchen

1 Den Fischfond in einem kleinen Topf rasch einkochen lassen, bis noch rund 120 ml Flüssigkeit übrig sind.

2 In einem mittelgroßen Topf ein Stück Butter zerlassen; die restliche Butter in kleine Stücke schneiden und für die Zubereitung der Sauce beiseite stellen. Die Schalotte in der zerlassenen Butter in 5 Minuten glasig schwitzen. Den Wein zugießen und einkochen lassen, bis noch etwa 2 Esslöffel Flüssigkeit übrig sind. Den reduzierten Fischfond zugießen und warm stellen.

3 Die Austern nach der Anleitung auf Seite 91 öffnen. Das Fleisch herauslösen, den Saft aufbewahren und 4 gewölbte Schalenhälften zum Servieren säubern.

4 Die Glattbuttfilets auf beiden Seiten salzen und pfeffern und auf einen hitzebeständigen Teller legen. In einen großen Topf einen geeigneten Untersatz oder einen umgedrehten Teller einsetzen und 2½ cm hoch Wasser einfüllen. Zum Kochen bringen, den Teller mit den Glattbuttfilets auf den Untersatz stellen und den Fisch zugedeckt 4 Minuten dämpfen. Herausheben und die Flüssigkeit, die sich auf dem Teller gesammelt hat, in die Sauce gießen. Den Fisch abgedeckt warm stellen.

5 Die Sauce zum Köcheln bringen, die ausgelösten Austern samt ihrem Saft hineingeben und 2 Minuten pochieren. Das Austernfleisch mit einem Schaumlöffel herausheben, mit auf den Fischteller legen und warm stellen.

6 Die Sahne in die Sauce einrühren und 3 Minuten kräftig kochen lassen. Die restliche Butter stückchenweise unterschlagen, bis die Sauce emulgiert ist. Die Schnittlauchröllchen einrühren und, falls nötig, mit Salz und schwarzem Pfeffer nachwürzen.

7 Zum Servieren die Glattbuttfilets mit der Hautseite nach unten auf 4 vorgewärmten Tellern anrichten. Jeweils eine Austernschale daneben setzen und mit einer pochierten Auster füllen. Die restlichen Austern auf und um den Fisch herum verteilen. Mit der Sauce überziehen und sofort servieren.

ALTERNATIVE FISCHE

Für dieses Gericht sind nur wenige Fischarten geeignet, darunter Steinbutt, Rotzunge oder Petersfisch.

Geschmorter Glattbutt mit glasierten Schalotten und Pilzen

FÜR 4 PERSONEN

15 g getrocknete Steinpilze

90 g Butter

12 kleine Schalotten

$\frac{1}{2}$ TL Zucker

8 Knoblauchzehen

900 ml Hühnerbrühe (siehe Seite 222)

1 dicke Scheibe Kochschinken, in kleine Würfel geschnitten

Salz und frisch gemahlener schwarzer Pfeffer

1 Möhre, gehackt

1 Stange Lauch, geputzt und gehackt

1 Stange Bleichsellerie, gehackt

$\frac{1}{2}$ mittelgroße Zwiebel, gehackt

2 TL Balsamico-Essig

2 Zweige Thymian

50 ml Rotwein

4 Glattbuttfilets mit Haut

100 g gemischte Waldpilze, geputzt und in Scheiben geschnitten

1 Die getrockneten Steinpilze in 150 ml warmem Wasser 30 Minuten einweichen.

2 In einem flachen, großen Topf, in dem sämtliche Glattbuttfilets nebeneinander Platz haben, 25 g der Butter zerlassen. Die Schalotten, den Zucker und den Knoblauch hineingeben und leicht bräunen. So viel Hühnerbrühe zugießen, dass der Topfinhalt gerade bedeckt ist. Die Schinkenwürfel, $\frac{1}{4}$ Teelöffel Salz und etwas Pfeffer zufügen und sanft garen, bis die Schalotten und der Knoblauch weich sind. Die Hitze auf große Stufe stellen und die Brühe rasch zu einem dickflüssigen Sirup einkochen; dabei den Topf immer wieder rütteln, damit die Zwiebeln

und der Knoblauch gleichmäßig glasiert werden. Zwiebeln und Knoblauch auf einen Teller heben und warm stellen. Den Topf ungesäubert beiseite stellen.

3 In einem mittelgroßen Topf weitere 25 g Butter zerlassen. Die Möhre, den Lauch, Sellerie und die Zwiebel darin goldbraun anbraten. Mit der verbliebenen Hühnerbrühe auffüllen, den Balsamico-Essig, 1 Zweig Thymian, den Rotwein und das abgesiebte Einweichwasser der Steinpilze zugeben und 20–30 Minuten köcheln lassen. Die Brühe durch ein feinmaschiges Sieb passieren, das Gemüse wegwerfen.

4 In einer Bratpfanne ein kleines Stück Butter zerlassen. Die Glattbuttfilets mit der Hautseite nach unten einlegen und 1 Minute anbraten, bis sie leicht gebräunt sind. Mit Salz und Pfeffer würzen und nebeneinander in den Topf legen, in dem die Schalotten glasiert wurden. Mit der passierten Brühe übergießen, den zweiten Thymianzweig einlegen und den Fisch zugedeckt 5 Minuten schmoren.

5 Inzwischen weitere 15 g Butter in einer Pfanne zerlassen. Die eingeweichten Steinpilze und gemischten Waldpilze darin bei großer Hitze 2–3 Minuten rasch braten. Etwas salzen und pfeffern.

6 Die Glattbuttfilets aus dem Topf nehmen und warm stellen. Die verbliebene Flüssigkeit einkochen lassen, damit sich das Aroma konzentriert. Die restliche Butter kräftig einrühren und die Pilze untermengen.

7 Die Glattbuttfilets auf 4 vorgewärmten Tellern anrichten. Die glasierten Schalotten und den Knoblauch daneben legen, mit der Sauce übergießen und servieren.

Gegrillte Scholle mit gerösteter Paprikaschote

(siehe Anleitung 7, Seite 24)

FÜR 4 PERSONEN

4 Schollen (je 450 g)
1 geröstete rote Paprikaschote (siehe Seite 227)
¹/₂ mittelscharfe rote Chilischote, Samen entfernt und
    das Fruchtfleisch fein gehackt
50 ml natives Olivenöl extra
1 große Knoblauchzehe, fein gehackt
1 TL gehackter Oregano
2 TL Zitronensaft
Salz und frisch gemahlener schwarzer Pfeffer

1 Die Flossen und den Flossensaum der Schollen abschneiden, wie auf Seite 24 beschrieben. Die Fische mit der dunklen Hautseite nach oben auf ein Brett legen. Mit einem Messer am Rückgrat entlang vom Kopf bis zum Schwanz einen tiefen Schnitt anbringen. Dann schräg zur Seite weitere kleine Einschnitte anbringen, sodass ein Muster wie die Rippen eines Blattes entsteht. Die Schollen wenden und den Vorgang auf der anderen Seite wiederholen.

2 Die geröstete rote Paprikaschote von Samen und Haut befreien und das Fruchtfleisch sehr fein hacken. Mit der Chilischote, dem Öl, Knoblauch, Oregano, Zitronensaft, 1 Teelöffel Salz und etwas Pfeffer zu einer Marinade verrühren.

3 Eine Stunde vor dem Garen die Schollen in ein flaches Gefäß legen und mit der Marinade übergießen. Darauf achten, dass die Marinade auch in die Einschnitte eindringt. Beiseite stellen.

4 Den Grill auf hoher Stufe vorheizen. Die Fische mit der dunklen Seite auf Backbleche legen und je nach Größe des Grills 1 oder 2 Schollen 7–8 Minuten grillen, bis das Fleisch an der dicksten Stelle (direkt hinter dem Kopf) fest und weiß ist. 4 Minuten vor Ende der Garzeit die restliche Marinade über die Fische löffeln. Die gegrillten Schollen warm halten, während Sie die restlichen Fische fertig stellen. Mit Pommes frites und jungem Blattsalat servieren.

Gegrillte Schollenfilets mit Lauch und Beaujolais-Buttersauce

FÜR 4 PERSONEN ALS VORSPEISE

1 Stange Lauch (100 g), geputzt
Salz
100 g Butter
1 Scheibe geräucherter Rückenspeck, in Streifen
    geschnitten
1 TL gehackte Minze
Frisch gemahlener weißer Pfeffer
175 ml Beaujolais
50 ml Portwein
300 ml Fischfond (siehe Seite 222)
¹/₄ TL extrafeiner Zucker
4 Schollenfilets (je 75 g), enthäutet
Einige Minzezweige zum Garnieren

1 Den Lauch der Länge nach je nach Größe halbieren oder vierteln. Dann quer in etwa 1 cm große Stücke schneiden. Einen kleinen Topf mit Salzwasser zum Kochen bringen und den Lauch einige Minuten blanchieren, bis er weich, aber noch bissfest ist. Gut abtropfen lassen.

2 In einer kleinen Pfanne 15 g der Butter zerlassen, den Speck und Lauch darin sanft dürsten, bis sämtliche austretende Flüssigkeit verdampft ist. Die Minze zugeben, mit Salz und Pfeffer würzen und warm stellen.

3 Den Grill auf hoher Stufe vorheizen. In einem großen Topf den Beaujolais, Portwein, Fischfond und Zucker zum Kochen bringen und rasch um drei Viertel der Menge einkochen lassen.

4 Weitere 15 g der Butter zerlassen und die Schollenfilets von beiden Seiten damit bestreichen. Mit Salz und Pfeffer würzen, auf ein leicht mit Öl bestrichenes Backblech oder auf den eingeölten Grillrost legen und 2 Minuten grillen.

5 Die restliche Butter würfeln. Die reduzierte Wein-Fischfond-Mischung wieder zum Kochen bringen und stückchenweise die Butter unterschlagen. Falls nötig, nochmals nachwürzen.

6 Den Lauch und Speck auf 4 vorgewärmte Teller verteilen. Die Schollenfilets darauf anrichten und mit der Sauce umgießen. Mit den Minzezweigen garnieren und servieren.

9

Flunder im Backteig mit pikanten Frühlingszwiebeln

FÜR 4 PERSONEN

Sonnenblumenöl zum Ausbacken

750 g fleischige Flunderfilets, enthäutet (siehe Seite 25)

Salz

1 kleines Bund Koriandergrün zum Garnieren

Limettenspalten zum Servieren

FÜR DIE PIKANTEN FRÜHLINGSZWIEBELN

Sonnenblumenöl zum Braten

1 kleine Zwiebel, fein gehackt

2 Knoblauchzehen, fein gehackt

1 mittelscharfe rote Chilischote, in feine Ringe geschnitten

2 Frühlingszwiebeln, in dünne Scheiben geschnitten

1 TL grobes Meersalz

½ TL Szechuanpfefferkörner, zerstoßen

FÜR DEN AUSBACKTEIG

50 g Mehl, 50 g Speisestärke

1 Prise Salz

175 ml eiskaltes Mineralwasser aus einer frisch geöffneten Flasche

1 Für die Frühlingszwiebeln in eine Bratpfanne etwa 1 cm hoch Sonnenblumenöl einfüllen und heiß werden lassen. Die Zwiebel darin 3–4 Minuten anbraten, bis sie braun zu werden beginnt. Den Knoblauch 1 Minute mitbraten. Die Chilischote zugeben und weiterbraten, bis die Zwiebeln und der Knoblauch goldbraun und knusprig sind.

2 Die Mischung mit einem Schaumlöffel aus der Pfanne nehmen und auf reichlich Küchenpapier abtropfen und abkühlen lassen. In einer Schüssel mit den Frühlingszwiebeln, Salz und Szechuanpfeffer vermengen.

3 Das Frittieröl auf 190 °C erhitzen. Inzwischen die Flunderfilets von beiden Seiten salzen und quer in 2½ cm breite Streifen schneiden.

4 Für den Ausbackteig das Mehl und die Speisestärke in eine Schüssel sieben und mit dem Salz vermischen. Das eiskalte Mineralwasser nur kurz einarbeiten; der Teig sollte noch etwas klumpig sein.

5 Immer nur ein paar Flunderstreifen durch den Backteig ziehen, in das heiße Öl gleiten lassen und in 2 Minuten goldbraun ausbacken. Kurz auf Küchenpapier abtropfen lassen und heiß stellen, während Sie den restlichen Fisch zubereiten.

6 Die ausgebackenen Flunderstücke auf einer Platte aufschichten und mit den Frühlingszwiebeln bestreuen. Mit dem frischen Koriandergrün garnieren und mit den Zitronenspalten servieren.

Würzige Flunderfilets in warmen Tortillas mit Salsa

FÜR 4 PERSONEN

450 g Flunderfilets, enthäutet (siehe Seite 25)

8 EL Mayonnaise (siehe Seite 224)

8 Weizen-Tortillas

FÜR DIE MARINADE

1 TL gemahlener Kreuzkümmel

1 TL scharfes Paprikapulver

2 Knoblauchzehen, durchgepresst

2 EL Zitronensaft

Grobes Meersalz

Frisch gemahlener schwarzer Pfeffer

FÜR DIE KORIANDER-TOMATEN-SALSA

4 Strauchtomaten, Samen entfernt und das Fruchtfleisch gewürfelt

1 keine rote Zwiebel, fein gehackt

2 EL gehackte Korianderblätter

2 mittelscharfe rote Chilischoten, Samen entfernt und das Fruchtfleisch fein gehackt

1 EL Zitronensaft

½ TL Salz

1 Für die Marinade den gemahlenen Kreuzkümmel, Paprika, Knoblauch, Zitronensaft sowie etwas Salz und Pfeffer in einer flachen Schüssel verrühren. Die Flunderfilets einlegen, ein-, zweimal wenden und 20 Minuten bei Raumtemperatur marinieren lassen.

2 Den Grill auf hoher Stufe vorheizen. Die Flunderfilets aus der Marinade nehmen und auf ein leicht mit Öl bestrichenes Backblech oder auf den Grillrost legen. In einer kleinen Schüssel sämtliche Zutaten für die Salsa vermengen. Die Mayonnaise in eine weitere Schüssel füllen.

3 Die Flunderfilets nur von einer Seite 3–4 Minuten grillen. Inzwischen die Tortillas einzeln in einer heißen Pfanne etwa 15 Sekunden fettlos rösten. In ein Küchentuch einschlagen und warm stellen.

4 Den Fisch in größere Stücke zerteilen und in einer vorgewärmten Schüssel anrichten. Mit der Salsa, den Tortillas und der Mayonnaise servieren. Bei Tisch kann sich jeder seine eigene Tortilla zubereiten.

Gebackene Rotzungenstreifen mit Parmesanpanade

(siehe Anleitung 8, Seite 25)

FÜR 4 PERSONEN

450 g Rotzungenfilets, enthäutet (siehe Seite 25)
100 g frische Weißbrotbrösel
25 g Parmesan, fein gerieben
½ TL Cayennepfeffer
Sonnenblumenöl zum Frittieren
50 g Mehl
3 Eier, verschlagen
Salz
Zitronenspalten zum Garnieren

1 Die Rotzungenfilets schräg in Streifen von der Dicke eines kleinen Fingers schneiden. Die Weißbrotbrösel, den Parmesan und Cayennepfeffer vermengen und beiseite stellen.

2 Das Frittieröl auf 190 °C erhitzen; ein Backblech mit reichlich Küchenpapier auslegen.

3 Die Rotzungenstreifen nach und nach zunächst in dem Mehl wenden, dann durch das verschlagene Ei ziehen und zuletzt mit der Weißbrotbrösel-Parmesan-Mischung panieren. Darauf achten, dass die Fischstücke gleichmäßig bedeckt sind und nicht aneinander kleben.

4 Eine Hand voll Fischstreifen in das heiße Öl gleiten lassen und 1 Minute frittieren, bis sie goldgelb und knusprig sind. Mit einem Schaumlöffel zum Abtropfen auf das vorbereitete Backblech legen und mit den restlichen Fischstücken fortfahren. Vor jedem Frittiergang das Öl wieder auf die richtige Temperatur bringen.

5 Die ausgebackenen Rotzungenstreifen salzen und auf 4 vorgewärmten Tellern anrichten, mit den Zitronenspalten garnieren und servieren. Nach Belieben einen gemischten Blattsalat, mit Olivenöl und Salz und Pfeffer angemacht, dazu reichen.

Frittierte Rotzungenfilets mit Salsa-verde-Mayonnaise

FÜR 4 PERSONEN

Sonnenblumenöl zum Frittieren
1 Ciabatta-Brot mit schwarzen Oliven
12 Rotzungenfilets (je 65 g), enthäutet
**   (siehe Seite 25)**
Salz und frisch gemahlener schwarzer Pfeffer
50 g Mehl
2 große Eier, verschlagen
Zitronenspalten zum Servieren

FÜR DIE SALSA-VERDE-MAYONNAISE

3 gehäufte EL Petersilienblätter
1 gehäufter EL Minzeblätter
3 EL Kapern, abgespült und abgetropft
6 Sardellenfilets in Öl, abgetropft
1 Knoblauchzehe
6 EL Mayonnaise (siehe Seite 224),
**   auf Olivenölbasis**
1 TL Dijon-Senf
1 EL Zitronensaft
½ TL Salz

1 Für die Salsa-verde-Mayonnaise die Petersilie, Minze, Kapern, Sardellen und den Knoblauch zusammen grob hacken und mit der Mayonnaise, dem Senf, Zitronensaft und Salz verrühren.

2 Das Frittieröl auf 190 °C erhitzen. Das Ciabatta in der Küchenmaschine zu feinen Bröseln zermahlen. Die Rotzungenfilets etwas salzen und pfeffern, in dem Mehl wenden, dann durch das verschlagene Ei ziehen und schließlich mit den Ciabatta-Bröseln panieren.

3 Jeweils 2 Filets in das heiße Öl gleiten lassen und in etwa 2 Minuten goldbraun und knusprig frittieren. Auf Küchenpapier abtropfen lassen und warm stellen, während Sie die restlichen Filets frittieren. Mit der Salsa-verde-Mayonnaise und einigen Zitronenspalten sofort servieren.

ALTERNATIVE FISCHE

Filets von Flunder, Kabeljau, Schellfisch oder australischem Flathead.

Seezunge »Veronique«

FÜR 4 PERSONEN

8 Seezungenfilets (je 75 g), enthäutet (siehe Seite 25)
Salz und frisch gemahlener weißer Pfeffer
Etwas Butter zum Bestreichen
600 ml Fischfond (siehe Seite 222)
75 ml trockener Wermut, z. B. Noilly Prat
300 ml Sahne
Zitronensaft
25–30 kernlose grüne Weintrauben, halbiert

1 Den Ofen auf 180 °C vorheizen. Die Seezungenfilets von beiden
Seiten leicht salzen und pfeffern und mit der enthäuteten Seite nach
innen in der Mitte zusammenfalten. Nebeneinander in eine gebutterte
flache Auflaufform legen und mit dem Fischfond übergießen. Mit Alufolie bedecken und im Ofen 20 Minuten garen.

2 Die Seezungenfilets auf einer vorgewärmten Servierplatte anrichten.
Mit der Alufolie bedecken und warm stellen. Die Garflüssigkeit mit dem
Wermut in eine Sauteuse gießen und bei großer Hitze einkochen, bis
noch etwa 6 Esslöffel Flüssigkeit übrig sind. Die Sahne und einen Spritzer Zitronensaft zugeben und weiter auf die gewünschte Konsistenz
eindicken lassen. Abschmecken.

3 Die Weintrauben einrühren und sanft erhitzen. Über die Seezungenfilets schöpfen und sofort servieren.

Seezunge Müllerinart
(*à la meunière*) (siehe Anleitung 3, Seite 18)

FÜR 2 PERSONEN

25 g Mehl
Salz und frisch gemahlener weißer Pfeffer
2 Seezungen (je 400–450 g), küchenfertig und
**   enthäutet (siehe Seite 18)**
2 EL Sonnenblumenöl
50 g gesalzene Butter
2 TL Zitronensaft
1 EL gehackte Petersilie
1 Zitrone, in 6 Spalten geschnitten, zum Servieren

1 Das Mehl mit ½ Teelöffel Salz und 10 Umdrehungen aus der Pfeffermühle würzen. Die Seezungen von beiden Seiten in dem Mehl wenden;
überschüssiges Mehl abklopfen.

Seezunge Müllerinart

2 In einer großen, gut eingebrannten oder beschichteten Bratpfanne
die Hälfte des Öls erhitzen. Eine Seezunge einlegen, die Hitze etwas herunterstellen und 10 g Butter zufügen. Bei mittlerer Hitze 4–5 Minuten
braten, ohne den Fisch zu bewegen, bis er eine kräftige goldbraune
Farbe angenommen hat.

3 Die Seezunge vorsichtig wenden und von der anderen Seite ebenfalls
in 4–5 Minuten goldbraun braten. Auf einen Teller heben und warm stellen. Die zweite Seezunge auf gleiche Weise braten. Zum Servieren können Sie die Filets nach Belieben auslösen, wie auf Seite 19 beschrieben.

4 Das Bratfett weggießen und die Pfanne mit Küchenpapier auswischen. Die restliche Butter darin bei mäßiger Hitze zerlassen. Sobald sie
ein nussiges Aroma verströmt und braun wird, den Zitronensaft und die
Petersilie einrühren und mit Salz und Pfeffer würzen. Über jede Seezunge etwas braune Butter (*beurre noisette*) ziehen, mit Zitronenspalten
garnieren und sofort servieren.

Gebratene Steinbutt-Tranchen mit *Sauce vierge* (siehe Anleitung 9, Seite 26)

FÜR 4 PERSONEN

85 ml natives Olivenöl extra, plus Öl zum Bestreichen

1 TL gehackter Rosmarin

1 TL gehackter Thymian

1 Lorbeerblatt, sehr fein gehackt

½ TL zerstoßene Fenchelsamen

1 TL grob zerstoßene schwarze Pfefferkörner

Grobes Meersalz

4 Steinbutt-Tranchen (je 175–225 g, siehe Seite 26)

FÜR DIE SAUCE VIERGE

85 ml natives Olivenöl extra

2 EL Zitronensaft

1 Eiertomate, Samen entfernt, fein gewürfelt

8 schwarze Oliven, entsteint, in feine Streifen geschnitten

2 kleine Sardellenfilets in Öl, abgetropft und gewürfelt

1 Knoblauchzehe, fein gehackt

1 gehäufter TL grob gehackte Petersilie

Salz und grob gemahlener schwarzer Pfeffer

1 Den Ofen auf 230 °C vorheizen. In einer ausreichend großen Form das Olivenöl, die Kräuter, Fenchelsamen, Pfefferkörner sowie 1 Teelöffel Salz vermengen. Die Steinbutt-Tranchen darin wenden, sodass sie von allen Seiten gleichmäßig bedeckt sind.

2 Für die Sauce sämtliche Zutaten bis auf die Petersilie, Salz und Pfeffer in einem kleinen Topf vermengen und zum Erwärmen bereit stellen.

3 Eine ofenfeste Bratpfanne mit schwerem Boden sehr heiß werden lassen. Die Steinbutt-Tranchen mit der dunklen Seite nach unten einlegen und etwa 1 Minute anbraten, bis die Haut eine kräftige goldbraune Farbe angenommen hat. Den Fisch wenden, in den Ofen schieben und in 8–10 Minuten fertig braten. Kurz vor Ende der Garzeit die Sauce bei niedriger Hitze erwärmen.

4 Den Fisch in der Mitte von 4 vorgewärmten Tellern anrichten. Die Petersilie unter die Sauce rühren, mit Salz und Pfeffer abschmecken und um den Fisch herum verteilen. Die Oberseite der Steinbutt-Tranchen mit etwas Olivenöl bestreichen, mit Meersalz bestreuen und servieren.

ALTERNATIVE FISCHE

Dicke Filets vom Glattbutt, Petersfisch oder Wolfsbarsch; oder Filets mit blättriger Struktur wie Kabeljau, Schellfisch oder Hecht.

Myrtle Allens Steinbutt

(siehe Anleitung 23, Seite 42)

FÜR 4 PERSONEN

1 Steinbutt (1,5 kg)

75 g Butter

Je 1 kleines Bund Thymian, Petersilie und Schnittlauch, die Hälfte fein gehackt

Salz und frisch gemahlener schwarzer Pfeffer

1 Den Ofen auf 200 °C vorheizen. Den Steinbutt auf der dunklen Seite direkt am Flossensaum mit einem scharfen Messer rundherum einschneiden. Die obere Seite mit etwas Salz und Pfeffer würzen.

2 In eine ausreichend große, rechteckige Bratenpfanne 600 ml Wasser einfüllen. Den Steinbutt einlegen und im Ofen 30 Minuten dünsten. Die Butter in einem kleinen Topf zerlassen, die gehackten Kräuter einrühren und beiseite stellen.

3 Den Steinbutt aus dem Ofen nehmen und vorsichtig die dunkle Haut abziehen. Auf eine vorgewärmte Platte heben. Die Garflüssigkeit bis auf einige Esslöffel einkochen und unter die Kräuterbutter rühren.

4 Die Sauce über das weiße Steinbuttfleisch ziehen. Die restlichen Kräuter zu einem Sträußchen binden und neben den Kopf des Fisches legen. Mit gekochten neuen Kartoffeln servieren.

Gebratene Steinbutt-Tranchen mit Sauce vierge

Steinbuttfilet mit Champignons, Kartoffelstäbchen und Trüffelöl

FÜR 4 PERSONEN

600 ml Hühnerbrühe (siehe Seite 222)

175 g fest kochende Kartoffeln

100 g Butter

1 dünne Scheibe gekochter Schinken (etwa 25 g), in sehr feine Würfel geschnitten

25 g Schalotten, fein gehackt

85 ml trockener Wermut, z. B. Noilly Prat

100 g Champignons, in dünne Scheiben geschnitten

2 TL Zitronensaft

1 EL Trüffelöl

Salz und frisch gemahlener schwarzer Pfeffer

750 g Steinbuttfilet mit Haut, in 8 Stücke geschnitten

1 EL gehackte Petersilie

1 Die Hühnerbrühe in einem weiten Topf rasch auf die Hälfte einkochen lassen.

2 Die Kartoffeln schälen, in möglichst dünne Scheiben und dann quer in streichholzdicke Stäbchen schneiden.

3 In einer großen Bratpfanne, in der alle Fischstücke nebeneinander Platz haben, die Hälfte der Butter zerlassen. Die Kartoffeln, Schinken- und Schalottenwürfel darin 4–5 Minuten sanft anschwitzen.

4 Den Wermut und die Hühnerbrühe zugießen und 8–10 Minuten köcheln lassen, bis die Kartoffeln fast gar sind. Bis hierhin lässt sich dieses Gericht einige Zeit im Voraus zubereiten.

5 Die Champignons, den Zitronensaft, das Trüffelöl, Salz und Pfeffer unter die Kartoffelmischung rühren. Die Steinbuttstücke mit der dunklen Seite nach oben darauf setzen und den Fisch zugedeckt etwa 6 Minuten garen.

6 Die Steinbuttstücke auf einem Teller warm stellen. Die restliche Butter in die Pfanne geben und die Sauce bei großer Hitze 10 Minuten kochen lassen, bis sie dick ist und die Kartoffeln fast zu zerfallen beginnen.

7 Zum Servieren die Haut der Steinbuttstücke abziehen und den Fisch auf 4 vorgewärmten Tellern anrichten. Die Petersilie unter die Sauce rühren und über dem Fisch verteilen.

In Olivenöl pochierter Heilbutt mit Dillgurken

In Olivenöl pochierter Heilbutt mit Dillgurken

(siehe Anleitung 22, Seite 41)

FÜR 4 PERSONEN

600 ml einfaches Olivenöl

4 dicke Stücke Heilbuttfilet (je 175 g), enthäutet

Meersalz

1 EL natives Olivenöl extra

1 große Salatgurke, geschält und in dünne Scheiben geschnitten

1 EL gehackter Dill, plus Zweige zum Garnieren

2 TL Weißweinessig

1 In einem Topf, in dem alle Heilbuttstücke nebeneinander Platz haben, den Boden mit Olivenöl bedecken. Den Fisch von beiden Seiten leicht salzen, in den Topf einlegen und mit dem restlichen Olivenöl eben bedecken. Das Öl ganz langsam auf 55–60 °C erhitzen, dabei hin und wieder mit einem Pfannenwender bewegen, damit es gleichmäßig warm wird. Es hat die richtige Temperatur, wenn es sich am kleinen Finger unangenehm heiß anfühlt.

2 Den Topf an den warmen Herdrand ziehen und den Fisch 15 Minuten in dem Öl pochieren. Die Temperatur des Öls sollte konstant zwischen 55–60 °C liegen. Nötigenfalls den Topf zwischendurch immer wieder auf die nicht zu heiße Herdplatte schieben.

3 Kurz bevor der Fisch gar ist, das native Olivenöl in einer großen Bratpfanne erhitzen. Die Gurkenscheiben bei mittlerer Hitze 1 Minute durchschwenken. Den Dill, Essig und ein wenig Salz einrühren.

4 Zum Servieren die Dillgurken auf 4 Teller verteilen. Die Heilbuttfilets vorsichtig aus dem Öl heben, kurz abtropfen lassen und auf den Gurken anrichten. Das Öl in eine Kanne abgießen, bis nur noch der Fischsaft übrig ist, der sich am Pfannenboden abgesetzt hat. Den Saft auf den Tellerrand träufeln. Den Fisch mit einigen Körnern Meersalz bestreuen, mit einem Zweig Dill garnieren und mit gekochten neuen Kartoffeln servieren.

Rezepte
Kapitel 10

Krustentiere

Gedämpfte Krabbe mit Zitronengras-Dressing

(siehe Anleitung 56, Seite 84)

FÜR 4 PERSONEN

**8–12 Asiatische Schwimmkrabben oder
2 Taschenkrebse (je 900 g),
lebend oder gekocht**

FÜR DAS ZITRONENGRAS-DRESSING

**1 Stängel Zitronengras, äußere Blätter entfernt und
das Innere fein gehackt**

Fein abgeriebene Schale und Saft von 1 Limette

2 EL Thai-Fischsauce (nam pla)

150 ml Wasser

**1 grüne Chilischote, Samen entfernt und das
Fruchtfleisch fein gehackt**

½ TL extrafeiner Zucker

1 EL grob gehackte Korianderblätter

1 Die Krabben vorbereiten, wie auf den Seiten 80 und 84 beschrieben. Sämtliche Zutaten für das Zitronengras-Dressing vermengen und beiseite stellen.

2 In einen breiten, flachen Topf etwa 2½ cm hoch Wasser einfüllen und zum Kochen bringen. Einen Dämpfeinsatz verwenden oder einen anderen geeigneten Untersatz, auf den sich ein Teller setzen lässt (z. B. einige Teigausstecher oder einen umgedrehten Teller), in den Topf einsetzen. So viel Wasser zugießen, dass der Untersatz nicht ganz bedeckt ist, und zum Kochen bringen.

3 Die Krabbenstücke in den Dämpfeinsatz oder auf einen hitzebeständigen Teller legen und in den Topf einsetzen. Rohe Krabben zugedeckt 8 Minuten dämpfen, bereits gegarte Krabben in 3–4 Minuten erwärmen.

4 Die Krabbenstücke dekorativ auf einer großen, vorgewärmten Platte anrichten. Mit dem Zitronengras-Dressing überziehen und sofort servieren.

ALTERNATIVE MEERESFRÜCHTE

Gedämpfter Hummer mit diesem Dressing ist ein echtes kulinarisches Kunstwerk. Oder versuchen Sie einmal, Miesmuscheln in dem Dressing zu dämpfen. Sie werden begeistert sein.

Krabbe nach Singapurart mit Chilis

FÜR 4 PERSONEN

2 lebende oder gekochte Krabben (je 900 g)
4 EL Erdnuss- oder Sonnenblumenöl
4 dicke Knoblauchzehen, fein gehackt
2¹/₂ cm frische Ingwerwurzel, fein gehackt
4 EL Tomatenketchup
3 mittelscharfe rote Chilischoten, fein gehackt
2 EL dunkle Sojasauce
150 ml Wasser
Frisch gemahlener schwarzer Pfeffer
2 Frühlingszwiebeln, erst in 5 cm lange Stücke,
    dann längs in feine Streifen geschnitten

1 Lebende Krabben töten, wie auf Seite 80 beschrieben, und zum Pfannenrühren vorbereiten (siehe Seite 84).

Krabbe nach Singapurart mit Chilis

2 Das Öl in einem großen Wok erhitzen. Die Krabbenstücke einlegen und 3 Minuten pfannenrühren; nach 1 Minute den Knoblauch und den Ingwer zugeben.

3 Den Saft aus den Rückenpanzern der Krabben, den Ketchup, die Chilis, Sojasauce, das Wasser und einige Umdrehungen schwarzen Pfeffer einrühren. Frische Krabben zugedeckt bei mittlerer Hitze 5 Minuten garen, bereits gegarte Krabben 2–3 Minuten erwärmen.

4 Die Krabbenstücke auf eine große Servierplatte heben oder in 4 Suppenteller verteilen, mit den Frühlingszwiebelstreifen garnieren und sofort servieren.

ALTERNATIVE MEERESFRÜCHTE
Frische Riesengarnelen oder frischer Hummer.

Krabben-Tartelettes mit Greyerzer

FÜR 4 PERSONEN

1 Rezeptmenge Auslegeteig (siehe Seite 227)
1 Eiweiß
225 g frisches weißes Krabbenfleisch
50 g frisches braunes Krabbenfleisch
2 Eigelb
85 ml Sahne
1 Prise Cayennepfeffer
Salz und frisch gemahlener schwarzer Pfeffer
50 g Greyerzer, fein gerieben

1 Den Ofen auf 220 °C vorheizen. Den Teig auf einer leicht bemehlten Arbeitsfläche kurz durchkneten, bis er geschmeidig ist. Den Teig ausrollen und 4 flache Tartelettförmchen mit 11 cm Durchmesser damit auskleiden. 20 Minuten kalt stellen.

2 Die vorbereiteten Förmchen mit Pergamentpapier auslegen. Großzügig mit Bohnenkernen füllen und 15 Minuten im Ofen blind backen. Die Bohnenkerne und das Papier entfernen, die Teigböden mit etwas Eiweiß bestreichen und weitere 2 Minuten backen. Aus dem Ofen nehmen und die Temperatur auf 200 °C herunterstellen.

3 Das Krabbenfleisch mit den Eigelben, der Sahne, dem Cayennepfeffer sowie etwas Salz und Pfeffer vermengen. Die Mischung in die Förmchen füllen und mit dem geriebenen Greyerzer bestreuen. Auf der oberen Einschubleiste des Ofens in 15–20 Minuten goldgelb backen. Warm servieren.

Krabbenravioli mit warmer Petersilien-Zitronen-Butter

FÜR 4 PERSONEN

175 g frisches weißes Krabbenfleisch
1 EL zerlassene Butter
1 Prise Cayennepfeffer
Salz
1 Rezeptmenge frischer Nudelteig mit Ei
(siehe Seite 227)

FÜR DIE PETERSILIEN-ZITRONEN-BUTTER

100 g Butter
2 EL gehackte glatte Petersilie
½ TL fein abgeriebene Zitronenschale
2 TL Zitronensaft
2 Knoblauchzehen, sehr fein gehackt
Salz und frisch gemahlener schwarzer Pfeffer

1 Für die Ravioli-Füllung das Krabbenfleisch mit der zerlassenen Butter, dem Cayennepfeffer und Salz nach Geschmack vermengen.

2 Den Nudelteig in zwei Hälften teilen und eine Teighälfte in Klarsichtfolie einwickeln, damit sie nicht austrocknet. Die andere Hälfte auf einer leicht bemehlten Arbeitsfläche zu einem 38 cm großen Quadrat ausrollen. Darauf achten, dass der Teig nicht festklebt.

3 Auf einer Hälfte des Teigquadrates mit den Fingerspitzen in 3 gleich breiten Reihen Abstände von 7½ cm markieren (also 3 Reihen mit je 5 Markierungen).

4 Jeweils 1 Teelöffel der Füllung auf die Markierungen setzen und die Linien zwischen den Häufchen mit Wasser einpinseln.

5 Die andere Hälfte des Teigquadrates so überschlagen, dass die Ränder bündig abschließen. An der Falte beginnend, von der Mitte nach außen die Teigplatten mit den Fingern rund um die Füllungen fest zusammendrücken, sodass möglichst wenig Luft eingeschlossen und der Teig fest versiegelt wird.

6 Die Teigränder begradigen. Mit einem scharfen Messer die Ravioli auseinander schneiden und auf ein leicht bemehltes Blech legen. Mit der zweiten Teighälfte in gleicher Weise verfahren, sodass Sie insgesamt 30 Ravioli haben.

7 In einem großen Topf 3½ Liter Wasser mit 2 Esslöffeln Salz zum Kochen bringen. Die Ravioli einlegen und 4 Minuten kochen.

8 Für die Sauce die Butter mit der Petersilie, der Zitronenschale, dem Zitronensaft und dem Knoblauch langsam zerlassen und mit Salz und Pfeffer abschmecken.

9 Die Ravioli gut abtropfen lassen und auf 4 vorgewärmte Teller verteilen. Die warme Petersilien-Zitronen-Butter darüber löffeln und sofort servieren.

HINWEIS

Die Ravioli lassen sich auch im Voraus zubereiten: Die Nudeln in kochendem Wasser etwa 20 Sekunden blanchieren und gut abtropfen lassen. Nebeneinander auf ein Blech legen, mit Frischhaltefolie bedecken und kalt stellen.

Krabbensalat nach Art von Betsy Apple mit Kräutern und Zitronen-Vinaigrette

FÜR 4 PERSONEN

450 g frisches weißes Krabbenfleisch
2 EL in feine Streifen geschnittenes Basilikum
2 EL fein gehackte glatte Petersilie
2 EL Schnittlauchröllchen
Einige Halme Schnittlauch, möglichst mit Blüten

FÜR DIE ZITRONEN-VINAIGRETTE

1½ EL Zitronensaft
1 TL Dijon-Senf
4–5 EL natives Olivenöl extra
Salz und frisch gemahlener schwarzer Pfeffer

1 Das Krabbenfleisch von etwaigen kleinen Schalenresten befreien und in eine Salatschüssel füllen.

Krabbensalat nach Art von Betsy Apple mit Kräutern und Zitronen-Vinaigrette

2 Für die Vinaigrette den Zitronensaft mit dem Senf verrühren. Nach und nach das Olivenöl, ½ Teelöffel Salz und reichlich frisch gemahlenen schwarzen Pfeffer unterrühren.

3 Die Vinaigrette mit den gehackten Kräutern erst kurz vor dem Servieren unter das Krabbenfleisch mischen. Nochmals abschmecken und mit einigen Schnittlauchhalmen garnieren. Mit reichlich knusprigem Baguette und einem gut gekühlten Weißwein servieren.

Krabbenküchlein mit Estragon-Buttersauce

(siehe Anleitung 54, Seite 82)

FÜR 4 PERSONEN

40 g Salzcracker

450 g frisches weißes Krabbenfleisch

1 Ei

2 EL Mayonnaise (siehe Seite 224),
auf Sonnenblumenölbasis

1 EL englisches Senfpulver

1 EL Zitronensaft

1 Spritzer Worcestersauce

Salz und frisch gemahlener weißer Pfeffer

2 EL gehackte Petersilie

4 EL geklärte Butter (siehe Seite 226)

FÜR DIE ESTRAGON-BUTTERSAUCE

50 ml Weißweinessig

4 EL geklärte Butter (siehe Seite 226)

1 Eiertomate, enthäutet, Samen entfernt und
das Fruchtfleisch gewürfelt

1 TL gehackter Estragon

Salz und frisch gemahlener schwarzer Pfeffer

1 Die Cracker in eine kleine Plastiktüte füllen und mit einem Wellholz zu feinen Bröseln zerdrücken. Das Krabbenfleisch in einer Schüssel mit einem Teil der Brösel vermengen, um jegliche Feuchtigkeit zu absorbieren. Dazu wird nicht unbedingt die ganze Menge nötig sein.

2 Das Ei in eine kleine Schüssel schlagen und mit der Mayonnaise, dem Senfpulver, Zitronensaft und der Worcestersauce verrühren. Mit Salz und Pfeffer abschmecken. Die Mischung vorsichtig unter das Krabbenfleisch heben; dabei darauf achten, dass das Fleisch nicht zu sehr zerfällt. Zuletzt die gehackte Petersilie untermischen.

3 Aus der Masse Küchlein von 7–8 cm Durchmesser formen und auf eine Platte legen. Mit Frischhaltefolie bedecken und mindestens 1 Stunde im Kühlschrank durchkühlen lassen.

Krabbenküchlein mit Estragon-Buttersauce

4 Die geklärte Butter in einer großen Pfanne erhitzen. Die Krabbenküchlein (falls nötig in 2 Durchgängen) bei mittlerer Hitze von jeder Seite 2–3 Minuten braten, bis sie goldbraun und knusprig sind. Gegebenenfalls die bereits fertigen Küchlein warm stellen, während Sie die restlichen braten.

5 Inzwischen für die Sauce den Essig in einem kleinen Topf bei starker Hitze bis auf 2 Esslöffel reduzieren. Die geklärte Butter, die Tomatenwürfel und den gehackten Estragon einrühren, mit Salz und Pfeffer abschmecken und behutsam erwärmen. Die Krabbenküchlein mit der Estragon-Buttersauce servieren.

Gebratene Softshell Crabs mit Knoblauchbutter

(siehe Anleitung 55, Seite 83)

FÜR 4 PERSONEN

8–12 Softshell Crabs (in Deutschland auch Butterkrebse genannt)

100 g Mehl

Salz und frisch gemahlener schwarzer Pfeffer

1 EL Garnelen-Gewürzmischung (siehe Rezept unten)

3 EL geklärte Butter (siehe Seite 226)

100 g Butter, raumtemperiert

3 Knoblauchzehen, durchgepresst

1 EL Zitronensaft

2 EL gehackte Petersilie

FÜR DIE GARNELEN-GEWÜRZMISCHUNG

2 EL gelbe Senfsamen

1 EL schwarze Pfefferkörner

1 EL getrocknete Chiliflocken

3 getrocknete Lorbeerblätter

½ EL Selleriesamen

½ EL Koriandersamen

½ EL gemahlener Ingwer

2 Fäden Muskatblüte

4 EL Salz

1 Für die Gewürzmischung sämtlich Zutaten bis auf das Salz in der Gewürzmühle zu einem feinen Pulver zermahlen. Das Salz zugeben und weitere 2–3 Minuten mahlen.

2 Die Softshell Crabs vorbereiten, wie auf Seite 83 beschrieben. Das Mehl auf einem Teller mit dem Garnelengewürz, 1 Teelöffel Salz und etwas Pfeffer vermengen. Die Krabben mit der Mischung bestreuen; überschüssiges Mehl abklopfen.

3 In einer großen Pfanne die geklärte Butter erhitzen. Die Krabben nach und nach bei mittlerer Hitze von jeder Seite 2 Minuten braten, bis sie leicht gebräunt sind. Beim Herausnehmen die überschüssige Butter ablaufen lassen. Die Krabben auf vorgewärmten Tellern warm stellen, während Sie die restlichen Krabben fertig stellen.

4 Die restliche Butter und den zerstoßenen Knoblauch in die Pfanne geben und den Knoblauch einige Sekunden anschwitzen. Den Zitronensaft und die Petersilie einrühren und mit Salz und Pfeffer abschmecken. Die Knoblauchbutter über die Krabben löffeln und sofort servieren.

Überbackene Taschenkrebse mit Käsekruste

Überbackene Taschenkrebse mit Käsekruste

FÜR 4 PERSONEN

4 gekochte kleine Taschenkrebse

25 g Butter

Saft von ½ Zitrone

1 TL englischer Senf

2 Prisen geriebene Muskatnuss

1 große Prise Cayennepfeffer

Zitronenspalten zum Garnieren

FÜR DIE KÄSEKRUSTE

15 g frische Weißbrotbrösel

1 EL zerlassene Butter

25 g mittelalter Bergkäse, fein gerieben

1 Den Ofen auf 200 °C vorheizen. Das Krabbenfleisch aus den Panzern lösen (siehe Seite 80) und in eine Schüssel füllen, die Panzer ausspülen und beiseite legen.

2 Die Butter zerlassen und den Zitronensaft, den Senf, die abgeriebene Muskatnuss und den Cayennepfeffer einrühren. Die Mischung behutsam unter das Krabbenfleisch heben, sodass die Fleischstücke nicht zu sehr zerfallen.

3 Die Krabbenmischung zurück in die Panzer füllen, die Oberfläche etwas ebnen.

4 Für die Kruste die Weißbrotbrösel mit der zerlassenen Butter vermischen, den geriebenen Käse untermengen und die Mischung gleichmäßig über die Krabben streuen.

5 Die gefüllten Krabben auf ein Backblech setzen und im Ofen 10–12 Minuten überbacken, bis sich eine goldbraune Kruste gebildet hat und die Füllung durch und durch heiß ist. Mit den Zitronenspalten garnieren und heiß servieren.

ALTERNATIVE MEERESFRÜCHTE
Alle kleinen gekochten Krabben sind geeignet.

Pasta mit Seespinne, Petersilie und Chili

FÜR 4 PERSONEN

Salz
450 g Linguine oder Spaghetti
3 mittelgroße Strauchtomaten, enthäutet,
 Samen entfernt und das Fruchtfleisch gehackt
275 g frisches weißes Seespinnenfleisch
1 EL gehackte Petersilie
1½ EL Zitronensaft
50 ml natives Olivenöl extra
1 Prise getrocknete Chiliflocken
1 Knoblauchzehe, fein gehackt

1 In einem großen Topf kräftig gesalzenes Wasser (1 Teelöffel auf 600 ml) sprudelnd aufkochen, die Pasta hineingeben und in 8 Minuten *al dente* kochen.

2 In der Zwischenzeit in einem weiteren Topf die Tomaten, das See-spinnenfleisch, die Petersilie, den Zitronensaft, das Olivenöl, die Chili-flocken und den Knoblauch behutsam vermengen und bei niedriger Hitze langsam erwärmen.

3 Die Pasta abgießen, zurück in den Topf geben, die Sauce hinzufügen und alles kurz durchheben. Auf 4 vorgewärmte Teller verteilen und sofort servieren.

Taschenkrebs auf warmem Spargel-Queller-Salat

FÜR 4 PERSONEN ALS VORSPEISE

1 Taschenkrebs (1,25–1,5 kg), gekocht
 (siehe Seite 80)
350 g grüner Spargel
225 g Queller (Glasschmalz), verlesen und gewaschen
¼ Knoblauchzehe, fein gehackt
2 EL natives Olivenöl extra, plus Öl zum Servieren
2 TL Zitronensaft
Salz und frisch gemahlener schwarzer Pfeffer
1 EL gehackte glatte Petersilie
Grobes Meersalz
Einige Parmesanspäne zum Garnieren

1 Das Krabbenfleisch auslösen (siehe Seite 80).

2 Die holzigen Enden der Spargelstangen abschneiden und wegwerfen. Die Stangen in zwei Hälften schneiden. Die holzigen Enden des Queller abbrechen und die Stängel in etwa 2½ cm lange Stücke zerteilen.

3 Wasser in einem Topf zum Kochen bringen. Den Queller und den Spargel einlegen und 1 Minute blanchieren. Abgießen und unter fließendem Wasser kalt abschrecken, damit der Garprozess unterbrochen wird und die leuchtende Farbe des Gemüses erhalten bleibt. Gut abtropfen lassen und in eine Schüssel füllen. Den Knoblauch, das Oli-venöl und den Zitronensaft zugeben und alles behutsam durchmischen. Mit Salz und Pfeffer abschmecken.

4 Den warmen Spargel-Queller-Salat auf 4 Teller verteilen und jeweils einige Stücke weißes und etwas braunes Krabbenfleisch dekorativ darauf anrichten. Die gehackte Petersilie darüber streuen und mit etwas Olivenöl beträufeln. Einige Körner Meersalz und die Parmesan-späne darüber verteilen und servieren.

Shangurro (Gefüllter Taschenkrebs auf baskische Art)

FÜR 4 PERSONEN

**2 große, gekochte Taschenkrebse oder etwa
450 g frisches weißes und
100 g frisches braunes Krabbenfleisch**

3 EL Olivenöl

2 Zwiebeln, fein gehackt

9 kleine Knoblauchzehen, fein gehackt

**225 g Eiertomaten, enthäutet, Samen entfernt und
das Fruchtfleisch gehackt**

50 ml trockener Weißwein

1 TL extrafeiner Zucker

1/4 TL getrocknete Chiliflocken

Salz und frisch gemahlener schwarzer Pfeffer

3 EL gehackte Petersilie

50 g frische Weißbrotbrösel

15 g Butter, zerlassen

1 Den Ofen auf 200 °C vorheizen. Wenn Sie gekochte Taschenkrebse verwenden, das Fleisch aus dem Panzer lösen (siehe Seite 80). Die Rückenpanzer auswaschen und den Rand entlang der natürlichen Naht herausbrechen, sodass eine flache Öffnung entsteht. Beiseite legen.

2 In einer Pfanne mit schwerem Boden das Öl erhitzen, die Zwiebeln und bis auf 1 Zehe sämtlichen Knoblauch darin bei mäßiger Hitze in 2 Minuten glasig schwitzen.

3 Die Hitze heraufstellen, die Tomaten, den Wein, Zucker, die Chiliflocken und etwas Salz und Pfeffer zugeben und 4 Minuten köcheln lassen, bis eine dicke Sauce entstanden ist.

4 Zwei Esslöffel der Petersilie und das zerpflückte Krabbenfleisch unterrühren und die Mischung in die gesäuberten Panzer oder in kleine Gratinförmchen füllen. Die gefüllten Panzer (falls verwendet) in eine flache, ofenfeste Form setzen.

5 Die Weißbrotbrösel mit der zerlassenen Butter, der restlichen Petersilie und der Knoblauchzehe vermengen, über die Krabbenfleischmischung verteilen und im Ofen etwa 10 Minuten überbacken, bis die Oberfläche goldbraun und knusprig ist.

Gegrillter Kaisergranat mit Pernod-Olivenöl-Dressing

(siehe Anleitung 49, Seite 74)

FÜR 4 PERSONEN

**16 große oder 24 kleine Kaisergranate (Scampi),
gekocht (siehe Seite 74)**

2 kleine Schalotten, fein gehackt

1/2 EL grob gehackter Estragon

1/2 EL grob gehackte glatte Petersilie

1 TL Dijon-Senf

1 TL dunkle Sojasauce

85 ml natives Olivenöl extra

1 1/2 EL Zitronensaft

1 TL Pernod

Salz und frisch gemahlener schwarzer Pfeffer

50 g Butter, zerlassen

1 Den Grill auf hoher Stufe vorheizen. Die Kaisergranate der Länge nach halbieren. Die bräunliche Creme im Kopfteil (die Leber) und eventuell vorhandenen Rogen mit einem Teelöffel herauskratzen und in eine kleine Schüssel geben. Mit den Schalotten, dem Estragon, der Petersilie, dem Senf, der Sojasauce, dem Öl, Zitronensaft, Pernod sowie Salz und Pfeffer nach Geschmack verrühren.

2 Die halbierten Kaisergranate mit den Schnittflächen nach oben auf ein Beckblech legen und mit zerlassener Butter bestreichen. Leicht salzen und pfeffern und 1–2 Minuten unter den Grill schieben, bis das Fleisch und die Panzer durch und durch heiß sind.

3 Die Kaisergranate auf 4 Tellern anrichten und mit etwas Dressing überziehen. Das restliche Dressing in 4 kleine Schälchen verteilen und separat dazu reichen.

ALTERNATIVE MEERESFRÜCHTE
Zwei gekochte Hummer (je 450 g), halbiert.

Hummer nach Goa-Art mit Gurken-Limetten-Salat

FÜR 4 PERSONEN

2 gekochte Hummer (je 750–900 g)

1 Limette zum Garnieren

2 EL Erdnussöl

1 Zwiebel, gehackt

3 Knoblauchzehen, durchgepresst

2¹/₂ cm frische Ingwerwurzel, fein gerieben

2 grüne Chilischoten, Samen entfernt und das Fruchtfleisch gehackt

3 EL Masalapaste Goa-Art (siehe Seite 226) oder gekaufte Currypaste guter Qualität

FÜR DEN GURKEN-LIMETTEN-SALAT

1 Salatgurke

Saft von 1 Limette

Salz

1 Den Ofen auf 150 °C vorheizen. Das Hummerfleisch aus den Schalen lösen, wie auf Seite 76 beschrieben. Die leeren Schalen auf ein Backblech legen und im Ofen erwärmen.

2 Für den Salat die Gurke schälen und in dicke Scheiben schneiden. Auf einer Platte fächerförmig anrichten, mit dem Limettensaft beträufeln und etwas salzen.

3 Die Limette zum Garnieren des Hummers in Spalten schneiden und beiseite stellen.

4 Das Öl in einer großen, tiefen Pfanne erhitzen. Die Zwiebel, den Knoblauch, den Ingwer und die Chilis in etwa 5 Minuten darin glasig schwitzen. Die Masalapaste einrühren und 2–3 Minuten mitschwitzen. Das Hummerfleisch unterheben und behutsam in der Mischung erhitzen.

5 Die Mischung in die Hummerschalen füllen und mit dem Gurken-Limetten-Salat, einigen Limettenspalten und nach Belieben mit warmem Fladenbrot (*Naan*) servieren.

ALTERNATIVE MEERESFRÜCHTE

Auch Langusten, egal welcher Art und Herkunft, sind ideal für dieses Gericht geeignet.

Hummer nach Goa-Art mit Gurken-Limetten-Salat

Hummer-Pastete

FÜR 6 PERSONEN

1 gekochter Hummer (1,75 kg)

450 g Blätterteig, gekühlt

Salz und frisch gemahlener schwarzer Pfeffer

1 Ei, verschlagen

FÜR DIE MOUSSELINE

1,75 kg Wittling- oder Seelachsfilet, enthäutet

40 ml reduzierter Hummerfond

1 Ei

1 kleine Schalotte, fein gehackt

¾ TL Salz

120 ml Sahne

FÜR DIE SAUCE

65 ml reduzierter Hummerfond

150 ml Sahne

75 g kalte, Butter, in kleine Stücke geschnitten

2 TL Zitronensaft

1 Das Hummerfleisch aus den Schalen lösen (siehe Seite 76). Aus den Schalen einen reduzierten Fond herstellen, wie auf Seite 222 beschrieben. Abkühlen lassen.

2 Für die Mousseline das Fischfilet in kleine Stücke schneiden und mit dem reduzierten Fond, dem Ei, der Schalotte und dem Salz in den Mixer oder die Küchenmaschine füllen. Zu einer glatten Masse pürieren, dann bei laufendem Gerät in einem steten Strahl die Sahne zugießen. Nicht länger als 10 Sekunden pürieren, da die Mischung sonst gerinnen könnte. In eine Schüssel füllen und bedeckt mindestens 1 Stunde durchkühlen lassen.

3 Den Ofen auf 220 °C vorheizen. Den Blätterteig in zwei Hälften teilen. Die eine Teighälfte zu einem Kreis mit 25 cm, die andere zu einem Kreis mit 28 cm Durchmesser ausrollen.

4 Den kleineren Kreis auf ein leicht gefettetes Backblech legen und die Hälfte der Mousseline von der Mitte aus bis 4 cm vor den Rand verstreichen. Das Hummerfleisch darauf verteilen, mit Salz und Pfeffer würzen und die restliche Mousseline vorsichtig darüber streichen.

5 Den freien Teigrand mit etwas Wasser bepinseln und den anderen Teigkreis auflegen. Die Ränder fest zusammendrücken und mit einem dekorativen Muster versiegeln. Die Oberfläche mit dem verschlagenen Ei bestreichen. Mit der Spitze eines kleinen, scharfen Messers entweder ein Karo- oder ein von der Mitte sich ausbreitendes Wellenmuster einritzen. In der Mitte des Deckels ein Loch ausstechen und die Pastete im Ofen 25 Minuten backen.

6 Kurz vor Ende der Backzeit die Sauce zubereiten. Den reduzierten Fond und die Sahne in einem Topf zum Kochen bringen und 5 Minuten köcheln lassen. Nach und nach die kalte Butter unterschlagen und zuletzt den Zitronensaft einrühren.

7 Die Pastete aus dem Ofen nehmen und durch das Loch in der Mitte 2 Esslöffel der Sauce einfüllen. Für weitere 5 Minuten in den Ofen schieben. Auf eine vorgewärmte Platte setzen und servieren. Die Sauce separat dazu reichen.

ABWANDLUNG

Das Hummerfleisch durch 20 gekochte Miesmuscheln, 6 ausgelöste und waagerecht halbierte Jakobsmuscheln und 100 g frisches weißes Krabbenfleisch ersetzen.

ALTERNATIVE MEERESFRÜCHTE

Languste.

Gegrillter Hummer mit frischen Kräutern

(siehe Anleitung 52, Seite 79)

FÜR 4 PERSONEN

2 lebende Hummer (je 750–800 g)

15 g Butter, zerlassen

Salz und frisch gemahlener schwarzer Pfeffer

175 ml Fischfond (siehe Seite 222)

½ TL Thai-Fischsauce (nam pla)

2 EL Zitronensaft

50 g Butter, in kleine Stück geschnitten

Je 1 TL gehackte Petersilie, gehackter Kerbel, Estragon und Schnittlauchröllchen

1 Den Grill auf mittlerer Stufe vorheizen. Den Hummer zum Grillen vorbereiten, wie auf Seite 79 beschrieben.

2 Die Hummerhälften auf ein Backblech oder auf den Grillrost legen. Das Fleisch mit der zerlassenen Butter bestreichen, mit etwas Salz und Pfeffer würzen und 8–10 Minuten grillen, bis es durchgegart ist.

3 Kurz vor Ende der Garzeit den Fischfond mit der Thai-Fischsauce und dem Zitronensaft in einem kleinen Topf verrühren und 1 Minute kochen lassen. Stück für Stück die Butter unterschlagen, bis die Sauce eine sämige Emulsion gebildet hat. Die Kräuter unterrühren und abschmecken.

4 Die Hummerhälften auf 4 vorgewärmten Tellern anrichten, mit der Sauce nappieren und servieren.

Hummer mit Ingwer, Frühlingszwiebeln und Eiernudeln (siehe Anleitung 51, Seite 78)

FÜR 2–3 PERSONEN

1 lebender Hummer oder 1 Languste (750 g)

Sonnenblumenöl zum Frittieren, plus 1 EL extra

1 TL Salz, ½ TL Zucker

Je 1 EL dunkle Sojasauce und Austernsauce

1 Prise frisch gemahlener weißer Pfeffer

1 TL geröstetes Sesamöl

2 EL chinesischer Reiswein oder trockener Sherry

2 EL Speisestärke

2 Knoblauchzehen, durchgepresst

120 g frische Ingwerwurzel, geschält und fein gehobelt

90 g Frühlingszwiebeln, in 2½ cm große Stücke geschnitten

250 ml Hühnerbrühe (siehe Seite 222)

175 g frische Eiernudeln

1 Den Hummer zum Pfannenrühren vorbereiten, wie auf Seite 78 beschrieben.

2 Das Frittieröl auf 190 °C erhitzen. In einer kleinen Schüssel das Salz, den Zucker, die Soja- und Austernsauce, den Pfeffer, das Sesamöl und den Reiswein oder Sherry vermengen und beiseite stellen. Für die Nudeln einen großen Topf mit Wasser zum Kochen bringen.

3 Die Hummerstücke mit 1½ Esslöffeln der Speisestärke bestäuben und 2 Minuten in dem heißen Fett frittieren. Falls nötig, in 2–3 Durchgängen arbeiten. Die großen Scheren brauchen etwa 3 Minuten. Auf Küchenpapier abtropfen lassen.

4 In einem Wok 1 Esslöffel Sonnenblumenöl erhitzen. Den Knoblauch, Ingwer und die Frühlingszwiebeln darin einige Sekunden pfannenrühren. Die frittierten Hummerstücke und die Sojasaucen-Mischung zugeben und 1 Minute mitrühren. Die Hühnerbrühe zugießen, zugedeckt bei mittlerer Hitze 2 Minuten garen.

5 Inzwischen die Nudeln in das kochende Wasser geben, den Topf mit einem Deckel verschließen und von der Kochstelle nehmen. Die Nudeln 2 Minuten ziehen lassen und dabei gelegentlich mit einem Holzstäbchen oder einer Gabel durchmischen, damit sie nicht zusammenkleben.

6 Die restliche Speisestärke mit 2 Esslöffeln kaltem Wasser verrühren und in den Wok gießen. 1 Minute unter Rühren köcheln lassen, bis die Sauce bindet.

7 Die Nudeln abgießen und auf einer großen, ovalen Platte aufhäufen. Den Hummer und das Gemüse darauf verteilen und sofort servieren.

Hummer mit Ingwer, Frühlingszwiebeln und Eiernudeln

Offene Hummerravioli mit Tomaten-Basilikum-Sauce

FÜR 4 PERSONEN ALS VORSPEISE

Salz

½ Rezeptmenge frischer Nudelteig mit Ei
  (siehe Seite 227)

175 g gekochtes Hummerschwanzfleisch, in dünne
  Scheiben geschnitten (siehe Seite 77)

Einige Basilikumzweige zum Garnieren

FÜR DIE TOMATEN-BASILIKUM-SAUCE

2 Strauchtomaten, enthäutet, Samen entfernt und
  das Fruchtfleisch gewürfelt

6 Basilikumblätter, in feine Streifen geschnitten

50 ml natives Olivenöl extra

Salz und frisch gemahlener schwarzer Pfeffer

FÜR DIE RAHMSAUCE

150 ml Fischfond (siehe Seite 222)

2 EL Sahne

2 EL Weißwein

4 EL Mayonnaise (siehe Seite 224), auf Olivenölbasis

1 In einem großen Topf kräftig gesalzenes Wasser zum Kochen
bringen. Den Nudelteig auf einer leicht bemehlten Arbeitsfläche zu
einem 15 x 30 cm großen Rechteck ausrollen. Das Rechteck in acht
7½ cm große Quadrate schneiden.

2 Für die Tomaten-Basilikum-Sauce sämtliche Zutaten in einem kleinen
Topf vermengen und auf sehr niedriger Stufe langsam erwärmen.

3 Für die Rahmsauce den Fischfond, Sahne und Weißwein zum Kochen
bringen und auf die Hälfte einkochen lassen. Die Mayonnaise in eine
Schüssel füllen und nach und nach die reduzierte Sauce unterrühren.
Mit Salz abschmecken und warm stellen, aber nicht zu heiß werden
lassen, da die Sauce sonst gerinnt.

4 Das Hummerfleisch auf einen Teller legen und in einem Dämpftopf
2–3 Minuten erwärmen. In der Zwischenzeit die Nudelquadrate in das
kochende Wasser gleiten lassen und in 3–4 Minuten *al dente* kochen.
Abtropfen lassen und auf Frischhaltefolie auslegen.

5 Zum Servieren jeweils 1 Nudelquadrat in die Mitte von 4 vorgewärmten Tellern legen. Ein wenig Rahmsauce darauf verstreichen, zu
gleichen Teilen mit dem Hummerfleisch belegen und mit der Hälfte der
Tomaten-Basilikum-Sauce überziehen. Die verbliebenen Teigquadrate
auflegen und die restliche Rahmsauce über und neben den Ravioli verteilen. Die restliche Tomaten-Basilikum-Sauce ebenfalls verteilen, die
Ravioli mit den Basilikumzweigen garnieren und sofort servieren.

Hummer Thermidor

(siehe Anleitung 50, Seite 76)

FÜR 2 PERSONEN

1 gekochter Hummer (750 g)

15 g fein geriebener Parmesan

FÜR DIE THERMIDOR-SAUCE

25 g Butter

2 große Schalotten, fein gehackt

600 ml Fischfond (siehe Seite 222)

50 ml Noilly Prat

75 ml Sahne

½ TL englischer Senf

1 TL gehackte Kräuter (Kerbel, Estragon,
  Petersilie und Schnittlauch)

1 TL Zitronensaft

Salz und frisch gemahlener schwarzer Pfeffer

1 Das Hummerfleisch und eventuell vorhandenen Rogen (Corail)
aus den Schalen lösen, wie auf Seite 76 beschrieben. Die cremige
grünliche Hummerleber aus dem Kopfteil herauslöffeln und für die
Sauce beiseite stellen. Das Fleisch in große Stücke schneiden und mit
dem Corail zurück in die gesäuberten Schalenhälften füllen. Abgedeckt
beiseite stellen.

2 Für die Sauce die Butter in einer Sauteuse zerlassen. Die Schalotten
darin in 3–4 Minuten sanft glasig schwitzen. Den Fischfond, Noilly Prat
und die Hälfte der Sahne zugießen und um etwa drei Viertel der Menge
einkochen lassen. Es sollten rund 175 ml Sauce übrig bleiben. Die restliche Sahne einrühren und weiter einkochen lassen, bis die Sauce von
einer schönen, sämigen Konsistenz ist. Die zurückgelegte Hummerleber,
den Senf, die gehackten Kräuter und den Zitronensaft unterrühren. Mit
Salz und Pfeffer abschmecken.

3 Den Grill auf hoher Stufe vorheizen. Die Sauce vorsichtig über das
Hummerfleisch löffeln und mit dem Parmesan bestreuen. 2–3 Minuten
unter den vorgeheizten Grill schieben, bis die Oberfläche goldgelb ist
und Blasen schlägt.

Langustensalat mit Tomaten-Estragon-Kerbel-Dressing

FÜR 4 PERSONEN

1 Languste (1,75–2,3 kg)

2 EL Zitronen-Olivenöl (siehe Seite 227)

¹/₂ TL Weißweinessig

Salz und frisch gemahlener schwarzer Pfeffer

50 g gemischte Blattsalate, z. B. krause Endivie, Brunnenkresse, Eskariol und Chicorée, geputzt

FÜR DAS DRESSING

300 ml Fischfond (siehe Seite 222)

4 EL Olivenöl

1 EL geklärte Butter (siehe Seite 226)

1 Eiertomate, enthäutet, Samen entfernt und das Fruchtfleisch gewürfelt

1 kleine Knoblauchzehe, sehr fein gehackt

Je 1 TL gehackter Estragon und Kerbel

¹/₄ kleine, mittelscharfe rote Chilischote, Samen entfernt und das Fruchtfleisch sehr fein gehackt

1 EL Weißweinessig

Einige Safranfäden

¹/₂ TL fein gehackte Sardellenfilets

1 Die Languste kochen, wie auf Seite 76 für Hummer beschrieben. Inzwischen für das Dressing den Fischfond in einem Topf bei großer Hitze rasch bis auf 2 Esslöffel einkochen lassen. Von der Kochstelle nehmen.

2 Die Languste aus dem Kochwasser nehmen und zum Weiterverarbeiten etwas abkühlen lassen. Das Schwanzfleisch aus der Schale lösen, wie auf Seite 77 beschrieben. Das Fleisch quer in Scheiben schneiden und auf einem Teller warm stellen, während Sie das Fleisch aus den Beinen herauslösen.

3 Die restlichen Dressing-Zutaten mit dem reduzierten Fischfond vermischen und bei sehr niedriger Hitze langsam erwärmen, aber nicht zu heiß werden lassen. Auf gar keinen Fall aufkochen.

4 Das Zitronen-Olivenöl, den Essig, Salz und Pfeffer zu einer milden Salatsauce verrühren. Die Blattsalate in der Sauce wenden und auf 4 Teller verteilen. Das Langustenfleisch neben den Blattsalaten anrichten, mit dem warmen Dressing überziehen und sofort servieren.

Langostino-Ramequins mit Ingwer und Basilikum

FÜR 4 PERSONEN ALS VORSPEISE

60 gekochte Langostinos (etwa 2 kg) oder 175–225 g gekochtes Langostino-Fleisch

100 g Butter

¹/₂ TL fein geriebene frische Ingwerwurzel

¹/₂ TL Salz

¹/₂ TL fein abgeriebene Zitronenschale

1 EL in feine Streifen geschnittenes Basilikum

1 Wenn Sie ganze Langostinos verwenden, das Fleisch wie bei rohen Garnelen aus den Schalen lösen (siehe Seite 72). Aber Vorsicht: Die Schalen sind ziemlich scharf. Die Fleischausbeute sollte etwa 175 g betragen.

2 Die Butter in einem Topf zerlassen. Den Ingwer, das Salz, die Zitronenschale und dann das Langostinofleisch hineingeben und bei niedriger Hitze unter Rühren einige Minuten sautieren, bis sämtliche Zutaten heiß sind.

3 Den Topf von der Kochstelle nehmen und das Basilikum unterrühren. Das Langostinofleisch in vier 6 cm große Portions-Auflaufförmchen verteilen und so darin arrangieren, dass sich nach dem Stürzen eine attraktive Optik ergibt. Eventuell im Topf verbliebene Butter in die Förmchen gießen und an einem kühlen Ort (möglichst nicht im Kühlschrank – so bleibt die Konsistenz zarter und lockerer) mindestens 2 Stunden fest werden lassen.

4 Zum Herauslösen die Förmchen ganz kurz in heißes Wasser tauchen, auf 4 Teller stürzen und mit reichlich warmem Toastbrot servieren.

HINWEIS

Statt in Förmchen können Sie dieses Gericht auch wie folgt servieren: 50 g gemischte Blattsalate auf die Teller verteilen und die warme Langostinomischung dekorativ darauf anrichten, mit etwas Salz bestreuen und servieren, solange das Fleisch noch warm ist.

ALTERNATIVE MEERESFRÜCHTE

Gekochte, geschälte Garnelenschwänze oder gekochtes und in Würfel geschnittenes Hummerfleisch.

Bärenkrebs-Fenchel-Risotto mit Zitronen-Olivenöl

FÜR 4 PERSONEN

10 rohe Breitkopf-Bärenkrebsschwänze oder
  2 lebende Hummer (je 450 g)
1¼ l Hühnerbrühe (siehe Seite 222)
1 TL Fenchelsamen
2 EL Olivenöl
½ Fenchelknolle, in dünne Scheiben
  geschnitten
¼ TL getrocknete Chiliflocken
2 Schalotten, sehr fein gehackt
1 Knoblauchzehe, durchgepresst
Salz
Frisch gemahlener schwarzer Pfeffer
350 Risotto-Reis (z. B. Arborio oder Vialone)
50 g Parmesan, fein gerieben
15 g Butter
1 EL Zitronensaft
2 EL gehacktes Fenchelgrün

ZUM GARNIEREN

Einige Zweige Fenchelgrün
Gehobelter Parmesan
Zitronen-Olivenöl (siehe Seite 227)

1 Wenn Sie Breitkopf-Bärenkrebse verwenden, die Panzer entlang der Unterseite aufbrechen, das Fleisch herauslösen und quer in 2 cm dicke Scheiben schneiden. Wenn Sie Hummer verwenden, die lebenden Tiere in sprudelnd kochendem Wasser töten (siehe Seite 76) und 5 Minuten kochen. Zwar sind sie teilweise noch roh, doch lässt sich das Fleisch bereits aus den Schalen lösen. Die Hummer aus dem Wasser nehmen und etwas abkühlen lassen. Die Schalen aufbrechen, das Fleisch herauslösen, wie auf Seite 76 beschrieben, und in Stücke schneiden.

2 Die Hühnerbrühe in einem Topf aufkochen und bei mäßiger Hitze warm halten (sie wird für den Risotto gebraucht). Eine kleine Bratpfanne mit schwerem Boden sehr heiß werden lassen. Die Fenchelsamen einstreuen und einige Sekunden durchschwenken, bis sie sich dunkel verfärben und aromatisch duften. In einem Mörser oder einer Gewürzmühle fein zermahlen.

3 In einem Topf das Olivenöl erhitzen, den Fenchel und die gemahlenen Fenchelsamen, Chiliflocken, Schalotten und Knoblauch darin etwa 7 Minuten anschwitzen, bis die Schalotten weich und glasig sind. Mit Salz und Pfeffer würzen. Den Reis einstreuen und sorgfältig rühren, bis er gleichmäßig mit Öl überzogen ist. Die Hitze heraufstellen, eine

Schöpfkelle Hühnerbrühe zugießen und zum Kochen bringen. Die Hitze auf sehr niedrige Stufe herunterstellen und jeweils erst dann weitere Hühnerbrühe zugießen, wenn die Flüssigkeit im Topf fast absorbiert ist. Unter Rühren 20–25 Minuten köcheln lassen, bis der Reis fast gar ist.

4 Das Bärenkrebs- oder Hummerfleisch unter den Risotto rühren und 2–3 Minuten mitgaren.

5 Den Parmesan, die Butter und den Zitronensaft untermischen und mit Salz und Pfeffer würzen. Das Fenchelgrün unterrühren und, falls der Risotto zu feucht ist, bei großer Hitze die überschüssige Flüssigkeit verdampfen lassen.

6 Den Risotto in vorgewärmte Schalen füllen, mit den Fenchelzweigen, dem gehobelten Parmesan und einem Spritzer Zitronen-Olivenöl garnieren und servieren.

ALTERNATIVE MEERESFRÜCHTE

Bärenkrebse gehören ebenso zu den Panzerkrebsen wie Hummer, Langusten und Krebse, die daher ein geeigneter Ersatz sind. Geschälte rohe Riesengarnelen im Ganzen sind eine mögliche Alternative, Sie benötigen etwa 12–16 Stück. Sie können auch gekochtes Hummerfleisch verwenden, das Sie erst kurz vor Ende der Garzeit in dem Risotto erwärmen.

Reisnudeln mit Riesengarnelen

FÜR 2 PERSONEN

175 g Reisbandnudeln
50 ml Erdnussöl
2 Knoblauchzehen, fein gehackt
½ TL getrocknete Chiliflocken
10 rohe Riesengarnelen, geschält
  (siehe Seite 72)
2 Eier, verschlagen
2–3 EL Thai-Fischsauce (nam pla)
2–3 EL Tamarindenwasser (siehe Seite 227)
1 EL Palmzucker oder hellbrauner Rohrzucker
1 EL getrocknete Garnelen, grob gehackt
4 gehäufte EL geröstete Erdnüsse,
  grob gehackt
4 Frühlingszwiebeln, erst in 5 cm lange Stücke,
  dann längs in feine Streifen geschnitten
50 g frische Sojabohnensprossen
2 EL grob gehackte Korianderblätter

1 Die Nudeln 1 Stunde in kaltem Wasser einweichen, abtropfen lassen und beiseite stellen.

2 Das Öl in einem Wok erhitzen. Knoblauch, Chiliflocken und die Garnelen darin 2–3 Minuten pfannenrühren, bis die Garnelen fast gar sind.

3 Die Eier hinzugießen und weiterrühren, bis sie leicht zu stocken beginnen. Die Hitze herunterstellen, die Nudeln, Thai-Fischsauce, das Tamarindenwasser und den Zucker zugeben und alles noch 1 Minute rühren, bis die Nudeln weich sind.

4 Die getrockneten Garnelen, je die Hälfte der Erdnüsse, Frühlingszwiebeln und Sojabohnensprossen sowie das gesamte Koriandergrün 1 Minute unter Rühren mitgaren. Mit den restlichen Erdnüssen, Frühlingszwiebeln und Sojasprossen bestreuen und servieren.

ALTERNATIVE MEERESFRÜCHTE

In dünne Ringe geschnittener Kalmar, Jakobsmuscheln oder Miesmuscheln.

Garnelencurry

(siehe Anleitung 48, Seite 72)

FÜR 4 PERSONEN

550 g rohe Riesengarnelenschwänze, ungeschält
2 EL Kokosessig oder Weißweinessig
Salz
1 TL gemahlene Kurkuma
1 TL schwarze Pfefferkörner
1 EL Koriandersamen
1 TL Kreuzkümmel
2 EL weiße Mohnsamen oder gemahlene Mandeln
4 EL Erdnussöl
1 Zwiebel, in dünne Scheiben geschnitten
3 Knoblauchzehen, gestiftelt
2½ cm frische Ingwerwurzel, fein gehackt
400 ml Kokosmilch
4 EL Tamarindenwasser (siehe Seite 227)
150 ml Wasser
5 milde grüne Chilischoten, halbiert, Samen entfernt und das Fruchtfleisch in lange Streifen geschnitten
2 EL gehackte Korianderblätter

1 Die Garnelenschwänze schälen, das letzte Schalenglied mit dem Schwanzfächer daran belassen (siehe Seite 72). Die Garnelen mit dem Essig und ½ Teelöffel Salz vermengen und 5 Minuten marinieren lassen.

Garnelencurry

2 Inzwischen Kurkuma, Pfefferkörner, Koriander-, Kreuzkümmel- und Mohnsamen (falls verwendet) in der Gewürzmühle zu einem feinen Pulver zermahlen.

3 Das Öl in einer mittelgroßen Pfanne erhitzen. Die Zwiebel, den Knoblauch und den Ingwer darin 5 Minuten sanft anschwitzen. Die gemahlenen Gewürze einstreuen und 2 Minuten mitschwitzen. Die gemahlenen Mandeln – falls Sie keinen weißen Mohn verwenden –, die Kokosmilch, das Tamarindenwasser, das Wasser, drei Viertel der Chilistreifen und ½ Teelöffel Salz unterrühren und alles 5 Minuten köcheln lassen.

4 Die Garnelenschwänze zufügen und höchstens 3–4 Minuten garen, damit sie nicht trocken werden. Die restlichen Chilis und das Koriandergrün unterrühren und mit gedämpftem Reis servieren.

ALTERNATIVE FISCHE UND MEERESFRÜCHTE

Alle rohen Garnelensorten, aber auch Filetstreifen vom Glattbutt oder Petersfisch sind als Ersatz geeignet.

Gekochte Riesengarnelen in »Marie-Rose-Sauce« mit Avocado-Römersalat

FÜR 4 PERSONEN

350 g gekochte Riesengarnelen, geschält

FÜR DIE »MARIE-ROSE-SAUCE«

**1 Rezeptmenge Mayonnaise (siehe Seite 224),
   mit 225 ml Sonnenblumenöl zubereitet**

5 EL Tomatenketchup

4 EL griechischer Naturjoghurt

Frisch gemahlener weißer Pfeffer

FÜR DEN AVOCADO-RÖMERSALAT

1 Römersalatherz

Salz und frisch gemahlener schwarzer Pfeffer

2 reife, aber feste Avocados

1 Für die »Marie-Rose-Sauce« die Mayonnaise in einer Schüssel mit dem Ketchup und dem Joghurt verrühren. Mit weißem Pfeffer abschmecken.

2 Die Garnelenschwänze mit Küchenpapier trockentupfen und unter die Sauce heben. In eine Servierschüssel füllen und beiseite stellen.

3 Für den Salat die Salatblätter quer in 2½ cm breite Streifen schneiden, mit etwas Salz und Pfeffer würzen und auf 4 Teller verteilen.

4 Die Avocados halbieren und die Steine entfernen. Die Früchte schälen, das Fruchtfleisch der Länge nach in halbmondförmige Scheiben schneiden und auf den Salatblättern anrichten.

5 Die Salatteller und die Garnelen separat servieren, sodass sich jeder selbst bedienen kann.

ALTERNATIVE MEERESFRÜCHTE
Dieser Salat schmeckt ebenfalls hervorragend mit gekochten und geschälten Tiefseegarnelen.

Gremolata-Prawns

FÜR 4 PERSONEN

1 große Zitrone

2 EL Olivenöl

20 rohe Riesengarnelen (Prawns), ungeschält

Cayennepfeffer nach Belieben

Frisch gemahlener schwarzer Pfeffer

Grobes Meersalz

3 Knoblauchzehen, sehr fein gehackt

4 EL gehackte glatte Petersilie

1 Die Zitronenschale mit einem Sparschäler abschälen. Jeweils einige Schalen übereinander schichten und quer in feine Streifen schneiden.

2 In einer großen Bratpfanne das Öl erhitzen und die Garnelen darin 4–5 Minuten bei lebhafter Hitze durchschwenken. Mit etwas Cayenne- oder schwarzem Pfeffer und grobem Meersalz würzen.

3 Die Zitrone halbieren und den Saft einer Hälfte über den Garnelen auspressen. Weitergaren, bis der Saft fast vollständig verdampft ist –

Gremolata-Prawns

die Garnelen sollten trocken sein. Die Pfanne von der Kochstelle nehmen und 1 Minute abkühlen lassen.

4 Mit der Zitronenschale, Knoblauch, Petersilie und ¼ Teelöffel Salz bestreuen und durchheben. Die Garnelen auf einer Servierplatte aufschichten und mit Fingerschalen und ausreichend Servietten servieren.

ALTERNATIVE MEERESFRÜCHTE
Alle ungeschälten Garnelen lassen sich verwenden.

Garnelen-Sandwich

ERGIBT 6 STÜCK

2 Baguette
Sonnenblumenöl zum Frittieren
350 g rohe Riesengarnelen, geschält (siehe Seite 72)
Salz und Cayennepfeffer
175 g Mayonnaise (siehe Seite 224), mit Sonnenblumen-
**   öl zubereitet, plus extra Mayonnaise zum Bestreichen**
2½ EL Milch
25 g Mehl
175 g frische Weißbrotbrösel
1 kleiner, knackiger grüner Salat

1 Den Grill auf hoher Stufe vorheizen. Jedes Baguette in 3 Teile schneiden und der Länge nach halbieren. Die weiche innere Krume herauslösen, sodass eine leichte Vertiefung in jeder Hälfte entsteht. Mit der Schnittseite nach oben auf ein Backblech legen und unter dem Grill ganz leicht rösten. Beiseite stellen.

2 Das Frittieröl auf 190 °C erhitzen. Die Garnelen kräftig mit Salz und Cayennepfeffer würzen. Die Mayonnaise mit der Milch in einer Schüssel verrühren; das Mehl in eine zweite Schüssel geben und die Weißbrotbrösel auf einer großen Platte ausbreiten.

3 Die Garnelen in dem Mehl wenden, dann durch die Mayonnaise ziehen und zuletzt mit den Weißbrotbröseln panieren, sodass sie von allen Seiten gleichmäßig bedeckt sind. Die panierten Garnelen behutsam behandeln, da die Panade sehr empfindlich ist. Am besten am Schwanz fassen und etwa je 6 Stück in das heiße Öl gleiten lassen. 1 Minute frittieren, bis sie goldbraun und knusprig sind. Auf ein mit Küchenpapier ausgelegtes Backblech legen und bei niedriger Temperatur im Ofen warm stellen, während Sie die restlichen Garnelen frittieren.

4 Zum Servieren die Baguettehälften mit etwas Mayonnaise bestreichen und mit dem Salat belegen. Die frittierten Garnelen darauf arrangieren, den Baguette-»Deckel« aufsetzen und sofort servieren.

ALTERNATIVE MEERESFRÜCHTE
Austern, schmale Filetstreifen von der Rotzunge oder Scholle oder auch Softshell Clams von der Ostküste Amerikas.

Garnelen-Sandwich

Krustentiere

Tandoori-Prawns (siehe Anleitung 47, Seite 70)

FÜR 4 PERSONEN

32 Riesengarnelen (Prawns)

175 g griechischer Naturjoghurt

FÜR DIE ZITRONEN-CHILI-MARINADE

1 TL Cayennepfeffer

1 TL Salz

Saft von 1 Zitrone

FÜR DIE TANDOORI-MASALAPASTE

15 g Fenchelsamen

1 EL Koriandersamen

1 EL Kreuzkümmel

25 g frische Ingwerwurzel, grob gehackt

6 Knoblauchzehen, gehackt

4 mittelscharfe rote Chilischoten, Samen entfernt und das Fruchtfleisch grob gehackt

2 TL Paprikapulver

1 TL gemahlene Kurkuma

Saft von 1 Zitrone

1–2 EL kaltes Wasser

FÜR DEN TOMATENSALAT

3 Tomaten, halbiert und in dünne Scheiben geschnitten

1 mittelgroße Zwiebel, halbiert und in dünne Scheiben geschnitten

2 EL grob gehackte Korianderblätter

¼ TL gemahlener Kreuzkümmel

1 große Prise Cayennepfeffer

1 EL Weißweinessig

½ TL Salz

1 Falls Sie die Garnelen auf dem Holzkohlegrill zubereiten, die Glut rechtzeitig vorbereiten. Die Zutaten für die Marinade verrühren. Die Garnelen an beiden Seiten jeweils zwischen den Schalensegmenten mit drei kleinen Einschnitten versehen, damit die Marinade eindringen kann (siehe Seite 70). Die Garnelen in die Marinade einlegen und 20 Minuten durchziehen lassen.

2 Für die Tandoori-Masalapaste die Fenchel-, Koriander- und Kreuzkümmelsamen in einer Gewürzmühle zu einem feinen Pulver zermahlen. Die Gewürzmischung zusammen mit den restlichen Zutaten in einen Mixer füllen und zu einer glatten Masse pürieren. Die Paste mit dem Joghurt verrühren und über die Garnelen gießen. Weitere 20 Minuten marinieren lassen.

3 Falls Sie keinen Holzkohlegrill verwenden, den Elektrogrill auf hoher Stufe vorheizen. Je 3–4 der marinierten Garnelen auf Metall- oder gewässerte Bambusspieße stecken, dabei die Spieße direkt hinter dem Kopf und am Schwanzende durchführen (siehe Seite 71). Auf dem Holzkohlegrill oder unter dem sehr heißen Elektrogrill von jeder Seite 2 Minuten grillen.

4 Inzwischen die Zutaten für den Salat in eine flache Schale schichten. Die Garnelenspieße mit dem Salat und nach Belieben mit warmem Fladenbrot (*Naan*) servieren.

Tandoori-Prawns

Frittierte Garnelen-Won-tans mit Chili-Chutney

FÜR 4 PERSONEN

20 rohe Riesengarnelenschwänze, ungeschält

20 chinesische Won-tan-Blätter
(hauchdünne Teigblätter)

Sonnenblumenöl zum Frittieren

FÜR DAS CHILI-CHUTNEY

50 ml Sonnenblumenöl

15 g Knoblauchzehen, fein gehackt

15 g frische Ingwerwurzel, fein gehackt

225 g Zwiebeln, fein gehackt

5 mittelscharfe rote Chilischoten, Samen entfernt,
das Fruchtfleisch fein gehackt

120 ml Rotweinessig

2 EL dunkle Sojasauce

$\frac{1}{2}$ TL gemahlener Sternanis

15 g Palmzucker oder hellbrauner Rohrzucker

Salz

1 Die Garnelenschwänze schälen, das letzte Schalensegment mit dem Schwanzfächer daran belassen (siehe Seite 72). Die Schalen für die Zubereitung eines aromatischen Öls zurückbehalten.

2 Für das Chili-Chutney das Sonnenblumenöl in einer mittelgroßen Pfanne erhitzen. Die Garnelenschalen darin bei großer Hitze 1–2 Minuten scharf anbraten, bis sie richtig knusprig sind. Die Schalen über einem Topf in ein Sieb schütten und sämtliches Öl gut auspressen, das jetzt ein kräftiges Garnelenaroma hat.

3 Das Öl wieder erhitzen, Knoblauch und Ingwer darin unter Rühren rasch anbraten und etwas Farbe nehmen lassen. Die Zwiebeln und Chilis 3–4 Minuten mitbraten. Den Essig, die Sojasauce, den Sternanis und den Zucker einrühren und mit etwas Salz abschmecken. Zum Kochen bringen und 20–30 Minuten sanft schmoren, bis die Zwiebeln fast geschmolzen sind und die Mischung schön eingedickt ist. Abkühlen lassen und anschließend in 4 kleine Dip-Schälchen füllen.

4 Die Garnelen in die Won-tan-Blätter einwickeln, die Schwanzenden herausragen lassen und die Teigränder mit ein wenig Wasser versiegeln.

5 Das Frittieröl auf 190 °C erhitzen. Die Garnelen nach und nach in 1–1$\frac{1}{2}$ Minuten goldbraun und knusprig ausbacken. Kurz auf Küchenpapier abtropfen lassen und heiß mit dem Chili-Chutney servieren.

Jambalaya mit Garnelen

FÜR 6 PERSONEN

4 EL Sonnenblumenöl

100 g Chorizo oder eine andere würzige Räucherwurst,
in Scheiben geschnitten

2 TL Paprikapulver

8 Knoblauchzehen, gehackt

1 mittelgroße Zwiebel, gehackt

2 grüne Paprikaschoten, Samen entfernt und das
Fruchtfleisch gehackt

4 Stangen Bleichsellerie, in Scheiben geschnitten

2 mittelscharfe rote Chilischoten, Samen entfernt,
das Fruchtfleisch fein gehackt

450 g Hühnerfleisch ohne Haut und Knochen,
in 2$\frac{1}{2}$ cm große Stücke geschnitten

450 g rohe Riesengarnelenschwänze, geschält
(siehe Seite 72)

2 Lorbeerblätter

Blättchen von 1 Zweig Thymian

1 TL gehackter Oregano

450 g Langkornreis

1,2 l Hühnerbrühe (siehe Seite 222)

1 TL Salz

3 Frühlingszwiebeln, geputzt und
in dünne Scheiben geschnitten

Cayennepfeffer

1 Das Öl in einer großen, tiefen Bratpfanne erhitzen. Die Wurstscheiben darin braun anbraten. Das Paprikapulver einrühren, damit sich das Öl einfärbt.

2 Den Knoblauch zugeben und 30 Sekunden anschwitzen. Dann die Zwiebel, die grünen Paprikaschoten, den Bleichsellerie und die roten Chilis einrühren und bei mittlerer Hitze anbraten, bis sämtliche Zutaten leicht gebräunt sind.

3 Das Hühnerfleisch, die Garnelen, Lorbeerblätter, Thymian und Oregano untermischen und bei mittlerer Hitze 5 Minuten braten.

4 Den Reis einrühren und 2 Minuten unter Rühren mitbraten. Die Hühnerbrühe zugießen und salzen. Zum Kochen bringen und zugedeckt etwa 15 Minuten köcheln lassen, bis der Reis sämtliche Flüssigkeit aufgenommen hat und weich ist.

5 Die Frühlingszwiebeln unterrühren und mit etwas Cayennepfeffer abschmecken. Mit einem grünen Salat servieren.

Potted Shrimps

FÜR 4 PERSONEN

100 g Butter
2 Fäden Muskatblüte
1 großzügige Prise Cayennepfeffer
Frisch geriebene Muskatnuss
600 ml gekochte, geschälte Sandgarnelen
6 EL geklärte Butter (siehe Seite 226)

1 In einer Pfanne die Butter, Muskatblüte, Cayennepfeffer und etwas geriebene Muskatnuss ganz langsam und behutsam erhitzen, sodass die schmelzende Butter das Aroma der Gewürze annimmt.

2 Die geschälten Sandgarnelen hineingeben und einige Minuten rühren, bis sie warm sind; sie dürfen aber keinesfalls kochen.

3 Die Muskatblüte entfernen und die Garnelen mit der Butter in 6 kleine Auflaufförmchen verteilen. Die Oberfläche glatt streichen und im Kühlschrank fest werden lassen.

4 Die Potted Shrimps mit etwas geklärter Butter überziehen und nochmals fest werden lassen. Mit reichlich dunklem Toastbrot oder einem knusprigen Bauernbrot servieren.

HINWEIS

Bei dieser Pastete handelt es sich um eine typische britische Spezialität, die als Zubereitung mit kräftigem Fleisch (Schinken, Zunge) wesentlich bekannter ist. Doch sind Garnelen und Fische wie Lachs ebenso gut geeignet.

Garnelenrahmsuppe

FÜR 4 PERSONEN

100 g Butter
1 Möhre, fein gewürfelt
1 Zwiebel fein gehackt
750 g rohe oder gekochte Garnelen, ungeschält
900 ml Fischfond (siehe Seite 222)
1 Lorbeerblatt
150 ml trockener Weißwein
25 g Mehl
300 ml Milch
150 ml Sahne
1 Prise Cayennepfeffer
Salz und frisch gemahlener Pfeffer

1 In einer mittelgroßen Pfanne 25 g der Butter zerlassen. Die Möhre und die Zwiebel darin bei mäßiger Hitze 3–4 Minuten anschwitzen. Wenn Sie rohe Garnelen verwenden, diese in die Pfanne füllen und 5 Minuten in der heißen Butter wenden, bis sie gar sind und sich rosa verfärbt haben.

2 Ein Drittel der Garnelen aus der Pfanne nehmen und schälen, sobald sie etwas abgekühlt sind. Die Schalen zurück in die Pfanne geben. Wenn Sie gekochte Garnelen verwenden, ein Drittel schälen und die Schalen mit den restlichen ungeschälten Exemplaren in die Pfanne geben. Den Fischfond, Lorbeerblatt und Weißwein hinzufügen, zum Kochen bringen und 20 Minuten köcheln lassen.

3 Die Suppe portionsweise in der Küchenmaschine einige Sekunden grob pürieren. Sie sollte nicht ganz glatt sein. Durch ein Spitzsieb in einen sauberen Topf abseihen und die festen Teile im Sieb mit dem Rücken einer Kelle gut ausdrücken (siehe Seite 86).

4 In einem zweiten Topf 40 g der verbliebenen Butter zerlassen, das Mehl einrühren und 30 Sekunden anschwitzen. Nach und nach zuerst die Milch, dann die passierte Suppe einrühren und 15 Minuten unter gelegentlichem Rühren auf niedriger Stufe köcheln lassen. Die restliche Butter und die Sahne unterschlagen, den Cayennepfeffer unterrühren und zusätzlich mit Salz und schwarzem Pfeffer abschmecken.

5 Die Suppe in eine vorgewärmte Terrine füllen und servieren. Die geschälten Garnelen in einer Schüssel separat dazu reichen. Bei Tisch einige Garnelen in die Suppenschalen legen und die heiße Suppe darüber schöpfen.

ALTERNATIVE MEERESFRÜCHTE

Ungeschälte gekochte Tiefseegarnelen.

Garnelen-Risotto mit Queller

FÜR 4 PERSONEN

750 g gekochte Tiefseegarnelen, ungeschält

100 g Queller (Glasschmalz), verlesen und gewaschen

75 g Butter, ½ Zwiebel, gehackt

1,2 l Fischfond (siehe Seite 222)

1 Faden Muskatblüte

2 Schalotten, fein gehackt

1 Knoblauchzehe, fein gehackt

350 g Risotto-Reis (Arborio oder Vialone)

120 ml trockener Weißwein

25 g Parmesan, frisch gerieben

Salz und frisch gemahlener schwarzer Pfeffer

1 Die Garnelen schälen und beiseite stellen; die Schalen zurückbehalten. Die holzigen Enden des Queller abbrechen und wegwerfen. Den Rest in etwa 2½ cm lange Stücke brechen.

2 In einem großen Topf 25 g der Butter zerlassen und die Zwiebel 5 Minuten darin anschwitzen, bis sie weich ist und etwas Farbe angenommen hat. Die Garnelenschalen 3–4 Minuten mitschwitzen. Mit dem Fischfond auffüllen, die Muskatblüte einlegen und zum Kochen bringen. Zugedeckt 20 Minuten köcheln lassen. Den Fond durch ein Spitzsieb in einen sauberen Topf abseihen und aus den Siebrückständen mit einem Kellenrücken möglichst viel Flüssigkeit herauspressen. Den passierten Fond wieder zum Kochen bringen und auf niedriger Stufe warm stellen.

3 In einem Topf die restliche Butter zerlassen. Die Schalotten und den Knoblauch darin einige Minuten glasig schwitzen. Den Reis zugeben und gründlich verrühren, sodass alle Körner gleichmäßig mit der Butter überzogen sind. Mit dem Wein ablöschen und unter ständigem Rühren den Reis sämtliche Flüssigkeit aufnehmen lassen. Dann eine Kelle des heißen Fonds zugießen und weiterrühren, bis die Flüssigkeit erneut absorbiert ist. Auf diese Weise unter ständigem Rühren fortfahren, bis sämtlicher Fond verbraucht und der Risotto nach etwa 20 Minuten gar ist. Der Reis sollte noch etwas Biss haben.

4 Kurz vor Ende der Garzeit den Queller in kochendem Wasser 1 Minute blanchieren und anschließend gründlich abtropfen lassen. Die Garnelen und den geriebenen Parmesan unter den Risotto ziehen, 1 Minute erwärmen und mit Salz und Pfeffer abschmecken. Den Queller bis auf eine Hand voll unterrühren. Den Risotto auf 4 vorgewärmte Teller verteilen, mit dem restlichen Queller garnieren und servieren.

Garnelen-Risotto mit Queller

Rezepte
Kapitel 11

Muscheln und andere Meeresfrüchte

New England Clam Chowder

(siehe Anleitung 60, Seite 89)

FÜR 4 PERSONEN

**16 mittelgroße Venusmuscheln (Clams),
z. B. Quahogs, oder 600 ml kleine Venusmuscheln,
z. B. Kreuzmuster-Teppichmuscheln, gewaschen**

25 g Butter

50 g durchwachsener Speck, fein gewürfelt

1 kleine Zwiebel, fein gehackt

300 ml Milch

100 ml Sahne

**225 g Kartoffeln, geschält und in kleine Würfel
geschnitten**

1 Lorbeerblatt, sehr fein zerkleinert

1 EL gehackte Petersilie

Salz und frisch gemahlener weißer Pfeffer

1 Das vorgegarte Fleisch großer Clams auslösen (siehe Seite 89) und in etwas kleinere Stücke schneiden. Kleinere Venusmuscheln mit 50 ml Wasser in einen Topf füllen und zugedeckt bei großer Hitze etwa 4 Minuten dämpfen, bis sie sich geöffnet haben. In ein Sieb schütten und den Sud auffangen. Die Muscheln etwas abkühlen lassen und anschließend das Fleisch aus den Schalen lösen.

2 Die Butter in dem Topf zerlassen und den Speck bei mittlerer Hitze darin goldgelb anbraten. Die Zwiebel zugeben und glasig schwitzen.

3 Milch und Sahne zugießen, die Kartoffeln, das Lorbeerblatt und den Muschelsud zufügen, zum Kochen bringen und etwa 5 Minuten köcheln lassen, bis die Kartoffeln gar sind.

4 Das Muschelfleisch und die Petersilie einrühren, salzen und pfeffern. Nochmals kurz erhitzen und servieren.

Venusmuscheln mit *Sauce mignonnette*

(siehe Anleitung 61, Seite 89)

FÜR 4 PERSONEN

600 ml Kreuzmuster-Teppichmuscheln, gewaschen

Etwas frischer Blasentang, gewaschen, zum Servieren

FÜR DIE SAUCE MIGNONNETTE

3 EL Weiß- oder Rotweinessig guter Qualität

1 TL Sonnenblumenöl

¼ TL grob zerstoßene schwarze Pfefferkörner

1 EL in feine Scheiben geschnittene Frühlingszwiebeln

1 Die Muscheln vorbereiten, wie auf Seite 89 beschrieben. Sie werden nicht gegart, sondern roh serviert.

2 Erst kurz vor dem Servieren sämtliche Zutaten für die Sauce verrühren. Die Venusmuscheln mit etwas Seetang und zerstoßenem Eis auf einer Platte anrichten, jede Muschel mit ein wenig Sauce mignonnette überziehen und servieren.

Linguine mit Venusmuscheln (*Linguine alle vongole*)

FÜR 4 PERSONEN

350 g Linguine

Salz

50 ml natives Olivenöl extra

4 Knoblauchzehen, in dünne Scheiben geschnitten

¹/₂ mittelscharfe rote Chilischote, Samen entfernt und das Fruchtfleisch fein gehackt

3 EL gehackte glatte Petersilie

900 ml kleine Venusmuscheln, z. B. Kreuzmuster-Teppichmuscheln, gewaschen

2 EL trockener Weißwein

1 Die Linguine in einem großen Topf in kräftig gesalzenem, sprudelnd kochendem Wasser (1 Teelöffel auf 600 ml) 5 Minuten vorkochen.

2 Inzwischen in einem kleinen Topf das Olivenöl, den Knoblauch und die Chilischote erhitzen, bis sich zischende Bläschen am Knoblauch zu bilden beginnen. Die Hitze herunterstellen und 1–2 Minuten sanft weitergaren, bis der Knoblauch weich ist. Die Petersilie einrühren und von der Kochstelle nehmen.

3 Die Linguine abgießen. Den Topf auf großer Stufe wieder auf den Herd stellen und die Venusmuscheln, den Wein und die Linguine einfüllen. Zugedeckt bei großer Hitze unter gelegentlichem Rütteln 3–4 Minuten dämpfen, bis sich alle Muscheln geöffnet haben.

4 Den Deckel abnehmen und das Knoblauch-Petersilienöl hineingießen, untermengen. Weitere 2 Minuten garen, bis die Linguine weich sind, und servieren.

Geröstete Schwertmuscheln

Geröstete Schwertmuscheln

FÜR 4 PERSONEN

24 Schwertmuscheln, gewaschen

Olivenöl guter Qualität

Zitronenspalten zum Servieren (nach Belieben)

1 Eine sehr große Pfanne mit schwerem Boden oder eine gusseiserne Grillpfanne auf großer Stufe sehr heiß werden lassen. Etwas Olivenöl hineingeben und nebeneinander eine Lage Schwertmuscheln mit dem Schalenscharnier nach unten einlegen.

2 Die Muscheln, sobald sie sich geöffnet haben, wenden, sodass das Fleisch Kontakt zum Pfannenboden hat, und 1 Minute rösten, bis es leicht gebräunt ist.

3 Die Schwertmuscheln wieder umdrehen, mit etwas Olivenöl beträufeln und auf einer vorgewärmten Servierplatte anrichten. Nach Belieben mit 1–2 Zitronenspalten garnieren und mit der in der Pfanne verbliebenen Flüssigkeit überziehen. Den Vorgang mit den restlichen Schwertmuscheln wiederholen und servieren.

ALTERNATIVE MEERESFRÜCHTE

Große Kreuzmuster-Teppichmuscheln.

VENUS-
MUSCHELN,
PIPIS,
SEEOHREN
(ABALONEN),
HERZ-
MUSCHELN

Venusmuscheln mit Knoblauch und Ingwer aus dem Wok

FÜR 4 PERSONEN

12 große, dickschalige Venusmuscheln, z. B. Quahog,
    oder 36 kleine Venusmuscheln, z. B. Kreuzmuster-
    Teppichmuscheln, gewaschen
3 EL Sonnenblumenöl
3 Knoblauchzehen, fein gehackt
5 cm frische Ingwerwurzel, geschält und in feine
    Streifen geschnitten
100 g Shiitake-Pilze, in Scheiben geschnitten
1 Kopf Pak-Choi (chinesischer Senfkohl),
    in 2½ cm breite Streifen geschnitten
1 großzügige Prise getrocknete Chiliflocken
1 EL dunkle Sojasauce
1 EL Austernsauce
Frisch gemahlener Szechuanpfeffer oder
    schwarzer Pfeffer
4–6 Frühlingszwiebeln, schräg in Scheiben geschnitten

1 Die Venusmuscheln nebeneinander in einen großen, flachen Topf einlegen und etwas Wasser zugießen. Zugedeckt bei großer Hitze 2–3 Minuten dämpfen, bis sie sich gerade eben geöffnet haben. Das Fleisch lässt sich nun problemlos auslösen, ohne dass es bereits vollständig durchgegart ist (siehe Seite 89).

2 Mit einem kleinen, scharfen Messer die beiden Muskeln an den Seiten des Scharniers durchschneiden, mit denen die Muschel die Schalen zusammenhält. Die Deckelschale abnehmen, das Fleisch herauslösen und in feine Scheiben schneiden (siehe Seite 89).

3 Wenn Sie kleinere Venusmuscheln verwenden, die Muscheln mit 50 ml Wasser in einen Topf füllen und zugedeckt bei großer Hitze 2–3 Minuten dämpfen, bis sich die Muscheln geöffnet haben. In ein Sieb schütten und etwas abkühlen lassen. Das Fleisch aus den Schalen lösen und ganz lassen.

4 Einen Wok auf großer Stufe heiß werden lassen. Das Öl und unmittelbar darauf den Knoblauch und Ingwer hineingeben und 30 Sekunden pfannenrühren. Die Muscheln weitere 30 Sekunden bis 1 Minute mitrühren; dann die Pilze hinzufügen und 30 Sekunden rühren. Zuletzt den Pak-Choi und die Chiliflocken ebenfalls 30 Sekunden mitrühren und anschließend die Sojasauce, die Austernsauce, den Szechuan- oder schwarzen Pfeffer unterrühren. Die Frühlingszwiebeln zugeben, sämtliche Zutaten nochmals kurz durchheben und servieren.

Gedämpfte Pipis mit Mandeln, Knoblauch und Petersilie

FÜR 4 PERSONEN

100 g Butter
2 dicke Knoblauchzehen, fein gehackt
2,75 kg Pipis (eine Sägezähnchen-Art)
    oder Kreuzmuster-Teppichmuscheln,
    gewaschen
50 ml trockener Weißwein
Saft von ½ Zitrone
25 g leicht geröstete Mandeln,
    fein gehackt
3–4 EL gehackte glatte Petersilie

1 Die Butter in einem sehr großen Topf zerlassen. Den Knoblauch in 3–4 Minuten darin sanft glasig schwitzen. Die Pipis oder Kreuzmuster-Teppichmuscheln, den Weißwein, Zitronensaft und die gehackten Mandeln einfüllen. Zugedeckt bei großer Hitze dämpfen, bis sich die Muscheln geöffnet haben. Dabei den Topf hin und wieder rütteln. Die Hälfte der Petersilie einstreuen und gründlich vermengen.

2 Die Muscheln mit einem großen Schaumlöffel in 4 große, vorgewärmte Schalen verteilen; ungeöffnete Muscheln aussortieren und wegwerfen. Den Muschelsud durch ein feines Sieb über die Schaltiere gießen. Mit der restlichen Petersilie bestreuen und mit reichlich knusprigem Sauerteigbrot servieren.

11

Seeohrensalat mit Reisnudeln, Pilzen, Ingwer und Trüffelöl

FÜR 4 PERSONEN

4 See- oder Meerohren (Abalonen, je 50 g), küchenfertig, oder 100 g küchenfertige Sepia (siehe Seite 96)

120 ml Olivenöl

5 cm Zimtstange

2 Sternanis

25 g Reis-Vermicelli

100 g gemischte Enoki- und Shiitake-Pilze

4 feine Scheiben geschälte frische Ingwerwurzel, in Julienne geschnitten

2 Frühlingszwiebeln, längs halbiert und in feine Streifen geschnitten

2 TL dunkle Sojasauce

4 TL Trüffelöl

1 Den Ofen auf 110 °C vorheizen. Die See- oder Meerohren oder Sepia mit dem Olivenöl, Zimtstange und Sternanis in einen kleinen Schmortopf füllen. Zugedeckt im Ofen 4–5 Stunden schmoren, wenn Sie Abalonen, oder 1 Stunde, wenn Sie Sepia verwenden.

2 Den Topf aus dem Ofen nehmen, die Meeresfrüchte aus dem Öl heben und abkühlen lassen. Das Fleisch so dünn wie möglich in Scheiben schneiden und beiseite stellen.

3 Die Reisnudeln in einen Topf mit kochendem Wasser geben, von der Kochstelle nehmen und 2 Minuten ziehen lassen. Abgießen und unter fließendem Wasser kalt abschrecken. Gründlich abtropfen lassen.

4 Die Enoki-Pilze von ihrem Zuchtbett abschneiden und ihre Stiele möglichst weit unten voneinander lösen. Die Stiele der Shiitake-Pilze abtrennen und die Hüte in feine Scheiben schneiden.

5 Den Salat auf 4 Tellern anrichten: Dazu die Reis-Vermicelli, Pilze, den Ingwer, die Frühlingszwiebeln und die geschmorten Abalonen oder Sepia zu kleinen, runden Häufchen aufschichten. Mit der Sojasauce und dem Trüffelöl beträufeln und servieren.

Herzmuschel-Pastetchen mit Meerlattich-Hollandaise

ERGIBT 12 STÜCK

350 g Blätterteig, gekühlt

1 Ei, verschlagen

100 g geklärte Butter (siehe Seite 226)

900 g Herzmuscheln, gewaschen

1 Eigelb

1 TL frisch gepresster Zitronensaft

4 TL Meerlattichbrei (in Wasser gedünsteter Meerlattich, püriert, mit Hafermehl vermischt)

Salz

1 Den Ofen auf 200 °C vorheizen. Den Blätterteig auf einer leicht bemehlten Arbeitsfläche etwa 5 mm dick ausrollen. Mit einem Teigausstecher zwölf 6½ cm große Kreise ausstechen. Dann einen 5 cm großen Ausstecher in die Mitte der Kreise setzen und zur Hälfte in den Teig eindrücken. Den Teig nicht ganz durchschneiden.

2 Die Teigkreise auf ein leicht mit Butter gefettetes Backblech setzen und mit verschlagenem Ei bestreichen. Im Ofen 10–12 Minuten backen, bis der Teig goldgelb und knusprig ist. Aus dem Ofen nehmen und, solange die nun aufgegangenen Pastetchen noch warm sind, den mittleren Kreis mit einem Teelöffel herausheben und beiseite legen, auch alle gar gebackenen Ränder im Inneren entfernen. Die Pastetchen und »Deckel« bedeckt bei niedriger Temperatur im Ofen warm stellen.

3 Die geklärte Butter in einem kleinen Topf bei niedriger Hitze erwärmen. Die Herzmuscheln mit 120 ml Wasser in einen großen Topf füllen und zugedeckt bei großer Hitze 4–5 Minuten unter gelegentlichem, kräftigem Rütteln dämpfen, bis sie sich geöffnet haben. In ein Sieb schütten und etwas abkühlen lassen. Das Fleisch aus den Schalen lösen und in einer Schüssel warm stellen.

4 Für die Hollandaise das Eigelb, den Zitronensaft und 1 Esslöffel Wasser in die Küchenmaschine füllen. Die geklärte Butter erhitzen, bis sie Blasen schlägt. Die Küchenmaschine einschalten und durch das Loch im Deckel langsam die Butter zugießen, bis eine cremige Sauce entstanden ist.

5 Die Sauce in eine Schüssel füllen, den Meerlattichbrei untermischen und mit Salz abschmecken. Das Muschelfleisch unterrühren; etwaige Garflüssigkeit, die sich am Schüsselboden abgesetzt hat, nicht verwenden. Die Mischung in die warmen Pastetchen füllen, die »Deckel« auflegen und sofort servieren.

Herzmuschelsuppe mit Speck, Tomaten und Kartoffeln

FÜR 4 PERSONEN

2¹/₂ l Herzmuscheln, gewaschen

900 ml Wasser

25 g Butter

50 g magerer Speck ohne Schwarte, in kleine Würfel geschnitten

1 Stange Lauch, geputzt und in dünne Scheiben geschnitten

1 Stange Bleichsellerie, in dünne Scheiben geschnitten

2 Eiertomaten, enthäutet und in dünne Scheiben geschnitten

2 Kartoffeln (etwa 350 g), geschält und gewürfelt

Salz und frisch gemahlener schwarzer Pfeffer

Saft von 1 kleinen Zitrone

2 Eier

2 EL gehackte Petersilie

1 Die Herzmuscheln mit 150 ml Wasser in einen großen Topf füllen und zugedeckt bei großer Hitze 4–5 Minuten dämpfen, bis sie sich geöffnet haben. Dabei den Topf hin und wieder rütteln. In ein Sieb schütten, den Sud auffangen und die Muscheln etwas abkühlen lassen.

2 In einem großen Topf die Butter zerlassen und den Speck darin leicht anbraten. Den Lauch, Sellerie und die Tomaten zugeben und mitbraten, bis die Mischung Blasen zu schlagen beginnt. Inzwischen das Muschelfleisch aus den Schalen lösen.

3 Den abgesiebten Muschelsud und das restliche Wasser zum Gemüse in den Topf gießen, die Kartoffeln zufügen und die Suppe etwa 10 Minuten köcheln lassen, bis die Kartoffeln weich sind.

4 Das ausgelöste Muschelfleisch unter die Suppe rühren und mit Salz und Pfeffer abschmecken. In einer Schüssel den Zitronensaft mit den Eiern verschlagen. Eine Kelle der heißen Suppe unterrühren, die Liaison zurück in die Suppe gießen und bei niedriger Hitze rühren, bis sie etwas eingedickt (legiert) ist. Nicht mehr kochen lassen. Die Petersilie unterrühren und servieren.

Gegrillte Miesmuscheln mit Romesco-Sauce

ERGIBT ETWA 60 STÜCK

900 g Miesmuscheln, gesäubert (siehe Seite 88)

50 ml trockener Weißwein

2 EL gehackter Oregano

FÜR DIE ROMESCO-SAUCE

1 getrocknete Pfefferschote

225 g Strauchtomaten

4 Knoblauchzehen, geschält

15 g blanchierte Haselnüsse

1 Scheibe (15 g) Weißbrot vom Vortag ohne Rinde

120 ml Olivenöl

1 Prise getrocknete Chiliflocken

1 EL Sherryessig

Salz und frisch gemahlener schwarzer Pfeffer

1 Für die Romesco-Sauce den Stiel der Pfefferschote entfernen und die Schote über Nacht in warmem Wasser einweichen. Am folgenden Tag abgießen, die Samen entfernen und das Fruchtfleisch grob hacken.

2 Den Ofen auf 200 °C vorheizen. Die Tomaten und 3 Knoblauchzehen in einer kleinen Bratenpfannen im Ofen 10 Minuten rösten. Die Haselnusskerne zugeben und weitere 15 Minuten rösten, bis sie goldbraun sind. Aus dem Ofen nehmen und abkühlen lassen.

3 Das Weißbrot mit der verbliebenen Knoblauchzehe einreiben. In einer Pfanne etwas Olivenöl erhitzen und das Brot von beiden Seiten goldbraun rösten. Etwas abkühlen lassen und in Stücke brechen. Das Brot mit der Tomatenmischung, Pfefferschote, Chiliflocken, Sherryessig, ¹/₂ Teelöffel Salz und etwas schwarzem Pfeffer in der Küchenmaschine glatt pürieren. Bei laufendem Gerät langsam das restliche Olivenöl zugießen, bis eine dicke, der Mayonnaise ähnliche Sauce entstanden ist. In einer Schüssel beiseite stellen.

4 Die Miesmuscheln und den Wein in einen großen Topf füllen. Zugedeckt bei großer Hitze 3–4 Minuten dämpfen, bis sich die Muscheln geöffnet haben. Dabei den Topf gelegentlich rütteln. In ein Sieb schütten, den Sud auffangen und die Muscheln etwas abkühlen lassen. Inzwischen den Muschelsud durch ein feines Sieb in eine Sauteuse gießen und bei lebhafter Hitze rasch auf etwa 1 Esslöffel einkochen. Abkühlen lassen, unter die Romesco-Sauce rühren.

5 Die leeren Muschelschalen entfernen. Das Muschelfleisch vom Schalenrand lösen und in der Schale auf ein Backblech setzen. Das Fleisch mit jeweils 1 Teelöffel Sauce überziehen und mit Oregano bestreuen. Unter dem heißen Grill 1 Minute überbacken, bis die Oberfläche Blasen schlägt. Sofort servieren.

Miesmuscheln mit Bohnen (*Cozze con fagioli*)

FÜR 4 PERSONEN

**225 g getrocknete Cannellini-Bohnen,
   über Nacht eingeweicht**
1 Lorbeerblatt
1 Zweig Thymian
4 Knoblauchzehen, geschält
1 kg Miesmuscheln, gesäubert (siehe Seite 88)
50 ml trockener Weißwein
120 ml natives Olivenöl extra
2 große Eiertomaten, grob gehackt
Frisch gemahlener schwarzer Pfeffer
Salz
2 EL gehackte glatte Petersilie

1 Die eingeweichten Bohnen abgießen und in einem Topf 5 cm hoch mit frischem Wasser bedecken. Das Lorbeerblatt, den Thymianzweig und 2 geschälte Knoblauchzehen einlegen und zum Kochen bringen. Dabei den sich an der Oberfläche bildenden Schaum abschöpfen. Die Hitze herunterstellen und die Bohnen etwa 1 Stunde köcheln lassen, bis sie ganz weich sind.

2 Die Hitze wieder heraufstellen und die Flüssigkeit rasch fast vollständig verkochen lassen. Den Thymian und das Lorbeerblatt herausfischen und wegwerfen.

3 Die Miesmuscheln mit dem Wein in einen Topf füllen und zugedeckt 3–4 Minuten dämpfen, bis sie sich geöffnet haben. In ein Sieb schütten und den Sud in einer Schüssel auffangen. Von etwa drei Vierteln der leicht abgekühlten Muscheln das Fleisch auslösen.

4 Den restlichen Knoblauch in Scheiben schneiden und mit dem Olivenöl in einem großen Topf langsam erhitzen. Sobald sich zischende Bläschen am Knoblauch zeigen, die Tomaten einrühren und 2–3 Minuten köcheln lassen. Die gekochten Bohnen und 150 ml des abgesiebten Muschelsuds zugeben. 5 Minuten köcheln lassen, bis die Flüssigkeit zu einer sämigen Sauce eingedickt ist. Mit Pfeffer und gegebenenfalls etwas Salz (die Muscheln liefern meist bereits genügend Salz) abschmecken.

5 Die Muscheln in den Bohnen 1–2 Minuten wieder erwärmen und die gehackte Petersilie unterrühren. In vorgewärmte Suppenteller füllen und sofort servieren.

Miesmuscheln in Safransauce (*La mouclade*)

FÜR 4 PERSONEN

Eine großzügige Anzahl Safranfäden
1,75 kg Miesmuscheln, gesäubert (siehe Seite 88)
120 ml trockener Weißwein
25 g Butter
1 kleine Zwiebel, fein gehackt
2 Knoblauchzehen, fein gehackt
$\frac{1}{2}$ TL mittelscharfes Currypulver guter Qualität
2 EL Cognac
2 TL Mehl
200 ml Crème fraîche
Salz und frisch gemahlener schwarzer Pfeffer
3 EL gehackte Petersilie

1 Die Safranfäden in einer kleinen Schale mit 1 Esslöffel warmem Wasser befeuchten.

2 Die Miesmuscheln mit dem Wein in einen großen Topf füllen und zugedeckt 3–4 Minuten bei großer Hitze unter gelegentlichem Rütteln dämpfen, bis sie sich geöffnet haben. In ein Sieb schütten und den Sud in einer Schüssel auffangen. Die Muscheln in einer großen Servierschüssel warm stellen.

3 Die Butter in einem Topf zerlassen. Die Zwiebel, den Knoblauch und das Currypulver in 2–3 Minuten darin farblos anschwitzen.

4 Mit dem Cognac ablöschen und die Flüssigkeit fast vollständig verdampfen lassen. Das Mehl einstreuen und 1 Minute köcheln lassen. Nach und nach das Safranwasser und den abgesiebten Muschelsud einrühren.

5 Die Sauce aufkochen und 2–3 Minuten köcheln lassen. Die Crème fraîche unterrühren und weitere 3 Minuten etwas eindicken lassen. Mit Salz und Pfeffer abschmecken, die Petersilie unterziehen und die Sauce über die Miesmuscheln gießen. Die Muscheln behutsam durchheben und mit reichlich knusprigem Baguette servieren.

Miesmuscheln in der Kruste mit Lauch und Weißwein

FÜR 4 PERSONEN

4 große, knusprige Brötchen

175 g Butter

900 g Miesmuscheln, gesäubert (siehe Seite 88)

50 ml trockener Weißwein

**2 große oder 4 kleine Stangen Lauch, geputzt und
    in kleine Stücke geschnitten**

2 EL Sahne

1 TL Mehlbutter (siehe Seite 227)

1 EL Schnittlauchröllchen

Salz und frisch gemahlener weißer Pfeffer

1 Den Ofen auf 200 °C vorheizen. An der Oberseite der Brötchen einen
dünnen Deckel abschneiden und beiseite legen. Die innere weiche
Krume aus den Brötchen herauszupfen, dabei einen etwa 5 mm starken
Rand belassen. 50 g der Butter zerlassen und die Innenseiten der
Brötchen und Deckel damit bestreichen. Auf ein Backblech setzen
und im Ofen 5–7 Minuten backen, bis sie goldgelb und knusprig sind.
Warm stellen.

2 Die Miesmuscheln mit dem Wein in einen großen Topf füllen und
zugedeckt bei großer Hitze unter gelegentlichem Rütteln etwa 3 Minuten dämpfen, bis sie sich gerade eben geöffnet haben. In ein Sieb
schütten und den Sud in einer Schüssel auffangen. Das Muschelfleisch
aus den Schalen lösen und abgedeckt beiseite stellen.

3 In einem Topf weitere 25 g Butter zerlassen. Den Lauch darin zugedeckt 4–5 Minuten dünsten, bis er weich ist. Den abgesiebten Muschelsud zugießen, zum Kochen bringen und um die Hälfte einkochen lassen.
Die restliche Butter, die Sahne und die Mehlbutter einrühren und noch
1 Minute köcheln lassen, bis die Mischung etwas eingedickt ist.

4 Das Muschelfleisch und den Schnittlauch unterrühren und mit Salz
und Pfeffer abschmecken. Die Muschel-Lauch-Mischung in die Brötchen
füllen, die Deckel schräg auflegen und servieren.

Miesmuscheln in der Kruste mit Lauch und Weißwein

Miesmuschel-Tarte (*Tarte aux moules*)

FÜR 8 PERSONEN

1 Rezeptmenge Auslegeteig (siehe Seite 227)
1 Eiweiß
900 g Miesmuscheln, gesäubert (siehe Seite 88)
50 ml trockener Weißwein
3 EL gehackte Petersilie (die Stängel zurückbehalten)
25 g Butter
5–6 Schalotten, fein gehackt
5 Knoblauchzehen, fein gehackt
3 Eier, verschlagen
300 ml Sahne
Salz und frisch gemahlener schwarzer Pfeffer

1 Den Ofen auf 200 °C vorheizen. Den Teig auf einer leicht bemehlten Arbeitsfläche kurz durchkneten, bis er geschmeidig ist. Ausrollen und eine 4 cm tiefe Tarteform mit herausnehmbarem Boden und 25 cm Durchmesser damit auskleiden. Den Teigboden an einigen Stellen mit einer Gabel einstechen und 20 Minuten kalt stellen.

2 Die Form mit Backpapier auslegen und mit Bohnenkernen füllen. Im Ofen 15 Minuten blind backen. Die Bohnenkerne und das Papier entfernen und den Teig weitere 5 Minuten backen.

3 Den Boden mit dem Eiweiß bestreichen und 1 weitere Minute backen. Die Form aus dem Ofen nehmen und die Temperatur auf 190 °C herunterstellen.

4 Die Muscheln mit dem Wein und den Petersilienstängeln in einen großen Topf füllen und zugedeckt bei großer Hitze 3–4 Minuten dämpfen, bis sie sich geöffnet haben. Den Topf hin und wieder rütteln. Die Muscheln in ein Sieb schütten und den Sud auffangen. Kurz abkühlen lassen und das Muschelfleisch aus den Schalen lösen.

5 In einem Topf die Butter zerlassen, die Schalotten und den Knoblauch 7 Minuten darin sanft anschwitzen, bis sie ganz weich sind. Den abgesiebten Muschelsud zugießen und verkochen lassen. Die Mischung in eine Schüssel füllen und abkühlen lassen. Die Eier, die Sahne und die gehackte Petersilie unterrühren und mit Salz und Pfeffer abschmecken.

6 Das Muschelfleisch gleichmäßig auf dem Teigboden verteilen und die Eiermasse darüber gießen. Im Ofen 25–30 Minuten backen, bis die Masse gerade eben gestockt und goldbraun ist. Vor dem Servieren etwas abkühlen lassen.

Miesmuschelsuppe mit Lauch und Safran

FÜR 4 PERSONEN

1,5 kg Miesmuscheln, gesäubert (siehe Seite 88)
50 ml trockener Weißwein
450 g Lauch, geputzt
75 g Butter
1 kleine Zwiebel, fein gehackt
20 g Mehl
450 ml Fischfond (siehe Seite 222)
Eine großzügige Anzahl Safranfäden
Salz
50 ml Sahne
Frisch gemahlener schwarzer Pfeffer

1 Die Miesmuscheln mit 2 Esslöffeln Wein in einen großen Topf füllen und zugedeckt bei großer Hitze unter gelegentlichem Rütteln dämpfen, bis sie sich geöffnet haben. In ein Sieb schütten, den Muschelsud in einer Schüssel auffangen und die Muscheln etwas abkühlen lassen. 12 besonders schöne Exemplare zur Seite legen; das restliche Muschelfleisch aus den Schalen lösen.

2 Ein 5 cm langes Stück Lauch in streichholzdicke Streifen, den restlichen Lauch klein schneiden. Die Butter in einem Topf zerlassen und den klein geschnittenen Lauch und die Zwiebel darin 3–4 Minuten farblos anschwitzen.

3 Das Mehl einstreuen und 1 Minute sanft mitschwitzen. Nach und nach den Muschelsud, den restlichen Wein und den Fischfond einrühren und unter Rühren zum Kochen bringen. Den Safran zugeben und alles 25 Minuten köcheln lassen.

4 In der Zwischenzeit die Lauchstreifen in Salzwasser kurz blanchieren und anschließend unter fließendem kaltem Wasser abschrecken.

5 Die Suppe portionsweise in der Küchenmaschine pürieren, bis sie glatt ist. In einen sauberen Topf füllen und die Sahne zugießen. Die Suppe wieder zum Kochen bringen und die Muscheln und Lauchstreifen unterrühren. Nochmals abschmecken und servieren.

Gratinierte Miesmuscheln (*Moules farcies*)

FÜR 4 PERSONEN ALS VORSPEISE

**48 große Miesmuscheln, gesäubert
(siehe Seite 88)**

50 ml Wasser

75 g frische Weißbrotbrösel

FÜR DIE KNOBLAUCH-PETERSILIEN-BUTTER

1 große Knoblauchzehe, halbiert

1 große Schalotte, halbiert

1 Hand voll Petersilienblätter

Abgeschälte Schale von ¼ Zitrone

100 g Butter, etwas weich gemacht

Salz und frisch gemahlener schwarzer Pfeffer

1 Die Muscheln mit dem Wasser in einen großen Topf füllen und zugedeckt bei großer Hitze 3–4 Minuten unter gelegentlichem Rütteln dämpfen, bis sie sich geöffnet haben.

2 Die Muscheln in ein Sieb schütten, die leeren Deckelschalen abtrennen und wegwerfen. Das Muschelfleisch in der verbliebenen Schale belassen.

3 Den Grill auf hoher Stufe vorheizen. Für die Butter den Knoblauch, die Schalotte, die Petersilie und die Zitronenschale zusammen sehr fein hacken – im Mixer geht es am einfachsten. Die Mischung in einer Schüssel mit der weichen Butter vermengen und mit Salz und Pfeffer abschmecken.

4 Die Muscheln mit etwas Knoblauch-Petersilien-Butter bedecken und mit den Weißbrotbröseln bestreuen. Nebeneinander auf ein Backblech setzen und unter dem Grill 2–3 Minuten goldbraun und knusprig gratinieren. Sofort servieren.

Mit Pesto gratinierte Miesmuscheln

FÜR 4 PERSONEN ALS VORSPEISE

**60 große Miesmuscheln, gesäubert
(siehe Seite 88)**

1 Schuss trockener Weißwein oder Wasser

2 Scheiben Weißbrot, zerbröselt

FÜR DEN PESTO

15 g Basilikumblätter

2 große Knoblauchzehen

175 ml Olivenöl

15 g Parmesan, fein gerieben

15 g Pinienkerne

1 Die Muscheln mit dem Weißwein in einen großen Topf füllen und zugedeckt bei großer Hitze 3–4 Minuten unter gelegentlichem Rütteln dämpfen, bis sie sich gerade eben geöffnet haben.

2 Die Muscheln in ein Sieb schütten und den Sud in einer Schüssel auffangen. Die leeren Deckelschalen entfernen und wegwerfen.

3 Den Muschelsud durch ein feines Sieb in einen kleinen Topf gießen und rasch auf etwa 1 Esslöffel Flüssigkeit einkochen lassen.

4 Die Zutaten für den Pesto und den reduzierten Muschelsud in der Küchenmaschine zu einer groben Paste verarbeiten.

5 Den Grill auf hoher Stufe vorheizen. Die Muscheln auf ein Backblech setzen und jede Muschel mit etwas Pesto bedecken. Mit den Weißbrotbröseln bestreuen und unter dem Grill 2–3 Minuten gratinieren, bis die Weißbrotbrösel braun zu werden beginnen. Sofort servieren.

Miesmuscheln nach Seemannsart (Moules marinière)

Muscheln nach Seemannsart (*Moules marinière*)

(siehe Anleitung 59, Seite 88)

FÜR 4 PERSONEN

**1,75 kg Miesmuscheln, gesäubert
(siehe Seite 88)**
50 g Butter
1 mittelgroße Zwiebel, fein gehackt
50 ml trockener Weißwein
1 EL grob gehackte Petersilie

1 Die Miesmuscheln, die Butter, die gehackte Zwiebel und den Weißwein in einen sehr großen Topf füllen und zugedeckt bei großer Hitze 3–4 Minuten unter gelegentlichem Rütteln dämpfen, bis sich die Muscheln geöffnet haben.

2 Die Muscheln in 1 große oder 4 einzelne, vorgewärmte Schüsseln füllen. Den Sud durch ein feines Sieb gießen, die Petersilie einrühren und über die Muscheln gießen und sofort mit reichlich knusprigem Baguette servieren.

Warme Austern mit schwarzen Bohnen, Ingwer und Koriander (siehe Anleitung 63, Seite 91)

FÜR 4 PERSONEN

20 Pazifische Felsenaustern
**2$^1/_2$ cm frische Ingwerwurzel,
sehr fein gehackt**
7$^1/_2$ cm Salatgurke
1 EL gehackte Korianderblätter
1 TL Schnittlauchröllchen
**1 EL chinesische fermentierte, gesalzene
schwarze Sojabohnen**
1 Knoblauchzehe, sehr fein gehackt
1 EL dunkle Sojasauce
2 EL trockener Sherry
4 EL Sesamöl
Salz

1 Den Grill auf hoher Stufe vorheizen. Die Austern öffnen, wie auf Seite 91 beschrieben, und die Hälfte der das Muschelfleisch umgebenden Flüssigkeit weggießen. Die Austern auf einer hitzebeständigen Platte oder in der Grillpfanne in eine dicke Schicht Steinsalz setzen, sodass sie sich während des Garens nicht zur Seite neigen können. Mit dem gehackten Ingwer bestreuen und beiseite stellen.

2 Die Gurke in 2$^1/_2$ cm lange Stücke, diese in Scheiben und schließlich in streichholzdicke Stäbchen schneiden. Mit dem Koriander und Schnittlauch vermengen und beiseite stellen.

3 Die schwarzen Bohnen abspülen und grob hacken. In einem kleinen Topf mit dem Knoblauch, der Sojasauce, dem Sherry und dem Sesamöl vermengen. Bei sehr niedriger Hitze langsam erwärmen.

4 Die Austern 3 Minuten grillen. Die Gurkenmischung darüber verteilen und mit dem Schwarze-Bohnen-Dressing beträufeln. Warm servieren.

Austern »Charentais«

FÜR 4 PERSONEN

20 Pazifische Felsenaustern

FÜR DIE WÜRSTCHEN

350 g Schweinebauch, grob gehackt

½ TL Salz

½ TL Paprikapulver

½ TL frisch gemahlener schwarzer Pfeffer

½ TL Thymianblätter

½ TL Cayennepfeffer

**75 g Chorizo (scharfe spanische Bratwurst),
  grob gehackt**

100 g Schweinenetz, gewässert

1 Den Schweinebauch mit allen anderen Zutaten für die Würstchen –
bis auf das Schweinenetz – im Mixer oder in der Küchenmaschine
grob zerkleinern. Die Masse in eine Schüssel füllen. Das Schweinenetz in
10 cm große Quadrate schneiden.

2 Die Wurstmasse in 12 Portionen von der Größe eines Golfballes
teilen und zu kleinen Würstchen rollen. Jedes Würstchen in ein Stück
Schweinenetz einwickeln.

3 Zwanzig Minuten vor dem Servieren die Austern öffnen (siehe
Seite 91), dabei darauf achten, dass möglichst wenig von der Flüssigkeit
verloren geht, die die Austern in der Schale umgibt. Die Austern auf
4 Tellern anrichten.

4 Den Grill auf hoher Stufe vorheizen. Die Würstchen auf ein Blech
oder den mit Alufolie belegten Grillrost legen und grillen, bis sie durchgegart und etwas gebräunt sind. Dabei hin und wieder wenden. Auf
jeden Teller 3 Würstchen legen und sofort servieren.

Austern, mit Parmesan überbacken

FÜR 4 PERSONEN

24 Pazifische Felsenaustern

175 ml Sahne

Frisch gemahlener schwarzer Pfeffer

25 g Parmesan, fein gerieben

50 g Butter, zerlassen

1 Den Grill auf hoher Stufe vorheizen. Die Austern öffnen, wie
auf Seite 91 beschrieben, und von der tieferen Schale lösen. Den größten Teil der Flüssigkeit abgießen. Auf ein Backblech oder in die Grillpfanne setzen.

In Tempura-Teig mit Sesam ausgebackene Austern

2 Die Austern mit jeweils etwa 1½ Teelöffeln Sahne überziehen und
mit etwas schwarzem Pfeffer würzen. Mit dem Parmesan bestreuen und
mit der zerlassenen Butter beträufeln.

3 Die Austern unter dem Grill 1 Minute überbacken, bis der Parmesan
goldbraun ist. Sofort servieren.

In Tempura-Teig mit Sesam ausgebackene Austern

FÜR 4 PERSONEN

20 Pazifische Felsenaustern

Sonnenblumenöl zum Ausbacken

Limettenspalten zum Servieren

FÜR DEN TEMPURA-TEIG

50 g Mehl

50 g Maisstärke

1 kleine Prise Salz

4 TL geröstete Sesamsamen

175 ml eiskaltes Mineralwasser aus einer
  frisch geöffneten Flasche

FÜR DIE DIPSAUCE

4 EL dunkle Sojasauce

4 EL Wasser

Saft von 1 Limette

1 Die Austern öffnen (siehe Seite 91), die Flüssigkeit in den Schalen wegggießen. Das Fleisch vorsichtig auslösen und die gewölbten Schalenhälften zum Servieren zurückbehalten.

2 Die Zutaten für die Dipsauce verrühren und in 4 kleine Portionsschälchen füllen.

3 Das Frittieröl auf 190 °C erhitzen. Für den Tempura-Teig das Mehl und die Maisstärke in eine Schüssel sieben und mit dem Salz und den Sesamsamen vermengen. Anschließend das eiskalte Mineralwasser einrühren (es muss wirklich sehr kalt sein und unbedingt aus einer frischen Flasche stammen, damit der Teig gelingt). Den Teig nur kurz durcharbeiten; er soll ruhig noch ein bisschen klumpig sein. Erscheint er ein wenig zu dick, noch etwas Wasser zugießen. Der Tempura-Teig sollte sehr dünn und fast durchsichtig sein.

4 Das Austernfleisch Stück für Stück durch den Teig ziehen, in das heiße Fett gleiten lassen und in 1 Minute goldgelb und knusprig ausbacken. Mit einem Schaumlöffel aus dem Fett heben und kurz auf Küchenpapier abtropfen lassen.

5 Die Austern in ihren Schalen anrichten und auf 4 Tellern arrangieren. Mit den Limettenspalten garnieren und mit der Dipsauce servieren.

Gebratene Jakobsmuscheln mit Schinken

Gebratene Jakobsmuscheln mit Schinken (siehe Anleitung 62, Seite 90)

FÜR 4 PERSONEN

8 dünne Scheiben luftgetrockneter spanischer Schinken

1 Frisée-Salatherz, zerteilt, und eine Hand voll anderer bitterer Blattsalat

50 g Butter, gekühlt

12 Jakobsmuscheln, ausgelöst (siehe Seite 90)

Salz und frisch gemahlener schwarzer Pfeffer

3 EL Sherryessig

1 EL gehackte Petersilie

1 Die Schinkenscheiben und Blattsalate dekorativ auf 4 Tellern anrichten. Den Boden einer beschichteten Pfanne großzügig mit der Butter einreiben, die restliche Butter in kleine Würfel schneiden.

2 Die Pfanne heiß werden lassen und, sobald die Butter zu rauchen beginnt, die Jakobsmuscheln einlegen und von jeder Seite 2 Minuten braten. Während des Bratens mit Salz und Pfeffer würzen. Die Jakobsmuscheln auf dem Schinken anrichten.

3 Für das Dressing die Pfanne von der Kochstelle nehmen und mit dem Sherryessig den am Pfannenboden haftenden Bratensatz losrühren. Die Pfanne wieder auf den Herd stellen und nach und nach die Butterstücke unterschlagen. Zuletzt die Petersilie einrühren und mit Salz und Pfeffer abschmecken. Das Dressing über die Salatblätter träufeln und sofort servieren.

REZEPTE

Muscheln und andere Meeresfrüchte

JAKOBS-
MUSCHELN,
KRAKE
(OCTOPUS)

11

Gedämpfte Jakobsmuscheln mit Ingwer und Frühlingszwiebeln

FÜR 4 PERSONEN

**16 küchenfertige Jakobsmuscheln in der Schale
(siehe Seite 90)**

1 TL fein gehackte frische Ingwerwurzel

1 EL Sesamöl

2 EL dunkle Sojasauce

1 EL grob gehackte Korianderblätter

3 Frühlingszwiebeln, in dünne Scheiben geschnitten

1 In einen flachen, breiten Dämpftopf etwa 2½ cm hoch Wasser einfüllen und zum Kochen bringen. Das Muschelfleisch von der Schale
lösen, aber darin belassen. Etwas Ingwer über die Muscheln streuen.

2 Die Jakobsmuscheln in den Dämpfeinsatz setzen (nötigenfalls in
mehreren Durchgängen arbeiten) und in den vorbereiteten Dämpftopf
einlassen. Die Hitze herunterstellen und die Muscheln zugedeckt etwa
4 Minuten dämpfen, bis sie auf den Punkt gar sind. Aus dem Topf heben
und warm stellen, während Sie die restlichen Muscheln dämpfen.

3 Inzwischen das Sesamöl mit der Sojasauce ein einem kleinen Topf
erwärmen.

4 Die Jakobsmuscheln auf 4 vorgewärmten Tellern anrichten und mit
etwas Sauce überziehen. Das Koriandergrün und die Frühlingszwiebeln
darüber streuen und sofort servieren.

Gegrillte Jakobsmuscheln mit Haselnuss-Koriander-Butter

FÜR 4 PERSONEN

**16 küchenfertige Jakobsmuscheln in der Schale
(siehe Seite 90)**

25 g Butter, zerlassen

Salz und frisch gemahlener schwarzer Pfeffer

FÜR DIE HASELNUSS-KORIANDER-BUTTER

20 g Haselnusskerne

75 g Butter, etwas weich gemacht

7 g Korianderblätter

2 EL glatte Petersilienblätter

7 g Schalotte, grob gehackt

1 TL Zitronensaft

Salz und frisch gemahlener schwarzer Pfeffer

Gegrillte Jakobsmuscheln mit Haselnuss-Koriander-Butter

1 Den Grill auf hoher Stufe vorheizen. Für die Haselnuss-Koriander-
Butter die Haselnusskerne auf einem Backblech ausbreiten und unter
dem Grill 4–5 Minuten rösten. Dabei das Blech hin und wieder rütteln,
damit die Nüsse gleichmäßig bräunen. Die Haselnüsse in ein sauberes
Küchentuch einschlagen und die Haut abreiben. Abkühlen lassen, grob
hacken und in einen Mixer füllen. Die weiche Butter, Korianderblätter,
Petersilie, Schalotte, Zitronensaft sowie 1 großzügige Prise Salz und
etwas Pfeffer zugeben und zu einer homogenen Masse verarbeiten.

2 Die Jakobsmuscheln auf ein großes Backblech setzen (bei Bedarf in
mehreren Durchgängen arbeiten) und mit der zerlassenen Butter
bestreichen. Etwas salzen und pfeffern und 1½ Minuten grillen.

3 Auf jede Jakobsmuschel einen gehäuften Teelöffel der Haselnuss-
Koriander-Butter setzen und weitere 1½ Minuten unter den Grill schieben, bis sie durchgegart sind. Auf eine Servierplatte oder Teller umsetzen
und sofort servieren.

Jakobsmuscheln mit Entenleber und Spaghettini

FÜR 4 PERSONEN

Salz

12 große, küchenfertige Jakobsmuscheln
(siehe Seite 90)

100 g Entenlebern

300 ml Fischfond (siehe Seite 222)

120 ml Sahne

120 ml Muscat de Beaumes de Venise oder ein
vergleichbarer süßer Weißwein

175 g Spaghettini

25 g Butter

Frisch gemahlener schwarzer Pfeffer

Einige Zweige glatte Petersilie zum Garnieren

1 Einen großen Topf mit kräftig gesalzenem Wasser (1 Teelöffel auf 600 ml) zum Kochen bringen. In der Zwischenzeit das Jakobsmuschelfleisch waagerecht in zwei Hälften und die Entenlebern in ebenso große Stücke schneiden. Dabei etwaige grüngelbe Rückstände der Gallenblase entfernen.

2 Den Fischfond, 85 ml der Sahne und den Weißwein in einem Topf zum Kochen bringen und rasch auf 150 ml einkochen lassen.

3 Die Spaghettini in das kochende Wasser geben und in etwa 4 Minuten *al dente* kochen. Abseihen und abgedeckt warm stellen.

4 Inzwischen in einer Bratpfanne 1 kleines Stück der Butter bei großer Hitze aufschäumen lassen. Das Muschelfleisch darin von jeder Seite 30 Sekunden braten. Auf einem Teller warm stellen.

5 Die restliche Butter in der Pfanne zerlassen, die Entenleberstücke darin unter Wenden von allen Seiten goldgelb braten. Zu den Jakobsmuscheln warm stellen.

6 Die reduzierte Fond-Wein-Mischung in die Pfanne gießen, zum Kochen bringen und dabei den Bratensatz vom Pfannenboden losrühren. Die Sauce durch ein Sieb in einen kleinen Topf abseihen und die restliche Sahne unterrühren. Abschmecken und nochmals kurz erwärmen.

7 Die Spaghettini auf 4 vorgewärmte Teller verteilen; die Jakobsmuscheln und Entenlebern darauf anrichten. Die Sauce über die Nudeln schöpfen, mit den Petersilienzweigen garnieren und servieren.

Geschmorter Krake in Rotwein mit Erbsen (nach Art von La Vela in Neapel)

Geschmorter Krake nach Art von La Vela in Neapel (siehe Anleitung 65, Seite 94)

FÜR 4 PERSONEN

1 Krake (750 g), küchenfertig
(siehe Seite 94)

120 ml natives Olivenöl extra

2 Knoblauchzehen, in dünne Scheiben geschnitten

4 Schalotten, in Scheiben geschnitten

600 ml italienischer Rotwein

1 TL extrafeiner Zucker

2 Eiertomaten, halbiert

100 g frische Erbsen oder feine TK-Erbsen,
aufgetaut

Salz und frisch gemahlener schwarzer Pfeffer

1 EL fein gehackte glatte Petersilie

1 Den Ofen auf 150 °C vorheizen. Den Kraken mit 85 ml des Olivenöls in einen kleinen Schmortopf legen und zugedeckt 2 Stunden im Ofen schmoren, bis er ganz zart ist.

2 In einer großen, flachen Pfanne das restliche Olivenöl mit dem Knoblauch erhitzen, bis sich am Knoblauch zischende Bläschen zu bilden beginnen. Die Schalotten sanft mitschwitzen, bis sie goldgelb und weich sind. Rotwein, Zucker und Tomaten zugeben, aufkochen und köcheln lassen, bis fast der gesamte Wein verdampft ist. Die Haut der Tomaten herausfischen und wegwerfen.

3 Den Kraken herausheben und quer in kleinere Stücke schneiden. Die Schmorflüssigkeit und 120 ml Wasser in die Rotwein-Reduktion gießen, aufkochen und 15–20 Minuten köcheln lassen, bis die Flüssigkeit um etwa drei Viertel eingekocht ist.

4 Die Erbsen zufügen und 5 Minuten köcheln lassen. Mit Salz und Pfeffer abschmecken und die Petersilie unterrühren. Heiß oder kalt in großen Suppentellern anrichten und mit reichlich knusprigem italienischem Brot servieren.

Spaghetti mit Seeigelrogen, Zitrone und Petersilie

(siehe Anleitung 67, Seite 97)

FÜR 4 PERSONEN
450 g Spaghetti
Salz
4 EL natives Olivenöl extra
1 Knoblauchzehe, fein gehackt
1 sehr kleine Prise getrocknete Chiliflocken
50 g Seeigelrogen (siehe Seite 97)
2 EL gehackte glatte Petersilie
2 TL Zitronensaft
Frisch gemahlener Pfeffer

1 Die Spaghetti in kräftig gesalzenem Wasser (1 Teelöffel Salz auf 600 ml) in 8 Minuten *al dente* kochen.

2 Kurz vor Ende der Garzeit das Olivenöl, den Knoblauch und die Chiliflocken in einem weiteren großen Topf auf mittlerer Stufe erhitzen, bis sich zischende Bläschen zu bilden beginnen. Den Knoblauch 1 Minute sanft schwitzen lassen, ohne dass er Farbe annimmt.

3 Die Spaghetti abgießen und mit dem Seeigelrogen und der Petersilie in das heiße Öl geben. Auf niedriger Stufe 1 Minute durchheben. Die Hitze der gekochten Spaghetti genügt bereits, um den Seeigelrogen leicht zu garen. Mit dem Zitronensaft, einer Prise Salz und etwas Pfeffer würzen und servieren.

»Jahrmarktskrake« (*Pulpo a la feira*)

FÜR 4 PERSONEN
1 Krake (etwa 750 g)
1 Zwiebel, geschält
4 Lorbeerblätter
$\frac{1}{2}$ TL Paprikapulver
1 große Prise Cayennepfeffer
50 ml Olivenöl guter Qualität
$\frac{1}{2}$–1 TL grobes Meersalz

1 Die Vorbereitungen für dieses Gericht beginnen bereits einige Zeit im Voraus: Den Kraken in einem Plastikbeutel 2 Wochen einfrieren (das macht ihn zarter). Am Tag vor der Zubereitung in den Kühlschrank legen und langsam auftauen lassen.

2 Am folgenden Tag den Kraken vorbereiten, wie auf Seite 94 beschrieben. In einem großen Topf Wasser mit der Zwiebel und den Lorbeerblättern zum Kochen bringen. Den Kraken einlegen und etwa 1 Stunde kochen lassen. Nach 30 Minuten eine Garprobe machen und weitere 30 Minuten kochen, falls das Fleisch noch etwas zäh ist. Aber nicht wesentlich länger als 1 Stunde kochen, da mit zunehmender Garzeit der frische Geschmack verloren geht.

3 Den Kraken herausnehmen und gut abtropfen lassen. Auf ein Brett legen, die Fangarme abtrennen und schräg in etwa 5 mm dicke Stücke schneiden. Den Körperbeutel in ebenso große Stücke schneiden.

4 Das Krakenfleisch auf einer großen vorgewärmten Platte anrichten und mit dem Paprikapulver und Cayennepfeffer bestreuen. Das Olivenöl in einem kleinen Topf erhitzen und darüber träufeln. Mit Meersalz bestreuen und mit reichlich knusprig-frischem Brot servieren.

Schwarzer Sepia-Risotto (*Risotto nero*)

FÜR 4 PERSONEN

450 g kleine Sepien
1,2 l Fischfond (siehe Seite 222)
25 g Butter
3 EL Olivenöl
2 große Schalotten, fein gehackt
3 Knoblauchzehen, fein gehackt
350 g Risotto-Reis (z. B. Carnaroli oder Arborio)
150 ml trockener Weißwein
3 EL gehackte glatte Petersilie
Salz und frisch gemahlener schwarzer Pfeffer
1 EL fein geriebener Parmesan

1 Die Sepien vorbereiten, wie auf Seite 96 beschrieben; dabei die silbrig glänzenden Tintensäcke vorsichtig herauslösen, ohne sie zu beschädigen. Die Tinte in den Fischfond auspressen, dann die Säcke aufschneiden und in dem Fond ausspülen, um möglichst viel Farbstoff zu gewinnen. Den Fischfond zum Kochen bringen und auf niedriger Stufe warm stellen. Die Körperbeutel der Sepien in sehr feine Streifen, die Tentakeln in 4 cm lange Stücke schneiden.

2 In einem Topf mit schwerem Boden die Butter und 1 Esslöffel des Öls heiß werden lassen. Die Schalotten und den Knoblauch darin sanft glasig schwitzen, ohne Farbe nehmen zu lassen.

3 Den Reis einstreuen und gründlich verrühren, sodass er gleichmäßig mit dem Fett überzogen ist. Den Wein zugießen und bei niedriger Hitze einige Minuten köcheln lassen, bis er fast vollständig verdampft ist.

4 Eine Kelle des heißen Fischfonds zugießen und unter ständigem Rühren köcheln lassen, bis der Reis sämtliche Flüssigkeit aufgenommen hat. Auf diese Weise nach und nach den gesamten Fischfond unter ständigem Rühren einarbeiten, bis der Risotto von zarter, cremiger Konsistenz ist, aber noch etwa Biss hat (*al dente*) – das wird 20–25 Minuten dauern.

5 Das restliche Olivenöl in einer großen Bratpfanne erhitzen. Das Sepiafleisch darin bei lebhafter Hitze 1½ Minuten braten. Von der Kochstelle nehmen, die Petersilie unterrühren, salzen und pfeffern. Den Parmesan unter den Risotto rühren und mit Salz und Pfeffer abschmecken.

6 Den Risotto in 4 vorgewärmten Schalen anrichten. In der Mitte jeweils einige Stücke Sepia verteilen und sofort servieren.

ALTERNATIVE MEERESFRÜCHTE

Kalmar wäre eine gute Alternative, allerdings reicht seine Tinte für diesen Risotto nicht aus. Bei vielen Fischhändlern ist die Tinte aber separat in kleinen Beuteln erhältlich. Für dieses Gericht benötigen Sie 4 dieser Beutel.

Salat von roher Sepia mit Strauchtomaten und Rucola

(siehe Anleitung 66, Seite 96)

FÜR 4 PERSONEN

1 kleine Sepia
6 mittelgroße Strauchtomaten
Saft von ¼ Zitrone
Grobes Meersalz
Grob gemahlener schwarzer Pfeffer
Natives Olivenöl extra
40 g Rucola

1 Die Sepia vorbereiten, wie auf Seite 96 beschrieben, die Tentakeln für eine andere Zubereitung zurücklegen. Den gesäuberten Körperbeutel der Länge nach zunächst halbieren, dann quer und ein wenig schräg in sehr feine Streifen schneiden.

2 Die Tomaten in dünne Scheiben schneiden.

3 Zum Servieren jeweils 6 Tomatenscheiben nebeneinander auf die Teller legen und je 25 g der Sepiastreifen lose darauf verteilen. Mit einigen Tropfen Zitronensaft, grobem Meersalz und schwarzem Pfeffer würzen und mit Olivenöl beträufeln. Einige Rucolablätter darauf arrangieren und sofort servieren.

Frittierte Kalmare mit Aïoli

FÜR 4 PERSONEN

350 g Kalmare, küchenfertig (siehe Seite 92)
Salz, 50 g gewürztes Mehl
Sonnenblumenöl zum Frittieren
2 Strauchtomaten, in dünne Scheiben geschnitten
1 Zweig Dill, in kleine Stücke gezupft
Grobes Meersalz
Grob gemahlener schwarzer Pfeffer
1 Rezeptmenge Aïoli (siehe Seite 224)
Schmale Zitronenspalten zum Servieren

1 Die Körperbeutel der Kalmare quer in Ringe schneiden. Die Ringe etwas salzen, in dem gewürzten Mehl wenden und in dem auf 190 °C erhitzten Öl portionsweise goldbraun und knusprig frittieren. Kurz auf Küchenpapier abtropfen lassen.

2 Auf jedem Teller 3–4 Tomatenscheiben mit dem Dill auslegen und würzen. Die frittierten Kalmarringe und je 1 gehäuften Esslöffel Aïoli daneben anrichten. Mit den Zitronenspalten garnieren und servieren.

Gefüllter Kalmar mit süßer Chilisauce

FÜR 4 PERSONEN

4 kleine Kalmare (die Körperbeutel sollten nicht länger als 15 cm sein), küchenfertig (siehe Seite 92)

25 g rohe Riesengarnelen, geschält

100 g Schweinehackfleisch

1 cm frische Ingwerwurzel, fein gerieben

2 Knoblauchzehen, durchgepresst

1 EL helle Sojasauce

1 EL gehackte Korianderblätter

¼ TL extrafeiner Zucker

1½ TL Sesamöl

½ TL Salz

Frisch gemahlener Szechuanpfeffer

2 Frühlingszwiebeln, gehackt; plus 1 Frühlingszwiebel, in feine Streifen geschnitten, zum Garnieren

FÜR DIE SÜSSE CHILISAUCE

2 EL dunkle Sojasauce

2 EL süße Chilisauce

2 TL Reiswein- oder Weißweinessig

1 TL Sesamöl

1 Die Körperbeutel der Kalmare auswaschen. Die Tentakeln und Flossen grob hacken, mit den Garnelen und dem Hackfleisch in den Mixer oder in die Küchenmaschine geben und zu einer groben Farce verarbeiten. In eine Schüssel füllen und mit den restlichen Zutaten (außer den Frühlingszwiebeln zum Garnieren) sorgfältig vermengen.

2 Die Körperbeutel mit der Farce füllen und die offenen Enden mit kleinen Holzspießen verschließen.

3 In einen Dämpftopf etwa 2½ cm hoch Wasser gießen und zum Kochen bringen. Die gefüllten Kalmare in den Dämpfeinsatz einlegen, in den Topf einsetzen und zugedeckt 20–25 Minuten dämpfen.

4 Inzwischen die Zutaten für die Sauce in einem kleinen Topf vermengen und, kurz bevor die Kalmare gar sind, langsam erwärmen. Die fertigen Kalmare auf einem Brett in jeweils 6 Scheiben schneiden und auf 4 vorgewärmten Tellern anrichten. Mit der warmen Sauce überziehen, mit den Frühlingszwiebelstreifen garnieren und servieren.

Kalmarsalat mit Minze und Koriandergrün

FÜR 4 PERSONEN

225 g kleine Kalmare, küchenfertig (siehe Seite 92)

Salz und frisch gemahlener schwarzer Pfeffer

2 EL Erdnussöl

1 große Prise Cayennepfeffer

2 TL Langkornreis

1 Römersalatherz, quer in breite Streifen geschnitten

4 Frühlingszwiebeln, geputzt, längs halbiert und in feine Streifen geschnitten

1 Hand voll Minzeblätter

1 Hand voll Koriandergrün (-blätter)

FÜR DAS DRESSING

1 mittelscharfe rote Chilischote, in feine Ringe geschnitten

50 ml Weißweinessig

Saft von 1 Limette

2 EL Thai-Fischsauce (nam pla)

2 EL Wasser

½ TL extrafeiner Zucker

1 Stängel Zitronengras, Außenblätter entfernt und das Innere sehr fein gehackt

1 Die Körperbeutel der Kalmare auf einer Seite aufschneiden und flach ausbreiten. Die Innenseite mit der Spitze eines kleinen, scharfen Messers mit einem Karomuster versehen und dann in 5 cm große Quadrate schneiden. Die Tentakeln, falls sie sehr groß sind, voneinander trennen (siehe Seite 93). Mit Salz und Pfeffer würzen.

2 Für das Dressing die Chiliringe mit dem Essig bedecken und ½ Stunde ziehen lassen.

3 Das Öl in einem Wok erhitzen. Die Kalmarstücke darin 2 Minuten pfannenrühren. Auf einen Teller legen, mit Cayennepfeffer bestreuen und abkühlen lassen – aber nicht in den Kühlschrank stellen.

4 Inzwischen eine kleine Pfanne mit schwerem Boden auf großer Stufe erhitzen. Den Reis darin einige Minuten rösten, bis er kräftig gebräunt ist und ein nussiges Aroma verströmt. In einem Mörser leicht zerstoßen, aber nicht zu einem Pulver zermahlen.

5 Den Salat, die Frühlingszwiebeln, die Minze und das Koriandergrün vermengen und auf einer großen, ovalen Platte ausbreiten. Die Kalmarstücke mit dem im Wok verbliebenen Öl darauf verteilen. Die Chiliringe aus dem Essig nehmen und mit den restlichen Dressing-Zutaten verrühren. Das Dressing über die Kalmarstücke löffeln, mit dem gerösteten Reis bestreuen und sofort servieren.

Pfannengerührter Kalmar mit Frühlingszwiebeln und roter Chilischote

Pfannengerührter Kalmar mit Frühlingszwiebeln und roter Chilischote (siehe Anleitung 64, Seite 92)

FÜR 4 PERSONEN ALS VORSPEISE

750 g Kalmare
¹/₂ TL schwarze Pfefferkörner
¹/₂ TL Szechuanpfefferkörner
1 TL grobes Meersalz
1–2 EL Sonnenblumenöl
3 Frühlingszwiebeln, in Scheiben geschnitten
1 mittelscharfe rote Chilischote, in feine Ringe geschnitten (nach Belieben zuvor die Samen entfernen)

FÜR DEN SALAT

¹/₄ Salatgurke, geschält, längs halbiert und die Samen entfernt
50 g Sojabohnensprossen
25 g Brunnenkresse, große Stiele entfernt
2 TL dunkle Sojasauce
2 TL geröstetes Sesamöl
¹/₄ TL extrafeiner Zucker
1 Prise Salz

1 Die Kalmare vorbereiten, wie auf Seite 92 in den Arbeitsschritten 1–8 beschrieben.

2 Für den Salat die Gurke der Länge nach in kurze Streifen schneiden. Mit den Sojabohnensprossen und der Brunnenkresse vermengen und bis zum Anrichten in den Kühlschrank stellen. Für das Dressing die Sojasauce mit dem Sesamöl, dem Zucker und dem Salz verrühren und beiseite stellen.

3 Eine kleine Pfanne mit schwerem Boden auf großer Stufe heiß werden lassen. Die schwarzen Pfefferkörner und den Szechuanpfeffer darin einige Sekunden fettlos anrösten, bis sie sich dunkel verfärben und aromatisch duften. Dabei die Pfanne hin und wieder schwenken. Den Pfeffer anschließend im Mörser grob zerstoßen und mit dem groben Meersalz vermengen.

4 Einen Wok auf großer Stufe sehr heiß werden lassen. Jeweils die Hälfte des Öls und der vorbereiteten Kalmarstücke hineingeben und 2 Minuten pfannenrühren, bis sie eine goldgelbe Farbe angenommen haben. Auf einen Teller legen und die restlichen Kalmare auf die gleiche Weise zubereiten.

5 Sämtliche Kalmarstücke zurück in den Wok füllen und 1 Teelöffel der Pfeffer-Salz-Mischung untermengen (den Rest der Gewürzmischung für andere pfannengerührte Gerichte zurückbehalten). Etwa 10 Sekunden gründlich rühren, dann die Frühlingszwiebeln und die Chilischote in den Wok streuen und ganz kurz durchrühren.

6 Die Kalmare auf 4 Teller verteilen. Den Salat aus dem Kühlschrank nehmen, mit dem Dressing vermengen und neben dem Kalmar anrichten. Sofort servieren.

221

Rezepte
Kapitel 12

Grundrezepte, Fonds und Saucen

Fischfond

ERGIBT 1,2 LITER

1 kg Fischkarkassen, z. B. von Rotzunge, Glattbutt und Scholle
2,4 l Wasser
1 Zwiebel, gehackt
1 Fenchelknolle, gehackt
100 g Bleichsellerie, in Scheiben geschnitten
100 g Möhren, gehackt
25 g junge Champignons, in Scheiben geschnitten
1 Zweig Thymian

1 Die Fischkarkassen in einem großen Topf mit dem Wasser bedecken, zum Kochen bringen und 20 Minuten leise köcheln lassen.

2 Durch ein mit Mulltuch ausgelegtes Sieb in einen sauberen Topf abseihen, Gemüse und Thymian zugeben und erneut aufkochen. 35 Minuten köcheln und auf etwa 1,2 Liter einkochen lassen.

3 Nochmals absieben und verwenden oder lagern.

Krustentierfond und -reduktion

ERGIBT 900 MILLILITER FOND ODER
150 MILLILITER REDUZIERTEN FOND

15 g Butter
50 g Möhre, gehackt
50 g Zwiebel, gehackt
50 g Bleichsellerie, gehackt
350 g Tiefseegarnelen oder kleine Krabben, ungeschält
1 EL Cognac
2 EL Weißwein
1 TL frischer gehackter Estragon
75 g Tomaten, grob gehackt
1,2 l Fischfond (siehe oben)
1 Prise Cayennepfeffer

FÜR DEN FOND:

1 Die Butter in einem großen Topf zerlassen. Die Möhre, Zwiebel und den Sellerie darin bei mittlerer Hitze 3–4 Minuten anschwitzen.

2 Die Tiefseegarnelen oder Krabben und den Cognac zugeben und 2 Minuten mitschwitzen.

3 Die restlichen Zutaten zugeben und bei geringer Hitze zugedeckt 40 Minuten köcheln lassen.

4 Den Fond durch ein feinmaschiges Sieb abseihen und mit dem Rücken einer Kelle möglichst viel Flüssigkeit herauspressen. Der Fond ist nun gebrauchsfertig.

FÜR DIE REDUKTION:

1 Den Fond vor dem Abseihen portionsweise in der Küchenmaschine pürieren. Durch ein mit einem Mulltuch ausgelegtes Sieb in einen sauberen Topf abseihen und dabei alle Flüssigkeit herauspressen.

2 Den Fond aufkochen und rasch auf 150 ml Flüssigkeit einkochen lassen. Die Reduktion ist jetzt gebrauchsfertig.

Hühnerbrühe

ERGIBT 1,7 LITER

Karkassen von einem 1,5 kg schweren Huhn oder 450 g Hühnerflügel
1 große Möhre, gehackt
2 Stangen Bleichsellerie, in Scheiben geschnitten
2 Stangen Lauch, in Scheiben geschnitten
2 frische oder getrocknete Lorbeerblätter
2 Zweige Thymian
2,4 l Wasser

1 Sämtliche Zutaten in einem großen Topf langsam zum Kochen bringen. Den sich an der Oberfläche bildenden Schaum abschöpfen. 2 Stunden leise köcheln lassen. Die Brühe sollte nicht sprudelnd kochen, da sie sonst trübe wird.

2 Die Hühnerbrühe durch ein mit Mulltuch ausgelegtes Sieb abseihen und entsprechend der Rezeptanleitung weiterverwenden. Für den späteren Gebrauch zunächst abkühlen lassen und im Kühlschrank kalt stellen oder einfrieren.

Court-Bouillon

6 frische Lorbeerblätter
1 TL schwarze Pfefferkörner
1 Möhre, in Scheiben geschnitten
1 kleine Zwiebel, in Scheiben geschnitten
2 EL Salz
4 EL Weißweinessig
3,4 l Wasser

Sämtliche Zutaten in einem Topf oder einem Fisch-
kessel aufkochen und 20 Minuten köcheln lassen.
Die Court-Bouillon (=Brühe) bis zur weiteren
Verwendung beiseite oder kalt stellen. Vor dem
Gebrauch erneut aufkochen.

Brühe für Schaltiere

ERGIBT 2,4 LITER

1 Fenchelknolle
1 große Zwiebel
4 Stangen Bleichsellerie
1 Hand voll junge Champignons
½ TL Salz
1 TL schwarze Pfefferkörner
2 Lorbeerblätter
3 Zweige Thymian
½ TL Fenchelsamen
300 ml trockener Weißwein

1 Das Gemüse grob hacken, mit dem Salz,
Pfeffer, den Kräutern und Fenchelsamen in einen
großen Topf füllen und mit Wasser bedecken.

2 Zum Kochen bringen und 20 Minuten köcheln
lassen. Den Topf von der Kochstelle nehmen
und den Wein zugießen. Zugedeckt 2 Stunden
abkühlen lassen.

3 Die Brühe in einen anderen Topf abseihen und
verarbeiten oder kalt stellen/einfrieren.

Sauce hollandaise

FÜR 4 PERSONEN

2 EL Wasser
2 Eigelb
225 g geklärte Butter (siehe Seite 226),
    erwärmt
Saft von ½ Zitrone
1 großzügige Prise Cayennepfeffer
¾ TL Salz

1 Wasser und Eigelbe in einem Schneekessel oder
einer Glasschüssel vermengen und auf einen Topf
mit kochendem Wasser setzen. Der Schüsselboden
darf das heiße Wasser nicht berühren. Kräftig aufschlagen, bis die Masse cremig dick ist.

2 Aus dem Wasserbad nehmen und nach und
nach die geklärte Butter unterrühren, bis eine
sämige Emulsion entstanden ist. Mit Zitronensaft,
Cayennepfeffer und Salz abschmecken.

HINWEIS

Die Sauce schmeckt am besten frisch zubereitet.
Sie lässt sich aber auch bis zu 2 Stunden warm
halten (z. B. im warmen Wasserbad).

ABWANDLUNGEN

Sauce béarnaise

In einem kleinen Topf 1 Esslöffel gehackten
Estragon, 2 fein gehackte Schalotten, 20 Umdrehungen schwarzen Pfeffer und 50 ml Weißweinessig aufkochen und bis auf 1 Esslöffel einkochen
lassen. Unter 1 Rezeptmenge Hollandaise rühren.

Sauce maltaise

Die fein abgeriebene Schale von 1 Blutorange
und den Saft von 2 Blutorangen unter 1 Rezeptmenge Hollandaise rühren.

Vanille-Hollandaise

300 ml Fischfond (siehe Seite 222), 2 Esslöffel
Noilly Prat sowie 1 Vanilleschote mit dem aus-
geschabten Mark in einem kleinen Topf zum
Kochen bringen und bei großer Hitze auf
1½–2 Esslöffel einkochen lassen. Durch ein
feines Sieb abseihen und unter 1 Rezeptmenge
Hollandaise rühren.

Muschelsauce

450 g kleine Miesmuscheln mit 2 Esslöffeln
Weißwein, 1 fein gehackten Schalotte und
1 Teelöffel gehackter Petersilie in einem Topf zugedeckt bei großer Hitze 3–4 Minuten dämpfen,
bis sie sich geöffnet haben. In ein Sieb schütten
und den Sud auffangen. Das Muschelfleisch,
sobald es etwas abgekühlt ist, aus den Schalen
lösen und beiseite stellen. Den abgesiebten

Muschelsud bis auf 1–2 Esslöffel einkochen lassen
und mit dem Muschelfleisch unter 1 Rezeptmenge
Hollandaise rühren.

Seafood-Sauce

1 Rezeptmenge reduzierten Krustentierfond
(siehe Seite 222) unter 1 Rezeptmenge Hollandaise rühren.

Sauce messine

1 Teelöffel Dijon-Senf, 2 fein gehackte Schalotten
und 50 ml Sahne in einem kleinen Topf aufkochen.
Mit je 1 Teelöffel gehacktem Kerbel, Estragon
und Schnittlauchröllchen unter 1 Rezeptmenge
Hollandaise rühren.

Schnelle Hollandaise

Dieselben Zutatenmengen wie für Hollandaise
verwenden. Eigelbe, Zitronensaft und Wasser in
die Küchenmaschine füllen. Bei laufendem Gerät
langsam die geklärte Butter zugießen. Mit
Cayennepfeffer und Salz abschmecken.

Weiße Buttersauce
(*Beurre blanc*)

FÜR 4 PERSONEN

50 g Schalotten oder Zwiebeln,
    sehr fein gehackt
2 EL Weißweinessig
4 EL trockener Weißwein
6 EL Wasser oder Fischfond
    (siehe Seite 222)
2 EL Sahne
175 g Butter, in kleine Würfel
    geschnitten
Salz und frisch gemahlener
    weißer Pfeffer

Grundrezepte, Fonds und Saucen

1 Schalotten, Essig, Wein und Wasser oder Fond in einem kleinen Topf aufkochen und die Flüssigkeit fast vollständig verkochen lassen.

2 Die Sahne zugeben und noch ein wenig einkochen lassen.

3 Die Hitze herunterstellen und Stück für Stück die Butter unterschlagen, bis eine sämige Sauce entstanden ist. Mit Salz und weißem Pfeffer abschmecken.

Mayonnaise

Eine Mayonnaise lässt sich von Hand und in der Küchenmaschine zubereiten. Hier finden Sie die Anleitungen für beide Verfahren. Einfacher und schneller ist die Zubereitung in der Küchenmaschine, da hierfür Vollei verwendet wird. Als Öl sind Sonnenblumenöl, Olivenöl oder auch eine Mischung aus beiden geeignet. Die Mayonnaise hält sich im Kühlschrank bis zu 1 Woche.

ERGIBT 300 MILLILITER
1 Ei oder 2 Eigelb
2 TL Weißweinessig
1/2 TL Salz
300 ml Sonnenblumen- oder
Olivenöl

HANDGERÜHRTE MAYONNAISE:
1 Achten Sie darauf, dass alle Zutaten etwa Raumtemperatur haben. Die Eigelbe, den Essig und das Salz in eine Schüssel füllen. Die Schüssel auf ein feuchtes Tuch stellen, damit sie fest steht. Die Eigelbe kurz verrühren.

2 Mit einem Schneebesen zunächst tröpfchenweise das Öl unter die Eigelbmischung rühren. (Sobald das Öl mit dem Ei emulgiert ist, können Sie das weitere Öl etwas schneller zugeben). Auf diese Weise das gesamte Öl unterrühren.

MAYONNAISE IN DER
KÜCHENMASCHINE ZUBEREITEN:
Das ganze Ei, den Essig und das Salz in die Küchenmaschine füllen. Bei laufendem Gerät nach und nach das Öl durch das Loch im Deckel zugießen, bis sich eine dicke Emulsion gebildet hat.

ABWANDLUNGEN

Fenchelmayonnaise

3 Esslöffel Pernod, 1 Teelöffel Schnittlauchröllchen und 1 Esslöffel fein gehackten Gemüsefenchel unter 1 Rezeptmenge Mayonnaise mit Olivenöl rühren.

Kräutermayonnaise

Je 25 g Spinat und Rucola 1 Minute in kochendem Wasser blanchieren. Abgießen und unter fließendem kaltem Wasser abschrecken. Gut ausdrücken und mit 25 g einer Mischung aus Petersilie, Kerbel, Estragon, Schnittlauch und 1 Rezeptmenge Mayonnaise mit Olivenöl in der Küchenmaschine glatt verarbeiten.

Marie-Rose-Sauce

5 Esslöffel Tomatenketchup, 4 Esslöffel griechischen Naturjoghurt sowie etwas Salz und frisch gemahlenen weißen Pfeffer unter 1 Rezeptmenge Mayonnaise mit Sonnenblumenöl rühren.

Zitronenmayonnaise

Die Mayonnaise in der Küchenmaschine zubereiten. Den Essig durch 1 Esslöffel Zitronensaft und die fein abgeriebene Schale von 1 kleinen Zitrone ersetzen. Jeweils zur Hälfte Sonnenblumenöl und Olivenöl verwenden.

Senfmayonnaise

Die Mayonnaise in der Küchenmaschine mit 1 ganzen Ei, 1 Esslöffel Weißweinessig, 1 Esslöffel englischem Senf, 3/4 Teelöffel Salz, etwas weißem Pfeffer und Sonnenblumenöl zubereiten.

Tatarensauce

Je 1 Teelöffel fein gehackte grüne Oliven, Senfgurken, Kapern und je 2 Teelöffel Schnittlauchröllchen und gehackte Petersilie unter 1/2 Rezeptmenge Senfmayonnaise rühren.

Aïoli

ERGIBT 175 MILLILITER
4 Knoblauchzehen, geschält
1/2 TL Salz
1 mittelgroßes Eigelb
2 TL Zitronensaft
175 ml natives Olivenöl extra

1 Die Knoblauchzehen auf einem Küchenbrett mit der Klinge eines Schlagmessers zerdrücken. Das Salz darüber streuen und die Mischung mit der Messerklinge zu einer glatten Paste verarbeiten.

2 Die Paste in einer Schüssel mit dem Eigelb und dem Zitronensaft vermengen. Mit dem elektrischen Handrührgerät verrühren und nach und nach das Olivenöl unterrühren, bis eine dicke, der Mayonnaise ähnliche Sauce entstanden ist.

Rouille

ERGIBT 300 MILLILITER
1 Scheibe (25 g) Weißbrot vom Vortag
ohne Rinde
Etwas Fischfond (siehe Seite 222) oder
Wasser
3 dicke Knoblauchzehen, geschält
1 Eigelb
1/4 TL Salz
250 ml Olivenöl

FÜR DIE HARISSA
1 Rezeptmenge geröstete rote
Paprikaschoten (siehe Seite 227)
1 TL Tomatenmark
1 TL gemahlener Koriander
Einige Safranfäden
2 mittelscharfe rote Chilischoten,
Stiele entfernt und das
Fruchtfleisch grob gehackt
1/4 TL Cayennepfeffer
1/4 TL Salz

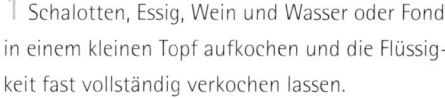

1 Für die Harissa das Fruchtfleisch der gerösteten Paprikaschote, das Tomatenmark, den gemahlenen Koriander, den Safran, die Chilis, den Cayennepfeffer und das Salz im Mixer zu einer glatten Paste verarbeiten.

2 Das Weißbrot in dem Fischfond oder Wasser einweichen. Die Flüssigkeit gut auspressen und das Brot mit 2 Esslöffeln Harissa, dem Knoblauch, Eigelb und dem Salz in der Küchenmaschine zu einer homogenen Masse pürieren.

3 Bei laufendem Gerät nach und nach das Olivenöl zugießen, bis sich eine glatte, dicke, der Mayonnaise ähnliche Sauce gebildet hat. Die Rouille hält sich im Kühlschrank bis zu 1 Woche.

Italienische Salsa verde

FÜR 6–8 PERSONEN

20 g glatte Petersilie, sehr grob gehackt
7 g Minze, sehr grob gehackt
3 EL Kapern in Salzlake, abgespült und abgetropft
6 Sardellenfilets in Olivenöl, abgetropft
1 Knoblauchzehe
1 TL Dijon-Senf
1¹⁄₂ EL Zitronensaft
120 ml natives Olivenöl extra
¹⁄₂ TL Salz

1 Die Petersilie, Minze, Kapern, Sardellen und den Knoblauch auf einem Brett zu einer groben Paste zerhacken.

2 Die Mischung in einer Schüssel mit dem Senf, Zitronensaft, Olivenöl und Salz verrühren.

Petersilienbutter

1 kleines Bund Petersilie, die dicken Stängel entfernt
5 Sardellenfilets in Olivenöl, abgetropft
100 g Butter, etwas weich gemacht
2 TL Zitronensaft
5 Umdrehungen schwarzer Pfeffer aus der Mühle
¹⁄₂ TL Salz

1 Die Petersilie mit den Sardellenfilets auf einem Brett zu einer groben Paste zerhacken.

2 Die Paste mit der Butter, dem Zitronensaft, Pfeffer und Salz vermengen.

3 Die Petersilienbutter in Frischhaltefolie zu einer 4 cm dicken Rolle formen. Einwickeln und im Kühlschrank oder in der Tiefkühltruhe fest werden lassen.

Knoblauchbutter

2 große Knoblauchzehen
Salz
100 g Butter, etwas weich gemacht
1 TL Zitronensaft
1 TL Weinbrand
25 g gehackte Petersilie
Frisch gemahlener schwarzer Pfeffer

1 Den Knoblauch auf einem Brett mit der Klinge eines schweren Messers zerdrücken. Mit einer großen Prise Salz zu einer groben Paste zermahlen.

2 Mit der Butter, dem Zitronensaft, Weinbrand, der Petersilie und etwas Pfeffer gründlich vermengen. Wie oben beschrieben zu einer Rolle formen und kalt stellen.

Garnelenbutter

75 g gekochte Tiefsee- oder Sandgarnelen, ungeschält
100 g Butter, etwas weich gemacht
1 TL Zitronensaft
¹⁄₄ TL Salz
1 Prise Cayennepfeffer

1 Sämtliche Zutaten in einen Mixer füllen, zu einer weichen, glatten Paste verarbeiten und anschließend mit dem Rücken eines Holzlöffels durch ein feinmaschiges Sieb oder Trommelsieb streichen.

2 Falls nötig, nachsalzen und wie oben zu einer Rolle formen und kalt stellen.

Zitronengrasbutter

1 Stängel Zitronengras, Außenblätter entfernt und das Innere fein gehackt
Fein abgeriebene Schale von ¹⁄₂ Limette
2 TL Limettensaft
1 cm frische Ingwerwurzel, sehr fein gehackt
2 EL gehackte Petersilie
100 g leicht gesalzene Butter, etwas weich gemacht
1 EL Thai-Fischsauce (nam pla)
Frisch gemahlener schwarzer Pfeffer

Sämtliche Zutaten in den Mixer füllen und kräftig mit Pfeffer würzen. Zu einer glatten Masse verarbeiten und wie oben formen und kalt stellen.

Paprika-Chili-Butter

1 Rezeptmenge geröstete rote Paprikaschoten (siehe Seite 227)
2 sonnengetrocknete Tomaten in Öl, abgetropft und fein gehackt
1 mittelscharfe rote Chilischote, Samen entfernt, das Fruchtfleisch fein gehackt
2 EL gehackte Petersilie
100 g leicht gesalzene Butter, etwas weich gemacht
¹⁄₂ TL Salz

1 Das Fruchtfleisch der gerösteten Paprikaschote sehr fein hacken.

2 Mit den sonnengetrockneten Tomaten, der Chilischote und der Petersilie in die Butter einarbeiten, mit dem Salz würzen und wie oben formen und kalt stellen.

Grundrezepte, Fonds und Saucen

Pesto-Butter

15 g Basilikumblätter
2 große Knoblauchzehen, grob gehackt
15 g Parmesan, fein gerieben
15 g Pinienkerne
3 EL Olivenöl
½ TL Salz
100 g Butter, etwas weich gemacht

1 Die Basilikumblätter, den Knoblauch, Parmesan, die Pinienkerne, das Olivenöl und Salz im Mixer zu einer glatten Paste verarbeiten.

2 Die Butter untermixen, bis die Masse wieder glatt ist. Wie oben formen und kalt stellen.

Vindaloo-Currypaste

ERGIBT 16 ESSLÖFFEL

40 g getrocknete rote Kaschmir-Chilis
1 kleine Zwiebel
1 TL schwarze Pfefferkörner
1½ TL Gewürznelken
7½ cm Zimtstange
1 TL Kreuzkümmel
2½ cm frische Ingwerwurzel
4 EL gehackter Knoblauch
1 walnussgroßes Stück Tamarindenmark, ohne Samen
1 TL hellbrauner Zucker
2 EL Weißweinessig

1 Die Chilis mit reichlich heißem Wasser bedecken. Mit einem kleinen Teller beschweren und über Nacht einweichen lassen.

2 Am folgenden Tag den Ofen auf 230 °C vorheizen. Die ungeschälte Zwiebel auf der mittleren Einschubleiste 1 Stunde rösten, bis sie durch und durch weich und schön karamellisiert ist. Abkühlen lassen und die Schale entfernen.

3 Die Chilis abgießen und überschüssiges Wasser ausdrücken. Die Pfefferkörner, Gewürznelken, den Zimt und den Kreuzkümmel in der Gewürzmühle zu einem feinen Pulver zermahlen.

4 Die Chilis, die geröstete Zwiebel, das Gewürzpulver, den Ingwer, Knoblauch, das Tamarindenmark, den Zucker und den Essig im Mixer zu einer glatten Paste verarbeiten.

Masalapaste Goa-Art

1 TL Kreuzkümmel
1 TL Koriandersamen
1 TL schwarze Pfefferkörner
½ TL Fenchelsamen
½ TL Gewürznelken
½ TL gemahlene Kurkuma
50 g mittelscharfe rote Chilischoten, grob gehackt
½ TL Salz
3 Knoblauchzehen, gehackt
1 TL hellbrauner Rohrzucker
1½ TL Tamarindenwasser (siehe rechte Seite)
2½ cm frische Ingwerwurzel, grob gehackt
1 EL Rotweinessig

Sämtliche Gewürze von Kreuzkümmel bis Kurkuma in der Gewürzmühle zu einem feinen Pulver zermahlen. Mit den restlichen Zutaten in den Mixer füllen und zu einer glatten Paste verarbeiten.

Thailändische rote Currypaste

FÜR 4 PERSONEN

5 große mittelscharfe rote Chilischoten, Stängel entfernt, das Fruchtfleisch grob gehackt
2½ cm frische Ingwerwurzel, gehackt
2 Stängel Zitronengras, Außenblätter entfernt und das Innere grob gehackt

Tapenade

ERGIBT 1 KLEINES EINMACHGLAS

75 g entsteinte schwarze Oliven, abgespült und abgetropft
4 Sardellenfilets in Olivenöl, abgetropft
25 g Kapern in Salzlake, abgespült und abgetropft
3 Knoblauchzehen
75 ml Olivenöl
Frisch gemahlener schwarzer Pfeffer

1 Oliven, Sardellen, Kapern und Knoblauch im Mixer mit 3–4 Impulsen grob zerkleinern. Dann bei laufendem Gerät in einem dünnen, steten Strahl das Olivenöl zugießen.

2 Mit schwarzem Pfeffer abschmecken, in ein sterilisiertes Einmachglas füllen und fest verschließen. Die Tapenade hält sich im Kühlschrank bis zu 3 Monate.

Geklärte Butter

Die Butter in einem kleinen Topf bei sehr niedriger Hitze zerlassen. Den sich an der Oberfläche absetzenden Schaum abschöpfen und die klare (geklärte) Butter langsam in eine Schüssel abgießen, sodass die milchigen, festen Bestandteile (die Molke), die sich am Boden abgesetzt haben, zurückbleiben.

Durch das Klären werden der Butter Wasser und Milcheiweiß entzogen. Geklärte Butter ist deshalb zum Sautieren geeignet.

Neben der Masalapaste-Spalte oben rechts:

6 Knoblauchzehen
3 Schalotten, grob gehackt
1 TL gemahlener Koriander
1 TL gemahlener Kreuzkümmel
¼ TL Thai-Garnelenpaste (blachan)
2 TL Paprikapulver
½ TL gemahlene Kurkuma
1 TL Salz
1 EL Sonnenblumenöl

Chilischoten, Ingwer, Zitronengras, Knoblauch und Schalotten sowie alle Gewürze und das Öl in den Mixer füllen und zu einer glatten Paste verarbeiten.

12

Mehlbutter
(*Beurre manié*)

Gleiche Mengen weiche Butter und Mehl glatt verkneten. Bis zum Gebrauch zugedeckt im Kühlschrank kalt stellen. Mehlbutter ist genauso lange haltbar wie Butter.

Tamarindenwasser

Ein Stück Tamarindenmark von der Größe einer Mandarine mit 150 ml Wasser in eine Schüssel füllen. Das Mark mit den Fingern durchkneten, bis es zerfällt und sämtliche Samen freigegeben hat. Die leicht sirupartige Mischung durch ein feines Sieb in eine andere Schüssel streichen, die faserigen Bestandteile im Sieb wegwerfen. Das Wasser ist nun gebrauchsfertig und hält sich im Kühlschrank etwa 24 Stunden.

Zitronen-Olivenöl

Mit einem Sparschäler die Schale von 1 Zitrone abschälen, in Streifen schneiden und mit 600 ml nativem Olivenöl extra vermengen. Bis zur Verwendung 24 Stunden durchziehen lassen.

Eingelegte Zitronen

HINWEIS

Verwenden Sie kleine Zitronen, andernfalls lassen sie sich schlecht abfüllen.

3–4 kleine Zitronen pro Einmachglas (500 ml Inhalt)
75 g Salz pro Glas
Frisch gepresster Zitronensaft

1 Die Zitronen vierteln, aber am Stielansatz nicht ganz durchtrennen, sodass man sie wie eine offene Blüte aufklappen kann.

2 Das Fruchtfleisch mit möglichst viel Salz einreiben und die Früchte wieder in ihre ursprüng-liche Form bringen. Die gesalzenen Zitronen mit dem Stielansatz voran möglichst dicht gepackt in die Einmachgläser einsetzen – man muss ein wenig Überzeugungskraft aufwenden, dann passen sie schon.

3 Die Zitronen mit dem restlichen Salz bestreuen, die Gläser fest verschließen und die Früchte 4–5 Tage in dem Salz ziehen lassen, bis sie relativ viel Saft abgegeben haben. Die Gläser hin und wieder schütteln.

4 Die Gläser mit frischem Zitronensaft auffüllen, sodass die Früchte vollständig mit Saft bedeckt sind. Die Gläser wieder verschließen und die Zitronen bis zur Verwendung noch einige Wochen durchziehen lassen.

Nudelteig mit Ei

ERGIBT 225 GRAMM

225 g Mehl
¼ TL Salz
½ TL Olivenöl
2 mittelgroße Eier
2 mittelgroße Eigelb

1 Sämtliche Zutaten in der Küchenmaschine zu einem glatten Teig verarbeiten.

2 Den Teig auf der Arbeitsfläche 10 Minuten durchkneten, bis er weich und geschmeidig ist. In Frischhaltefolie einwickeln und 10–15 Minuten ruhen lassen.

Geröstete rote Paprikaschote

Entweder: Die Paprikaschote am Stielansatz auf eine Gabel spießen und über der Flamme des Gasherdes drehen, bis sich die Haut schwarz verfärbt und Blasen wirft.

Oder: Die Paprikaschote in dem auf 220 °C vorgeheizten Ofen 20–25 Minuten rösten, bis die Haut schwarz ist und Blasen wirft. Zwischendurch einmal wenden. Aus dem Ofen nehmen, in einem Plastikbeutel schwitzen und abkühlen lassen. In der Mitte halbieren und die Stiele, Haut und Samen entfernen. Das Fruchtfleisch ist nun fertig zur weiteren Verwendung.

Frisch eingesalzener Kabeljau

In einem Kunststoffbehälter eine 1 cm dicke Schicht Salz einstreuen. Ein dickes Stück Kabeljaufilet mit Haut auf das Salzbett legen und mit einer weiteren Schicht Salz vollständig bedecken. Abgedeckt über Nacht einwirken lassen. Am folgenden Tag hat sich das Salz in eine Lake verwandelt. Den Kabeljau aus der Lake nehmen und unter fließendem kaltem Wasser abspülen. Den Fisch mit frischem Wasser bedecken und bis zur Verwendung 1 Stunde stehen lassen.

Auslegeteig

225 g Mehl
½ TL Salz
65 g gekühlte Butter, in Stücke geschnitten
65 g gekühltes Schweineschmalz, in Stücke geschnitten
1½–2 EL kaltes Wasser

Das Mehl in die Küchenmaschine oder eine Schüssel sieben und mit dem Salz vermengen. Die gekühlten Butter- und Schmalzstücke zugeben und durcharbeiten, bis der Teig an feine Semmelbrösel erinnert. Das Wasser zugießen und mit einem Messer mit abgerundeter Klinge in den Teig hacken, bis er sich zusammenballt. Auf einer leicht bemehlten Arbeitsfläche kurz durchkneten, bis ein glatter Teig entstanden ist. Auf der bemehlten Arbeitsfläche ausrollen und nach Rezeptanleitung fortfahren.

Kapitel 13

Warenkunde

Warenkunde
Kapitel 13

13

Seafood-Familien

In einer für die Küchenpraxis gedachten Seafood-Kochschule erscheint es sinnvoll, Fische und Meeresfrüchte in »Familien« entsprechend ihren kulinarischen Eigenschaften einzuteilen. Zunächst sollten Sie jedoch in der Tabelle ab Seite 256 (Seafood zuordnen) ausfindig machen, zu welcher Familie das von Ihnen gesuchte Meeresprodukt gehört. Unter der entsprechenden Überschrift (in alphabetischer Ordnung der Familien oder Gruppierungen) finden Sie dann in diesem Kapitel alles Wissenswerte über die Fische und Meeresfrüchte, ihre Beschaffenheit und die geeignete Zubereitungsart. Die Mehrzahl aller Arten innerhalb einer Familie sind anatomisch sehr ähnlich. Gelegentlich habe ich allerdings den einen oder anderen Fisch hinzugefügt, der, obwohl nicht artverwandt, eine ähnliche Form oder Filetstruktur besitzt und daher auf die gleiche Weise zubereitet werden kann. Ich habe mich an so mancher Stelle großzügig über die zoologische Einteilung hinweggesetzt und Fische stattdessen nach ihrer Größe und Form gegliedert. So ist es in der Küche allein von Bedeutung, dass beispielsweise der Europäische Hornhecht und der Atlantische Makrelenhecht einander in Form und Geschmack so ähnlich sind, dass man sie trotz ihrer unterschiedlichen Artenzugehörigkeit zusammen betrachten sollte.

Fisch wird rund um den Erdball üblicherweise in lateinischer Sprache klassifiziert. Die Krux mit den allgemeinsprachlichen Bezeichnungen ist nämlich, dass es Dutzende verschiedener Namen für ein und denselben Fisch oder Dutzende verschiedener Fische mit dem gleichen Namen gibt. Die lateinischen Bezeichnungen sind da absolut zuverlässig.

Viele glauben fälschlicherweise, dass sich die Meeresbewohner auf der anderen Seite des Erdballs wesentlich von den hier bekannten unterscheiden. Auf einige trifft das natürlich zu; ich habe sie unter den Stichworten »Australische Arten« und »Amerikanische Arten« eingehender behandelt. Während zum Beispiel der von den Speerfischern so geschätzte Tarakihi zu einer Familie gehört (Morwongs), die ausschließlich um Australien und Neuseeland zu finden ist, sind die Mitglieder der meisten Fischfamilien weltweit vertreten und können im Allgemeinen auch auf die gleiche Art zubereitet werden.

Bei der Auswahl der in diesem Kapitel beschriebenen Fische und Meeresfrüchte musste ich selbstverständlich selektiv vorgehen. Immerhin gibt es mehr als 25 000 Arten. Welchen Sinn macht es zum Beispiel, alles über die Familie der Rundmäuler und ihre Meer- und Süßwasservertreter aufzulisten? Reicht es nicht vielmehr, über die zwar nicht so verbreiteten, aber in der europäischen Küche durchaus vielseitig verwendeten Meerneunaugen im Allgemeinen Bescheid zu wissen? Ein Buch über die kulinarischen und geschmacklichen Eigenschaften aller Fisch- und Meeresfrüchtearten zu schreiben würde Jahre dauern – es zu lesen vermutlich ebenfalls. Deshalb habe ich mich auf die gängigsten Vertreter beschränkt, in der Hoffnung, dass Sie genau die Informationen finden, nach denen Sie suchen.

Aal und Aalartige Fische

Es ist schon ein kleines Wunder, dass Flussaale überall auf der Welt fast identisch aussehen, bedenkt man die enormen Entfernungen, die sie über die Weltmeere in die Flüsse hinauf und wieder zurück wandern. Der **Europäische Flussaal**, *Anguilla anguilla*, und der **Amerikanische Flussaal**, *Anguilla rostrata*, werden beide in der Sargassosee östlich von Florida geboren. Die Larven benötigen anschließend drei Jahre, um als »Glasaale« bis zu den europäischen Küsten vorzudringen, beziehungsweise ein Jahr für den Weg nach Amerika. Die Aale Australiens und Neuseelands, der **Langflossenaal** und der **Kurzflossenaal**, kommen in der Korallensee zur Welt und brauchen für den Weg in die Flüsse Ost-Australiens und Neuseelands etwa ein Jahr.

Die kulinarische Bedeutung der Aale lässt sich in drei Phasen ihres Lebenszyklus unterteilen. Als »Glasaale« können sie in Europa ein kleines Vermögen einbringen. Die Spanier servieren sie in winzigen, siedend heißen »cazuelas« mit Olivenöl und Knoblauch. Jene, die davonkommen, wachsen zu gelbbraunen »Steigaalen« heran. In dieser Phase werden die meisten Aale gefangen. Sobald sie ihre Rückreise in die Sargassosee beginnen, wo sie ablaichen und anschließend sterben, bekommen die Fische eine stärkere dunkle Pigmentierung. Die nun sehr fetten Aale stellen ihre Nahrungsaufnahme ein und werden allmählich seidiger und an der Unterseite silbrig glänzend. Diese »Silberaale« sind von ausgezeichnetem Geschmack und werden auch wegen ihres hohen Fettgehalts vor allem in der Räuchereiwirtschaft sehr geschätzt. In der Tat ist es das Fett, das den Aal zu einer ganz besonderen Delikatesse macht. Es ist von ungewöhnlicher Reinheit und einzigartigem Wohlgeschmack. Das Rezept für im Wok zubereiteten Aal mit schwarzen Bohnen auf Seite 125 liefert den ultimativen Beweis. Die Chinesen sind übrigens wahre Meister in der Zubereitung von Aal.

Mittelmeer-Muräne

Zwei weitere bedeutsame Aal-Arten sind die **Mittelmeer-Muräne** und der **Meeraal** oder Conger. Erstere ist wegen ihres festen Fleisches, das fast an die Qualität der Seezunge heranreicht, sehr begehrt. Im Nationalen Archäologischen Museum in Neapel ist ein Mosaik aus Pompeji zu sehen, das eine Auswahl der zu Zeiten der Römer beliebtesten Mittelmeerfische zeigt, darunter ist auch die Mittelmeer-Muräne. Sie wirkt noch immer so frisch und appetitlich, als sei sie erst gestern gefangen worden. Die Mittelmeer-Muräne ist ein erstklassiger Speisefisch und dem Meeraal haushoch überlegen.

Meeraal oder Conger

Der Meeraal ist mit geringfügigen Unterschieden auf der ganzen Welt verbreitet. In der Küche ist er allerdings nur in Europa und hier besonders in Spanien, der Bretagne und in Cornwall von Bedeutung. Regelmäßig vertreten ist er in der Bouillabaisse (siehe Seite 102) und in dem bretonischen Fischeintopf »Cotriade« (siehe Seite 108). Meine eigene Kreation ist der geschmorte Meeraal auf Seite 123, auf die ich noch heute stolz bin. Dabei wird der Fisch in ein Schweinenetz gewickelt und mit Möhren und Sellerie in einer fest verschlossenen Kasserolle im Ofen gegart.

Meerneunauge

Kurz erwähnt werden muss auch dieser aalförmige Fisch, der hauptsächlich in den Küstengewässern und Flussmündungen Nordeuropas lebt. Auch in Amerika kommt er vor, wird dort allerdings weitgehend mit Missachtung gestraft, vermutlich wegen seiner schauerlichen Essgewohnheiten. Neunaugen heften sich mit ihrem Saugmund an die Beute, bohren mit ihren Hornzähnen ein Loch durch die Haut und saugen das Blut des Opfers. Der so malträtierte Fisch stirbt davon aber nicht unbedingt; manchmal kann man auf dem Rücken von Fischen – besonders bei Lachs – die zurückgebliebene Narbe eines solchen Gastmahls sehen. Der Klassiker unter den Neunaugen-Gerichten ist »Lamproie à la bordelaise« – in Rotwein geschmort. Neunaugen haben keine Schuppen, und ihre Gräten erinnern eher an das Knorpelskelett eines Haies.

Amerikanische Arten

Hierunter fallen jene Fischarten, die ausschließlich auf dem US-Markt zu finden sind und in keine andere Kategorie passen.

Die Familie der **Grünlinge** zählt neun verschiedene Arten, die an der Pazifikküste Nordamerikas zu finden sind. Der Beliebteste unter ihnen ist der **Lingcod**, der bis zu 30 kg schwer werden kann. Der im Deutschen **Lengdorsch** genannte Fisch ist – kaum überraschend – nicht mit dem Dorsch (Kabeljau) verwandt. Er ernährt sich vorwiegend von Weichtieren und liefert schmackhaftes Fleisch.

Eine weitere kleine Gruppe bilden die **Ziegelbarsche** (Tilefishes), die sowohl im Atlantik als auch im Pazifik beheimatet sind. Die wichtigste im Atlantik lebende Arte ist der **Blackline Tilefish**. Der **Pazifische Ziegelfisch** (Ocean Whitefish) ist auch sehr gefragt. Sie ernähren sich von Krebsen und anderen Krustazeen, daher erinnert ihr Geschmack ein wenig an Hummer oder Jakobsmuschelfleisch. Der **Fliegende Fisch** gilt in einigen Teilen der Welt als Delikatesse, besonders auf den West-Indies und in Japan, wo sein Rogen für Sashimi verwendet wird. Aber auch in Mehl gewendet und frittiert ist er ein echter Genuss.

Einen wirklichen ichthyologischen Schatz birgt das Meer in Südamerika. Er ähnelt ein wenig dem Kaviar – im Aussehen, nicht im Geschmack. Lieferant ist der **Eisfisch**. Er wird südlich von Tierra del Fuego in eiskalten Gewässern gefangen und häufig mit dem **Chilean Sea Bass** (Patagonian Toothfish) verwechselt. Im Gegensatz zu diesem verfügt er aber über kein Hämoglobin. Sein Lebenssaft gleicht eher einem Frostschutzmittel; außerdem hat der Eisfisch kaum Innereien, sodass er sich relativ lange hält. Sein weißes Fleisch ist fest und mager und hat wie beim Seeteufel abgesehen vom Rückgrat kaum Gräten. Laut Auskunft jener, die diesen Fisch probieren durften, schmeckt er köstlich. Äußerst beliebt ist er in Südargentinien und Chile.

Andere Meeresfrüchte

Die meisten in dieser Rubrik beschriebenen Meeresfrüchte sind wahrhaft exotisch und vielen Menschen völlig unbekannt. Doch fragen Sie einmal einen Galizier nach Percebes oder einen Chinesen nach Seegurken und Sie bekommen den Eindruck, es handele sich um Delikatessen, die im Begriff sind, die Welt im Sturm zu erobern. Der Seafood-Interessierte sollte mit diesen ungewöhnlichen Meeresbewohnern vertraut sein, denn die meisten sind wirklich einen Versuch wert.

Entenmuscheln – Percebes

Die Galizier im Norden Spaniens sind verrückt nach diesen eigentümlichen braunen Entenmuscheln, die eigentlich zur Familie der Crustacea gehören. Sie erinnern an das Bein einer Schildkröte und sind ein bisschen kürzer und gedrungener als ein kleiner Finger. Geschmacklich ähneln sie dem Scherenfleisch des Hummers. Man kocht sie in Salzwasser und serviert sie meist ohne weitere Beilage schlicht mit einem Albarino, dem regionalen Wein. Percebes erzielen in Spanien hohe Preise, denn sie zu sammeln ist nicht ganz ungefährlich. Die »mariscadores« genannten Fischer lösen sie bei Ebbe von den Felsen und riskieren dabei, von einer hohen Welle fortgerissen zu werden.

Quallen

In der westlichen Welt wird zwar kein Quallenfleisch gegessen, doch in China, wo man die Schirme einiger Arten trocknet, sind sie sehr beliebt. Anschließend werden sie wieder gewässert, in Streifen geschnitten und in einem klassischen chinesischen Gericht mit Hühnerfleisch, Gurke, Koriander und Sojasauce serviert. Quallenfleisch hat keinen besonders ausgeprägten Geschmack. Es wird eher wegen seiner Konsistenz geschätzt. Essbare Arten sind die **Pazifische Wurzelmundqualle** *(Rhopilema esculenta)*, **Stomolophus nomurai** und die auch als **Blaue Ohrenqualle** bekannte *Aurelia aurita* aus Australien.

Seeigel

Der einzig essbare Teil des Seeigels ist die orange-farbene Creme im Innern der Tiere – die weiblichen Eierstöcke und die männlichen Gonaden. Obwohl beim Fischhändler eher selten zu finden, erfreuen sich Seeigel großer Beliebtheit. Sie haben ein wunderbar duftiges Aroma. Der essbare Teil wird einfach aus dem geöffneten und gesäuberten Seeigel herausgelöffelt (siehe Seite 97) und roh verzehrt. Man kann ihn auch mit heißer Pasta vermengen (siehe Seite 218) oder zum Binden einer feinen Sauce verwenden. Der beste Seeigel ist der **Steinseeigel**, *Paracentrotus lividus*, mit seinen langen schwarzen oder dunkelbraunen Stacheln. Der in Nordeuropa und Nordamerika beheimatete **Grüne Seeigel** hat kürzere Stacheln und eine härtere Schale. Auf den Orkneys wird er »Scarrimans Heid« genannt, was so viel bedeutet wie ein Straßenkind mit widerspenstigem Stachelhaar. Die gleiche Art ist auch im Nordpazifik zu Hause. Einen mit bis zu 12,5 cm Durchmesser sehr viel größeren Verwandten findet man im nördlichen Kalifornien. Der in Australien und Neuseeland bekannte **Schwarze Seeigel** erinnert von der Form an den Steinseeigel. Er dient hauptsächlich als Exportware für den asiatischen Markt.

Große Meerscheide – Violet

Diese knubbelige Kreatur mit lederiger Haut lebt im Mittelmeer an Felsen geheftet oder auf dem Meeresgrund. Man schneidet sie in zwei Hälften – die Haut ist von violetter Farbe, daher der Name. Der innere essbare Teil ist leuchtend gelb und sehr weich, etwa wie Spiegelei, und hat einen an Ozon erinnernden, ziemlich bitteren Geschmack, wie er manchmal auch für rohe Muscheln typisch ist. Etwas Essig schafft Abhilfe.

Die gleichen Tiere aß ich einmal in New South Wales in Australien, leider habe ich ihren Namen nicht ermitteln können. Fischer hatten sie mir angeboten. Sie waren besser und weniger bitter als die Mittelmeer-Violets.

Seegurken

Die Chinesen halten Seegurken in großen Ehren. Sie erinnern an fette Schnecken, die auf dem Meeresgrund herumliegen, sind etwa 25–30 cm lang und wiegen lebend bis zu 2 kg. Nach der Ernte werden die Meerestiere ausgenommen, gekocht, getrocknet und manchmal auch geräuchert. Vor der Zubereitung müssen sie wieder eingeweicht werden. Seegurken haben kräftige, längs verlaufende Muskeln und müssen daher quer in dünne Streifen geschnitten werden, damit sie genießbar sind. Wie beim Quallenfleisch lieben die Chinesen besonders die gummiartige Beschaffenheit der Seegurken, wie sie auch insgesamt eine größere Vielfalt an Konsistenzen in ihren Gerichten mögen als die westliche Welt.

Australische Arten

Diese Gruppierung umfasst jene Fischarten, die ausschließlich in den Gewässern Australiens und Neuseelands vorkommen. Der australische **Morwong**, in Neuseeland als **Tarakihi** bekannt, ist ein pfannengroßer Fisch mit weißem, festem, mild-aromatischem Fleisch und eine beliebte Beute für Angler und Speerfischer. Wie reich seine Bestände vor der Küste von New South Wales sind, erlebte ich, als ich einmal mit Freunden (Brüdern) nahe Sydney zum Speerfischen ging. Ich blieb mit ihrem Vater im Boot. Als einer seiner Söhne schon bald mit einem zwei Kilo schweren **Roten Morwong** auftauchte, schickte ihn sein Vater gleich wieder los, da der Fisch für das Barbecue am Nachmittag nicht reichen würde. Der nächste Fisch ließ nicht lange auf sich warten. Er schmeckte hervorragend.

Eine weitere Familie, die einzig im australischen Raum vorkommt, sind die **Trevallas** oder Schwarzfische. Die bekanntesten Vertreter sind der **Warehou**, der **Schwarzfisch** und die **Blaunase**. Ihr gebrochen weißes Fleisch ist fest, saftig und sehr schmackhaft; als Speisefisch sind sie im Süden Australiens und in Neuseeland so begehrt, dass man bereits Zuchtversuche plant.

Ebenfalls in Australien sehr populär sind der **Striped Trumpeter** und der **Tassie Trumpeter** (der in Neuseeland **Blue Moki** genannt wird). Beide haben festes, fettreiches weißes Fleisch und lassen sich auf alle erdenklichen Weisen zubereiten. Ich mag sie am liebsten als Filet gegrillt mit einer Mayonnaise, die ich mit etwas heißem Wasser verdünne und mit klein geschnittenen grünen Oliven und einem Hauch Knoblauch abrunde.

Zu erwähnen sind noch der australische **Sand Whiting** (Sandweißling) und der **King George Whiting**. Beide eignen sich hervorragend zum Grillen im Ganzen oder als Filet und verlangen nach wenig mehr. Den besten Whiting aß ich in einem Restaurant namens Clairville Kiosk on Pittwater in New South Wales. Er war in der Pfanne mit brauner Butter und Kapern gebraten und wurde mit warmem Kartoffelsalat und einem knackigen Römischen Salat serviert. Der Sand Whiting ist sehr viel aromatischer als der europäische Wittling.

Brandungsbarsche

Die Fische dieser Familie sind alle von ähnlicher Gestalt mit rundlichem Körper, fester Haut und großen Schuppen. Die erste Rückenflosse ist stachelig und mit der zweiten zusammengewachsen. Das Fleisch dieser Fische ist im Allgemeinen blass-rosa, fest, aber blättrig in der Struktur, sodass es nach dem Garen leicht zerfällt. Wegen ihres mittleren Fettgehalts eignen sie sich für alle Zubereitungsarten, besonders aber zum Grillen – daher ihre große Beliebtheit bei geselligen Barbecues in den USA und Australien.

Es gibt 20 verschiedene Arten Brandungsbarsche an der amerikanischen Pazifikküste, deren Lebensraum sich von Alaska bis nach Baja in Kalifornien erstreckt. Genau genommen handelt es sich dabei nicht wirklich um Barsche, aber wegen ihrer ähnlichen Eigenschaften lassen sie sich in der Küche auf gleiche Weise verwenden. Die besten sind der **Redtail Surfperch**, der **Barred Surfperch** und der **Calico Surfperch**. Sie alle sind mit einem Gewicht von 1–2 kg ideale Pfannenfische und lassen sich hervorragend im Ganzen braten, aber auch auf zahlreiche andere Arten zubereiten. Auch der in Körperbau und Größe recht ähnliche **Opaleye** wird als Barsch verkauft.

Als **Drummers** wird in Australien eine Gruppe von Fischen mit barschähnlicher Statur bezeichnet. Dazu gehören der **Luderick** und der ebenso bekannte **Sweep**. Diese Fische sind hauptsächlich Vegetarier und leben von Algen. Trotz ihrer Qualitäten als Speisefisch wird ihr Geschmack von dieser jodreichen Diät manchmal beeinträchtigt.

Der **Dhufish** oder **Jewfish** ist einer der meistgesuchten indopazifischen Fische in West-Australien. Wenn Sie also das nächste Mal in Perth in Fraser's Fischrestaurant sitzen und über den Swan River blicken, wissen Sie, was Sie bestellen müssen. Dhufish und der artverwandte **Pearl Perch** haben einen vorzüglichen Geschmack und zählen zu den besten Fischen des australischen Kontinents.

Hering und Heringsartige Fische

Hering

Die nordeuropäischen Küstenländer haben den **Atlantischen Hering** in so vielen verschiedenen kulinarischen Variationen verwendet wie das ländliche Frankreich das Schwein. Man führe sich einmal die Vielzahl an Heringsspezialitäten vor Augen, die es im Handel gibt: Rollmops, Bückling, Bismarckhering, englischer Kipper, Matjes, Salzhering, Räucherhering. Bedauerlicherweise scheint die Vorliebe für fettreiche Fischarten wie den Hering auf dem Rückzug zu sein, denn frisch auf den Tisch gibt es vermutlich keinen schmackhafteren Fisch. Zudem stellt sich das alte Sprichwort »Fisch ist gesund« mehr und mehr als richtig heraus. Hering ist reich an der mehrfach ungesättigten Omega-3-Fettsäure, die das Risiko von Herzerkrankungen senken soll. Omega-3-Fettsäure gilt außerdem als wichtiges Aufbauelement für die Entwicklung des Fötus im Mutterleib.

Obwohl sich der Lebensraum der Heringsfamilie über den gesamten Nordatlantik erstreckt, gibt es einige regionale Unterschiede. Der **Norwegische** oder **Isländische Hering** wird wegen seines Gewichts von etwa 225 g in der Räuchereiwirtschaft sehr geschätzt. Er sieht etwas eindrucksvoller aus; außerdem garantiert sein höherer Fett-

und Fleischanteil ein saftiges Endprodukt. Der **Ostseehering** ist mit rund 150 g kleiner; das gilt auch für den in der Nordsee beheimateten Hering. Die gesäuerten Heringsprodukte aus der Ostsee, für die kleinere und fettärmere Fische verwendet werden, sind von sehr würzigem Aroma.

Auch an der Pazifikküste der USA und Kanadas ist die Heringsfischerei (**Pazifischer Hering**) von großer Bedeutung. Die dortigen Rassen können bis zu 675 g auf die Waage bringen. Gehandelt werden die Fische mit etwa 300 g. Sie sind der Hauptlieferant für Heringsmilch, für deren Zubereitung sich auf Seite 159 ein Rezept findet.

Das Problem bei der Zubereitung fettreicher Fische ist ihr Geruch. Fangfrisch riechen sie sehr appetitanregend, doch lässt sich nicht leugnen, dass Hering im fortgeschrittenen Stadium nicht gerade der Nase schmeichelt. Die meiner Ansicht nach beste Garmethode für frischen Hering ist im Ganzen gegrillt. Doch mag ich ihn auch als Filet, in mittelfeinem Hafermehl gewendet und mit etwas Öl, Butter und einem Speckstreifen in der Pfanne gebraten.

Heringsprodukte

Heringsprodukte sind wirtschaftlich von noch größerer Bedeutung als der Frischfisch in Ländern, in denen Heringsfischfang betrieben wird.

Bismarckheringe sind entgrätete Heringe mit Haut, die in einer Marinade aus Essig, Salzlake, Zucker und Zwiebelscheiben eingelegt werden.

Räucherheringe (Bloaters) sind ganze, unausgenommene (daher ihr etwas plumpes Aussehen) und gesalzene Heringe, die 12 Stunden kalt geräuchert werden. Dabei entwickeln sie einen leicht an Wild erinnernden Geschmack.

Bücklinge sind ohne Kopf eingesalzene und heiß geräucherte Heringe, die ausgenommen und mit Innereien im Handel erhältlich sind. Wie geräucherte Forelle schmecken sie sehr gut mit Brot, Butter, Zitrone und Sahnemeerrettich.

Hareng Saur ist das französische Pendant zum Kipper. Die ausgenommenen Fische werden noch an Bord eingesalzen und gleich nach dem Anlanden zum Räuchern in eine örtliche Fabrik gebracht.

Kippers sind Fettheringe, die am Rücken entlang vom Kopf bis zum Schwanz gespalten, luftgetrocknet und dann kalt geräuchert werden.

Matjes sind »jungfräuliche« Heringe, die enthäutet, von Hand filetiert und anschließend in einer milden Marinade aus Zucker, Salz, Essig und Gewürzen eingelegt werden.

Salzheringe sind ausgenommene Heringe, die in Fässern trocken gesalzen werden.

Rollmöpse sind Bismarckheringfilets, die mit einem Stück Essiggurke und Zwiebel gefüllt, aufgerollt und mit hölzernen Spießchen zusammengesteckt werden.

Rote Heringe – in Frankreich heißen sie **Gendarme** – sind heute nicht mehr so bekannt. Die im Ganzen gesalzenen Fische werden sehr lange in den Rauch gehängt, wobei sie nach etwa drei Wochen eine tiefrote Farbe annehmen. Diese Konservierungsmethode machte sie auch in Ländern ohne Kühlmöglichkeiten lagerfähig.

Sardinen und Pilchards

Vieles von dem, was für Heringe gilt, trifft auch auf Sardinen, Pilchards (bei denen es sich letztlich nur um große, ausgewachsene Sardinen handelt) und Sprotten zu. **Sardinen** werden zumeist mit der Mittelmeerregion, Holzkohlegrill und einem kräftigen regionalen Landwein in Verbindung gebracht. In Saint Jean-de-Luz nahe Biarritz, einem der wichtigsten französischen Häfen der Sardinenfischerei, gibt es ein Restaurant, das sich auf nur zwei Gerichte spezialisiert hat: gegrillte Sardinen und gegrillten Thunfisch. Dazu gibt es baskischen Wein. Das Restaurant ist immer brechend voll; man bekommt einen Salat, Sardinen und Chips – was braucht man mehr zu seinem Glück?

Sardellen und Sprotten

Frische **Sardellen** findet man beim Fischhändler extrem selten, die meisten wandern direkt in die verarbeitende Industrie. Wie **Sprotten** sind sie den meisten Menschen zu klein, um sich damit herumzuschlagen, und man kann sie nicht mit »Haut und Haaren« essen, daher sind sie etwas knifflig. Hier eine ganz brauchbare Essmethode für kleine, fettreiche Fische: den Fisch entlang der Rückengräte abnagen und dabei die Filets gleichsam heraussaugen.

Wie alle Fettfische verderben Sardinen sehr schnell und sollten daher unmittelbar nach dem Fang auf Eis gekühlt werden. Häufig ist das Fleisch von Heringen, Sardinen und Sardellen um die Bauchhöhle herum nach dem Kauf bereits im Zerfall begriffen. Das liegt daran, dass der Zersetzungsprozess meist schon an Bord des Trawlers beginnt. Für eine einwandfreie Qualität dieser Fische ist es unerlässlich, dass ihre Temperatur niemals über die des Meeres steigt. Sprotten sind in dieser Hinsicht etwas unempfindlicher als Sardellen, Heringe und Sardinen. Sollten Sie einmal das Glück haben, frische Sardellen in einwandfreiem Zustand zu finden, bereiten Sie sie am besten wie Sardinen zu oder versuchen Sie es mit dem hervorragenden italienischen Rezept für marinierte Sardellen auf Seite 161. Ein Rezeptvorschlag von Jane Grigson aus ihrem Buch *Fish Cookery* (Penguin Books, 1973) ist ebenfalls empfehlenswert; es stammt aus Ischia im Golf von Neapel. Die Sardellen werden entgrätet, in Olivenöl gebacken, mit Oregano gewürzt und kurz vor dem Servieren mit Zitronensaft beträufelt.

Alse oder Maifisch

Die **Alse** ist dem Hering ähnlich, allerdings viel größer und grätenreicher. Der in Europa beheimatete Fisch erreicht rund 1,3 kg, sein amerikanischer Verwandter gewöhnlich 2,25 kg. Die Filets sind jeweils mit drei Grätensträngen durchzogen, die einige Versiertheit in der Filetierkunst erfordern. Das scheint auch der Grund für die geringe Popularität der Alse zu sein, denn geschmacklich kann sie es mit jedem Lachs aufnehmen. Die beste Zeit, Alse zu essen, ist der Mai, wenn sich die Fische in den Mündungsgebieten der europäischen und nordamerikanischen Flüsse sammeln, bevor sie zum Ablaichen weiter flussaufwärts wandern. In der Garonne in Frankreich werden die Fische auch gezüchtet. Bereiten Sie Alse am besten genauso zu wie Lachs. Eine besondere Delikatesse ist auch der Rogen des weiblichen Fisches, der von dem ausgezeichneten Fischkoch Mark Bittman einmal treffend als »Foie gras des Meeres« beschrieben wurde. Er sollte mit gewürztem Mehl bestäubt, sanft sautiert und noch rosa serviert werden.

In den nördlichen Regionen weniger geschätzt, ist der **Tarpun** in Westafrika sehr begehrt. Er wird bis zu 2 m lang und steht auch bei Sportfischern hoch im Kurs. Sein Rogen wird besonders in Zentralamerika geschätzt.

Kabeljau und Dorschartige Fische

Kabeljau oder Dorsch

Alle Welt schreit nach einem dicken weißen und zart-lockeren Fischfilet mit feinem Geschmack und wenig Gräten, und genau das liefert der Kabeljau. Die Tatsache, dass die Kabeljaubestände der Grand Banks an der Ostküste der USA praktisch erschöpft sind und auch die Nordsee so gut wie leer gefischt ist, hat wie nie zuvor den Blick auf den alarmierenden Rückgang der Fischbestände gerichtet. Immer wieder höre ich, Kabeljau sei fade und nichtssagend. Erst die Verknappung besinnt den Gaumen auf einen der besten Speisefische des Meeres.

Jeder, der sich auch nur andeutungsweise für Fisch interessiert, sollte Mark Kurlanskys Buch *Cod* (Kabeljau) lesen, erschienen 1997 bei der Walker Publishing Company. Darin erfährt man, dass der Reichtum an Kabeljau entlang den Grand Banks so groß war, dass es genügte, beschwerte Körbe über den Bootsrand ins Wasser zu lassen, um sie durch die Schwärme prall gefüllt mit Fischen wieder herauszuziehen. Eine sehr bildhafte Illustration für die Fruchtbarkeit des Kabeljaus und die unselige Unfähigkeit des Menschen, die Art wirksam zu schützen, liefert folgendes Zitat von Alexandre Dumas aus seinem Grand Dictionnaire de Cuisine aus dem Jahre 1873: »Man hat berechnet, dass, wenn jedes Ei zur Reife gelangte und kein Vorkommnis das Schlüpfen verhinderte, es nur drei Jahre dauerte, um das Meer so anzufüllen, dass man trockenen Fußes auf den Rücken von Kabeljaus den Atlantik überqueren könnte.«

Es gibt noch relativ reiche Bestände des kleineren, aber ähnlichen **Pazifik-Dorsches**, der an der Westküste der USA als **True Cod** (Echter Kabeljau) gehandelt wird, um ihn von den vielen anderen, nicht artverwandten Fischen zu unterscheiden, die als Dorsch oder Kabeljau gehandelt werden. Das gleiche Problem existiert auch in Australien und Neuseeland – ein Zeichen vielleicht für die weltweite Nachfrage nach dem charakteristischen, makellosen Geschmack dieses geschätzten Fisches.

Glücklicherweise praktizieren Norwegen und Island bereits seit langem eine sehr umsichtige Befischung ihrer Küstenmeere, sodass ein Großteil des weltweit vermarkteten Kabeljaus aus jenen kalten Gewässern stammt. Zwar gehören Berichte über Exemplare mit stolzen 50 kg inzwischen der Geschichte an, doch können Sie durchaus noch Fische mit 5–6 kg im Handel erstehen. Fisch dieser Größe wird gewöhnlich als Filet verkauft. Mit Butter bestrichen, mit Salz und zerstoßenem schwarzem Pfeffer bestreut und anschließend gegrillt, das ist der vollendete Kabeljaugenuss. Dabei gilt: Je dicker die Filets, desto besser.

Kleinere Fische von bis zu 1 kg (im Ostseegebiet als **Dorsch** gehandelt) sind frisch ebenfalls sehr schmackhaft, haben aber nicht die unübertroffene blättrige Struktur der größeren Fische. Fangfrischer Kabeljau ist ziemlich fest im Fleisch, was ich sehr mag. Andere lassen ihn ein bis zwei Tage liegen, bis der gleiche enzymatische Prozess wie bei der Fleischreifung den Fisch zarter gemacht hat.

Stockfisch und Klippfisch

In früheren Zeiten wurde Kabeljau wegen der fehlenden Kühlmöglichkeiten hauptsächlich gesalzen konsumiert. Aber auch heute noch ist die Nachfrage nach gesalzenem und getrocknetem Kabeljau (**Klippfisch**) beziehungsweise nur luftgetrocknetem Kabeljau (**Stockfisch**) enorm groß. Gut gewässert – möglichst über einige Tage – und mit einigen förderlichen Aromen wie Knoblauch, Tomate und Olivenöl kombiniert, ist er für die Spanier, Portugiesen, Italiener und Franzosen ein echter Balsam. Erst unlängst aß ich ein Carpaccio von Klippfisch, der ausreichend lange gewässert worden war. Er wurde roh in feine Streifen geschnitten und mit San-Marzano-Tomaten, Rucola und kalt gepresstem Olivenöl serviert. Begleitet von einem Glas Greco di Tufo erstrahlte die Vielseitigkeit dieser uralten Konservierungsmethode in neuem Glanz.

Schellfisch

Der zweitbeliebteste Vertreter der Dorschartigen, der Schellfisch, hat ebenfalls sehr unter der systematischen Überfischung der Bestände zu leiden. Er ist als Speisefisch genauso gut wie der Kabeljau,

erreicht allerdings nicht dessen schöne weiße Farbe und blättrige Struktur. Sein Fleisch schmeckt etwas süßlicher. Auch bei Schellfisch liefern dicke Filets die beste Qualität, allerdings wird der Fisch mit durchschnittlich 2–3 kg nicht so groß wie Kabeljau. In Großbritannien werden besonders kleinere Schellfische angelandet, hauptsächlich weil die Fish-and-Chip-Shops im Norden des Landes Schellfisch dem Kabeljau vorziehen. Ich halte Schellfisch zum Frittieren in Backteig eigentlich für eher ungeeignet, da er leicht trocken wird.

Geräucherter Schellfisch

Von allen Mitgliedern der Dorschartigen eignet sich Schellfisch wegen seines leicht süßlichen Geschmacks am besten zum Räuchern. Jedes Land, in dem Schellfisch gefischt wird, hat seine eigenen Räucherspezialitäten. In Großbritannien wird zum Beispiel der **Finnan Haddock** traditionell über Torf geräuchert, während **Arbroath Smokies** kleine, im Ganzen geräucherte Schellfische sind. Auf dem europäischen Festland bietet besonders Dänemark eine gute Auswahl geräucherter Schellfisch-Spezialitäten, aber auch Frankreich.

In den USA stammt der geräucherte Schellfisch aus Boston und Portland, Maine, während die Fischhändler in Australien und Neuseeland ihre Ware aus Nordeuropa oder aus den USA beziehen.

Seehecht oder Hechtdorsch

Unter den restlichen Mitgliedern der Dorschartigen ist der Seehecht oder auch Hechtdorsch die am meisten verbreitete Art. Sie kommt nicht nur im Nordatlantik, dem Mittelmeer und dem nördlichen Pazifik vor, sondern als **Neuseeländischer Seehecht**, *Merluccius australis*, auch in den indopazifischen Gewässern. Eine verwandte Art im südafrikanischen Küstenmeer, der *Merluccius capensis*, avanciert gegenwärtig zur bevorzugten Beute der europäischen Fischereiwirtschaft. Die Spanier sind weltweit mit Abstand die größten Konsumenten des Seehechtes. Er ist von ungemein zarter Konsistenz, hervorragendem Geschmack und harmoniert wie kaum ein anderer Fisch mit Butter oder Sahne – abgesehen vielleicht von Steinbutt oder Glattbutt. Er überzeugt auch kalt mit purer oder Kräutermayonnaise (siehe Seite 224).

Wittling

Wittling wird in Nordeuropa in großen Mengen gefischt. Geschmacklich gehört er nicht zu den besten Fischen der Dorschartigen, doch kleine, im Ganzen gegarte Fische – besonders frittiert »en colère« (siehe Seite 166) – sind ein Genuss.

Leng, Gabeldorsch und Pollack (Steinköhler)

Die restlichen Mitglieder der Dorschartigen sind eher von untergeordneter Bedeutung und spielen

auch kommerziell keine wesentliche Rolle. Alle **Leng**-Arten sind von fester Konsistenz und mildem, feinem Aroma. Das Rezept für Blätterteig-Pasteten mit Klippfisch vom Leng (siehe Seite 137) schrieb ich nach einem Besuch auf dem English Market in Cork, Irland, wo man sich auf das Einsalzen und Trocknen der fleischigen Filets spezialisiert hat – ein erstklassiges Produkt.

Im Mittelmeerraum gibt es eine dem Leng ähnliche Spezies, den **Gabeldorsch**. Er wird in der Regel genauso zubereitet wie Seehecht. In Nordamerika kennt man die Arten **White Hake** (auch **Boston Leng** genannt) und **Squirrel Hake**.

Wie der Seehecht kommt auch der Leng nicht nur im Nordatlantik, sondern auch im Südpazifik als **Goldener Schlangenfisch** und **Rock Ling Pollack** vor, nicht zu verwechseln mit dem Nordamerikanischen »Pollock«, bei dem es sich eigentlich um Seelachs (Köhler) handelt, der übrigens ein hervorragender Ersatz für Kabeljau ist. Der im Handel erhältliche **Pollack** oder **Steinköhler** ist mit 2–3 kg nicht ganz so groß wie Kabeljau, aber das gegrillte Filet eines größeren Exemplars ist fast genauso gut.

Seelachs, Lumb, Franzosendorsch

Der auch als **Köhler** oder **Pollock** bekannte **Seelachs** hat einen durchaus ansprechenden Geschmack, verliert aber durch das trübe Grau seines Fleisches, das auch beim Garen nicht restlos verschwindet. Seelachs ist bei allen Rezepten mit Kabeljau und Schellfisch ein geeigneter Ersatz und ergibt besonders gute Fischküchlein (siehe Seite 127). Das Fleisch des **Lumbs** ist fettreicher als die meisten Mitglieder der *Gadidae* (Dorsch-Familie) und daher am besten zum Grillen und Backen geeignet. Der **Franzosendorsch** ist ein preiswerter Vertreter der Dorschartigen, der sehr schnell verdirbt. Das sehr spröde, hell bräunliche Fleisch eignet sich am besten für Pastetchen und Teigtaschen. Der Fisch hat eigenartige Glupschaugen, die noch stärker hervorzutreten scheinen, wenn er aus großer Tiefe emporgezogen wird – ein Beweis dafür, dass die Fische dabei mindestens ebenso leiden wie an der Angelrute.

Kaviarfische

In dieser Rubrik werden die Fische behandelt, die vor allem wegen ihres Rogens von Bedeutung sind. Einige unter ihnen, wie der **Seehase**, sind ausschließlich als Lieferant von Kaviar-Ersatz von Interesse, andere, wie der **Stör**, liefern auch hervorragendes Fleisch. Störfleisch ist fest und fett. In Nordamerika gelangt es in Form von Steaks in den Handel oder in Weinessig mit Gewürzen eingelegt. Meistens wird es jedoch geräuchert verkauft.

Es sind die Störarten Hausen (**Beluga**), Sternhausen (**Sevruga**) und Waxdick (**Ossietra**), die die

13

luxuriöseste Delikatesse der Welt liefern – echten Kaviar. Lediglich die Störe, die im Kaspischen Meer und seinen Zuflüssen leben, sind dabei wirklich von Bedeutung. In der Nähe von Bordeaux, Frankreich, und in Kalifornien, USA, wird Kaviar auch von Zuchtstören gewonnen. Beide Produkte sind zwar ganz achtbar, doch kein Vergleich zum kaspischen Kaviar. Die Leidenschaft für Kaviar entwickelt sich langsam. Der erste Versuch ist für die meisten etwas enttäuschend, doch irgendetwas an diesen salzigen, öligen Perlen verführt zu einem zweiten Versuch, und schon – wie bei einer teuflischen Droge – werden sie zu einer kostspieligen Obsession. Sevruga ist der billigste Kaviar, der teuerste ist der Beluga, hauptsächlich, weil er vom größten Stör stammt und daher auch den größten Rogen liefert. Ein guter Kompromiss ist der Ossietra-Kaviar.

Für die Gewinnung des Kaviars wird zunächst der Sack entfernt, der den Rogen enthält, und der Inhalt anschließend durch ein Sieb gestrichen, das die Eier passieren lässt, aber unerwünschte Rückstände wie die Membrane oder Blutgerinnsel herausfiltert. Dann wird der Rogen gewaschen und gesalzen. In der Wahl der richtigen Salzmenge – zwischen drei und fünf Prozent – liegt die eigentliche Kunst der Kaviar-Herstellung. Je frischer der Rogen, desto geringer die erforderliche Menge Salz. Erstklassiger Kaviar trägt immer das Siegel »Malossol« oder »Molossol«, was so viel bedeutet wie »wenig Salz«. Kaviar erzielt heute astronomische Preise, eine Folge der Überfischung, Wilderei und Verschmutzung des Kaspischen Meeres. Bleibt zu hoffen, dass eine kürzlich unterzeichnete Vereinbarung aller Anrainerstaaten am Kaspischen Meer, wonach Störe im Meer geschützt sind (nur in den Flüssen dürfen sie noch befischt werden), erfolgreich umgesetzt wird.
Hier einige Tipps für den ungetrübten Kaviar-Genuss:
• Meiden Sie pasteurisierten Kaviar. Wählen Sie stets frische Ware (25 g pro Person).
• Ungeöffnet hält sich Kaviar im kältesten Teil des Kühlschranks 6–9 Monate, doch je eher er gegessen wird, desto besser schmeckt er.
• Nehmen Sie den Kaviar eine halbe Stunde vor dem Servieren aus dem Kühlschrank. Arrangieren Sie die Dose auf einem Bett aus zerstoßenem Eis. Verwenden Sie als Besteck niemals Metalllöffel, da Kaviar mit dem Metall reagiert. Geeignet sind Löffel aus Perlmutt, Horn oder sogar aus Plastik.
• Zu Kaviar passen am besten Vollkorntoastscheiben, Blinis oder frisches Brot.
• Eine klassische Beilage sind mit Butter oder Sauerrahm bestrichene Blinis – kleine Buchweizenpfannkuchen. In Russland wird Kaviar vielfach mit gehackten Zwiebeln und gehackten hart gekochten Eiern serviert. Beides soll das typische Aroma der Fischeier betonen.

Sonstige Fischrogen

Auch Rogen und Milch einiger anderer Fische verdienen Erwähnung. Sehr schmackhaft sind sie zum Beispiel vom **Hering**. Die Japaner verwenden den Rogen des weiblichen Fisches leicht gesalzen für Sashimi, während die Milch, die weiße Samenflüssigkeit des männlichen Herings, besonders gut mit Mehl bestäubt und in Butter gebraten schmeckt (siehe Seite 159). Zuvor sollte man die Milch für kurze Zeit in Wasser mit reichlich Zitronensaft legen, bevor man sie abtrocknet und in Mehl wendet. Erst kürzlich habe ich mit großem Erfolg leicht geräucherten Heringsrogen verarbeitet. Einen gehäuften Teelöffel unter eine Rahmsauce gerührt wie in dem Rezept auf Seite 145, harmoniert ganz ausgezeichnet mit Lachssteaks. Den Rogen der **Alse**, der manchmal auch als »Foie gras des Meeres« bezeichnet wird, habe ich unter den Heringsfischen bereits erwähnt.

Der in Griechenland gängige gesalzene, gepresste und getrocknete Rogen der **Meeräschen (Botargo)** schmeckt sehr gut als Meze in hauchdünne Streifen geschnitten und mit Olivenöl, Pfeffer und Zitronensaft gewürzt oder anstelle von Sardellen als pikante Salateinlage.

Gesalzener, geräucherter **Kabeljaurogen** dient heute bei der Herstellung des griechischen Taramasalata (siehe Seite 130) häufig als Ersatz für den Meeräschenrogen.

Auch der leicht gesalzene **Keta-Kaviar** vom Keta-Lachs ist eine delikate Angelegenheit (siehe das Rezept für Nigiri Sushi auf Seite 105).

Kleine und junge Fische

In diese Gruppierung fallen sowohl sehr kleine, ausgewachsene Arten als auch Fische, die sehr jung gefangen und im Ganzen zubereitet und gegessen werden.

Whitebait

Whitebait ist die englische Bezeichnung für sehr kleine Fische, die frittiert oder gebraten werden. Dabei kann es sich um Jungfische fast jeder erdenklichen Art handeln, meistens aber sind es die fettreichen Mitglieder der Heringsfamilie. In Tasmanien und Neuseeland greift man gewöhnlich auf winzige Forellen zurück, das Pendant aus dem Indischen Ozean heißt **Indian Bait**. Auf den West-Indies spricht man von **Pisquettes** und an der französischen Mittelmeerküste von **Nonnats**.

Fangfrischer Whitebait, frittiert und mit etwas Cayennepfeffer und Zitrone serviert, ist eine der großen Freuden der einfachen Fischküche. Komischerweise wurden die Amerikaner bislang nicht von dieser Sucht befallen. Gefrorener Whitebait ist recht einfach zu finden, doch hat er nicht selten einen strengen, unangenehmen Geruch, vermutlich eine Folge zu langer Tiefkühllagerung.

Sprotten, Gestreifter Schleimfisch, Lodde, Schwarzgrundeln, Sandaale und Ährenfische

Alle diese Arten sind hervorragend in Mehl gewendet und frittiert, im Backteig ausgebacken oder wie auf Seite 160 auf Spieße gesteckt, gegrillt und mit gehackten Kräutern garniert. **Sandaale** schmecken mehliert und in Öl gebacken ganz besonders gut. Exemplare mit mehr als 50 g müssen allerdings ausgenommen und sollten besser wie Sprotten zubereitet werden. Es ist eine Geschmacksfrage, ob Sie die kleinen Fische ausnehmen, was bei Sprotten oder Sardellen eine mühevolle Prozedur ist. Eine Anleitung finden Sie auf Seite 57. Die Qualität der Fische hängt sehr von der Reinheit des Gewässers ab, in dem sie gefangen wurden.

Knorpelfische

In dieser Gruppe sind alle Haie und haiähnlichen Fische zusammengefasst, die ein knorpeliges Skelett statt verknöcherter Gräten haben. Einige Fische mit diesen Kennzeichen – zum Beispiel der Stör und das Neunauge – sind allerdings nicht mit dem Hai oder Rochen verwandt.

Haie und Rochen

Der große Vorteil aller Haiarten ist, dass sie keine Gräten haben. Alle als Speisefisch geeigneten Arten haben einen ausgeprägten Geschmack mit einer Spur Schärfe, besonders die im Atlantik lebenden, sehr schmackhaften **Heringshai** und **Mako**. Der charakteristische Geschmack von Hai rührt zum Teil von dem in seinem Fleisch befindlichen Harnstoff (Urea) her. Fische sind grundsätzlich weniger salzhaltig als das sie umgebende Meer. Um also nicht auszutrocknen, müssen sie der hygroskopischen Wirkung des Salzes entgegenwirken. Haien gelingt dies, indem sie Urea produzieren, das bei frischem Fisch keine Qualitätseinbuße bedeutet. Mit der Zeit wird das Urea jedoch zu Ammoniak abgebaut, das bei älterem Fleisch abstoßend wirkt. Der Vorteil dieses chemischen Prozesses ist, dass einige Haiartige – vor allem Rochen –, die fangfrisch außerordentlich zäh sind, durch den Abbau von Urea erst zart und überhaupt genießbar werden. Rochen schmeckt am besten nach etwa zwei bis fünf Tagen. Danach wird der Ammoniakgeruch immer unangenehmer und ist durch keinen Kunstgriff in der Küche zu verscheuchen.

Das gehandelte Haifleisch kommt meistens als **Heringshai** auf den Markt, falls es überhaupt näher bezeichnet wird. Manchmal habe ich den Eindruck, es handele sich in Wirklichkeit um **Blauhai**, der wegen seiner gröberen Struktur und seines dunkleren Fleisches, dessen strenger Geschmack an den **Hundshai** erinnert, von minderer Qualität ist. Beide Arten eignen sich für Eintöpfe und Currys, sind zum Grillen für meinen

Geschmack aber zu herb. Haie kommen mit einem Gewicht zwischen 4 und 20 kg in den Handel. Die großen Exemplare werden in Filetform, die kleineren in Scheiben als Steaks angeboten.

Der **Schwarzspitzenhai** aus Florida und der Karibik hat sehr weißes Fleisch und ist etwas trockener als der **Mako** und **Tigerhai**. Das meiste in den USA verkaufte Haifleisch kommt jedoch als Mako auf den Markt, während Mako wiederum manchmal als Schwertfisch verkauft wird, da die Struktur des Fleisches beider Fische sehr ähnlich ist. Delikates Fleisch liefern ebenso **Hammerhaie** aus dem Atlantik, die auch in indopazifischen Gewässern leben und in Goa der Favorit für »Haifisch Vindaloo« sind (siehe Seite 120).

Die in Australien populärsten Haie sind der **Gummy Shark (Antarktischer Glatthai)**, der **Whiskery Shark** und der **School Shark** (Hundshai). Gummy und School Sharks werden in den Fish-and-Chip-Shops verkauft. In Australien und Neuseeland gibt es auch eine Reihe von Katzenhaien und Rochen, die den hiesigen Arten sehr ähnlich sind. Man findet auch den **Engelhai** oder **Meerengel**, der verwirrenderweise hier wie dort Monkfish (Seeteufel) genannt wird. Er sieht diesem sehr ähnlich, geschmacklich erinnert er aber eher an Rochen. Er hat ebenfalls kleine »Flügel«, allerdings nicht die langen Muskelstränge wie beim Rochenflügel.

Bei den Rochen zählt der **Nagelrochen** in Großbritannien zu den begehrtesten seiner Art. Doch auch der **Blondrochen** ist beliebt.

Katzenhaie und Dornhaie

Sie sind die kleineren Verwandten innerhalb der Haifamilie. Der Beste unter ihnen ist der **Gemeine oder Gefleckte Dornhai**, doch auch der **Klein gefleckte Katzenhai** (Rough Hound, Murgy oder Morgay) ist gut. Der **Groß gefleckte Katzenhai** (Nursehound) und der **Glatthai** (Smooth Hound) sind tadellose Speisefische. Katzenhaie kommen vor allem im Fish-and-Chip-Handel zum Einsatz, in England als »Rock Salmon« oder »Rock Eel«, in Frankreich als »Saumonette«. Alle diese Haiarten eignen sich auch für indische Masalas – wie in dem Rezept auf Seite 103 – , doch für mich sind sie vor allem ein unverzichtbarer Bestandteil in Fischsuppen.

Krustentiere *(Crustacea)*

Krabben

Das Fleisch aller Krabbenarten schmeckt rund um den Globus ziemlich ähnlich, wobei jede Region natürlich auf ihre Arten schwört. Ich habe sie daher der Einfachheit wegen nach der Größe geordnet.

Kleine Krabben

Die allerkleinsten Krabben sind die **Oyster** oder **Pea Crabs**. Einige Austernstände in den USA ver-

kaufen sie sogar als wertvolles Nebenprodukt zum Frittieren oder als Suppeneinlage.

Die **Strandkrabbe** wiegt zwar kaum 10 g, hat aber in der europäischen Küche ihren festen Platz, etwa in Suppen wie der Strandkrabben-Cremesuppe auf Seite 101. Besonders gut gelingen die noch weichschaligen Exemplare in Tempura-Teig ausgebacken und mit einem Dip aus Chili, Limetten und »nam pla« (Thai-Fischsauce). Die **Wollige Schwimmkrabbe** liefert erstaunlich süßliches, faseriges Fleisch. Ich aß einmal in Spanien ein Gericht mit Wolligen Schwimmkrabben und stellte fest, dass man zwischen der regionalen (Necora) und der als »ausländisch« ausgezeichneten Ware, die vermutlich aus Cornwall stammt und niedrigere Preise erzielt, unterschied. Ehrlich gesagt konnte ich keinen Unterschied feststellen.

Von allen kleinen Krabbenarten genießt die **Blaukrabbe** von der Ostküste der USA unter Feinschmeckern den besten Ruf. Sie bringt bis zu 200 g auf die Waage. Ob im Panzer oder nach dem Panzerwechsel (Häutung) als **Softshell Crab**, liefert sie die wohl ergiebigste und delikateste Fleischausbeute all ihrer Artgenossen.

Mittelgroße Krabben

Der Blaukrabbe sehr ähnlich, aber etwas größer ist die besonders im australischen Raum verbreitete **Große Pazifische Schwimmkrabbe**, *Portunus pelagicus*. Sie eignet sich hervorragend für pfannengerührte Zubereitungen mit der Schale, da sich das schmackhafte, fibröse Fleisch leicht herauslösen lässt. Für Krabbe nach Singapurart mit Chili (siehe Seite 185) ist sie zum Beispiel die beste Wahl. Die andere bedeutende Krabbenart aus Australien und Neuseeland ist die **Mangrovenkrabbe**, die einen sehr viel stärkeren Panzer und ungemein kräftige Scheren hat. Sie ist dem **Europäischen Taschenkrebs** und dem **Kalifornischen Taschenkrebs** des Nordpazifiks sehr ähnlich, aber auch nah verwandt mit der sehr wohlschmeckenden Schwimmkrabbe, die man in den USA in den beiden Carolina-Staaten und in Florida findet. Eine weitere, vorzüglich schmeckende Krabbenart aus Amerika ist die **Rote Tiefseekrabbe**. Sie hat rosafarbiges Fleisch und lebt auf dem äußeren Kontinentalschelf in einer Tiefe von 370 bis zu 1850 m.

Geschmacklich ist für mich der Europäische Taschenkrebs nahezu konkurrenzlos, doch vielleicht liefert die europäische **Große Seespinne** das aromatischste Fleisch aller Krabben überhaupt. Die sehr ähnlich aussehende amerikanische **Schneekrabbe** hat etwas gröberes gelbliches Fleisch.

Große Krabben

Eine der eindrucksvollsten Krabben ist die **Alaska-Königskrabbe**, die bis zu 10 kg schwer werden kann. Sie wird meist als Krabbenfleisch in der Konserve (Crabmeat) verkauft, selten als ganzes Tier, da

ihre enorme Größe und die entlegenen Fanggründe weit vor Alaska den Handel mit ganzen Krabben kaum rentabel machen.

Die größte Krabbe der Welt ist die **Königskrabbe** aus den südaustralischen Gewässern und Tasmanien. Sie wird bis zu 17 kg schwer; die im Handel erhältlichen Tiere sind allerdings nur etwa halb so groß. Besonders beliebt sind sie in den chinesischen Vierteln der australischen Städte, wo die spektakulären Tiere häufig in Becken vor den Restaurants zur Schau gestellt werden.

Hummer, Langusten und Bärenkrebse

Eine Reise nach Neuengland in den USA im vergangenen Jahr und die leckeren »Lobster Rolls« in Bob's Clam House zeigten mir, dass in einigen auserwählten Gegenden dieser Welt Hummer nicht zwangsläufig eine teure Luxusangelegenheit ist. Lobster Rolls sind schlicht kleine, süßliche Brötchen, die mit Hummerfleisch und Mayonnaise gefüllt sind – das nenne ich Fast Food!

Hummer ist das begehrteste Seafood der Welt. Sein festes, süßliches weißes Fleisch ist ungemein aromatisch und schmeckt rund um den Erdball erstaunlich ähnlich. Die Frage, aus welchem Land der beste Hummer stammt, ist ganz einfach zu beantworten: Wo immer Sie einen fangfrischen Hummer bekommen, der direkt aus dem Meer in den Kochtopf wandert. Hummer verderben nach dem Tod sehr schnell, daher werden sie in Meerwasserbassins gehalten. Allerdings können sie darin nicht gefüttert werden, da ihre Ausscheidungen das Wasser kontaminieren und letztlich zu ihrem Tod führen würde. Leider beeinträchtigt die relativ geringe Wassermenge in den Bassins den Geschmack der Tiere. Das ist auch der Grund, warum ein Hummer in unserem Seafood-Restaurant in Padstow – direkt aus dem Atlantik, gegrillt und mit etwas Butter und gehackten Kräutern oder gekocht und schlicht mit Mayonnaise serviert – immer besser schmeckt als ein Hummer in London.

Die einzigen Hummer mit auffallend großen Scheren, der **Europäische** und **Amerikanische Hummer**, stammen aus dem Nordatlantik. Der Amerikanische Hummer ist etwas größer als der Europäische und lebend von dunkelgrüner Farbe, während der Europäische Hummer dunkelblau ist. Die Scheren des *Homarus americanus* sind breiter und rundlicher, und beim Kochen wird das Orange des Panzers noch kräftiger als beim *Homarus gammarus*. Bei beiden liefern Tiere zwischen 500 g und 1 kg die beste Qualität.

Panzerkrebse mit Scheren bevorzugen in der Regel kalte Gewässer, obwohl sie selbst in so südlichen Regionen wie dem Mittelmeer und South Carolina zu finden sind. **Langusten** gibt es hingegen sowohl auf der südlichen als auch auf der nördlichen Halbkugel, bis hinauf nach Norwegen.

13

Sie werden erheblich größer als Hummer, doch liegt die beste Größe zwischen 500 g und 2 kg. Der augenfälligste Unterschied zum Hummer ist natürlich das Fehlen der Scheren. Davon abgesehen werden sie aber auf gleiche Weise zubereitet und sind nicht weniger köstlich. Mein gegenwärtiger Favorit ist die **Australische Languste** aus dem westlichen Teil des Kontinents.

Auch die verschiedenen **Bärenkrebse** haben keine Scheren. Sie werden oft »Cigales« genannt, das französische Wort für Zikade – eine Anspielung auf das grillenartige Geräusch, das die Tiere unter Wasser erzeugen. In Australien bezeichnet man Bärenkrebse auch als Bugs, »Käfer«, wie zum Beispiel der **Balmain Bug** und der **Moreton Bay Bug** (Breitkopf-Bärenkrebs). Ähnliche Arten in den USA heißen **Shovel-Nosed** oder **Spanish Lobster**. Sie alle sind schmackhaft, allerdings sollte man sie nicht ganz durchgaren, da sie leicht trocken werden. Übrigens kann man sämtliche Panzerkrebse bedenkenlos roh oder nicht ganz durchgegart essen, wie der herrliche Genuss von hauchdünn geschnittenem Hummer-Sashimi beweist. Wie bei Langusten befindet sich auch bei den Bärenkrebsen die gesamte Fleischausbeute im Schwanz.

Wenn Ihnen das Fleisch Ihres Hummers etwas weich und breiig vorkommt, so liegt es daran, dass das Tier nach dem Töten gekocht wurde. Das Fleisch von Hummer und Langusten, aber auch von Krabben durchläuft nach dem Tod einen raschen enzymatischen Zersetzungsprozess, bei dem es innerhalb weniger Stunden praktisch zu Brei wird. Die einzige Möglichkeit, diesen Prozess bei Hummer zu unterbinden, besteht darin, Scheren und Schwanz gleich nach dem Töten vom Kopf zu trennen oder das Tier sofort einzufrieren.

Obwohl ich den **Kaisergranat** zur Gruppe der großen Garnelen gerechnet habe, gehört er eigentlich zur Familie der Hummerartigen.

Garnelen – Shrimps, Prawns

Bevor es in Großbritannien ein befriedigendes Marktangebot an großen Garnelen (Prawns) aus den USA, Asien und Australien gab, waren warme Garnelen-Gerichte eher die Ausnahme, aus dem einfachen Grunde, weil die landeseigenen Arten zum Grillen, Braten, Frittieren oder für Barbecues zu klein sind. Dennoch fanden sie natürlich ihren kulinarischen Niederschlag in so beliebten Spezialitäten wie Shrimps-Cocktail oder Potted Shrimps (siehe Seite 202). In der Regel aber bot ein Berg gekochter Garnelen schlicht das beschauliche Vergnügen, die Tiere auszupulen und mit Mayonnaise sowie einem kräftigen Landbrot mit Butter genüsslich zu verzehren.

Das Angebot umfasst drei Hauptarten. Die **Sandgarnele (Granat)**, die vor der Küste von East Anglia und in der Morecambe Bay in Lancashire gefangen wird, hat ein wunderbares, aber flüchti-

ges Aroma und sollte daher sofort nach dem Abkochen in Meerwasser genossen werden. In Deutschland spielt sie als »Nordseekrabbe« eine herausragende Rolle. Auch die **Tiefseegarnele (Grönland-Shrimps)** schmeckt hervorragend, ist aber nicht ganz einfach zu kriegen, es sei denn, man lebt in Küstennähe. Die größeren Exemplare esse ich am liebsten nur mit Mayonnaise; die kleinen machen sich auch in einem Meeresfrüchte-Risotto sehr gut. Die Schalen lassen sich für die Brühe verwenden, der sie zusätzlich ein kräftiges Seafood-Aroma verleihen.

Die dritte Art ist die **Furchengarnele**, die am besten im Ganzen mit Mayonnaise oder Aïoli, jener Knoblauchmayonnaise aus der Provence, schmeckt. Ich liebe es, den Rogen aus den Köpfen dieser Garnelen zu pressen und zu essen – ein Hochgenuss, den sich die meisten entgehen lassen.

Mittlerweile gibt es ein ausreichendes Angebot großer Garnelen, sodass auch der Zubereitung von Gerichten wie Jambalaya mit Garnelen (siehe Seite 201), Tandoori-Prawns (siehe Seite 200) oder Garnelencurry (Seite 197) nichts mehr im Wege steht. Importierte Ware ist aber leider noch immer wenig hilfreich und unzulänglich etikettiert. Meist wird die Ware nur in large (groß), medium (mittel) und small (klein) sowie in roh oder gekocht eingeteilt. Hin und wieder findet man zwar die korrekte Artenbezeichnung wie etwa bei der **Schiffskielgarnele**, doch bleibt noch viel zu tun, bis wir zu einer so differenzierten Systematik der Arten gelangen wie in Australien.

In Amerika sind die erstklassigen **Royal Red Shrimps** aus dem Golf von Mexiko sehr beliebt, die auch in rohem Zustand eine tiefrote Farbe haben, sowie die **Caribbean White Shrimps**, die in den USA am meisten konsumierte Garnelenart, die von North Carolina bis hinunter zum Golf von Mexiko und Texas verbreitet ist. Die an der Pazifikküste verbreiteten **Side-Stripe Shrimps**, **Pink Shrimps** und **Coon-Stripe Shrimps** werden nicht nach ihrem exakten Namen, sondern schlicht als »Shrimps« bezeichnet und nach Größen – small, medium und large – angeboten.

In Australien ist die **Banana Prawn** wegen ihres süß-saftigen Geschmacks und ihrer halbfesten Konsistenz sehr beliebt. Die dort als King Prawns (besonders große!) gehandelten Garnelen werden bis zu 30 cm lang. Die **Bay Prawn** ist lediglich von lokaler Bedeutung, doch obwohl sie niedrigere Preise erzielt als andere Arten, wird sie im Handel besonders wegen ihrer beschränkten saisonalen Verfügbarkeit sehr geschätzt.

Kaisergranat, Scampo oder Langoustine

Wie sein klangvoller Name »Kaisergranat«, *Nephrops norvegicus*, bereits vermuten lässt, ist dieser Tiefseekrebs das Glanzstück aller Garnelen. Er wird bis zu 250 g schwer und erinnert in dieser

Größe an kleine Hummer, zu deren Familie er auch gehört. Ich esse Kaisergranat am liebsten in der Schale serviert. Eine einfache Alternative ist, die gekochten Tiere der Länge nach zu halbieren, mit etwas Butter einzustreichen und kurz auf den Grill zu legen. Dazu passen am besten zerlassene Butter und Zitronensaft. Sie können auch noch einige fein gehackte Kräuter (Schnittlauch, Estragon, Kerbel und Petersilie) unter die Butter rühren. Eine ähnliche Spezies ist auf gleichartigem Meeresgrund vor der Küste Schottlands beheimatet – der **Tiefwasser-Springkrebs**. Auch in den USA, Australien und Neuseeland gibt es dem hiesigen Kaisergranat ähnliche Arten.

Kugelfische

Ich muss zugeben, ich habe noch nie einen Kugelfisch gegessen, würde es aber gern einmal probieren. Er muss einer der delikatesten Meeres-Speisefische sein, dessen zartcremiges weißes Fleisch an dicke Froschschenkel erinnert.

Kugelfische, die in Amerika auch als **Sea Squabs** oder **Blowfish** bekannt sind, findet man dort von Cape Cod bis hinunter nach Florida, doch die größte Artenvielfalt (38) gibt es rund um Japan, woher der giftigste Fisch der Welt stammt. Die Beliebtheit des in Japan **Fugu** genannten Fisches scheint mit jedem berichteten Todesfall noch zuzunehmen. Jedes Jahr werden im Schnitt 70 Opfer gezählt. Meist sind es Menschen aus ländlichen Gegenden, die den Fisch zu Hause zubereiteten. Das in den Eingeweiden und der Haut befindliche Gift heißt Tetrotoxin und ähnelt Kurare, dem Pfeilgift der Amazonas-Indianer. Es ist 1250-mal tödlicher als Cyanid.

Der berühmte japanische Töpfer und Gourmet Kitaoji Rosanjin schrieb einmal: »Der Geschmack von Fugu ist unvergleichlich; jeder, der ihn aus Angst vor dem Tode verschmäht, ist wirklich ein bemitleidenswerter Mensch.« Um Fugu zubereiten zu dürfen, benötigt der japanische Koch eine Lizenz. Voraussetzung dafür ist eine schriftliche und praktische Prüfung, die auch verlangt, den zubereiteten Fisch selbst zu essen. Zuvor muss der Koch allerdings mindestens zwei Jahre Arbeitserfahrung unter einem Meister nachweisen können. Der Tod durch den Genuss eines Fugus wird als sehr qualvoll beschrieben. Obwohl die Gedanken völlig klar bleiben, kann der Betroffene weder sprechen noch sich bewegen. Schließlich setzt die Atmung aus. Fugu-Enthusiasten behaupten, das Fleisch erzeuge ein angenehm warmes Prickeln – vermutlich ein entferntes Echo des Giftes. Vielleicht ist der Verzehr von unzubereitetem Fugu ja eine beliebte Harakiri-Methode. Der Haiku-Dichter Buson schrieb einmal:

»Ich werde sie nicht sehen heute Nacht.
Ich werde sie verlieren.
Und – ich werde Fugu essen.«

Seafood-Familien

Lachs und Lachsforelle

Auf der nördlichen Halbkugel leben sechs verschiedene Lachsarten. Dass keine Einzige in der südlichen Hemisphäre zu Hause ist, fällt nicht unbedingt auf, seit Zuchtfarmen in Tasmanien den **Atlantischen Lachs** auch dort verbreitet haben. Für Aquakulturen wird immer der Atlantische Lachs verwendet; Zuchtlachs hat viele Menschen erst zu Fischessern gemacht, da der geschätzte Speisefisch mittlerweile überall zu günstigen Preisen verfügbar ist. Lachse sind kräftig im Geschmack und vertragen fast jede Zubereitungsart. Bei seiner gegenwärtigen Karriere in den Fish-and-Chip-Shops bin ich allerdings skeptisch. Für die Zubereitung im Backteig ist er einfach zu fett.

Die Lachszucht ist sehr umstritten. Exzessiv betrieben, kann es zur Bildung von Parasiten und Krankheiten kommen und mit dem oft übermäßigen Einsatz von Antibiotika verheerende Auswirkungen auf die wilden Bestände anderer Fischarten oder auch auf den Lachs selbst haben. Befinden sich die Zuchtgehege weiter draußen auf dem offenen Meer statt wie üblich in den küstennahen Fjorden und Mündungsgebieten und wird die Populationsdichte auf ein vernünftiges Maß beschränkt und der Fisch artgerecht behandelt, ist gegen die Lachszucht nichts einzuwenden. Farmlachs erster Qualität lohnt seinen hohen Preis, insbesondere, wenn die Aufzucht biodynamisch erfolgt. Er schmeckt sehr viel besser als andere Zuchtlachse; sein Fleisch ist fester und nicht so übermäßig fett.

Meine bevorzugte Garmethode für Lachs und Lachsforelle ist, im Ganzen in Salzwasser pochiert und mit hausgemachter Mayonnaise, neuen Kartoffeln und einem Gurken-Minze-Salat serviert. Sehr gern esse ich Lachssteaks, sanft in Butter gebraten. Nach der Hälfte der Garzeit gieße ich ein halbes Glas Weißwein hinzu und lasse die Flüssigkeit einkochen. Zuletzt rühre ich etwas gehackte Petersilie unter die Sauce.

Atlantischer Lachs

Der **Atlantische Wildlachs** ist nach wie vor mein Favorit, obwohl vor allem Überfischung – weniger die Folgen der kommerziellen Züchtung – zu einer ernsten Verknappung der Bestände geführt hat. Das ist ziemlich traurig, und wenn ich daran denke, dass es im Rhein früher einmal vor Lachsen nur so wimmelte, verfalle ich geradezu in Depression. Glücklicherweise gibt es bei uns in Padstow noch Wildlachs zu kaufen, der aus der Flussmündung stammt, an der sich auch unser Restaurant befindet. Der Geschmack des mageren, weit »gereisten« Fisches ist unvergleichlich. Der Atlantische Lachs war einst an der Ostküste Kanadas und Nordamerikas sehr verbreitet, doch wie in Europa sind auch dort die Bestände drastisch zurückgegangen.

Pazifischer Lachs

Die Gruppe der Pazifischen Lachse umfasst fünf Arten, um die es weit besser bestellt ist als um ihre atlantischen Artgenossen. Der größte Vertreter unter ihnen ist der **Königslachs**, auch Chinook oder auch King Salmon genannt, der bis zu 50 kg schwer werden kann. Er hat muskulöses Fleisch mit hohem Fettgehalt und zarter Konsistenz. Der **Silberlachs** oder Coho ist mit bis zu 15 kg erheblich kleiner, und sein Fleisch ist heller als das des Chinook. Der Name des **Sockeye Salmon** ist indianischer Herkunft und hat mit seinen Augen nichts zu tun. Weibchen und Männchen nehmen zum Ablaichen eine leuchtend rote Farbe an. Ansonsten ist ihr Fleisch tieforange, von fester Struktur und delikatem Geschmack. Der **Keta-Lachs** ist wie der **Buckellachs** billiger als seine Artverwandten und etwas gröber im Fleisch. Sein geringerer Preis ist vermutlich auf die oftmals eher gräuliche als rötliche Farbe des Fleisches zurückzuführen, doch eignet er sich gut zum Räuchern. Der Buckellachs ist mit maximal 5 kg der kleinste und abgesehen vom Keta-Lachs auch billigste Pazifik-Lachs. Dabei hat er einen sehr charakteristischen Geschmack und eine kräftige Farbe.

Lachsforelle oder Meerforelle

Wilde Lachsforelle esse ich fast noch lieber als den Atlantischen Lachs. Die kleinen Exemplare, die wir in den Monaten Mai und Juni frisch aus dem Meer in unserem Restaurant anbieten, zählen zu den großen Freuden des Frühsommers, ebenso wie die Großen Seespinnen, die an den felsigen Küsten an der Niedrigwassergrenze aus dem Meer gekrabbelt kommen (zur selben Zeit blühen an den Felsabbrüchen die Grasnelken und die Hecken in den darüber liegenden Feldern).

Die Lachsforelle ist eine Süßwasserforelle, die ins Meer gewandert ist. Warum einige Mitglieder dieser Spezies die Flüsse durch das Brackwasser der Mündungsgebiete verlassen, um sich im Meer von Garnelen und anderen Krebstieren zu ernähren – daher stammt ihre rötliche Färbung –, ist ungeklärt. Doch irgendetwas in ihrem genetischen Code versetzt sie in die Lage, den typischen silbrigen Glanz zu entwickeln und die osmotische Wirkung des Salzwassers zu bewältigen. Die Lachsforelle folgt einem anderen Migrationsmuster als der Lachs und hält sich in relativ küstennahen Gewässern auf, bevor sie zum Ablaichen wieder die Flüsse hinaufzieht. Geschmacklich liegt sie, wie zu erwarten, zwischen Lachs und Forelle, wobei sie weniger gehaltvoll als der Lachs und etwas heller im Fleisch ist. Doch nur ein Blick auf die Augen enthüllt wirklich den Unterschied: die Lachsforelle liegen etwas höher. Eine vom Maul zum Mittelpunkt der Kiemen gezogenen Linie führt beim Lachs genau durch die Augen; die Augen einer Lachsforelle liegen darüber.

Saibling und Stint

Es gibt noch einige weitere Mitglieder der Familie der Lachsfische, die erwähnenswert sind. Dazu zählen zwei Arten des Saibling: Der **Wandersaibling** lebt die meiste Zeit seines Lebens im Meer. Nur zur Laichzeit taucht er in den Küstengewässern und Flussmündungen des Nordmeeres auf. Der **Seesaibling** ist hingegen ein Standfisch, der in vielen Seen Nordeuropas, Kanadas und Alaskas lebt. Der Wandersaibling kann bis zu 13 kg schwer werden. Er ist ein sehr fettreicher Fisch mit festem rötlichem Fleisch, wenn er wild gefangen wird. Zuchtsaiblinge sind weniger fest und heller.

Der **Stint**, ein kleineres Mitglied der Lachsfische, wird maximal 27 cm lang und ist in Nordeuropa und Nordamerika beheimatet. Der fangfrische Fisch hat einen eigenartigen Geruch, der an Gurken erinnert. Seine Haut ist grünlich glänzend, Fleisch und Gräten sind relativ weich. Stinte verderben in Windeseile und sollten daher noch am selben Tag gegessen werden, an dem sie gefangen wurden. Wenn sie aber nach dem Fangen sofort gekühlt und anschließend tiefgefroren werden und man sie nach dem Auftauen bis zur Zubereitung bei 1 °C lagert, sind sie fast so gut wie Frischware. Kleine Stinte schmecken am besten auf Holzspießen gegrillt oder in geklärter Butter gebraten. Wegen ihrer zarten Struktur brauchen sie nicht länger als 2–3 Minuten. Sehr schmackhaft sind sie auch im Ganzen in Tempura-Teig ausgebacken.

Räucherlachs

Alle Mitglieder der Lachsfamilie eignen sich zum Räuchern, doch keiner so sehr wie der Lachs selbst. Kalt geräucherter Lachs ist inzwischen so populär, dass er seinen Status als Luxusprodukt eingebüßt hat, und viele der billigen, vorgeschnittenen und abgepackten Produkte sind schlicht rosa, wabbelig und langweilig. Doch eine gute, fettreiche Seite Lachs – sie muss nicht unbedingt vom Wildlachs stammen –, in Salz und braunem Zucker eingelegt und anschließend mindestens acht Stunden über Eichenspänen, Birken- oder alten Whiskeyfässern in den Rauch gehängt, ist noch immer ein Hochgenuss. Heiß geräucherter Lachs schmeckt am besten mit leicht gerösteten Scheiben Sauerteigbrot und gemischten Blattsalaten, die mit einem Sauerrahmdressing mit Schnittlauch und Kapern serviert werden.

Lang gestreckte Fische

Zoologisch existiert diese Fischfamilie natürlich nicht. Dennoch scheint die Einteilung nach dem Körperbau aus küchenhandwerklicher Sicht sinnvoll, da die wegen ihres geschmeidigen, lang gestreckten Körpers weltweit auf den Märkten vertretenen Mitglieder dieser Gruppierung alle auf gleiche Weise zubereitet werden können.

13

Barrakuda

Barrakudas (man unterscheidet sechs verschiedene Arten, die alle in gemäßigten Zonen und tropischen Gewässern leben) zähle ich zu den Speisefischen von mittlerer Qualität: festes Fleisch, mild im Geschmack, durchschnittlicher Fettgehalt. Wegen ihrer Größe sind Barrakudas frei von lästigen kleinen Gräten. Sie werden gewöhnlich als Filet oder Steak angeboten. Doch aufgepasst: Barrakudas verderben schnell und sollten daher innerhalb von 24 Stunden nach dem Kauf verzehrt werden. Da ihr etwas nüchterner Geschmack Gourmets kaum zu Begeisterungsstürmen veranlasst, sind sie vor allem für deftige und kräftig gewürzte Zubereitungen wie Fisch-Curry oder Chili-Gerichte aus der karibischen Küche geeignet. Von ihren eher mäßigen Qualitäten als Speisefisch einmal abgesehen, sind Barrakudas bemerkenswerte Fische. Die unerbittlichen, stromlinienförmigen Killer beeindrucken durch ihre kräftigen Fangzähne. Jeder Zahn hat im darüber liegenden Kiefer eine entsprechende Vertiefung, sodass der Fisch sein Maul vollständig schließen kann. Für die Beute gibt es kein Entrinnen. Der **Große Barrakuda** ist mit bis zu 2 m Länge der größte seiner Art. Leider können Barrakudas mit mehr als 2½ kg Gewicht mit dem Ciguatera-Gift kontaminiert sein, ein Phänomen, das jedoch auf die wärmeren Regionen des westlichen Atlantiks von Florida bis in die Karibik beschränkt ist. Das Gift entsteht im Körper des Fisches durch die Aufnahme einer besonderen Alge, die ihm als Nahrung dient; es wird während des Garvorgangs nicht abgebaut. Die Sterbewahrscheinlichkeit im Falle einer Vergiftung beträgt 12 Prozent. Glücklicherweise kommt das Gift bei dem als Speisefisch am meisten geschätzten Barrakuda, dem **Kalifornischen Barrakuda**, nicht vor. Der sehr ähnliche **Striped Seapike** aus Südostasien, dem Pazifik und Australien kann in seltenen Fälle ebenfalls giftig sein.

Strumpfbandfisch

Auf den Strumpfbandfisch stieß ich das erste Mal in den frühen 1980er-Jahren auf einem Markt in Mapusa in Goa, Indien. Heute bekommt man ihn auf gut sortierten Fischmärkten auch in Europa. Damals jedoch wirkte der Strumpfbandfisch mit seiner stahlfarbenen Haut, seinem lang gestreckten, flachen, schwertförmigen Körper und den Furcht einflößenden, messerscharfen Zähnen wie eine Kreatur von einem anderen Planeten. Strumpfbandfische sind ausgesprochen schmackhafte Speisefische mit festem, grob strukturiertem weißem Fleisch, dessen Aroma an Aal erinnert. Der Schwanzteil besteht zwar mehr aus Gräten als aus irgendetwas anderem und stellt daher an den Esser einige Anforderungen, doch der Rest eignet sich ausgezeichnet zum Backen, Grillen, Braten in der Pfanne, aber auch für Suppen und Eintöpfe.

Eine im Atlantik lebende ähnliche Spezies, der **Schwarze Strumpfbandfisch**, gilt bei den Portugiesen als große Delikatesse. Gefischt wird er nach einer traditionellen, sehr aufwendigen Methode in den Gewässern um Madeira in mehr als 1000 m Tiefe. Dazu werden die Angelschnüre mit einer Substanz schwarz eingefärbt, die aus der Rinde eines speziellen, auf Madeira vorkommenden Baumes gewonnen wird. Die Fische sehen Furcht erregend aus – schwarz glänzend mit scharfen Zähnen und feindseligen Augen.

Southern Frostfish und **Ribbon Fish** sind die in Australien und Neuseeland gängigen Bezeichnungen für den Strumpfbandfisch. Dort treten sie als Beifang der Trawl-Fischerei auf.

Hornhechte

Ein weiterer wichtiger Vertreter aus der Gruppierung der lang gestreckten Fische ist der Hornhecht, *Belone belone*. Sehr ähnliche Arten gibt es in Nordeuopa, Australien und Neuseeland, wobei die europäische Spezies wegen ihrer grünlich glänzenden Knochen – deshalb in Deutschland auch »Grünknochen« genannt – wohl der exotischste Vertreter seiner Art ist. Angeblich wird er deshalb wenig nachgefragt – viele vermuten wahrscheinlich, er sei giftig. Dem ist aber nicht so. Sein delikates Fleisch ist fest, von frischem Geschmack und leicht fettig. Auf den hiesigen Fischmärkten ist der Hornhecht nicht ganz einfach aufzutreiben; in Australien hingegen ist er weit verbreitet und wird entweder ganz oder als Schmetterlingsfilet, das noch am Rückgrat befestigt ist, angeboten.

Verwechselt wird der Hornhecht oft mit dem **Atlantischen Makrelenhecht**, *Scomberesox saurus*. Sein Lebensraum erstreckt sich vornehmlich vom Nordatlantik bis in die Karibik, wo er zumeist gebraten oder gegrillt wird. Im Sommer dringt er bis in skandinavische Gewässer vor. In Dänemark ist gebratener Makrelenhecht mit Grüner Sauce und Salzkartoffeln eine Spezialität.

In Australien und Neuseeland ist der **Atun** (Barrakuta) von einiger Bedeutung. Wegen seines weichen, mild schmeckenden Fleisches war er lange Zeit die Nummer eins in der Fish-and-Chip-Branche. Inzwischen wurde er weitgehend von anderen Arten verdrängt, darunter **Flachkopf**, **Antarktischer Glatthai** und **Hundshai**.

Lippfische

Leider ist der vor Großbritanniens Küsten vorkommende **Gefleckte Lippfisch** ziemlich fade – dafür aber von erstaunlich schöner roter, grüner und goldener Färbung (und zudem leicht von einem Felsen aus zu fangen). Wie alle Fische dieser Art ist er am besten für Suppen und Eintöpfe geeignet. In jedem Fall gibt es in anderen Gegenden der Welt schmackhaftere Vertreter der *Labridae*.

Viel bessere Speisefische sind die in den USA verbreiteten **Tautog** (Austernfisch), **Hogfish** (Schweins-Lippfisch), **Cunner** und **California Sheephead**. Vor allem der Tautog besticht durch sein festes weißes Fleisch, das hervorragend für Chowders und Eintöpfe geeignet ist, da es beim Kochen nicht zerfällt. Der California Sheephead ernährt sich von Hummern und Abalonen und ist daher sehr schmackhaft.

Papageifische, Maori-Lippfisch und Schweinsfisch

Nahe Verwandte der Lippfische sind die **Papageifische** des Indischen Ozeans, die in ihrer Farbenpracht und Form an Vögel erinnern. Sie haben zu einem papageiähnlichen Schnabel verwachsene Zähne. Damit kratzen sie Algen von den Korallen, von denen sie sich ernähren. Dabei erzeugen sie einen Laut, der beim Korallentauchen gut zu hören ist. Sie sind sehr hoch angesehene Speisefische mit festem weißem und höchst delikatem Fleisch. Papageifische sind mit einigen anderen Lippfischarten auch in australischen Gewässern heimisch, darunter der **Maori-Lippfisch** (Napoleon-Lippfisch), der von den Chinesen gern in Bassins in den Restaurants ausgestellt wird. Zu guter Letzt ist da noch der **Schweinsfisch**, dessen festes weißes Fleisch mit blättriger Struktur besonders in den asiatischen Ländern sehr gefragt ist. In Sydney erzielt er mit die höchsten Preise aller in Australien gehandelten Fische.

Makrelen und Thunfische

Sie gehören zu den pelagischen Langstreckenschwimmern und haben daher dunkles, fettreiches Fleisch. Sämtliche Makrelen- und Thunfischarten sind weltweit verbreitet und die wichtigsten kommerziellen Nutzfische überhaupt. Ich habe sie nach geschmacklichen Eigenschaften und der Verwendbarkeit in der Küche in drei Gruppen unterteilt.

Kleine Makrelen

Makrelen dieser Gruppe – dazu gehören die **Atlantische Makrele**, die **Mittelmeermakrele** und die **Blaue oder Schleimige Makrele** aus Australien und Neuseeland – haben ein durchschnittliches Handelsgewicht von bis zu 500 g und sind rund um den Erdball typische Sommerfische. Sie sollten absolut frisch sein. Am besten schmecken sie gegrillt oder in der Pfanne gebraten. Doch mag ich sie auch als Filet gedünstet mit einer Buttersauce wie in meinem Rezeptvorschlag auf Seite 158. Kleine Makrelen eignen sich wie Heringe auch zum Einlegen und Räuchern. Versuchen Sie einmal die auf Seite 66 beschriebene skandinavische Gravlax-Zubereitung mit Makrele. Kleine Makrelen schmecken auch vorzüglich roh in feine Scheiben geschnitten als Sashimi. Auch mit Escabèche (siehe Seite 163) sind sie wunderbar geeignet.

Große Makrelen

Diese Gruppe umfasst alle Makrelenfische zwischen 1 und 5 kg Gewicht. Dazu gehören **Cero**, **Pazifische Makrele**, **Spanische Makrele**, **Wahoo**, **Fregattenmakrele**, **Unechter Bonito**, **Pazifische Thonine** (Kawakawa), **Spotted Mackerel** und der **Bonito**. Sie alle sind gute Speisefische, allerdings gröber in der Struktur als Thunfisch und auch weniger haltbar. Zum Grillen sind sie bestens geeignet, doch nicht weniger gut schmecken sie, wie auf Seite 144 beschrieben, in einer Öl-Kräuter-Mischung gegart oder in Öl sanft gar gezogen (wie bei dem Heilbutt-Rezept auf Seite 183), als Tandoorie oder in Currys nach Goa-Art.

Große Thunfische

Zu ihnen zählen der **Rote Thunfisch**, **Gelbflossen-Thunfisch** und der **Gestreifte Thun** (Echter Bonito), die allesamt auf dem japanischen Sashimi-Markt hohe Preise erzielen. Sie sind praktisch in jedem Fischgeschäft als dunkelrote, fleischige Steaks zu finden, die sich hervorragend braten oder wie in dem Rezept auf Seite 119 auf dem Holzkohlegrill zubereiten lassen. Der **Weiße Thun** oder **Albacore** gehört ebenfalls in diese Kategorie, sein Fleisch ist aber erheblich heller. Als Fisch zu einem guten Barbecue ist er der absolute Höhepunkt und im Gegensatz zum Roten Thun ist er nicht durch Überfischung bedroht.

Der sehr fettreiche Thunfischbauch wird von den Japanern sehr geschätzt. Als Sashimi (kunstvoll präsentierte hauchdünne Scheiben roher Fisch) oder Sushi (mit Essig gewürzter Reis, der mit rohem Fisch belegt wird) bildet er einen aromatischen Kontrast zum mageren Rückenfleisch. Da Thunfisch insgesamt einen relativ hohen Fettgehalt besitzt, bietet er sich auch für verschiedene Konservierungsmethoden an. Gelegentlich findet man ihn geräuchert – nicht besonders überzeugend, wie ich finde. Doch gesalzen, getrocknet und anschließend in sehr dünne Scheiben geschnitten, passt er hervorragend zu knackigem Salat. Die in Spanien »Mojama« genannten Blöcke getrockneten Thunfischs sind ausgezeichnet.

Meerbarben und Meeräschen

Meerbarben – Red Mullet

Obwohl es ihre englischen Namen »Red Mullet« und »Grey Mullet« vermuten lassen, bestehen zwischen Meerbarben und Meeräschen keine Ähnlichkeiten, außer dass man sie auf die gleiche Weise zubereiten kann. Beide Arten kommen rund um den Globus vor. Mein Favorit sind mit Abstand die Meerbarben, und hier speziell die im Mittelmeer lebenden Arten. Fische, die sich von Krebstieren ernähren, erinnern im Geschmack ein wenig an Muscheln; das gilt ganz besonders für die **Rote Meerbarbe** und die **Streifenbarbe**. Sie haben eine vollkommene Fleischmaserung und Haut, die beim Grillen nach den Meerwasserpfützen riecht, die zwischen Felsen am Strand zurückbleiben. Auch die Leber der unausgenommenen Fische ist eine Delikatesse. Die erste Streifenbarbe meines Lebens wurde mit der Leber gegrillt und wird in dieser Form »Schnepfe des Meeres« genannt. Wie die Schnepfe haben auch Streifenbarben keine Gallenblase und werden daher beim Garen nicht bitter – vorausgesetzt, der Darm wurde entfernt.

In Australien werden Meerbarben häufig **Goatfish (Ziegenfisch)** genannt, wie auch eine sehr ähnliche, in amerikanischen Gewässern beheimatete Art. Insgesamt gibt es dort entlang der Atlantik- und Pazifikküste fünf verschiedene Meerbarben-Arten. Am häufigsten findet man sie aber vor Florida und in der Karibik.

Meeräschen – Grey Mullet

Meeräschen genießen weltweit kein so hohes Ansehen. Sie stehen leider in dem Ruf, ihre Nahrung im Schlick von Mündungsgebieten zu suchen, eine Gewohnheit, die sich auch im Geschmack widerspiegelt. Doch die in der Bucht vor Padstow vorkommende **Goldmeeräsche**, die als besonderes Kennzeichen einen goldenen Fleck auf den Kiemendeckeln hat, ist sogar dem Wolfsbarsch ebenbürtig.

Die **Großköpfige Meeräsche** wird in England Grey Mullet, in den USA Striped Mullet genannt. In dem Nachschlagewerk von A. J. McClane *The Encyclopaedia of Fish Cookery* wird auch folgender Versuch in Florida beschrieben, den Absatz von Meeräschen zu steigern: »Der Staat Florida gab dem Fisch den vermeintlich zugkräftigen Namen ›Lisa‹, um den Handel anzukurbeln, eine Maßname, die etwa so begreiflich ist wie eine Invasion von Ochsenfröschen. Die Verbraucher fragten unweigerlich ›Was ist eine Lisa?‹, und alles, was die Erklärungen des Fischhändlers bewirkten, war der Eindruck, dass der Fisch offenbar getarnt werden muss.«

Die in Australien und Neuseeland verbreiteten Meeräschen-Arten werden dort **Mullet**, **Sea Mullet** oder **Diamond-Scale Mullet** (Diamantschuppige Meeräsche) genannt.

Meerbrassen, Schnapper- und Grunzerfische

In diesem Abschnitt werden ausschließlich **Meerbrassen**, keine Süßwasserfische behandelt. Es gibt sehr viele verschiedene Brassenarten, doch alle sind festfleischig und mittelfett. Die kleineren Exemplare sind sehr grätenreich. Brassen sind dank ihrer Vorliebe für Krustentiere sehr aromatisch und haben einen kompakten, wohlgeformten Körper, der sie zum idealen Fisch für Barbecues oder zum Dämpfen macht. Allen Brassen gemein ist, dass sie gewöhnlich in Größen von ein bis zwei Portionen, also zwischen 500 g und 1 kg gehandelt werden.

Ausnahmen bestimmen die Regel. Dagegen habe ich bis zu 4 kg schwere Schnapperfische gesehen. Ich erinnere mich an einen Urlaubstag auf Keffalliniá, als wir uns zu sechst über einen üppigen Synagrida (der griechische Name für **Zahnbrassen**) hermachten. Dazu gab es Griechischen Salat, in Olivenöl frittierte Kartoffeln und Unmengen von Robola, einen ausgezeichneten lokalen Weißwein.

Graubarsch oder Seekarpfen

In den 1970er- und 80er-Jahren wurden im Hafen von Padstow regelmäßig **Graubarsche** (Dorade rose) angelandet. Sie sind von fester Struktur und süßlichem Geschmack, mit dicker Haut und beeindruckend großen Schuppen. Ihre rötliche Färbung und riesigen Augen machen sie zu einem der attraktivsten Speisefische. Ich serviere sie gern gebacken auf einem Bett weißer Bohnen mit Chili, Lorbeerblättern, Knoblauch, Olivenöl, Orangensaft und -schale.

Alle Meerbrassen und auch die artverwandten Porgies in Amerika sind ausgezeichnete Speisefische, doch der Graubarsch und der berühmte **Goldbrassen** (Dorade royale) sind in Europa die besten. In unserem Restaurant verarbeiten wir viele **Streifenbrassen**, die von regionalen Fangplätzen stammen – ebenfalls ein schmackhafter Speisefisch. Ich mag sie am liebsten im Ganzen, mit Knoblauch und Ingwer gedämpft wie in dem Meeräschen-Rezept auf Seite 171. Die Schuppen sind bei Meerbrassen immer plättchenartig, doch einmal entfernt, ist die Haut sehr zart und besonders gedämpft angenehm zu essen.

Die in den USA am höchsten angesehenen Porgies sind der **Sheepshead** oder **Schafskopf** und der **Scup**, der 350 g bis 1,5 kg auf die Waage bringt und lockeres, zartes und sehr schmackhaftes Fleisch hat. Interessanterweise handelt es sich bei dem europäischen **Sackbrassen** und dem amerikanischen **Red Porgy** um ein und denselben Fisch. Das Ergebnis einer relativ umfassenden Studie über die Wanderbewegungen dieser Fische verdeutlicht, dass sie nicht wegen ihrer Migrationsgewohnheiten in den unterschiedlichsten Teilen der Welt vorkommen, sondern weil ihre Eier von den Meeresströmungen über große Distanzen getragen werden. Wie sonst ließe sich erklären, dass die Familie der Meerbrassen (Sparidae) auch in den Gewässern Australiens und Neuseelands zu Hause ist? Die schmackhaftesten Vertreter unter ihnen sind der **Black Bream**, **Yellowfin Bream**, **Sweetlip Bream** (Süßlippe), **Frypan Bream** und der **Snapper**. Letzterer, einer der beliebtesten Speisefische Australiens, ist kein wirklicher Snapper, sondern ein Brassen. Um das Verwirrspiel komplett zu machen, gibt es in Australien und Ozeanien noch eine Gruppe mit dem Namen **Threadfin Bream**, bei denen es sich wiederum nicht eigentlich um Brassen handelt!

Eine weitere kleine Gruppe von Fischen wird im Englischen ebenfalls unter dem Namen Bream geführt, obwohl sie eher dem Pomfret (Brachsenmakrele) verwandt sind (siehe unter »Scheibenförmige Fische«, Seite 245). Dabei handelt es sich um die weit verbreiteten **Atlantischen Brachsenmakrelen** *(Brama brama)*, die in den südlichen Meeren um Neuseeland genauso vorkommen wie vor der Küste von Sussex.

Schnapperfische – Snapper

Snapper sind eine wichtige Fischfamilie der tropischen Gewässer. Mit ihrem saftigen weißen Fleisch von überragendem Geschmack gehören sie zu den besten Speisefischen, die das Meer zu bieten hat. Das Zeitalter des Flugzeugs macht es möglich, dass wir Snapper auch hierzulande so frisch kaufen können, als sei er gerade am Kai um die Ecke aus dem Wasser gezogen worden. Dennoch habe ich das untrügliche Gefühl, dass seine Qualität an dem einen oder anderen Supermarktstand besser sein könnte. Zu meinen absoluten Favoriten zählt der **Emperor** oder **Kaiserschnapper** aus dem Indopazifik, einer der besten Barbecue-Fische, die ich kenne. Durchschlagenden Erfolg hatte ich einmal mit großen Emperorfilets auf dem Holzkohlegrill. Ich bereitete zunächst eine Marinade aus Olivenöl, Zitronenschale, Lorbeerblättern, Thymian, Chiliflocken und Salz. Dann grillte ich den Fisch und bestrich ihn dabei immer wieder mit dieser Marinade.

Eine verwandte Art aus dem Indischen Ozean und Australien, die ebenfalls auf dem britischen Markt leicht zu finden ist, ist der **Blaustreifen-Straßenkehrer**, auch als **Capitaine** oder **Blue Emperor** bekannt. Er war einmal auf einem Barbecue in Mauritius der Hauptdarsteller, wo ich ihn mit Garnelen-Mango-Salsa servierte (siehe Seite 147). Leider fiel das Ereignis mit dem einzigen tropischen Regensturm meiner zweiwöchigen Reise zusammen.

Der in den USA aus dieser Familie begehrteste Fisch ist der **Rote Schnapper** (Red Snapper), aber auch der **Mutton Snapper** und der **Gelbschwanz-Schnapper** (Yellowtail Snapper) schmecken hervorragend. Für mich ist der Red Snapper jedoch der Snapper schlechthin. Als ich zwanzig Jahre alt war, ging ich zwischen Schule und Universität für zwei Jahre auf Weltreise. Ich verbrachte auch zwei Monate in Acapulco in Mexiko, wo ich von fünf Dollar täglich lebte. Diese Sparsamkeit zwang zu einer Diät aus Frankfurter Dosenwürstchen und amerikanischem Brot aus dem Supermarkt; doch mein erwachendes kulinarisches Interesse trieb mich schon bald zu den Ständen in den Seitenstraßen rund um den Markt mit ihren Enchilladas, Tamales und Tacos. Jeden Tag saßen stinkreiche Amerikaner, wie mir damals schien, in den Restaurants auf der Uferpromenade

und verdrückten ganze gegrillte Red Snapper mit Tortillas, Tomaten und Chili. Ich erinnere mich noch heute an den Geruch der saftigen gegrillten Fische und an den Anblick der Unmengen von beschlagenen Flaschen eisgekühlten mexikanischen Bieres. Das ideale Fischgewicht, um daraus Filets zu gewinnen, liegt zwischen 3,5 und 5,5 kg. Doch eignen sich Fische mit 450 g bis 1,5 kg auch für Zubereitungen im Ganzen.

Grunzerfische – Grunts

Ihr Name erklärt sich ganz einfach: Wenn diese Fische aus dem Wasser gezogen werden, erzeugen sie in der Todesangst mit ihren Zähnen ein mahlendes Geräusch, das durch die Schwimmblase zu einem »Grunzen« verstärkt wird. Grunzerfische sind den Snappern verwandt. Sie haben delikates weißes Fleisch von etwas zarterer Konsistenz und feinerer Struktur. Mit maximal 500 g sind sie relativ kleine Fische und ideal zum Grillen im Ganzen. Besonders fein ist der **Schweinsfisch** (Porkfish).

Meeres-Catfish

Der **Sea Catfish** *(Galeichthys felis)*, ein naher Verwandter der im Süßwasser des Mississippi, der Donau und anderer großer Flüsse Osteuropas lebenden Welse oder Waller, hat sehr aromatisches, mittelfestes weißes Fleisch, das sich gut hält. Die Haut aller Catfish-Arten ist sehr dick, ledrig und schlüpfrig, vergleichbar mit Aal, und sollte daher auf gleiche Weise abgezogen werden. Allerdings wird er selten anders als in Filetform angeboten.

Der Name Catfish bezeichnet im Englischen auch eine nicht artverwandte Spezies, die im Nordatlantik zu Hause und von exzellenter Qualität ist – den **Gestreiften Seewolf oder Katfisch** *(Anarhichas lupus)*. Ein wirklich lohnendes Rezept für diesen Fisch finden Sie auf Seite 138. Katfisch hat erstaunlich festes weißes Fleisch, und das erste Mal, als ich ihn aß, erinnerte er mich an Seezunge. Allerdings verdirbt er sehr viel schneller.

In den USA isst man Catfish gern in Maismehl gewendet, das man mit verschiedenen Gewürzen wie Curry, Chili oder mit Fünf-Gewürze-Pulver vermengt und anschließend goldgelb und knusprig ausbrät. Er wird traditionell mit Hush Puppies (frittierte Maisbällchen) und Zitronenscheiben serviert. Obwohl der Name Catfish (Katzenfisch) von den seitlich des Mauls befindlichen Bartfäden herrührt, ist das augenfälligste Merkmal des amerikanischen **Gafftopsail Catfish** seine riesige Rückenflosse, die an ein arabisches Lateinersegel erinnert.

Ähnliche Arten in Australien und Neuseeland, der **Catfish** und der **Cobbler**, sind zwar ebenso schmackhaft, aber lange nicht so beliebt wie ihre amerikanischen und europäischen Kollegen. Einzig in West-Australien entwickelt sich ein Markt für Cobbler, der dort als Catfish-Filet angeboten wird.

Meeres- und Strandgemüse

Carrageen (Irländisches Moos)

Diese rote bis grünbraune Alge wächst in kurzen, krausen Büscheln entlang den Küsten Europas und Amerikas. Beim Trocknen im Freien bleicht sie aus und färbt sich cremig rosa. In Irland verwendet man Carrageen als vegetarischen Gelatineersatz.

Dulse

Diese essbare rote Alge findet man auf der Nordwie auf der Südhalbkugel. Am beliebtesten ist Dulse in Irland, wo die Alge getrocknet und abgepackt als Snack in den Pubs von Belfast angeboten wird.

Kelp

Hinter dieser Bezeichnung verbirgt sich eine ganze Reihe großblättriger brauner Seetang-Arten, die im Atlantik wachsen und auf vielfältige Weise in den regionalen Küchen verwendet werden.

Kombu (Zuckerriementang)

Kombu bezeichnete eine Gruppe von braunen Algenarten. Die am meisten verbreitete unter ihnen ist die *Laminaria japonica*. Getrocknet spielen sie in der japanischen Küche eine große Rolle. Kombu und getrocknete Bonitoflocken – ein Fisch aus derselben Familie wie Thunfisch und Makrele – sind die zwei Grundzutaten für Dashi, eine japanische Brühe, die für eine Vielzahl von Gerichten verwendet wird. Kombu, der dem im Atlantik wachsenden Kelp sehr ähnlich ist, ist sehr reich an Natriumglutamat.

Laver (Meerlattich)

Laver wächst an den Küsten Nordamerikas und Europas, ist zunächst hellgrün und wird erst mit zunehmendem Alter purpurrot bis dunkelbraun. Die Art ist besonders in Südwales beliebt, wo man sie nach der Ernte zu einem spinatähnlichen Püree verkocht. Laver passt hervorragend zu Herzmuscheln, die möglicherweise sogar vom selben Strand stammen (siehe Rezept Seite 207). In Japan ist Laver auch als **Nori** bekannt, wo er getrocknet und zu dünnen Blättchen gepresst als essbare Hülle für Nori Sushi verwendet wird.

Meerfenchel

Über die Meerfenchelsammler heißt es in King Lear, sie gingen einem »gefährlichen Gewerbe« nach – vermutlich wegen der riskanten Klettertouren über hohe Klippen, die zur Ernte dieses Gemüses nötig sind. Es hat einen durchdringenden, sehr aromatischen Geruch, der an Fenchel erinnert. Tatsächlich gehört das Gemüse botanisch zur selben Familie – den *Umbelliferae*. Traditionell wurde es zu Essiggemüse verarbeitet. Ich setze es auch zum Würzen bestimmter Rahmsaucen ein, alerdings in sparsam bemessener Dosis.

13

Meerkohl, Strandkohl

Dieses zur Kohlfamilie gehörende Gemüse ist sehr bitter und praktisch ungenießbar, wenn es wie gewöhnlich wild auf den steinigen Stränden Europas wächst. Daher werden die jungen Triebe des Kohls mit Sand bedeckt und ausgetrieben wie Rhabarber. So werden sie zu einer echten Frühlingsdelikatesse, die am besten gekocht und wie Spargel mit einer Hollandaise schmeckt.

Meersalat

Die weltweit am meisten verbreitete essbare Algenart wird für Salate und Suppen verwendet.

Queller, Glasschmalz

Dieses Gemüse wächst in den morastigen Flussmündungen und den Salzmarschen Europas. Es ist leicht zu erkennen an den ungewöhnlich hellgrünen, eher an Stängel erinnernden Blätter, die bis zu 20 cm aus dem Schlick herauswachsen. In Großbritannien wird Queller von Mai bis September geerntet, in südlichen Ländern etwas früher. Entgegen der landläufigen Meinung ist die Art nicht durch das vollständige Herausreißen der Pflanzen gefährdet, da sie sich durch Samen vermehrt und nicht durch Neubildung der Wurzel. Das Gemüse hat einen frischen, salzigen Geschmack und ist ein idealer Begleiter zu Fisch. Ganz besonders lecker ist es in Verbindung mit Sauce hollandaise. Es sollte ohne Salz in Wasser nur so lange gekocht werden, bis es gerade eben weich ist.

Wakame

Wakame ist in Japan mit Abstand das populärste Meeresgemüse. Die grünen, wedelartigen Blätter sind getrocknet überall erhältlich und lassen sich roh für Salate oder gekocht als Einlage in Suppen, zum Beispiel für Miso-Suppe (siehe Seite 104) verwenden.

Panzerwangen

Diese Familie zeichnet sich durch einen spürbar harten, knochigen Kopf aus. Dazu zählt auch der Australische **Flathead**, der in dieser Hinsicht dem Knurrhahn ähnelt, obwohl seine flache Körperform augenfälliger ist als die Panzerung des Kopfes.

Die geläufigsten Arten im Atlantik sind der **Große Rotbarsch**, *Sebastes marinus*, der in den USA als **Ocean Perch** bekannt ist und zwischen 1–2 kg gehandelt wird. Der etwas kleinere Verwandte ist der **Kleine Rotbarsch** (Norway Haddock), *Sebastes viviparus*. Diese Arten sind zwar nicht mit der Dorsch-Familie verwandt, können aber wegen ihres ähnlich zarten, lockeren Fleisches auf die gleiche Weise zubereitet werden. Ich empfehle, die Filets zu grillen und auf etwas Kartoffelpüree mit einer Buttersauce, mit Sojasauce und Koriander gewürzt, zu servieren (siehe Kabeljau-Rezept Seite 128). Auch im nördlichen Pazifik gibt

es eine ganze Reihe von Arten, die ebenfalls zur Gattung *Sebastes* gehören und mit dem Sammelnamen **Rockfish** (Felsenfische) bezeichnet werden. Geschmacklich sind sie noch besser als der Rotbarsch. Zu den allerbesten zählen der **Bolina** und der **Golden Eye Rockfish**. Im südlichen Pazifik ist eine ganz andere Gattung von Rotfischen zu finden, darunter der **Alfoncino**, der **Bight Redfish**, der **Zehnfinger-Schleimkopf**, der **Redfish** (der verwirrenderweise Red Snapper genannt wird), der **Swallowtail** und der **Yelloweye Redfish**. Sie alle werden mit einem Gewicht von etwa 1 kg gehandelt und liefern weichfleischige Filets mit delikatem Aroma. Sie sind etwas fettreicher als ihre nördlichen Verwandten und daher sehr gut zum Braten in der Pfanne geeignet. Ich empfehle für die Zubereitung das Snapper-Rezept auf Seite 147 mit Riesengarnelen und Mango.

Flatheads (Flachköpfe)

Die **Australischen Flatheads** liefern fleischige weiße Filets von angenehm mildem Geschmack und bilden das Rückgrat der australischen Fish-and-Chip-Industrie. Zubereiten lassen sie sich auf jede Art, die auch dem Kabeljau bekommt. Zu den besten Speisefischen unter ihnen gehören der **Deepwater**, **Dusky**, **Southern**, **Tiger** und **Sand Flathead**, der Beste aber ist der **Rock Flathead**.

Knurrhahn und Drachenkopf

Der Knurrhahn wird wegen seiner vielen Gräten weithin unterschätzt. Dabei wird er mit bis zu 2½ kg relativ groß und liefert festes, leicht süßlich schmeckendes Fleisch. Ich verbinde Knurrhahn immer mit der mediterranen Küche, wo er als eine der drei bis vier Hauptsorten neben **Rascasse** (Drachenkopf) und **Großem Petermännchen** (siehe Seite 245) in jede gute Bouillabaisse oder eine andere Fischsuppe wandert. Ich bereite Knurrhahn am liebsten auf rustikale mediterrane Weise zu wie in dem Rezept auf Seite 174. Es gibt **Rote** und **Graue Knurrhähne**, einen geschmacklichen Unterschied habe ich allerdings bisher nicht feststellen können. Der Rote Knurrhahn sieht natürlich schöner aus, wird bis zu 2½ kg schwer und hat durchscheinende blaugrüne Brustflossen. Eine Besonderheit – und kein Zufall – ist der Name »Knurrhahn«, denn tatsächlich geben diese wie kleine Schweine guckenden Fische in der Tiefe grunzende Laute von sich. Kurios sind auch die drei Brustflossen, die wie kleine Beine wirken, auf denen der Knurrhahn über den Meeresboden schreitet und nach Nahrung tastet. Knurrhahnfilets schmecken sehr gut in etwas Mehl gewendet, in Öl oder Butter gebraten und mit gegrilltem Pancetta oder sehr dünnen Streifen Frühstücksspeck und brauner Butter serviert. Der Rote Knurrhahn heißt in den USA **Sea Robin**, in Australien und Neuseeland **Latchet**.

Plattfische

In den Gewässern rund um Großbritannien tummelt sich eine artenreichere Vielfalt an Plattfischen als irgendwo sonst auf der Welt. Die beiden Spitzenreiter unter ihnen, die **Seezunge** (Dover Sole) und der **Steinbutt** (Turbot) leben nur im östlichen Atlantik und im Mittelmeer.

Plattfische sind für alle Fischliebhaber ideal, die sich vor Gräten fürchten, denn die Filets sind absolut grätenfrei. Ihre Sesshaftigkeit verhilft den Plattfischen zu ihrem delikaten weißen Fleisch, eine Folge lang andauernder muskulärer Inaktivität mit gelegentlichen Energieausbrüchen. Bei Zuchtversuchen erwiesen sich Steinbutt und Heilbutt als geradezu ideale Farmfische, da sie die meiste Zeit ihres Lebens regungslos und fast vollständig im Sand versteckt auf dem Meeresgrund zubringen. Munter werden sie nur bei vorbeiziehender Beute, die durch einen blitzartigen Angriff gestellt wird.

Das Leben der Plattfische beginnt wie das eines gewöhnlichen Rundfisches. Erst mit zunehmender Größe beginnen die Augen entweder nach links oder rechts zu wandern, sodass sie vom Meeresgrund aus den totalen Überblick haben. Ober- und Unterseite (Blindseite) der Plattfische sind also die Flanken, nicht der Rücken und der Bauch. Es gibt links- und rechtsäugige Plattfischarten, wobei die rechtsäugigen in der Mehrzahl sind. Linksäugige Arten sind **Steinbutt**, **Glattbutt**, **Flügelbutt**, **Lammzunge** und **Haarbutt**.

Nichts ist so verwirrend wie die allgemein sprachlichen Bezeichnungen für Plattfische. Der Name »Dover« Sole für die beste aller Seezungen hat zum Beispiel nichts mit ihrem Lebensraum zu tun. In Dover wurde früher sämtlicher Fisch für die Londoner Fischmärkte angelandet. Dover Sole, *Solea solea*, kann im englischen Sprachgebrauch sowohl die **Europäische Seezunge** wie auch die **Pazifische Rotzunge**, *Microstomus pacificus*, bezeichnen. Letztere ist eigentlich ein Tiefsee-Plattfisch, der bis zu 4,5 kg schwer wird und wegen seiner schleimigen Haut nur als Filet vermarktet wird. English Sole, die in Großbritannien synonym verwendete Bezeichnung für die Dover Sole, ist auch nicht besonders hilfreich, da sich dahinter genauso gut die **Pazifische Glattscholle**, *Parophrys vetulus*, verbergen kann, die an der Pazifikküste von Nordmexiko bis nach Alaska zu finden ist. Ähnlich schwierig verhält es sich mit Turbot (Steinbutt), dessen im Französischen identischer Name auch für mehrere pazifische Plattfischarten verwendet wird.

Steinbutt

Steinbutt ist möglicherweise der schmackhafteste Speisefisch der Welt. Er verkörpert die perfekte Harmonie aus festen, dickfleischigen und saftigen Filets. Seine sehr dichte Struktur ist leicht gelatinös, sodass er auch nach dem Garen saftig bleibt und niemals trocken schmeckt. Steinbutt eignet sich besonders gut zum Garen mit der Karkasse als Steak oder »Tronçon«, möglichst aus einem großen Fisch zwischen 3 und 8 kg geschnitten, damit die Stücke ausreichend groß bemessen sind. Steinbutt ist einer der wenigen Fische, die ich ohne Zögern als Hauptgang eines Festessens servieren würde.

Ich bevorzuge diese edle Delikatesse eher schlicht zubereitet, zum Beispiel gegrillt mit einer Hollandaise und einer Scheibe Zitrone. Der Preis von Steinbutt hat inzwischen den von Hummer erreicht – und das nicht ganz zu Unrecht. Sollten Sie einmal das Glück haben, einen ganzen Steinbutt zu erstehen, empfehle ich das Rezept von Myrtle Allen auf Seite 182. Fische unter 1 kg, die häufig auch **Baby-Steinbutt** genannt werden, halte ich für eher uninteressant. Im Ganzen zubereiteter Steinbutt sollte die 2-kg-Marke nicht unterschreiten. Ein besonderer Genuss ist das gelatinöse, fette Fleisch neben dem seitlichen Flossensaum, der beim Filet leider bereits entfernt ist.

Seezunge

Das Filetiermesser ist ein Schicksal, das allzu viele Seezungen teilen, die man besser ganz gelassen hätte. Es gibt ohne Frage keinen besseren pfannengroßen Fisch als die Seezunge, die, abgezogen und im Ganzen »à la meunière« (in gewürztem Mehl gewendet) gebraten und mit brauner Butter und Zitrone serviert (siehe Seite 181), ein absoluter Hochgenuss ist. Die ideale Größe für die Zubereitung im Ganzen liegt zwischen 300 und 550 g. Größere Exemplare sind billiger und liefern ausgezeichnete feste weiße Filets. In Bestform sind Seezungen gleich nach dem Fang wegen ihrer natürlichen Festigkeit allerdings noch nicht. Sie brauchen ein bis zwei Tage, bis sich Geschmack und Zartheit des Fleisches entwickelt haben. Für mich ist gebratene Seezunge vergleichbar mit einem perfekten Steak, ein unkomplizierter Genuss. Das Fleisch lässt sich problemlos von der Karkasse lösen, die beim Garvorgang unversehrt bleibt. Kein Wunder, dass Seezungen in New York genauso beliebt sind wie in London oder Paris.

Scholle, Flunder und Kliesche

Scholle und **Flunder** sind der Seezunge geschmacklich ähnlich, sollten aber fangfrisch gegessen werden, da sich der frische, ozonartige Geschmack rasch verflüchtigt. Beide können sowohl als Filet als auch mit der Karkasse zubereitet werden; ich empfehle aber ausschließlich im Ganzen zubereitete Fische, die nicht mehr als zwei Tage alt sind. Als Filet erzielen Scholle und Flunder, in Mehl gewendet, mit Ei und Weißbrotbröseln paniert und frittiert, die besten Ergebnisse. Diese Zubereitungsart bekommt vor allem den weniger aromatischen Fischarten. Kleine, ganze **Klieschen** gelingen auf diese Weise mit Sauce Tartar sehr gut.

Die Dänen kennen eine sehr schmackhafte Zubereitungsmethode für Scholle, Flunder oder Kliesche, die sie »Bakskuld« nennen. Dabei wird der Fisch zunächst in einer leichten Lake eingelegt, anschließend heiß geräuchert und zu guter Letzt in Butter gebraten. Es ist eine Spezialität aus Esbjerg in West-Jütland und mundet ausgezeichnet mit eiskaltem Aquavit oder Bier.

In den USA bezeichnet der Name **Flounder** (Flunder) eine ganze Reihe von Fischen, die nicht zu den *Pleuronectidae* (Schollen-Familie) gehören und unserer europäischen Flunder geschmacklich überlegen sind. Die **Winterflunder** gilt als die beste unter den amerikanischen Flundern. Sie hat süßliches, festes, feinfaseriges weißes Fleisch und wird mit durchschnittlich 450–900 g angeboten. Sie kann aber auch 3 kg erreichen. Die **Sommerflunder** ist ebenfalls sehr delikat und wird in einer Größe zwischen 450 g und 2½ kg verkauft. Die größten Exemplare erreichen bis zu 10 kg.

Rotzunge oder Limande

Die **Echte Rotzunge** ist geschmacklich weniger empfindlich als Flunder und Scholle und daher die bessere Wahl zum Grillen im Ganzen, wenn der Fisch aus einem gewöhnlichen Supermarkt stammt. Weitere gute Portions-Bratfische sind der **Flügelbutt** (Schefsnut; englisch: Whiff) und der **Zungenbutt** oder **Hundszunge**, die beide unterschätzt werden und daher recht preiswert sind.

Glattbutt

Der Glattbutt erinnert im Körperbau an den Steinbutt, hat aber nicht dessen kleine, harte Hautknochen auf der dunklen Seite. Er wird nicht besonders groß – der größte, den ich jemals gesehen habe, wog 5 kg – und ist etwas ovaler in der Form. Das Fleisch ist ebenfalls von ausgezeichnetem Geschmack, jedoch weicher und weniger dicht in der Struktur als beim Steinbutt. Wie für Steinbutt gilt auch für den Glattbutt: Je größer, desto besser die Qualität. Ich pflege zu Glattbutt etwas ausgefeiltere Beilagen zu servieren als zum Steinbutt, da er nicht dessen Raffinesse erreicht.

Heilbutt

Heilbutt, obwohl ein ausgezeichneter Speisefisch, ist nicht ganz so fein wie Steinbutt. Er ist der größte aller Plattfische und der einzige, der auf beiden Seiten des Atlantiks verbreitet ist und sogar im Pazifik einen sehr ähnlichen Vertreter kennt. Ausgewachsen erreicht der Heilbutt bis zu 100 kg und wird darum immer in Filetform oder als Steak verkauft. Er ist ein bemerkenswert dickfleischiger Fisch, dessen Zubereitung Umsicht erfordert, damit er nicht austrocknet. Auf Seite 183 finden Sie ein Heilbutt-Rezept, bei dem der Fisch sehr sanft in Olivenöl gegart wird, was ihm eine butterweiche Konsistenz verleiht, ähnlich der Methode des be-

rühmten, in Australien lebenden japanischen Kochs Tetsuya Wakuda, der Lachs ganz sanft im Ofen zubereitet. Interessant bei Zuchtheilbutt ist, dass die Fische in den kalten Monaten in einer Art Schwebezustand oder Starre verharren. Züchter haben herausgefunden, dass einige in die Kulturen eingesetzte Kabeljaus den Heilbutt anregen, zeitiger als sonst im Frühjahr mit der Nahrungsaufnahme zu beginnen. Möglicherweise sind Kabeljaus für den Heilbutt so etwas wie Frühlingsboten.

Schaltiere

Muscheln – Bivalvia

In diese Gruppierung fallen alle Schaltiere, die in zwei, mit einem flexiblen Scharnier verbundenen Klappen oder Schalen leben. Anders als bei Fisch gibt es bei den verschiedenen Muscheln rund um den Erdball kaum geschmackliche Unterschiede. Einige Experten behaupten jedoch, sie könnten exakt das Gewässer bestimmen, aus dem sie stammen. Johnny Noble, ein Freund und Besitzer von »Loch Fyne Oysters« in Argyllshire, Schottland, beteuert, dass selbst weit von zu Hause entfernt – etwa im Mandarin Hotel in Hongkong, das seine Austern bezieht – ein einziger Happen genüge, um sich wieder in seinen prächtigen heimischen Austernbänken zu wähnen. Ein hübscher Gedanke, und ich glaube ihm sogar. Allerdings räumt dies mit der Idee auf, wie eine große New Yorker Austernbar 20 verschiedene Sorten anzubieten, die alle in dem gleichen Bassin gehältert werden.

Wegen ihrer geschmacklichen Ähnlichkeit habe ich die Muscheln schlicht nach ihrer Größe in kleine, mittelgroße und große eingeteilt.

Kleine Muscheln

Kleine **Venusmuscheln** verwende ich in erster Linie für verschiedene Vorspeisen, unter anderem für Muschel-Masala auf Seite 103 und Linguine alle vongole auf Seite 205. Im Allgemeinen können **Miesmuscheln** und **Herzmuscheln** auf die gleiche Weise zubereitet werden. Die **Strahlige Venusmuschel** ist für Linguine alle vongole am besten geeignet. In Australien versuchte ich es einmal mit **Pipis** (eine Sägezähnchen-Art) und war von dem Ergebnis ebenfalls sehr angetan. Sie können Venus- und **Trogmuscheln** auch anstelle von Miesmuscheln für Moules marinière (siehe Seite 213) verwenden, obwohl ich Miesmuscheln für diesen Klassiker immer noch für das Nonplusultra halte. Trotz meiner nostalgischen Passion für die kleinen Miesmuscheln, die man an den Stränden findet, bevorzugen wir in unserem Restaurant an Tauen gezüchtete Miesmuscheln. Die in planktonreichen Meeresbuchten von mittlerer Tiefe an Tauen hängenden Muscheln wachsen sehr schnell und sind dort sicher vor Räubern wie Krebsen und Seesternen, die auf dem Meeresgrund leben. Da sie ständig unter Wasser sind, nehmen sie unablässig

Seafood-Familien

Nahrung auf und entwickeln eine dünnere Schale als die am Strand lebenden Muscheln, die ständiger Reibung durch anbrandende Wellen ausgesetzt sind. Die dünne Schale garantiert schnelles, gleichmäßiges Garen, was besonders für Zubereitungen in der Pfanne wie der mit Knoblauch und Ingwer auf Seite 206 von Vorteil ist.

Wie man kleine Venusmuscheln für rohe Zubereitungen öffnet, ist auf Seite 89 illustriert. Sie können sie als Alternative aber genauso gut mit etwas Wasser oder Wein in einem verschlossenen Topf kurz dämpfen. Wichtig ist, die Muscheln sofort, nachdem sie sich geöffnet haben, herauszunehmen. Geben Sie also nicht zu viele Muscheln auf einmal in den Topf. Der Boden sollte gerade so bedeckt sein. Herzmuscheln lassen sich öffnen, indem man die Scharnierenden zweier Muscheln aneinander drückt und gegeneinander dreht – ein schöner Zeitvertreib, wenn man wie ich am Strand gern Herzmuscheln sammelt, um sie noch an Ort und Stelle zu essen, vorausgesetzt natürlich, Meer und Strand sind nicht verschmutzt.

Mittelgroße Muscheln

Ich würde die amerikanischen **Quahog**-Muscheln, **Little Neck Clams**, **Cherrystones** und **Steamer Clams** nicht unbedingt für Pasta-Gerichte oder in Verbindung mit anderen Meeresfrüchten verwenden. Sie sind so delikat, dass sie die ungeteilte Aufmerksamkeit verdienen. Eine Schüssel Steamer Clams mit nichts als zerlassener Butter und dem Garsud ist ein absoluter Hochgenuss.

Große Muscheln

Größere Muscheln wie die **New Zealand Greenlip Mussel** fülle ich am liebsten mit einer Mischung aus Knoblauch und Weißbrotbröseln wie für Moules farcies (siehe Seite 212). Je größer die Muscheln sind, desto mehr widerstrebt es mir, sie im Ganzen in der Schale zu servieren. Eine Ausnahme bilden jedoch die **Schwertmuscheln** (Razor Clams) mit ihren fantastisch aussehenden Schalen, die an ein altes offenes Rasiermesser erinnern. Schwertmuscheln haben einen wunderbar süßlichen Geschmack mit einer leicht pfeffrigen Note.

Große Muscheln wie die **Chowder Clam**, **Riesentrogmuschel** (Surf Clam) und die **Geoduck** löst man am besten aus der Schale (siehe Seite 89) und verwendet sie, in Streifen geschnitten, für Chowders und Pfannengerührtes.

Jakobs- oder Pilgermuscheln – Scallops

In unserem Restaurant verwenden wir hauptsächlich **Kleine Pilgermuscheln** (Queens) oder manchmal auch **Bay Scallops** aus Nordamerika roh für unsere Meeresfrüchteplatten. In dünne Streifen geschnitten, sind sie auch vorzüglich für Sashimi (siehe Seite 105), wobei ihr süßliches Aroma einen wunderbaren Kontrast zur öligen Beschaffenheit der Lachsforelle und zur festen Struktur des Glattbutts bildet. Eines unserer beliebtesten Gerichte auf der Speisekarte sind gegrillte Queens mit brauner Butter, Zitronensaft und Petersilie. Schlichter geht es nicht, und ich glaube, es ist die Verbindung von brauner Butter mit dem Duft der heißen Muschelschalen, die unsere Gäste begeistert.

In den USA ist es üblich, den Rogen (Corail) der Jakobsmuscheln zu entfernen – was eigentlich eine Schande und etwa so ist, als würde man ein Ei seines Dotters berauben. Der orangefarbene Rogen ist nämlich nicht nur eine Delikatesse, sondern eignet sich wie Eigelb auch zum Binden von Saucen.

Austern

Ich halte eine Auster mit rund 90 g für ideal, sie ist nicht zu groß und nicht zu klein. Größere Exemplare sind erheblich teurer. Auf dem europäischen Markt sind zwei Austernarten vorherrschend, die **Europäische Auster**, *Ostrea edulis*, und die **Pazifische Felsenauster**, *Crassostrea gigas*. Die Europäische Auster gilt als die beste. Die berühmtesten Austernparks sind Colchester, Whitstable und Helford in England; Galway und Cork in Irland; Belon und Arcachon in Frankreich; Ostende in Belgien; Zeeland in Holland und Limfjord in Dänemark.

Die Pazifische Felsenauster wächst schneller und ist daher erheblich billiger als andere Arten. Sie ist die bevorzugte Zuchtauster und weltweit in Austernparks zu finden. Die **Portugiesische Felsenauster** wurde früher als eigene Art angesehen, mittlerweile aber gilt sie als identisch mit der Pazifischen Felsenauster, nur dass sie etwas früher die portugiesische Küste erreichte.

Die in den USA verbreitete **Chatam**, *Crassostrea virginica*, ist größer als die Europäische Auster. Es gibt sie an der gesamten Atlantikküste von New Brunswick in Kanada bis zum Golf von Mexiko. Austern aus den kälteren nördlichen Gewässern gelten als die besseren – sie wachsen langsamer und ebenmäßiger. Die berühmtesten Austernbänke sind auf Long Island, wo die Blue Point herkommt, und Cape Cod, die Heimat der Wellfleet Oyster.

In Australien und Neuseeland sind die **Pazifische Felsenauster** und die **Sydney-Felsenauster** *(Saccostrea glomerata)* allgegenwärtig. Aber auch die Europäische Auster wird in Süd-Australien und Victoria seit mehr als 100 Jahren kultiviert. In Nordwest-Australien findet man das »Pearl Meat«, ein Nebenprodukt der Perlausternfischerei. Der Adduktionsmuskel der **Pearl Lip Oyster** ist von weißer, süßlicher und zarter Beschaffenheit und in den Restaurants von Perth sehr beliebt.

Meeresschnecken – Univalvia

Zu den Univalvia zählen alle Mollusken, die in nur einer Schale oder in einem Gehäuse leben.

Auf die **Strandschnecke** halten echte Seafood-Enthusiasten große Stücke. Zwar haben sie keinen besonders aufregenden Geschmack, doch mit einer Schneckengabel, etwas Schalottenessig und einer guten Flasche Muscadet bewaffnet, einer Schüssel voll dieser Tiere auf den Leib zu rücken, ist ein vergnüglicher Zeitvertreib. **Wellhornschnecken** sind ebenfalls sehr beliebt, wobei die kleinen Exemplare am besten schmecken. Ich mag sie am liebsten gekocht und mit einer Mayonnaise oder Schalottenessig oder aber auf englische Art mit Pfeffer, Malzessig und einem Pint Bier. Aber auch ausgelöst und in der Pfanne sautiert oder zu Beignets verarbeitet, habe ich mit Wellhornschnecken schon gute Ergebnisse erzielt. Der Wellhornschnecke ähnlich ist die etwas zähe **Mittelmeerschnecke oder Herkuleskeule**, die auch wegen ihres hübschen Gehäuses sehr gesucht ist. Der **Würfelturban** ist in Venedig sehr beliebt, wo er Bodolleto genannt wird. Die Schnecken werden dort in einer feuerfesten Form mit Olivenöl, Lorbeer und Salz etwa 20 Minuten im Ofen gebacken.

Napfschnecken (Limpets) können ebenso wie Abalone ein gelungenes Essen abgeben, vorausgesetzt, sie werden sanft gegart. Eine ähnliche Art, die **Slipper Limpets**, hat sich in Großbritannien inzwischen fast zu einer Pest entwickelt. Sie stammen ursprünglich aus Amerika (vermutlich gelangten sie am Rumpf eines Schiffes nach Europa) und haben seither eine ganze Reihe von Austernbänken heimgesucht und auf der Suche nach Nahrung die Austern flächendeckend übersät. Doch in etwas Wein gedünstet oder wie Schnecken mit Knoblauchbutter bestrichen und kurz unter den Grill geschoben, sind sie äußerst delikat.

Die vor der Küste Floridas und in der Karibik verbreiteten **Flügelschnecken** (Conchs) lassen sich am besten genauso wie Wellhornschnecken zubereiten, entweder rasch in der Pfanne geschwenkt oder in Backteig ausgebacken.

Abalone, Seeohr und Meerohr

Abalonen (in Neuseeland heißen sie Paua, auf den Kanalinseln Ormer, in Frankreich Ormeau) sind mit Abstand die am meisten gesuchten Univalvia. Am häufigsten sind sie aber im Pazifikraum. Es gibt drei Möglichkeiten, ihr relativ zähes Fleisch aufzuschließen: Entweder man kocht das roh in sehr dünne Streifen geschnittene Fleisch in heißer Brühe, wie es die Chinesen tun; oder man klopft es kurz mit einem Plattiereisen weich und brät es dann (zum Beispiel mit Weißbrotbröseln paniert) in der Pfanne; oder man gart es mit Öl und Gewürzen 2–3 Stunden im mäßig warmen Ofen (siehe Seite 207). Abalonen erinnern in der Fleischstruktur an Sepia und Octopus. Die in Australien und Neuseeland wegen ihres hübschen Gehäuses gesuchte **Falsche Melonenwalze** (Bailer Shell) erfreut sich auch wegen ihrer kulinarischen Qualitäten zunehmender Beliebtheit. Sie wird genauso wie Abalonen zubereitet.

Scheibenförmige Fische

Keine Einteilung der Fischarten ist perfekt, und bei dieser Gruppierung handelt es sich natürlich nicht um zoologisch artverwandte Rassen, sondern vielmehr um eine Auswahl in Körperbau und Kocheigenschaften ähnlicher Arten. Rundfische haben ihre Augen an beiden Seiten des Kopfes, während Plattfische beide Augen auf der Oberseite tragen. Die hier als gewissermaßen platte (seitlich abgeflachte) Rundfische beschriebenen Arten zeichnen sich durch einen sehr flachen, hochrückigen Körperbau aus. Ihre Statur ist die perfekte Tarnung, sei es auf dem Beutezug oder für die Verteidigung, denn direkt von vorn sind sie nahezu unsichtbar.

Petersfisch oder Heringskönig

Ein Fisch, der die beschriebenen Kennzeichen besonders ausgeprägt verkörpert, ist der Petersfisch. Einige finden diesen kummervoll dreinblickenden Fisch mit seinem großen Unterkiefer hässlich; mir aber gefallen sein ausdrucksstarkes Gesicht, die grimmigen Augen und seine beeindruckend langen Flossen.

Sein sehr festes weißes Fleisch und sein frisches Aroma machen den Petersfisch zu einem ausgezeichneten Speisefisch, ideal zum Braten in der Pfanne und zum Grillen im Ganzen. Er verträgt auch eine klassische (französische) Rahmsauce. Wir bieten ihn in unserem Restaurant in einer mediterranen Version mit Oliven, Kapern, Tomaten, Rosmarin und neuen Kartoffeln (Rezept siehe Seite 168).

Pomfrets

Vielleicht noch bekannter als der Petersfisch ist der **Silberne Pampel** (White oder Silver Pomfret), der zu einer kleinen Familie schlank geformter Fische zählt, zu der auch die **Atlantische Brachsenmakrele** (Atlantic Pomfret) und der **Butterfisch** gehören. Sie sind alle gute Speisefische. Der Silberne Pampel wird in Großbritannien zusehends beliebter. William Black schreibt in seinem ausgezeichneten Seafood-Buch, *Fish*: »Der Import von Silbernem Pampel aus dem Indischen Ozean wird in den kommenden Jahren ziemlich sicher steigen, da er zu den ›unterfischten‹ Arten gehört. Möge Gott helfen!« Zudem ist sein Fleisch von dichter Struktur und weiß, es schmeckt sehr gut mit Masala-Paste gefüllt (siehe Seite 226) und anschließend gegrillt. Die Atlantische Brachsenmakrele ist ebenfalls von hervorragender Qualität. Ihr Fleisch hat einen leicht rosafarbenen Ton und ist wie beim Rochen strangähnlich angeordnet.

Gotteslachs

Ebenfalls Erwähnung verdient der Gotteslachs (Opah oder Moonfish), ein großer, flacher Fisch, der bis zu 25 kg schwer wird. Ich kaufte einmal einen Gotteslachs in Woy Woy, Australien, und briet die Filets mit einem Schuss Olivenöl in der Pfanne. Das Fleisch war leicht rötlich und fest. Ich garte es nicht ganz durch und hätte schwören können, ich esse Jakobsmuscheln, so gut war es. Gotteslachs, *Lampris guttatus*, findet man im Pazifik und Atlantik. Verwechselt wird er zuweilen mit dem **Mondfisch**, *Mola mola*, der ebenfalls Moonfish genannt wird. Er hat dicke Haut, wenig und gelatinereiches Fleisch und zappelt auch vor Cornwall herum.

Drückerfisch

Zwei Arten, der **Weißflecken-Drückerfisch** (Leatherjacket) aus Australien und Neuseeland sowie der Drückerfisch aus dem Atlantik, ähneln dem Petersfisch. Sie haben dicke, lederartige Haut und kräftige Rückenstacheln kurz hinter den Augen. Wie der Petersfisch haben sie festes Fleisch, das in Filetform angeboten wird. Drückerfische sind eher selten und tauchen meist als Beifang in Hummerkörben auf.

Schwert- und Segelfische

Schwertfisch

Ich halte Schwertfisch für einen perfekten Barbecue-Fisch. Wie oft ist auf dem Grill im Freien zubereiteter Fisch eine Enttäuschung. Mit einem Schwertfischsteak kann man praktisch nichts falsch machen. Natürlich schmeckt auch Schwertfisch am besten auf den Punkt gegart, doch selbst wenn das Fleisch etwas übergart und trocken wird, ist es durchaus noch ein Genuss. Es eignet sich ebenso hervorragend zum Marinieren und ist fest genug, um es in Stücken auf Spieße zu stecken. In Europa und den USA ist Schwertfisch ein echter Renner, in Australien hat er eher Seltenheitswert. Ich erinnere mich an einen Händler in Sydney, der sich kaum von seiner kostbaren Rarität trennen wollte. Bei kritischen Verbrauchern herrscht der verbreitete Irrtum, dass der auf dem Markt erhältliche Schwertfisch aus gefährdeten Beständen stamme. Ähnlich ist es mit dem Kabeljau, dem immer wieder sein endgültiges Verschwinden prophezeit wird. Doch nicht alle Schwertfischgründe werden überfischt. Sie können diesen exzellenten Fisch also ruhigen Gewissens genießen.

Marlin und Sailfish

Der Marlin und der Sailfish, sind von ähnlicher Beschaffenheit wie der Schwertfisch. Allerdings hat mich keiner von beiden bislang wirklich überzeugt, wobei der **Weiße Marlin** dem **Blauen Marlin** noch überlegen ist und in Japan in großen Mengen zur Herstellung von Fischsaucen Verwendung findet. Vielleicht sollten diese Fische besser einigen reichen Hochseeanglern vorbehalten bleiben, die ganze Schränke voll Geld ausgeben, um sie dem Meer zu entreißen, nur um sie anschließend wieder hineinzuwerfen.

Seeteufel und Himmelsgucker

Die Familie der Seeteufel ist eine ganz eigene Spezies – es gibt keinen vergleichbaren anderen Fisch. Obwohl es in den USA mit dem **Amerikanischen Seeteufel** und auch in Australien und Neuseeland mit dem **Monkfisch** (Neuseeländischer Himmelsgucker) sehr ähnliche Arten gibt, sind diese Fische vor allem in Europa sehr geschätzt. Es ist eigenartig, dass sie nicht auch in anderen Teilen der Welt längst ihren Siegeszug angetreten haben, da sie dem universellen Wunsch nach festem, fleischigem und grätenfreiem Fisch entsprechen. Das Fleisch ist von mild-feinem Geschmack; die kleinen Schwanzstücke haben ein frisches, süßliches Aroma, das sie in Verbindung mit der angenehmen Konsistenz zu meinen Lieblingsfischen macht. Sie eignen sich ganz besonders für den Holzkohlegrill, aber auch für Currys, da sie beim Garen nicht zerfallen.

Die Filets des gehäuteten Fischs werden von einer dünnen Membran überzogen. Diese muss entfernt werden, da sich beim Garen sonst das Schwanzstück zusammenkrümmt (siehe Seite 62).

Das **Petermännchen** ist außer im Mittelmeerraum ein weltweit unterschätzter Speisefisch. Er ist von hervorragendem Geschmack und fester Konsistenz und kann es fast mit der Seezunge aufnehmen. Seine geringe Popularität hängt vielleicht mit den giftigen Stacheln an den Kiemendeckeln und der ersten Rückenflosse zusammen, deren Stich schmerzhafter als der einer Biene ist. Der Schmerz vergeht erst nach zwölf Stunden – daher wohl das Sprichwort: »Die nächste Flut schwemmt den Schmerz hinfort.«

Stachelmakrelen

Jacks

Das Fleisch aller Jacks (Familie der Stachelmakrelen) ist dunkel, da sie pelagische Fische (Oberflächenschwimmer) sind und große Entfernungen zurücklegen. Gleich anderen großen pelagischen Fischen wie Thunfisch oder Schwertfisch sollte nach dem Fang zum Ausbluten der Schwanz gekappt oder aufgeschlitzt werden. Jacks sind im europäischen Raum nicht sehr verbreitet. Die rund um Großbritannien vorkommende **Bastardmakrele** (Stöcker) wird hauptsächlich als Hummerköder eingesetzt. Wegen ihrer knöchernen Plättchen an der Außenseite erzielt sie nur geringe Preise. Die Plättchen entfernt, schmeckt die Bastardmakrele am besten »à la meunière« (siehe Seite 181).

Ein naher Verwandter, der **Blaufisch**, lebt im Mittelmeer und Atlantik. Als Langstreckenschwimmer tritt er aber auch in Australien auf, wo er **Tailor** genannt wird. Er ist ein großer Kämpfer und ein gefräßiger Räuber dazu. Zwar ist der Blaufisch sehr nährstoffreich, dafür aber nicht besonders lagerfähig, und wie bei vielen anderen Vertretern dieser Familie empfiehlt es sich, den dunklen Proteinstreifen in den Filets zu entfernen, da sie sonst etwas streng schmecken. Der Blaufisch erinnert im Geschmack ein wenig an Bonito (Pelamide). Beide haben dunkles, grob strukturiertes Fleisch, aber keiner von beiden erreicht die geschmackliche Finesse von Thunfisch. Wie Bonito sollte Blaufisch nicht übergart werden. Er verträgt besonders kräftige Aromen wie Knoblauch, Sojasauce, Ingwer, Chili.

Mit Ausnahme des **Pompano** spielen Jacks in den USA keine bedeutende wirtschaftliche Rolle, da sie als Speisefische nicht besonders überzeugen und einige tropische Arten mit dem Ciguatera-Gift befallen sind. Der mit Abstand beste Jack in den USA ist der Pompano, der gewöhnlich mit einem Gewicht zwischen 750 g und 1,5 kg oder als Filet mit Haut gehandelt wird. Sein weißes Fleisch ist fettreich, leicht süßlich und von hervorragendem Geschmack. Er eignet sich am besten zum Grillen. Ich probierte ihn in Vera Cruz, Mexiko, auch einmal geschmort mit Tomaten, Knoblauch, Fischfond und Epazote (Mexikanisches Teekraut), ein ziemlich herbes Kraut – es war erstaunlich gut.

In den Südstaaten ist die **Bernsteinmakrele** (Amberjack) stark verbreitet und gilt geräuchert vor allem in Florida als Delikatesse. Erwähnt werden muss auch der **Jack Crevalle**, eine *Caranx*-Art, die in allen tropischen und subtropischen Gewässern der Welt vorkommt.

Trevally

Das Fleisch dieser Spezies ist recht dunkel, und den dunklen, direkt unter der Haut entlanglaufenden Mittelstreifen in den Filets sollte man entfernen, da er ziemlich penetrant schmeckt. Es gibt eine ganze Reihe von Trevallys in den indopazifischen Gewässern, unter denen der **Schwarze Pampel** (Black Pomfret) und der **Königs-Gelbschwanz** (Yellowtail Kingfish) am schmackhaftesten sind.

Cobia

Der Cobia, auch als **Black Kingfish** bekannt, gehört eigentlich nicht zu den Stachelmakrelen, sondern bildet eine eigene Familie. Er ist in erster Linie ein Sportfisch, wird aber auch kommerziell befischt und hat einen sehr feinen Geschmack. Seine Haut ist ziemlich zäh, darum wird er gewöhnlich als Filet oder geräuchert verkauft.

Große Goldmakrele

Eine Klasse für sich ist die Goldmakrele, auch Mahi Mahi oder Dolphinfish genannt. Besonders beliebt ist sie im Mittelmeerraum – die Malteser nennen sie Lampuki, die Spanier Lampuga. Auch an der Pazifik- und Atlantikküste der USA ist sie begehrt, und die Inspiration für mein Rezept auf Seite 138 erhielt ich während einer kürzlichen Reise in die USA und nach Mexiko. Wie alle Fische besserer Qualität dieser Gruppe eignet sich die Goldmakrele auch ausgezeichnet für rohe Gerichte wie Sashimi.

Tiefseefische

Hierbei handelt es sich natürlich nicht um eine Fischfamilie im zoologischen Sinne, sondern um eine Gruppierung, deren Mitglieder sich alle durch ähnliche, von den Lebensbedingungen in der Dunkelheit der Tiefsee bestimmte Eigenschaften auszeichnen. So haben die meisten Tiefseefische zum Beispiel enorm große Augen, mit denen sie selbst in der Stockfinsternis der Tiefe ihre Beute ausmachen können. Dem Meer entrissen wirken sie häufig sehr bleich und wabbelig, vermutlich eine Folge der Druckverringerung während des Auftauchens.

Der auch als **Chilean Sea Bass** bekannte **Patagonian Toothfish** ist in den südlichen Ozeanen verbreitet, besonders um Südgeorgien, den Falklands und südlich des amerikanischen Kontinents. Er kommt ausschließlich als hautloses Filet auf den Markt und, obwohl nicht mit dem Wolfsbarsch verwandt, lässt er sich auf gleiche Weise zubereiten. Allerdings herrscht große Besorgnis über die langfristige Sicherung der Bestände, denn es gelten für ihn keine Fangbeschränkungen, da die Fischgründe außerhalb der Hoheitsgewässer liegen.

Weitere hochwertige Tiefsee-Speisefische sind der **Sägebauch** oder Kaiserbarsch und der **Langschwanz-Seehecht**, der feste, fleischreiche Filets liefert. Der Sägebauch wird in Australien und Neuseeland zuweilen frisch angeboten und ist dann eine lohnende Delikatesse. Meistens aber werden die gehäuteten, vom Fett befreiten und noch auf See eingefrorenen Filets verkauft. Dem Koch verlangen sie so manchen Kunstgriff ab.

Andere Tiefseefische mit kurioser Gestalt und skurrilen Namen sind die **Chimäre** (Rabbitfish) aus dem Atlantik sowie der **Alfoncino** und der **Moro** oder **Atlantische Tiefseedorsch**. Den Alfoncino findet man im Pazifik in Hülle und Fülle. Er hat eine dicke Haut mit stacheligen Schuppen, weißes, leicht traniges Fleisch und lässt sich am besten wie Sackbrassen zubereiten. Die dickfleischigen Filets sind sehr weich und schnell verderblich, sie sollten daher rasch verzehrt werden. Alfoncino ist der ideale Fisch für Thailändische Fischküchlein (siehe Seite 137).

Tintenfische

In vielen Teilen der Erde sind **Kalmar** (häufig auch einfach Tintenfisch oder Calamari genannt), **Sepia** und **Octopus** erst in jüngster Zeit populär geworden. In Südostasien, Japan und China sowie rund um das Mittelmeer hingegen weiß man seit Menschengedenken den hummerähnlichen Geschmack und die leicht gummiartige Konsistenz dieser Weichtiere zu schätzen. Anders als bei Fisch gleichen sich die Mitglieder der Kopffüßler in Aussehen und Geschmack rund um den Globus. Octopus sucht man allerdings an der Ostküste der USA nördlich der Carolinas vergeblich.

Generell gilt: Je kleiner die Art, desto zarter das Fleisch. Mit Ausnahme von Octopus (Krake) sollten Tintenfische rasch gegart werden – etwa 1 Minute in einer heißen Pfanne –, da sie sonst zäh werden. Wird dieser Moment verpasst, gart man sie wie Octopus sanft weiter, bis sie wieder weich werden.

Kalmar

Für mich verkörpert Kalmar den Seafood-Geschmack schlechthin. Nichts ist betörender als der Geruch von frischem Kalmar, sautiert in heißem Olivenöl mit Knoblauch und Ingwer in einem Seafood-Restaurant in Bangkok. Inzwischen erfreut sich dieser Tintenfisch globaler Beliebtheit. Er sollte so kurz wie möglich in sehr heißem Öl gegart werden, lässt sich aber auch grillen, backen oder füllen und dann dämpfen (siehe Seite 220). Gekocht finde ich Kalmar nicht sehr verführerisch. Als Einlage für einen Eintopf brate ich ihn daher lieber in der Pfanne und rühre ihn erst kurz vor Schluss unter.

Es heißt, tiefgefrorener Kalmar sei ebenso gut wie Frischware. Ich bin da anderer Ansicht. Das Frosten scheint das Fleisch zäher zu machen und einen Großteil des Geschmacks zu kosten, doch hängt die Qualität wie bei allen Seafood-Tiefkühlprodukten in erster Linie von der Dauer der Tiefkühllagerung ab und nicht vom Gefriervorgang selbst. Auch **Sepia** wird in letzter Zeit immer populärer, allerdings ist sie etwas zäher als Kalmar.

Octopus (Krake)

Octopus ist grundsätzlich zäh und muss daher einer Spezialbehandlung unterzogen werden, indem man ihn stundenlang im Ofen mit Öl und Gewürzen schmort, ihn im Stile der Griechen an einem Felsen weich schlägt oder indem man den gesäuberten Körper zwei Wochen lang einfriert und anschließend 1–1½ Stunden in Salzwasser kocht. Letztere Methode wird für den spanischen Klassiker Pulpo a la feira (siehe Seite 218) angewendet, bei dem das Fleisch nach dem Kochen klein geschnitten und mit Paprika, Cayenne, Meersalz und Olivenöl vollendet wird.

Umberfische

Die vor allem in den USA verbreiteten **Drums** und **Croakers** und der australische **Mulloway** gehören alle zur Familie der *Sciaenidae*. Charakteristisches Kennzeichen für sie ist, dass sie mithilfe der Schwimmblase und eines Muskels »trommelnde« (drum) oder »quakende« (croak) Laute erzeugen, die manchmal sogar noch an Land zu hören sind. Die mit Abstand größte Vielfalt dieser Spezies findet man in Amerika. Die besten Speisefische unter ihnen sind entlang der Ostküste der **Weakfish** und der **Rote Umberfisch** (Red Drum). Der Weakfish bringt durchschnittlich 450 g bis 2,75 kg auf die Waage. Er wird im Ganzen oder als Filet verkauft und hat weißes, leicht süßliches Fleisch von sehr feiner Struktur. Da das Fleisch schnell verdirbt, muss der Fisch sofort nach dem Fang auf Eis gelagert werden. Auch sein Rogen ist äußerst delikat. Der Weakfisch und sein naher Verwandter, der **Gefleckte Umberfisch** (Spotted Seatrout), werden in den Südstaaten der USA im Volksmund auch schlicht Trout (Forelle) genannt und daher gelegentlich mit den zu den Lachsfischen gehörenden Forellen verwechselt. Nicht minder geschätzt ist die nah verwandte **California Corbina** aus Mittelamerika.

Der im Südatlantik und an den Küsten des Golfs von Mexiko gefangene **Rote Umberfisch** (Red Drum) hat sehr saftiges weißes und etwas brüchiges Fleisch. Die besten Pazifik-Drums sind der in Kalifornien verbreitete **Weiße Seebarsch** (White Seabass) und der **Silver Perch**, der nur etwa 1 kg schwer wird und daher einen hervorragenden Pfannenfisch abgibt. An der Ostküste der USA kennt man auch den **Westatlantischen Umberfisch** (Atlantic Croaker), der sehr mageres weißes Fleisch besitzt, sowie den **Totuava**, den größten aller Drums, der ausschließlich in Form von Steaks zum Grillen in den Handel gelangt.

Mulloway

Den Drums ähnliche Arten gibt es auch in den australischen Gewässern, darunter der **Mulloway**, der **Jewfish** und der **Black Jewfish** (früher auch **Spotted Croaker** genannt). Sie alle sind große Fische, die an der West- und Ostküste Australiens gleichermaßen vertreten sind und gewöhnlich in Filetform gehandelt werden. Obwohl nicht artverwandt, ähnelt der Mulloway in der Struktur des Fleisches dem Wolfsbarsch. In meinen Rezepten empfehle ich ihn daher oft als Alternative. Ein exzellentes Mulloway-Rezept mit Spargel und Kaviar-Rahmsauce finden Sie auf Seite 145.

Zackenbarsche (Groupers), Wolfsbarsch und Barramundi

Für uns Europäer sind die Groupers eine eher exotische Familie, die Bilder aus den Südstaaten der USA, der Karibik, von der Pazifikküste sowie aus Australien und Ozeanien heraufbeschwören. Das liegt daran, dass diese Arten in Europa, mit Ausnahme des **Braunen Zackenbarschs** (Mérou) aus dem Mittelmeer, der in Großbritannien als **Black Grouper** bekannt ist, kaum eine Bedeutung haben.

Groupers haben einen leicht gedrungenen Körper und wirken häufig sehr massig, manchmal auch klobig. Sie liefern in der Regel hervorragendes Fleisch, und absoluter Pluspunkt ist ihre Vielseitigkeit. Man kann sie grillen oder im Ganzen backen, aber genauso gut als Filet zubereiten und mit einer delikaten Sauce servieren, beispielsweise mit einer Kaviar-Rahmsauce (siehe Seite 145). Oder versuchen Sie es mal mit einer »Sauce vierge«, ein lauwarmes Olivenöl-Dressing mit Tomaten,

Oliven, Sardellen und Knoblauch, wie in dem Meerbarben-Rezept auf Seite 173 beschrieben. Groupers sind sehr verbraucherfreundlich, sie sind farbenprächtig, sehen ansprechend aus, haben einen würzigen Geschmack und erfordern für eine erfolgreiche Zubereitung keinen Meisterbrief.

Inzwischen findet man Groupers von guter Qualität bei gut sortierten Fischhändlern. Mein Tipp: Bereiten Sie Groupers genauso zu wie den verwandten Wolfsbarsch.

Die bei weitem reichste Auswahl an Groupers gibt es in den USA. Der größte unter ihnen ist der **Riesenzackenbarsch** (Jewfish). Er kann bis zu 300 kg schwer werden und ist heute wegen Überfischung ernsthaft gefährdet. Groupers leben in der Nähe von Korallen- und Felsriffen am amerikanischen Kontinentalschelf. Schleppnetze können ihnen daher zwar wenig anhaben, jedoch leiden die Bestände in erheblichem Maße durch die Anglerei, denn Groupers sind wegen ihrer Größe bei Sport- und Amateuranglern außerordentlich begehrt. Zum Nachteil ist auch, dass sie hermaphroditisch, also gemischtgeschlechtlich (Zwitter) sind. Sie beginnen ihr Leben als Weibchen und werden mit zunehmender Größe zum Männchen. Die Überfischung hat zu einem drastischen Rückgang der größeren männlichen Fische geführt, da diese bei Anglern natürlich gefragter sind. Die bekanntesten sind der **Braunrote Zackenbarsch** (Red Grouper), der **Spotted Cabrilla** und der **Yellowmouth Grouper**. Der Red Grouper wird bis zu 22,5 kg schwer und mit einem Durchschnittsgewicht zwischen 2,25 und 6,75 kg gehandelt. Das weiße Fleisch ist fest und süßlich, etwa vergleichbar mit dem weit kostspieligeren Roten Schnapper. Ein großer Vorteil ist auch, dass die Filets praktisch grätenfrei sind. Dafür ist die Haut allerdings recht zäh und streng im Aroma und wird vor dem Garen entfernt. Häufig wird das Fleisch auch gewürfelt und anschließend in Backteig ausgebacken oder für die Fish-Chowders der Südstaaten verwendet.

Der **Schwarze Sägebarsch** (Black Sea Bass), ein naher Verwandter der Groupers, ist in den USA ein sehr beliebter Fisch, insbesondere bei den chinesischen und italienischen Einwanderern. Er hat festes weißes Fleisch von delikatem Aroma – vermutlich ein Ergebnis seiner Vorliebe für Krustentiere – und verträgt fast alle Zubereitungsarten.

In und um Australien ist die Grouper-Familie erheblich kleiner. Sie leben dort in den tropischen und subtropischen Gewässern und werden gewöhnlich **Rock Cods** genannt. Die bekanntesten Vertreter sind der **Coral Cod** (Blauflecken-Zackenbarsch), **Common Coral Trout** (Leopard-Felsenbarsch), **Estuary Rock Cod** und **Blacktip Rock Cod** (Baskenmützen-Zackenbarsch). Letzterer gilt als Australiens bester Speisefisch mit charakteristischem Geschmack und festem weißem Fleisch. Doch auch die anderen liefern fleischige Filets.

Wolfsbarsch

Der Wolfsbarsch (Loup de mer) ist in der Küche der begehrteste aller Barsche. Er hat einen eleganten Körper mit wunderbar silberglänzender Haut, aber auch tückische Flossen, an denen man sich erheblich verletzen kann. Das Fleisch ist von dichter, zarter Struktur und überragendem Geschmack. Heute wird der Wolfsbarsch in großem Stil gezüchtet, allerdings gelangt der meiste Zuchtbarsch in den Handel, noch bevor er den Höhepunkt seiner Qualitäten als Speisefisch erreicht hat. Eine gute Größe sind 1,5 kg. Der frische Fisch sollte so bald wie möglich ausgenommen werden, da der Magen leicht zu platzen neigt, was das delikate Fleisch ruinieren würde.

Der **Atlantische Wrackbarsch** taucht in den Sommermonaten vor Cornwall auf. Er scheint Treibgut zu folgen, das sich aus den wärmeren südlichen Regionen in Richtung Norden bewegt. Verbreitet ist der Wrackbarsch auf beiden Seiten des Atlantiks, aber es heißt mit ihm entweder Festgelage oder Hungersnot: Zwei Wochen lang nichts als Wrackbarsche und dann drei Jahre keinen Einzigen! Sein Geschmack ist dem anderer Barsche ähnlich; ich halte ihn für einen ausgezeichneten Speisefisch. In Australien zählt der dort **Hapuku** genannte gleiche Fisch zu den am meisten geschätzten Speisefischen überhaupt. Was könnte ein besserer Beleg für die globale Verbreitung so vieler Speisefischarten sein als dieser Fisch?

Einer der meistgeschätzten Fische in den USA ist der **Striped Bass** (auch Rockfish genannt). In der Chesapeake Bay fing ich einmal ein 12 kg schweres Exemplar und war ganz überrascht, wie groß dieser Fisch werden kann – dabei war es nicht einmal ein besonders großes Kaliber, aber immerhin ein Beleg für die erfolgreiche Erhaltung einer Art, die für die Sportfischerei einer lokalen Gemeinschaft viel profitabler ist als für die frühere kommerzielle Fischwirtschaft, die den Striped Bass fast bis zur völligen Ausrottung jagte. Wie alle Barscharten ist auch der Striped Bass kein besonders fettreicher Fisch – er liegt irgendwo zwischen Kabeljau und Lachs. Er ist daher in der Küche recht vielseitig verwendbar und kann auf die gleiche Weise zubereitet werden wie ebendiese.

Barramundi

Der Barramundi aus Australien (**Giant Sea Perch**) hat einen eigentümlichen Körperbau. Sein Kopf ist im Vergleich zu dem gedrungenen Körper überproportional groß. Wie der Wolfsbarsch wird er inzwischen in großen Mengen gezüchtet. Leider gelangen die Fische viel zu klein in den Handel. Der Wildfisch ist ausgesprochen aromatisch mit fleischigen, zarten Filets, die sich auf jede erdenkliche Weise zubereiten lassen. Obwohl er ein Meeresfisch ist, findet man ihn auch in Buchten und Flüssen Nordaustraliens, wo er vermutlich ablaicht.

Seafood erkennen

HAIE UND ROCHEN

1 Heringshai
Lamna nasus

2 Klein gefleckter Katzenhai
Scyliorhinus canicula

3 Nagelrochen
Raja clavata

KAVIARFISCHE

4 Stör (Kreuzung)
Huso huso x Acipenser ruthenus

AAL UND AALARTIGE FISCHE

5 Flussaal
Anguilla anguilla

6 Meeraal
Conger conger

SEETEUFEL UND HIMMELSGUCKER

7 Seeteufel
Lophius piscatorius

8 Atlantischer Himmelsgucker
Uranoscopus scaber

9 Großes Petermännchen
Trachinus draco

KLEINE UND JUNGE FISCHE

10 Stint
Osmerus eperlanus

11 Sardelle
Engraulis encrasicolus

12 Whitebait/Hering
Clupea harengus

HERINGSFISCHE

13 Pilchard und Sardine
Sardina pilchardus

14 Atlantischer Hering
Clupea harengus

13

LACHSFISCHE

15 Atlantischer Lachs
Salmo salar

16 Seesaibling
Salvelinus alpinus salvelinus

17 Lachsforelle
Salmo trutta trutta

KABELJAU UND DORSCHARTIGE FISCHE

18 Wittling
Merlangius merlangus

19 Seehecht
Merluccius merluccius

20 Pollack (Steinköhler)
Pollachius pollachius

21 Schellfisch
Melanogrammus aeglefinus

22 Kabeljau; Dorsch
Gadus morhua

23 Leng
Molva molva

LANG GESTRECKTE FISCHE

24 Strumpfbandfisch
Lepidopus caudatus

25 Australischer Hornhecht
Hyporhamphus australis

26 Mittelmeer-Barrakuda
Sphyraena sphyraena

Seafood erkennen

PANZERWANGEN

1 Rotbarsch
Sebastes marinus

2 Seekuckuck
Aspitrigla cuculus

3 Sand Flathead
Platycephalus bassensis

ZACKENBARSCHE (GROUPERS), WOLFSBARSCH UND BARRAMUNDI

4 Striped Bass
Morone saxatilis

5 Wolfsbarsch
Dicentrarchus labrax

6 Leopard-Felsenbarsch
Plectropomus leopardus

7 Barramundi
Lates calcarifer

STACHELMAKRELEN

8 Große Goldmakrele
Coryphaena hippurus

9 Blaufisch
Pomatomus saltatrix

10 Gemeiner Pompano
Trachinotus carolinus

13

MEERBRASSEN, SCHNAPPER- UND GRUNZERFISCHE

11 Zahnbrassen
Dentex maroccanus

12 Key West Porgy
Calamus nodosus

13 Schafskopf
Archosargus probatocephalus

14 Goldbrassen
Sparus aurata

15 Kaiserschnapper, Emperor
Lutjanus sebae

16 Silk Snapper
Lutjanus vivanus

UMBERFISCHE

17 Grey Weakfish
Cynoscion regalis

18 Mulloway
Argyrosomus hololepidotus

MEERBARBEN UND MEERÄSCHEN

19 Streifenbarbe
Mullus surmuletus

20 Dicklippige Meeräsche
Chelon labrosus

LIPPFISCHE

21 Blauflecken-Papageifisch
Scarus ghobban

MEERES-CATFISH

1 Gestreifter Seewolf, Katfisch
Anarhichas lupus

TIEFSEEFISCHE

2 Sägebauch
Hoplostethus atlanticus

KUGELFISCHE

3 Northern Puffer
Spheroides maculatus

MAKRELE UND THUNFISCH

4 Eng gestreifte Spanische Makrele
Scomberomorus commerson

5 Spanische Makrele
Scomberomorus maculatus

6 Atlantische Makrele
Scomber scombrus

7 Pelamide
Sarda sarda

8 Roter Thunfisch
Thunnus thynnus

SCHWERT- UND SEGELFISCHE

9 Schwertfisch
Xiphias gladius

AUSTRALISCHE ARTEN

10 Blaunase
Hyperoglyphe antarctica

11 Sandweißling
Sillago ciliata

AMERIKANISCHE ARTEN

12 Blauer Ziegelfisch
Lopholatilus chamaeleonticeps

13

13 Petersfisch
Zeus faber

14 Silberner Pampel
Pampus argenteus

15 Weißflecken-Drückerfisch
Parika scaber

PLATTFISCHE

16 Rotzunge, Limande
Microstomus kitt

17 Steinbutt
Psetta maxima

18 Scholle
Pleuronectes platessa

19 Heilbutt
Hippoglossus hippoglossus

20a Kliesche (Blindseite)
20b und 20c Kliesche (Augenseite)
Limanda limanda

21 Sternflunder
Platichthys stellatus

22 Seezunge
Solea solea

23 Glattbutt
Scophthalmus rhombus

Seafood erkennen

KRUSTENTIERE

1 Europäischer Hummer
Homarus gammarus

2 Langostino
Galathea squamifera

3 Europäische Languste
Palinurus elephas

4 Kaisergranat
Nephrops norvegicus

5 Breitkopf-Bärenkrebs
Thenus orientalis

6 Tiefseegarnele
Pandalus borealis

7 Schiffskielgarnele, roh und gekocht
Penaeus monodon

8 Sandgarnele, Granat, roh und gekocht
Crangon crangon

9 Blaukrabbe
Callinectes sapidus

10 Wollige Schwimmkrabbe
Liocarcinus puber

11 Große Pazifische Schwimmkrabbe
Portunus pelagicus

12 Mangrovenkrabbe
Scylla serrata

13 Große Seespinne
Maia squinado

14 Taschenkrebs
Cancer pagurus

Gegenüberliegende Seite

MUSCHELN

15 Klaffmuschel
Mya arenaria

16 Schwertmuschel
Ensis siliqua

17 Dreiecksmuschel
Donax deltoides

18 Raue Venusmuschel, geschlossen und geöffnet
Venus verrucosa

19 Braune oder glatte Venusmuschel, geschlossen und geöffnet
Callista chione

20 Nordsee-Miesmuschel, geöffnet und geschlossen
Mytilus edulis

KRUSTENTIERE

MUSCHELN

MEERES-
SCHNECKEN

TINTENFISCHE

ANDERE
MEERES-
FRÜCHTE

13

21 **Europäische Auster**
Ostrea edulis

22 **Essbare Herzmuschel**
Cerastoderma edule

23 **Kreuzmuster-Teppichmuschel**
Venerupis decussata

24a **Große Pilgermuschel, geschlossen**
24b **Große Pilgermuschel, geöffnet**
Pecten maximus

25 **Cherrystone Clam**
Mercenaria mercenaria

26 **Little Neck Clam, geöffnet und geschlossen**
Mercenaria mercenaria

27 **Quahog-Muschel**
Mercenaria mercenaria

28a **Pazifische Felsenauster, geschlossen**
28b **Pazifische Felsenauster, geöffnet**
Crassostrea gigas

MEERESSCHNECKEN

29 **Wellhornschnecke**
Buccinum undatum

30 **Strandschnecke**
Littorina littorea

31 **Seeohr, Abalone**
Haliotis tuberculata

TINTENFISCHE

32 **Gemeiner Krake**
Octopus vulgaris

33 **Nordischer Kalmar**
Loligo forbesi

34 **Gemeiner Tintenfisch, Sepia**
Sepia officinalis

ANDERE MEERES-FRÜCHTE

35 **Grüner Seeigel**
Strongylocentrotus droebachiensis

36 **Steinseeigel, geöffnet und geschlossen**
Paracentrotus lividus

37 **Große Entenmuschel**
Pollicipes cornucopia

38 **Seegurken**
Holothuria scabra

Seafood zuordnen

POPULÄRER NAME	REGION	LATEINISCHER NAME	WARENKUNDE	FAMILIE
Aal, siehe Flussaal				
Aalmutter	E	Zoarces viviparus	Kabeljau & Dorschartige Fische	Zoarcidae
Abalone	E	Haliotis tuberculata	Meeresschnecken (Univalvia)	Haliotidae
Achselfleckbrassen	E	Pagellus acarne	Meerbrassen, Schnapper & Grunzerf.	Sparidae
Adlerfisch	E	Argyrosomus regius	Umberfische	Sciaenidae
Ährenfisch	USA-A	Menidia menidia	Kleine & junge Fische	Atherinidae
Ährenfisch, Gemeiner	E	Atherina presbyter	Kleine & junge Fische	Atherinidae
Alaska-Königskrabbe	USA-P	Paralithodes camtschatica	Krustentiere	Lithodidae
Albacore	E/USA At/Ans	Thunnus alalunga	Makrelen & Thunfische	Scombridae
Alewife	USA-A	Alosa pseudoharengus	Hering & Heringsartige Fische	Clupeidae
Alfoncino	Ans	Beryx splendens	Tiefseefische	Berycidae
Alse; Maifisch	E	Alosa alosa	Hering & Heringsartige Fische	Clupeidae
Amberjack, Pacific	USA-P	Seriola colburni	Stachelmakrelen	Carangidae
American Shad	USA-A	Alosa sapidissima	Hering & Heringsartige Fische	Clupeidae
Argus, Gebänderter	Ans	Scatophagus multifasciatus	Scheibenförmige Fische	Scatophagidae
Atun	Ans	Thyrsites atun	Lang gestreckte Fische	Gempylidae
Auster, Amerikanische	USA-A	Crassostrea virginica	Muscheln (Bivalvia)	Ostreidae
Auster, Europäische	E	Ostrea edulis	Muscheln (Bivalvia)	Ostreidae
Auster, Westamerikanische	USA-P	Ostrea lurida	Muscheln (Bivalvia)	Ostreidae
Austernfisch	USA-A	Tautoga onitis	Lippfische	Labridae
Baloonfish	Ans	Contusus richei	Kugelfische	Tetraodontidae
Bärenkrebs, Großer	E	Scyllarus latus	Krustentiere	Scyllaridae
Bärenkrebs, Kleiner	E	Scyllarus arctus	Krustentiere	Scyllaridae
Barrakuda, Großer	USA/Ans	Sphyraena barracuda	Lang gestreckte Fische	Sphyraenidae
Barrakuda, Kalifornischer	USA-P	Sphyraena argentea	Lang gestreckte Fische	Sphyraenidae
Barrakuda, Mittelmeer	E	Sphyraena sphyraena	Lang gestreckte Fische	Sphyraenidae
Barramundi	Ans	Lates calcarifer	Zackenbarsche, Wolfsbarsch & Barr.	Centropomidae
Baskenmützen-Zackenbarsch	Ans	Epinephelus fasciatus	Zackenbarsche, Wolfsbarsch & Barr.	Serranidae
Bass, Antarctic Sea	Ans	Dissostichus eleginoides	Tiefseefische	Nototheniidae
Bass, Chilean Sea	Ans	Dissostichus eleginoides	Tiefseefische	Nototheniidae
Bass, Kelp	USA-P	Paralabrax clathratus	Zackenbarsche, Wolfsbarsch & Barr.	Serranidae
Bass, Rock	USA-P	Paralabrax clathratus	Meerbrassen, Schnapper & Grunzerf.	Sparidae
Bass, Striped	USA-A	Morone saxatilis	Zackenbarsche, Wolfsbarsch & Barr.	Serranidae
Bastardmakrele, Chilenische	USA-A	Trachurus symmetricus	Stachelmakrelen	Carangidae
Bastardmakrele; Stöcker	E	Trachurus trachurus	Stachelmakrelen	Carangidae
Bastardzunge	E	Microchirus variegatus	Plattfische	Soleidae
Beluga	E	Huso huso	Kaviarfische	Acipenseridae
Bergall	USA-A	Tautogolabrus adspersus	Lippfische	Labridae
Bernsteinmakrele	E/USA-A	Seriola dumerili	Stachelmakrelen	Carangidae
Bernsteinmakrele, Kleine	USA-A	Seriola fasciata	Stachelmakrelen	Carangidae
Biddy, Silver	Ans	Gerres subfasciatus	Kleine & junge Fische	Gerridae
Binnenstint	E	Osmerus eperlanus	Kleine & junge Fische	Osmeridae
Birnenschnecke, Gefurchte	USA-A	Busycon canaliculatum	Meeresschnecken (Univalvia)	Melongenidae
Birnenschnecke, Knotige	USA-A	Busycon carica	Meeresschnecken (Univalvia)	Melongenidae
Black Oreo Dory	Ans	Allocyttus niger	Scheibenförmige Fische	Zeidae
Blaubartmuschel	E	Mytilus galloprovincialis	Muscheln (Bivalvia)	Mytilidae
Blaue Makrele	Ans	Scomber australasicus	Makrelen & Thunfische	Scombridae
Blauer Jack; Blue Runner	USA-A	Caranx crysos	Stachelmakrelen	Carangidae
Blaufelchen	E	Coregonus lavaretus	Lachs & Lachsforelle	Coregonidae
Blaufisch	USA-A/Ans	Pomatomus saltatrix	Stachelmakrelen	Pomatomidae
Blauflecken-Papageifisch	Ans	Scarus ghobban	Lippfische	Scaridae
Blauflecken-Zackenbarsch	Ans	Cephalopholis cyanostigma	Zackenbarsche, Wolfsbarsch & Barr.	Serranidae
Blauflossen-Stachelmakrele	Ans	Caranx melampygus	Stachelmakrelen	Carangidae
Blauhai (Blue Shark)	E/Ans	Prionace glauca	Knorpelfische	Carcharhinidae
Blaukrabbe	USA-A	Callinectes sapidus	Krustentiere	Portunidae
Blaumaul	E	Helicolenus dactylopterus	Panzerwangen	Scorpaenidae
Blaunase	Ans	Hyperoglyphe antarctica	Australische Arten	Centrolophidae
Blaustreifen-Straßenkehrer	Ans	Lethrinus nebulosus	Meerbrassen, Schnapper & Grunzerf.	Lethrinidae
Blondrochen	E	Raja brachyura	Knorpelfische	Rajidae
Blowfish	USA-A	Spheroides maculatus	Kugelfische	Tetraodontidae
Blue Nose	Ans	Hyperoglyphe antarctica	Australische Arten	Centrolophidae
Blue Runner	USA-A	Caranx crysos	Stachelmakrelen	Carangidae
Blueback Salmon	USA-P	Oncorhynchus nerka	Lachs & Lachsforelle	Salmonidae
Bohrmuschel	E	Pholas dactylus	Muscheln (Bivalvia)	Pholadidae
Bonito, Echter	Ans	Katsuwonus pelamis	Makrelen & Thunfische	Scombridae
Bonito, Echter	USA-P	Euthynnus pelamis	Makrelen & Thunfische	Scombridae
Bonito, Oceanic	USA-P	Euthynnus pelamis	Makrelen & Thunfische	Scombridae
Bonito, Pazifischer	USA-P	Sarda chiliensis	Makrelen & Thunfische	Scombridae
Bonito, Unechter	E	Auxis rochei	Makrelen & Thunfische	Scombridae
Boston Leng	USA-A	Urophycis tenius	Kabeljau & Dorschartige Fische	Gadidae
Brachsenmakrele, Atlantische	E/Ans	Brama brama	Meerbrassen, Schnapper & Grunzerf.	Sparidae
Braunstreifen-Schnapper	Ans	Lutjanus carponotatus	Meerbrassen, Schnapper & Grunzerf.	Lutjanidae
Bream, Black	Ans	Acanthopagrus butcheri	Meerbrassen, Schnapper & Grunzerf.	Sparidae
Bream, European Sea	E	Pagrus pagrus	Meerbrassen, Schnapper & Grunzerf.	Sparidae
Bream, Frypan	Ans	Argyrops spinifer	Meerbrassen, Schnapper & Grunzerf.	Sparidae
Bream, Grunter	Ans	Pomadasys kaakan	Meerbrassen, Schnapper & Grunzerf.	Sparidae

POPULÄRER NAME	REGION	LATEINISCHER NAME	WARENKUNDE	FAMILIE
Bream, Pikey	Ans	Acanthopagrus berda	Meerbrassen, Schnapper & Grunzerf.	Sparidae
Bream, Sea (UK)	E	Pagrus pagrus	Meerbrassen, Schnapper & Grunzerf.	Sparidae
Bream, Threadfin	Ans	Nemipterus furcosus	Meerbrassen, Schnapper & Grunzerf.	Nemipteridae
Bream, Yellowfin	Ans	Acanthopagrus australis	Meerbrassen, Schnapper & Grunzerf.	Sparidae
Breitkopf-Bärenkrebs	Ans	Thenus orientalis	Krustentiere	Scyllaridae
Buckellachs	USA-P	Oncorhynchus gorbuscha	Lachs & Lachsforelle	Salmonidae
Buckel-Schnapper	Ans	Lutjanes gibbus	Meerbrassen, Schnapper & Grunzerf.	Lutjanidae
Bug, Balmain	Ans	Ibacus peronii	Krustentiere	Scyllaridae
Butterfish	Ans	Coridodax pullus	Scheibenförmige Fische	Odacidae
Butterfish	USA-A	Peprilus triacanthus	Scheibenförmige Fische	Stromateidae
Butterfish, Pacific	USA-P	Peprilus simillimus	Stachelmakrelen	Carangidae
Cabezon	USA-P	Scorpaenichtys marmoratus	Panzerwangen	Scorpaenidae
Cabrilla, Spotted	USA-P	Epinephelus analogus	Zackenbarsche, Wolfsbarsch & Barr.	Serranidae
Calamari, Southern	Ans	Sepioteuthis australis	Tintenfische	Loliginidae
Cardinal Fish	Ans	Epigonus telescopus	Australische Arten	Apogonidae
Carrageen	E/USA-A	Chondrus crispus	Meeres- & Strandgemüse	Rhodophyceae
Catfish, Australian	Ans	Arius thalassinus	Meeres-Catfish	Ariidae
Catfish, Gafftopsail	USA-A	Bagre marinus	Meeres-Catfish	Ariidae
Catfish, Sea	USA-A	Galeichthys felis	Meeres-Catfish	Ariidae
Cavalla	USA-A	Scomberomorus cavalla	Makrelen & Thunfische	Scombridae
Cero	USA-A	Scomberomorus regalis	Makrelen & Thunfische	Scombridae
Chimäre	E/USA-A	Chimaera monstrosa	Tiefseefische	Siganidae
Chinook	USA-P	Oncorhynchus tshawytscha	Lachs & Lachsforelle	Salmonidae
Clabbydoo/Clappydoo	E/USA-A	Modiolus modiolus	Muscheln (Bivalvia)	Mytilidae
Clam, Butter	USA-A	Saxidomus giganteus	Muscheln (Bivalvia)	Veneridae
Clam, Cherrystone	USA-A	Mercenaria mercenaria	Muscheln (Bivalvia)	Veneridae
Clam, Geoduck	USA-P	Panope geodosa	Muscheln (Bivalvia)	Hiatellidae
Clam, Littleneck	USA-A	Mercenaria mercenaria	Muscheln (Bivalvia)	Veneridae
Clam, Skimmer	USA-A	Spisula solidissima	Muscheln (Bivalvia)	Mactridae
Clam, Softshell	USA-A	Mya arenaria	Muscheln (Bivalvia)	Myacidae
Clam, Sunray	USA-A	Macrocallista nimbosa	Muscheln (Bivalvia)	Veneridae
Clam, Sunray Venus	USA-A	Macrocallista nimbosa	Muscheln (Bivalvia)	Veneridae
Clam, Surf	Ans	Dosinia caerulea	Muscheln (Bivalvia)	Veneridae
Clam, Thin Tellin	E	Tellina tenuis	Muscheln (Bivalvia)	Scrobiculariidae
Clam, Warty Venus	E	Venus verrucosa	Muscheln (Bivalvia)	Veneridae
Cobbler	Ans	Cnidoglanis macrocephalus	Meeres-Catfish	Plotosidae
Cobia	USA-A/Ans	Rachycentron canadum	Stachelmakrelen	Rachycentridae
Cockle, Australian	Ans	Katelysia scalarina	Muscheln (Bivalvia)	Veneridae
Coho	USA-P	Oncorhynchus kisutch	Lachs & Lachsforelle	Salmonidae
Coney	USA-A	Cephalopholis fulva	Zackenbarsche, Wolfsbarsch & Barr.	Serranidae
Coquille Saint-Jacques	E	Pecten maximus	Muscheln (Bivalvia)	Pectinidae
Corbina, Californian	USA-P	Menticirrhus undulatas	Umberfische	Sciaenidae
Crab, Frog	Ans	Ranina ranina	Krustentiere	Raninidae
Crab, Oyster	E	Pinnotheres ostreum	Krustentiere	Pinnotheridae
Crab, Pea	E	Pinnotheres ostreum	Krustentiere	Pinnotheridae
Crab, Red	USA-A	Geryon quinquedens	Krustentiere	Geryyonidae
Crab, Sand	Ans	Ovalipes australiensis	Krustentiere	Portunidae
Crab, Snow	USA-A	Chionocoetes opilio	Krustentiere	Majidae
Crab, Spanner	Ans	Ranina ranina	Krustentiere	Raninidae
Crab, Velvet	E	Liocarcinus puber	Krustentiere	Portunidae
Crabeater	USA-A/Ans	Rachycentron canadum	Stachelmakrelen	Rachycentridae
Crawfish	E/USA-A	Palinurus argus	Krustentiere	Palinuridae
Crayfish, Seawater	E/USA-A	Palinurus argus	Krustentiere	Palinuridae
Creamfish	Ans	Parika scaber	Scheibenförmige Fische	Balistidae
Crevette Royale	E	Aristeus antennatus	Krustentiere	Penaeidae
Crevette, Mediterranean	E	Parapenaeus longirostris	Krustentiere	Penaeidae
Croaker, Atlantic	USA-A	Micropogon undulatus	Umberfische	Sciaenidae
Croaker, White	USA-P	Genyonemus lineatus	Umberfische	Sciaenidae
Croaker, Yellowfin	USA-P	Umbrina roncador	Umberfische	Sciaenidae
Cunner	USA-A	Tautogolabrus adspersus	Lippfische	Labridae
Cuttlefish	Ans	Sepia rex	Tintenfische	Sepiidae
Cuttlefish, Little	E	Sepiola rondeleti	Tintenfische	Sepiidae
Dab, Yellowtail	USA-A	Limanda ferruginea	Plattfische	Pleuronectidae
Dart	Ans	Trachinotus botla	Stachelmakrelen	Carangidae
Degenfisch, Schwarzer	E	Aphanopus carbo	Lang gestreckte Fische	Trichiuridae
Dentex	E	Dentex dentex	Meerbrassen, Schnapper & Grunzerf.	Sparidae
Dhufish	Ans	Glaucosoma hebraicum	Brandungsbarsche	Glaucosomatidae
Dickkopf-Stachelmakrele	Ans	Caranx ignobilis	Stachelmakrelen	Carangidae
Dogfish	E	Scyliorhinus canicula	Knorpelfische	Scyliorhinidae
Dogfish, Endeavour	Ans	Centrophorus harrissoni	Knorpelfische	Squalidae
Dogfish, Greeneye	Ans	Squalus megalops	Knorpelfische	Squalidae
Dogfish, Spikey	Ans	Squalus megalops	Knorpelfische	Squalidae
Doggerscharbe	USA-A	Hippoglossoides platessoides	Plattfische	Pleuronectidae
Dolphinfish	E/USA-A/Ans	Coryphaena hippurus	Stachelmakrelen	Coryphaenidae
Dorade royale	E	Sparus aurata	Meerbrassen, Schnapper & Grunzerf.	Sparidae
Dornhai, Gemeiner; Gefleckter	Ans	Squalus acanthias	Knorpelfische	Squalidae

POPULÄRER NAME	REGION	LATEINISCHER NAME	WARENKUNDE	FAMILIE
Dorsch	E	Gadus morhua	Kabeljau & Dorschartige Fische	Gadidae
Drachenkopf, Gebänderter	USA-A	Scorpaena plumieri	Panzerwangen	Scorpaenidae
Drachenkopf, Großer Roter	E	Scorpaena scrofa	Panzerwangen	Scorpaenidae
Dreiecksmuschel	Ans	Donax deltoides	Muscheln (Bivalvia)	Donacidae
Dreiecksmuschel, Gebänderte	E	Donax vitttatus	Muscheln (Bivalvia)	Donacidae
Drückerfisch	E/USA-A	Balistes carolinensis	Scheibenförmige Fische	Balistidae
Drum, Banded	USA-A	Larimus fasciatus	Umberfische	Sciaenidae
Drum, Black	USA-A	Pogonias cromis	Umberfische	Sciaenidae
Drum, Red	USA-A	Sciaenops ocellatus	Umberfische	Sciaenidae
Dulse	E/USA-A	Palmaria palmata	Meeres- & Strandgemüse	Rhodophyceae
Eel, Australian Conger	Ans	Conger verreauxi	Aal & Aalartige	Congridae
Eel, Californian Moray	USA-P	Gymnothorax mordax	Aal & Aalartige	Muraenidae
Eel, Rock	USA-P	Xiphister mucosus	Lang gestreckte Fische	Stichaeidae
Einfleck-Schnapper	Ans	Lutjanus russelli	Meerbrassen, Schnapper & Grunzerf.	Lutjanidae
Eisfisch	Ans	Chamsocephalus gunnari	Tiefseefische	Channichthyidae
Eismeerkrabbe, Nordische	USA-A	Chionocoetes opilio	Krustentiere	Majidae
Elefantenfisch	Ans	Callorhincus milii	Knorpelfische	Callorhinchidae
Emperor	Ans	Lutjanus sebae	Meerbrassen, Schnapper & Grunzerf.	Lutjanidae
Emperor, Blue	Ans	Lethrinus nebulosus	Meerbrassen, Schnapper & Grunzerf.	Lethrinidae
Emperor, Redspot	Ans	Lethrinus lentjan	Meerbrassen, Schnapper & Grunzerf.	Lethrinidae
Emperor, Redthroat	Ans	Lethrinus miniatus	Meerbrassen, Schnapper & Grunzerf.	Lethrinidae
Emperor, Sky	Ans	Lethrinus mahsena	Meerbrassen, Schnapper & Grunzerf.	Lethrinidae
Emperor, Snubnose	Ans	Lethrinus borbonicus	Meerbrassen, Schnapper & Grunzerf.	Lethrinidae
Emperor, Spangled	Ans	Lethrinus nebulosus	Meerbrassen, Schnapper & Grunzerf.	Lethrinidae
Emperor, Yellowtail	Ans	Lethrinus mahsena	Meerbrassen, Schnapper & Grunzerf.	Lethrinidae
Engelhai, Meerengel	E	Squatina squatina	Knorpelfische	Squatinidae
Engelhai, Australischer	Ans	Squatina australis	Knorpelfische	Squatinidae
Entenmuschel, Große	E	Pollicipes cornucopia	Andere Meeresfrüchte	Pollicipidae
Escolar	Ans	Lepidocybium flavobrunneum	Lang gestreckte Fische	Gempylidae
Eulachon	USA-P	Thaleichthys pacificus	Kleine & junge Fische	Osmeridae
Fadenmakrele, Indische	USA-A/Ans	Alectis indicus	Stachelmakrelen	Carangidae
Felsenauster, Pazifische	USA-P/Ans	Crassostrea gigas	Muscheln (Bivalvia)	Ostreidae
Felsenbarsch, Leopard-	Ans	Plectropomus leopardus	Zackenbarsche, Wolfsbarsch & Barr.	Serranidae
Felsenkrabbe	USA-A	Cancer irroratus	Krustentiere	Cancridae
Finte; Elben	E	Alosa fallax	Hering & Heringsartige Fische	Clupeidae
Flake	Ans	Galeorhinus galeus	Knorpelfische	Carcharhinidae
Flathead	Ans	Platycephalus longispinis	Panzerwangen	Platycephalidae
Flathead, Deepwater	Ans	Platycephalus conatus	Panzerwangen	Platycephalidae
Flathead, Dusky	Ans	Platycephalus fuscus	Panzerwangen	Platycephalidae
Flathead, Rock	Ans	Platycephalus laevigatus	Panzerwangen	Platycephalidae
Flathead, Sand	Ans	Platycephalus bassensis	Panzerwangen	Platycephalidae
Flathead, Southern	Ans	Platycephalus speculator	Panzerwangen	Platycephalidae
Flathead, Tiger	Ans	Neoplatycephalus richardsoni	Panzerwangen	Platycephalidae
Fleckenrochen	E	Raja montagui	Knorpelfische	Rajidae
Fliegender Fisch	USA-A	Exocoetus volitans	Amerikanische Arten	Exocetidae
Flounder	Ans	Pseudorhombus spinosus	Plattfische	Pleuronectidae
Flounder, Bay	Ans	Ammotretis rostratus	Plattfische	Pleuronectidae
Flounder, Greenback	Ans	Rhombosolea tapirina	Plattfische	Pleuronectidae
Flounder, Rusty	USA-A	Limanda ferruginea	Plattfische	Pleuronectidae
Flounder, Southern	USA-A	Paralichthys lethostigmus	Plattfische	Bothidae
Flügelbutt; Schefsnut	E	Lepidorhombus whiffiagonis	Plattfische	Bothidae
Fluke, Northern	USA-A	Paralichthys dentatus	Plattfische	Bothidae
Flunder	E	Platichthys flesus	Plattfische	Pleuronectidae
Flussaal, Amerikanischer	USA-A	Anguilla rostrata	Aal & Aalartige	Anguillidae
Flussaal, Europäischer	E	Anguilla anguilla	Aal & Aalartige	Anguillidae
Forelle, Europäische	E	Salmo trutta	Lachs & Lachsforelle	Salmonidae
Franzosendorsch	E	Trisopterus luscus	Kabeljau & Dorschartige Fische	Gadidae
Fregattenmakrele	Ans	Auxis thazard	Makrelen & Thunfische	Scombridae
Freshwater Eel	E	Anguilla anguilla	Aal & Aalartige	Anguillidae
Frostfish, Southern	Ans	Lepidopus caudatus	Lang gestreckte Fische	Trichiuridae
Fugu	Ans	Takifugu porphyreus	Kugelfische	Tetraodontidae
Fugu	Ans	Takifugu rubripes	Kugelfische	Tetraodontidae
Furchengarnele	E	Penaeus kerathurus	Krustentiere	Penaeidae
Gabeldorsch	E	Phycis blennoides	Kabeljau & Dorschartige Fische	Gadidae
Gabeldorsch	USA-A	Urophycis tenuis	Kabeljau & Dorschartige Fische	Gadidae
Gabeldorsch, Roter	USA-A	Urophycis chuss	Kabeljau & Dorschartige Fische	Gadidae
Gabelmakrele; Bläuel	E/USA-A	Trachinotus ovatus	Stachelmakrelen	Carangidae
Garfish, River	Ans	Hyporhamphus regularis	Lang gestreckte Fische	Hemiramphidae
Garfish, Shortnosed	Ans	Hyporhamphus quoyi	Lang gestreckte Fische	Hemiramphidae
Garfish, Snubnose	Ans	Arrhamphus sclerolepis	Lang gestreckte Fische	Hemiramphidae
Garfish, Southern	Ans	Hyporhamphus melanochir	Lang gestreckte Fische	Hemiramphidae
Garfish, Tropical	Ans	Hyporhamphus affinis	Lang gestreckte Fische	Hemiramphidae
Geißbrassen, Großer	E	Diplodus sargus	Meerbrassen, Schnapper & Grunzerf.	Sparidae
Geißelgarnele, Braune	USA-A	Penaeus aztecus aztecus	Krustentiere	Penaeidae
Gelbflossen-Thunfisch	E/USA/Ans	Thunnus albacares	Makrelen & Thunfische	Scombridae
Gelbschwanz-Barrakuda	USA-A	Sphyraena flavicauda	Lang gestreckte Fische	Sphyraenidae
Gelbschwanz-Schnapper	USA-A	Ocyurus chrysurus	Meerbrassen, Schnapper & Grunzerf.	Lutjanidae
Gelbschwanzmakrele	E/USA-A	Seriola dumerili	Stachelmakrelen	Carangidae
Gelbstriemen	E	Boops boops	Meerbrassen, Schnapper & Grunzerf.	Sparidae

POPULÄRER NAME	REGION	LATEINISCHER NAME	WARENKUNDE	FAMILIE
Gemmenfish	Ans	Rexea solandri	Lang gestreckte Fische	Gempylidae
Germon	E/USA-A	Thunnus alalunga	Makrelen & Thunfische	Scombridae
Glasschmalz	E	Salicornia europaea	Meeres- & Strandgemüse	Chenopodiaceae
Glattbutt	E	Scophthalmus rhombus	Plattfische	Bothidae
Glatthai	Ans	Mustelus lenticulatus	Knorpelfische	Triakidae
Glatthai, Australischer	Ans	Mustelus antarcticus	Knorpelfische	Triakidae
Glatthai, Grauer	E	Mustelus mustelus	Knorpelfische	Triakidae
Glattrochen	E/USA	Raja batis	Knorpelfische	Rajidae
Glattrücken-Garnele	Ans	Metapenaeus ensis	Krustentiere	Penaeidae
Glattscholle, Pazifische	USA-P	Parophrys ventulus	Plattfische	Pleuronectidae
Globefish	USA-A	Spheroides maculatus	Kugelfische	Tetraodontidae
Goatfish, Yellowspot	Ans	Parupeneus indicus	Meerbarben & Meeräschen	Mullidae
Goldband-Ziegenfisch	Ans	Upeneus moluccensis	Meerbarben & Meeräschen	Mullidae
Goldbrassen	E	Sparus aurata	Meerbrassen, Schnapper & Grunzerf.	Sparidae
Goldkörper-Stachelmakrele	Ans	Carangoides bajad	Stachelmakrelen	Carangidae
Goldlachs	E/USA-A	Argentina silus	Lachs & Lachsforelle	Argentinidae
Goldmakrele, Große	E/USA-A/Ans	Coryphaena hippurus	Stachelmakrelen	Coryphaenidae
Goldmeeräsche	E	Liza aurata	Meerbarben & Meeräschen	Mugilidae
Goldstriemen	E	Sarpa salpa	Meerbrassen, Schnapper & Grunzerfi.	Sparidae
Gotteslachs	E	Lampris guttatus	Scheibenförmige Fische	Lamprididae
Granat	E	Crangon crangon	Krustentiere	Crangonidae
Grätenfisch	USA-A	Albula vulpes	Hering & Heringsartige Fische	Albulidae
Graubarsch	E	Pagellus centrodontus	Meerbrassen, Schnapper & Grunzerf.	Sparidae
Graubarsch; Seekarpfen	E	Pagellus bogaraveo	Meerbrassen, Schnapper & Grunzerf.	Sparidae
Greenbone	Ans	Coridodax pullus	Scheibenförmige Fische	Odacidae
Grenadierfisch, Rauköpfiger	E/USA-A	Macrourus berglax	Tiefseefische	Macrouridae
Grenadierfisch, Rundnasiger	E/ USA-A	Coryphaenoides rupestris	Tiefseefische	Macrouridae
Groper, Baldchin	Ans	Choerodon rubescens	Lippfische	Labridae
Groper, Blue	Ans	Achoerodus gouldii	Lippfische	Labridae
Großaugen-Stachelmakrele	Ans	Caranx sexfasciatus	Stachelmakrelen	Carangidae
Großaugen-Thunfisch	E/USA At/Ans	Thunnus obesus	Makrelen & Thunfische	Scombridae
Großflossen-Riffkalmar	Ans	Sepioteuthis lessoniana	Tintenfische	Loliginidae
Grouper, Black	USA-A	Epinephelus marginatus	Zackenbarsche, Wolfsbarsch & Barr.	Serranidae
Grouper, Blue Spotted	USA-A	Cephalopholis taeniops	Zackenbarsche, Wolfsbarsch & Barr.	Serranidae
Grouper, Malabar	USA-A	Epinephelus malabaricus	Zackenbarsche, Wolfsbarsch & Barr.	Serranidae
Grouper, Red	USA-A	Cephalopholis taeniops	Zackenbarsche, Wolfsbarsch & Barr.	Serranidae
Grouper, Yellowmouth	USA-A	Mycteroperca interstitialis	Zackenbarsche, Wolfsbarsch & Barr.	Serranidae
Grunzer, Weißer	USA-A	Haemulon plumieri	Meerbrassen, Schnapper & Grunzerf.	Pomadasyidae
Gurnard, Butterfly	Ans	Lepidotrigla vanessa	Panzerwangen	Triglidae
Gurnard, Red	Ans	Chelidonichthys kumu	Panzerwangen	Triglidae
Haarbutt	E	Zeugopterus punctatus	Plattfische	Bothidae
Hake, Squirrel	USA-A	Urophycis tenius	Kabeljau & Dorschartige Fische	Gadidae
Hake, White	USA-A	Urophycis tenuis	Kabeljau & Dorschartige Fische	Gadidae
Halibut, Australian	Ans	Psettodes erumei	Plattfische	Psettodidae
Halibut, Californian	USA-P	Paralichthys californicus	Plattfische	Bothidae
Hammerhai, Glatter	E/USA-A	Sphyrna zygaena	Knorpelfische	Sphyrnidae
Hartkopf-Kreuzwels	USA-A	Arius felis	Meeres-Catfish	Ariidae
Harvestfish	USA-A	Peprilus alepidotus	Scheibenförmige Fische	Stromateidae
Hausen; Beluga	E	Huso huso	Kaviarfische	Acipenseridae
Heilbutt, Atlantischer; Weißer	USA-A	Hippoglossus hippoglossus	Plattfische	Pleuronectidae
Heilbutt, Pazifischer	USA-P	Hippoglossus stenolepis	Plattfische	Pleuronectidae
Heilbutt, Schwarzer	USA-A	Reinhardtius hippoglossoides	Plattfische	Pleuronectidae
Hering, Australischer	Ans	Arripis georgianus	Hering & Heringsartige Fische	Clupeidae
Hering, Atlantischer	E/USA-A	Clupea harengus	Hering & Heringsartige Fische	Clupeidae
Hering, Pazifischer	USA-P	Clupea harengus pallasii	Hering & Heringsartige Fische	Clupeidae
Heringshai	E/USA-A	Lamna nasus	Knorpelfische	Lamnidae
Herkuleskeule	E	Murex brandaris	Meeresschnecken (Univalvia)	Murcidae
Herzmuschel, Essbare	E	Cerastoderma edule	Muscheln (Bivalvia)	Cardiidae
Herzmuschel, Stachelige	E	Acanthocardia aculeata	Muscheln (Bivalvia)	Cardiidae
Himmelsgucker	E	Uranoscopus scaber	Seeteufel & Himmelsgucker	Uranoscopidae
Hind, Red	USA-A	Epinephelus guttatus	Zackenbarsche, Wolfsbarsch & Barr.	Serranidae
Hind, Speckled	USA-A	Epinephelus drummondhayi	Zackenbarsche, Wolfsbarsch & Barr.	Serranidae
Hins, Rock	USA-A	Epinephelus adscensionis	Zackenbarsche, Wolfsbarsch & Barr.	Serranidae
Hornhecht, Australischer	Ans	Hyporhamphus australis	Lang gestreckte Fische	Hemiramphidae
Hornhecht, Europäischer	E	Belone belone	Lang gestreckte Fische	Belonidae
Hummer, Amerikanischer	USA-A	Homarus americanus	Krustentiere	Nephropidae
Hummer, Europäischer	E	Homarus gammarus	Krustentiere	Nephropidae
Hundshai	Ans	Galeorhinus galeus	Knorpelfische	Carcharhinidae
Hundszunge	E	Glyptocephalus cynoglossus	Plattfische	Pleuronectidae
Hussar	Ans	Lutjanus adetii	Meerbrassen, Schnapper & Grunzerf.	Lutjanidae
Imperador	Ans	Beryx decadactylus	Panzerwangen	Berycidae
Inanga	Ans	Galaxias maculatus	Kleine & junge Fische	Galaxiidae
Inkfish	USA-P	Loligo opalescens	Tintenfische	Loliginidae
Jack Crevalle	USA-A	Caranx hippos	Stachelmakrelen	Carangidae
Jack, Almaco	USA/Ans	Seriola rivoliana	Stachelmakrelen	Carangidae
Jack, Common	E	Caranx hippos	Stachelmakrelen	Carangidae
Jack, Gelber	USA-A	Caranx bartholomaei	Stachelmakrelen	Carangidae
Jack, Silver	Ans	Lutjanus argentimaculatus	Meerbrassen, Schnapper & Grunzerf.	Lutjanidae
Jackmackerel	Ans	Trachurus declivis	Stachelmakrelen	Carangidae

Seafood zuordnen (Fortsetzung)

POPULÄRER NAME	REGION	LATEINISCHER NAME	WARENKUNDE	FAMILIE
Jacknife, Atlantic	USA-A	Ensis directus	Muscheln (Bivalvia)	Solenidae
Jakobsmuschel	E	Pecten jacobaeus	Muscheln (Bivalvia)	Pectinidae
Jello-Barrakuda	Ans	Sphyraena jello	Lang gestreckte Fische	Sphyraenidae
Jewfish	Ans	Johnius borneensis	Umberfische	Sciaenidae
Jewfish, Black	Ans	Protonibea diacanthus	Umberfische	Sciaenidae
Jobfish	Ans	Aprion virescens	Meerbrassen, Schnapper & Grunzerf.	Lutjanidae
Jonahkrabbe	USA-A	Cancer borealis	Krustentiere	Cancridae
Juwelen-Zackenbarsch	Ans	Cephalopholis miniata	Zackenbarsche, Wolfsbarsch & Barr.	Serranidae
Kabeljau; Dorsch	E	Gadus morhua	Kabeljau & Dorschartige Fische	Gadidae
Kahawai	Ans	Arripis trutta	Meerbrassen, Schnapper & Grunzerf.	Arripidae
Kaisergranat	E	Nephrops norvegicus	Krustentiere	Nephropidae
Kaiserschnapper	Ans	Lutjanus sebae	Meerbrassen, Schnapper & Grunzerf.	Lutjanidae
Kalmar, Gemeiner	E	Loligo vulgaris	Tintenfische	Loliginidae
Kalmar, Nordischer	E	Loligo forbesi	Tintenfische	Loliginidae
Kaninchenfisch	E	Siganus rivulatus	Kugelfische	Siganidae
Katfisch	E/USA-A	Anarhichas lupus	Meeres-Catfish	Anarhichadidae
Katzenhai, Groß gefleckter	E	Scyliorhinus stellaris	Knorpelfische	Scyliorhinidae
Katzenhai, Klein gefleckter	E	Scyliorhinus canicula	Knorpelfische	Scyliorhinidae
Kawakawa	USA-P/Ans	Euthynnus affinis	Makrelen & Thunfische	Scombridae
Kelp, Japanese	Ans	Laminaria japonica	Meeres- & Strandgemüse	Laminariacea
Keta-Lachs	USA-P	Oncorhynchus keta	Lachs & Lachsforelle	Salmonidae
Keulenrochen	E	Raja clavata	Knorpelfische	Rajidae
Kingfish	Ans	Seriola dorsalis	Stachelmakrelen	Carangidae
Kingfish	USA-A	Scomberomorus cavalla	Makrelen & Thunfische	Scombridae
Kingfish, Black	USA-A/Ans	Rachycentron canadum	Stachelmakrelen	Rachycentridae
Kingfish, Northern	USA-A	Menticirrhus saxatilis	Umberfische	Sciaenidae
Kingfish, Southern	USA-A	Menticirrhus americanus	Umberfische	Sciaenidae
Kingfish, Yellowtail	Ans	Seriola lalandi	Stachelmakrelen	Carangidae
Klaffmuschel	USA-A	Mya arenaria	Muscheln (Bivalvia)	Myacidae
Kliesche	E	Limanda limanda	Plattfische	Bothidae
Knifejaw	Ans	Oplegnathus woodwardi	Scheibenförmige Fische	Oplegnathidae
Knurrhahn, Grauer	E	Eutrigla gurnardus	Panzerwangen	Triglidae
Knurrhahn, Langstacheliger	E	Trigla lyra	Panzerwangen	Scorpaenidae
Knurrhahn, Nordamerikan.	USA-A	Prionotus carolinus	Panzerwangen	Triglidae
Knurrhahn, Roter	E	Trigla lucerna	Panzerwangen	Triglidae
Kohlenfisch	USA-A	Anopoploma fimbria	Scheibenförmige Fische	Anopoplomatidae
Köhler	E	Pollachius virens	Kabeljau & Dorschartige Fische	Gadidae
Kohlfisch	E	Pollachius virens	Kabeljau & Dorschartige Fische	Gadidae
Kombu	Ans	Laminaria japonica	Meeres- & Strandgemüse	Laminariacea
Kompassmuschel	Ans	Amusium pleuronectes	Muscheln (Bivalvia)	Pectinidae
Königs-Gelbschwanz	Ans	Seriola lalandi	Stachelmakrelen	Carangidae
Königslachs; Chinook	USA-P	Oncorhynchus tshawytscha	Lachs & Lachsforelle	Salmonidae
Königsmakrele	USA-A	Scomberomorus cavalla	Makrelen & Thunfische	Scombridae
Krabbe, Gemeine	E	Carcinus maenas	Krustentiere	Portunidae
Krake, Blasser	Ans	Octopus pallidus	Tintenfische	Octopodidae
Krake, Gemeiner	E/USA-A	Octopus vulgaris	Tintenfische	Octopodidae
Krake, Kleiner	E	Eledone cirrosa	Tintenfische	Octopodidae
Kreuzkrabbe	Ans	Charybdis feriata	Krustentiere	Portunidae
Kreuzmuster-Teppichmuschel	E	Venerupis decussata	Muscheln (Bivalvia)	Veneridae
Kurzflossenaal	Ans	Anguilla australis	Aal & Aalartige	Anguillidae
Kurzflossen-Mako	E/USA-A	Isurus oxyrinchus	Knorpelfische	Lamnidae
Lachs, Australischer	Ans	Arripis trutta	Meerbrassen, Schnapper & Grunzerf.	Arripidae
Lachs; Salm	E	Salmo salar	Lachs & Lachsforelle	Salmonidae
Lachsforelle	E	Salmo trutta trutta	Lachs & Lachsforelle	Salmonidae
Ladykrabbe	E	Ovalipes ocellatus	Krustentiere	Portunidae
Lammzunge	E	Arnoglossus laterna	Plattfische	Bothidae
Langflossenaal	Ans	Anguilla reinhardtii	Aal & Aalartige	Anguillidae
Langnasen-Straßenkehrer	Ans	Lethrinus olivaceus	Meerbrassen, Schnapper & Grunzerf.	Lethrinidae
Langostino	E	Galathea squamifera	Krustentiere	Scyllaridae
Langoustine	E	Nephrops norvegicus	Krustentiere	Nephropidae
Langschwanz-Seehecht	Ans	Macruronus novaezelandiae	Tiefseefische	Macrouridae
Languste, Australische	Ans	Panulirus cygnus	Krustentiere	Palinuridae
Languste, Europäische	E	Palinurus elephas	Krustentiere	Palinuridae
Languste, Karibische	USA-A	Palinurus argus	Krustentiere	Palinuridae
Languste, Mauretanische	Afrika	Palinurus mauritanicus	Krustentiere	Palinuridae
Languste, Ostaustralische	Ans	Jasus verreauxi	Krustentiere	Palinuridae
Latchet	Ans	Pterygotrigla polyommata	Panzerwangen	Triglidae
Laver	E	Porphyra purpurea	Meeres- & Strandgemüse	Rhodophyceae
Leatherjacket, Potbelly	Ans	Pseudomonacanthus peroni	Scheibenförmige Fische	Monacanthidae
Lemonfish	Ans	Mustelus lenticulatus	Knorpelfische	Triakidae
Leng	E	Molva molva	Kabeljau & Dorschartige Fische	Gadidae
Lengdorsch	USA-P	Ophiodon elongatus	Amerikanische Arten	Hexagramidae
Leopard-Felsenbarsch	Ans	Plectropomus leopardus	Zackenbarsche, Wolfsbarsch & Barr-	Serranidae
Limande	E	Microstomus kitt	Plattfische	Pleuronectidae
Limpet, Slipper	E	Crepidula fornicata	Meeresschnecken (Univalvia)	Calyptraeidae
Ling, Boston	USA-A	Urophycis tenuis	Kabeljau & Dorschartige Fische	Gadidae
Ling, Rock	Ans	Genypterus tigerinus	Kabeljau & Dorschartige Fische	Ophidiidae

POPULÄRER NAME	REG ON	LATEINISCHER NAME	WARENKUNDE	FAMILIE
Lippfisch, Gefleckter	E	Labrus bergylta	Lippfische	Labridae
Little Neck Clam	USA-A	Mercenaria mercenaria	Muscheln (Bivalvia)	Veneridae
Lobster, Shovel-nosed	USA-A	Scyllarides nodifer	Krustentiere	Scyllaridae
Lobster, Slipper	Ans	Scyllarides squammosus	Krustentiere	Scyllaridae
Lobster, Slipper	E	Scyllarus arctus	Krustentiere	Scyllaridae
Lobster, Slipper	USA-A	Scyllarides aequinoctialis	Krustentiere	Scyllaridae
Lobster, Slipper	USA-A	Scyllarides depressus	Krustentiere	Scyllaridae
Lobster, Slipper	USA-A	Scyllarides nodifer	Krustentiere	Scyllaridae
Lobster, Southern Rock	Ans	Jasus edwardsii	Krustentiere	Palinuridae
Lobster, Spanish	USA-A	Scyllarides nodifer	Krustentiere	Scyllaridae
Lobster, Spiny	E	Palinurus elephas	Krustentiere	Palinuridae
Lobsterette	USA-A	Metanephrops binghami	Krustentiere	Nephropidae
Lodde	E	Mallotus villosus	Kleine & junge Fische	Osmeridae
Longfin	Ans	Caprodon longimanus	Zackenbarsche, Wolfsbarsch & Barr.	Serranidae
Longtom, Stout	Ans	Tylosurus gavialoides	Lang gestreckte Fische	Belonidae
Lotte	E	Lophius piscatorius	Seeteufel & Himmelsgucker	Lophiidae
Luderick	Ans	Girella tricuspidata	Brandungsbarsche	Kyphosidae
Lumb	USA-A	Brosme brosme	Kabeljau & Dorschartige Fische	Gadidae
Mackerel, Grey	Ans	Scomberomorus semifasciatus	Makrelen & Thunfische	Scombridae
Mackerel, Horse	E	Trachurus mediterraneus	Stachelmakrelen	Carangidae
Mackerel, Painted	USA-A	Scomberomorus regalis	Makrelen & Thunfische	Scombridae
Mackerel, School	Ans	Scomberomorus queenslandicus	Makrelen & Thunfische	Scombridae
Mackerel, Snake	E	Ruvettus pretiosus	Lang gestreckte Fische	Gempylidae
Mackerel, Spotted	Ans	Scomberomorus munroi	Makrelen & Thunfische	Scombridae
Maifisch	E	Alosa alosa	Hering & Heringsartige Fische	Clupeidae
Mako	E/USA-A	Isurus oxyrinchus	Knorpelfische	Lamnidae
Makrele, Atlantische	E/USA-A	Scomber scombrus	Makrelen & Thunfische	Scombridae
Makrele, Eng gestreifte Span.	Ans	Scomberomorus commerson	Makrelen & Thunfische	Scombridae
Makrele, Pazifische	USA-P	Scomber japonicus	Makrelen & Thunfische	Scombridae
Makrele, Spanische	USA-A	Scomberomorus maculatus	Makrelen & Thunfische	Scombridae
Makrelenhecht, Atlantischer	E	Scomberesox saurus	Lang gestreckte Fische	Scomber
Mangrovenkrabbe	Ans	Scylla serrata	Krustentiere	Portunidae
Mangroven-Schnapper	Ans	Lutjanus argentimaculatus	Meerbrassen, Schnapper & Grunzerf.	Lutjanidae
Maomao, Blue	Ans	Scorpis aequipinnis	Brandungsbarsche	Kyphosidae
Maomao, Pink	Ans	Caprodon longimanus	Zackenbarsche, Wolfsbarsch & Barr.	Serranidae
Maori-Krake	Ans	Octopus maorum	Tintenfische	Octopodidae
Marbré	E	Lithognathus mormyrus	Meerbrassen, Schnapper & Grunzerf.	Sparidae
Marlin, Blauer	USA-A	Makaira nigricans	Schwert- & Segelfische	Istiophoridae
Marlin, Blue	Ans	Makaira mazara	Schwert- & Segelfische	Istiophoridae
Marlin, Gestreifter	USA-P/Ans	Tetrapturus audax	Schwert- & Segelfische	Istiophoridae
Marlin, Schwarzer	USA-P/Ans	Makaira indica	Schwert- & Segelfische	Istiophoridae
Marlin, Weißer	USA-A	Makaira albida	Schwert- & Segelfische	Istiophoridae
Marmorbrassen	E	Lithognathus mormyrus	Meerbrassen, Schnapper & Grunzerf.	Sparidae
Meeraal	E	Conger conger	Aal & Aalartige	Congridae
Meeraal	USA-A	Conger oceanicus	Aal & Aalartige	Congridae
Meeräsche, Diamantschuppige	Ans	Liza vaigiensis	Meerbarben & Meeräschen	Mugilidae
Meeräsche, Dicklippige	E	Chelon labrosus	Meerbarben & Meeräschen	Mugilidae
Meeräsche, Dünnlippige	E	Liza ramada	Meerbarben & Meeräschen	Mugilidae
Meeräsche, Gestreifte	Ans	Mugil cephalus	Meerbarben & Meeräschen	Mugilidae
Meeräsche, Großköpfige	E/USA-A	Mugil cephalus	Meerbarben & Meeräschen	Mugilidae
Meeräsche, Weiße	USA-A	Mugil curema	Meerbarben & Meeräschen	Mugilidae
Meerbarbe, Indische	Ans	Parupeneus indicus	Meerbarben & Meeräschen	Mullidae
Meerbarbe, Rote	E	Mullus barbatus	Meerbarben & Meeräschen	Mullidae
Meerengel	E	Squatina squatina	Knorpelfische	Squatinidae
Meerfenchel	E	Crithmum maritimum	Meeres- & Strandgemüse	Umbelliferae
Meerforelle	E	Salmo trutta trutta	Lachs & Lachsforelle	Salmonidae
Meerkohl, Strandkohl	E	Crambe maritima	Meeres- & Strandgemüse	Cruciferae
Meerlattich; Laver	E	Porphyra purpurea	Meeres- & Strandgemüse	Rhodophyceae
Meerneunauge	E/USA-A	Petromyzon marinus	Aal & Aalartige	Petromyzonidae
Meerohr, Silbernes	Ans	Haliotis iris	Meeresschnecken (Univalvia)	Haliotidae
Meersalat	E	Ulva lactuca	Meeres- & Strandgemüse	Chlorophyceae
Meerscheide, Große ; Violet	E	Micrococosmus suculatus	Andere Meeresfrüchte	Pyuridae
Melonenwalze, Falsche	Ans	Livonia mamilla	Meeresschnecken (Univalvia)	Volutidae
Menschenherz	E	Glossus humanus	Muscheln (Bivalvia)	Glossidae
Mérou	E	Epinephelus guaza	Zackenbarsche, Wolfsbarsch & Barr.	Serranidae
Miesmuschel, Kalifornische	USA-P	Mytilus californianus	Muscheln (Bivalvia)	Mytilidae
Mirror Dory	Ans	Zenopsis nebulosus	Scheibenförmige Fische	Zeidae
Mittelmeer-Barrakuda	E	Sphyraena sphyraena	Lang gestreckte Fische	Sphyraenidae
Mittelmeer-Makrele	E	Scomber colias	Makrelen & Thunfische	Scombridae
Mittelmeer-Muräne	E	Muraena helena	Aal & Aalartige	Muraenidae
Mittelmeerschnecke	E	Murex brandaris	Meeresschnecken (Univalvia)	Muricidae
Moki	Ans	Latridopsis ciliaris	Australische Arten	Latridae
Moki, Blue	Ans	Latridopsis ciliaris	Australische Arten	Latrididae
Mondfisch	E/USA	Mola mola	Scheibenförmige Fische	Molidae
Mondsichel-Juwelenbarsch	Ans	Variola louti	Zackenbarsche, Wolfsbarsch & Barr.	Serranidae
Monkeyface-Prickleback	USA-P	Cebidichthys violaceus	Lang gestreckte Fische	Stichaeidae
Monkfish	Ans	Lophius piscatorius	Seeteufel & Himmelsgucker	Lophiidae

POPULÄRER NAME	REGION	LATEINISCHER NAME	WARENKUNDE	FAMILIE
Moonfish	E/Ans	Lampris guttatus	Scheibenförmige Fische	Lampridiae
Morgay	E	Scyliorhinus canicula	Knorpelfische	Scyliorhinidae
Moro	Ans	Mora moro	Tiefseefische	Moridae
Morwong, Banded	Ans	Cheilodactylus spectabilis	Australische Arten	Cheilodactylidae
Morwong, Blue	Ans	Nemadactylus valenciennesi	Australische Arten	Cheilodactylidae
Morwong, Grey	Ans	Nemadactylus douglasii	Australische Arten	Cheilodactylidae
Morwong, Roter	Ans	Cheilodactylus fuscus	Australische Arten	Cheilodactylidae
Mullet, Green-Backed Grey	USA-P	Liza subviridis	Meerbarben & Meeräschen	Mugilidae
Mullet, Red	Ans	Parupeneus indicus	Meerbarben & Meeräschen	Mullidae
Mullet, Southern Red	Ans	Upeneichthys vlamingii	Meerbarben & Meeräschen	Mullidae
Mullet, Striped	USA-A	Mugil cephalus	Meerbarben & Meeräschen	Mugilidae
Mullet, Yelloweye	Ans	Aldrichetta forsteri	Meerbarben & Meeräschen	Mugilidae
Mulloway	Ans	Argyrosomus hololepidotus	Umberfische	Sciaenidae
Murgy	E	Scyliorhinus canicula	Knorpelfische	Scyliorhinidae
Mussel, Fan	E	Pinna fragilis	Muscheln (Bivalvia)	Pinnidae
Mussel, Greenlip	Ans	Perna canaliculus	Muscheln (Bivalvia)	Mytilidae
Mussel, Horse	E/USA-A	Modiolus modiolus	Muscheln (Bivalvia)	Mytilidae
Mutton-Fish	USA-A	Macrozoarces americanus	Kabeljau & Dorschartige Fische	Gadidae
Nagelrochen	E	Raja clavata	Knorpelfische	Rajidae
Napfschnecke, Gemeine	E	Patella vulgata	Meeresschnecken (Univalvia)	Patellidae
Nassau-Grouper	USA-A	Epinephelus striatus	Zackenbarsche, Wolfsbarsch & Barr.	Serranidae
Nordsee-Miesmuschel	E/USA At/Ans	Mytilus edulis	Muscheln (Bivalvia)	Mytilidae
Norway Lobster	E	Nephrops norvegicus	Krustentiere	Nephropidae
Oblada	E	Oblada melanura	Meerbrassen, Schnapper & Grunzerf.	Sparidae
Ocean Perch	USA	Sebastes marinus	Panzerwangen	Scorpaenidae
Ochsenherz	E	Glossus humanus	Muscheln (Bivalvia)	Glossidae
Octopus	E	Octopus macropus	Tintenfische	Octopodidae
Octopus, Gloomy	Ans	Octopus tetricus	Tintenfische	Octopodidae
Octopus, Pacific	USA-P	Octopus dofleini	Tintenfische	Octopodidae
Octopus, Southern	Ans	Octopus australis	Tintenfische	Octopodidae
Ohrenqualle, Blaue	Ans	Aurelia aurita	Andere Meeresfrüchte	Shyphozoa
Olympia Oyster	USA-P	Ostrea lurida	Muscheln (Bivalvia)	Ostreidae
Opaleye	USA-P	Girella nigricans	Brandungsbarsche	Kyphosidae
Ornatlanguste	Ans	Panulirus ornatus	Krustentiere	Palinuridae
Ossietra	E	Acipenser gueldenstaedti colchicus	Kaviarfische	Acipenseridae
Pacific Ocean Perch	USA-P	Sebastes alutus	Panzerwangen	Scorpaenidae
Pageot	E	Pagellus erythrinus	Meerbrassen, Schnapper & Grunzerf.	Sparidae
Pagre	E	Pagrus pagrus	Meerbrassen, Schnapper & Grunzerf.	Sparidae
Pampel, Schwarzer	Ans	Parastromateus niger	Stachelmakrelen	Carangidae
Pampel, Silberner	USA-A	Pampus argenteus	Scheibenförmige Fische	Stromateidae
Pandora	E	Pagellus erythrinus	Meerbrassen, Schnapper & Grunzerf.	Sparidae
Pantherfisch	Ans	Cromileptes altivelis	Zackenbarsche, Wolfsbarsch & Barr.	Serranidae
Parore	Ans	Girella tricuspidata	Brandungsbarsche	Kyphosidae
Pazifik-Dorsch	USA-P	Gadus macrocephalus	Kabeljau & Dorschartige Fische	Gadidae
Pelamide	USA-A/Ans	Sarda sarda	Makrelen & Thunfische	Scombridae
Pelamide, Australische	Ans	Sarda australis	Makrelen & Thunfische	Scombridae
Pen Shell	E	Pinna fragilis	Muscheln (Bivalvia)	Pinnidae
Percebes	E	Pollicipes cornucopia	Andere Meeresfrüchte	Pollicipidae
Perch, Coral	Ans	Scorpaena cardinalis	Panzerwangen	Scorpaenidae
Perch, Crimson Sea	Ans	Lutjanus erythropterus	Meerbrassen, Schnapper & Grunzerf.	Lutjanidae
Perch, Giant Sea	Ans	Lates calcarifer	Zackenbarsche, Wolfsbarsch & Barr.	Centropomidae
Perch, Longfin	Ans	Caprodon longimanus	Zackenbarsche, Wolfsbarsch & Barr.	Serranidae
Perch, Ocean	Ans	Helicolenus barathri	Panzerwangen	Scorpaenidae
Perch, Pearl	Ans	Glaucosoma scapulare	Brandungsbarsche	Glaucosomatidae
Perch, Saddletail Sea	Ans	Lutjanus malabaricus	Meerbrassen, Schnapper & Grunzerf.	Lutjanidae
Perch, Sea	USA-A	Morone americanus	Zackenbarsche, Wolfsbarsch & Barr.	Serranidae
Perch, Silver	USA-A	Bairdiella chrysura	Umberfische	Sciaenidae
Perch, White	USA-A	Morone americanus	Zackenbarsche, Wolfsbarsch & Barr.	Serranidae
Permit	USA-A	Trachinotus falcatus	Stachelmakrelen	Carangidae
Petersfisch, Glatter	Ans	Pseudocyttus maculatus	Scheibenförmige Fische	Zeidae
Petermännchen, Großes	E	Trachinus draco	Seeteufel & Himmelsgucker	Trachinidae
Petersfisch	E/Ans	Zeus faber	Scheibenförmige Fische	Zeidae
Petoncle	E	Pecten opercularis	Muscheln (Bivalvia)	Pectinidae
Pfahlmuschel	USA-A	Mytilus edulis	Muscheln (Bivalvia)	Mytilidae
Pfeffermuschel, Große	E	Scrobicularia plana	Muscheln (Bivalvia)	Scrobiculariidae
Pigfish	Ans	Bodianus unimaculatus	Lippfische	Labridae
Pigfish	USA-A	Orthopristis chrysoptera	Meerbrassen, Schnapper & Grunzerf.	Pomadasyidae
Pike	Ans	Sphyraena novaehollandiae	Lang gestreckte Fische	Sphyraenidae
Pilchard	Ans	Sardinops neopilchardus	Hering & Heringsartige Fische	Clupeidae
Pilchard	E	Sardina pilchardus	Hering & Heringsartige Fische	Clupeidae
Pilgermuschel, Große	E	Pecten maximus	Muscheln (Bivalvia)	Pectinidae
Pilgermuschel, Kleine	E	Chlamys opercularis	Muscheln (Bivalvia)	Pectinidae
Pilotfisch; Lotsenfisch	E	Naucrates ductor	Stachelmakrelen	Carangidae
Piper	Ans	Hyporhamphus ihi	Lang gestreckte Fische	Hemiramphidae
Plaice, American	USA-A	Hippoglossoides platessoides	Plattfische	Pleuronectidae
Plaice, Canadian	USA-A	Hippoglossoides platessoides	Plattfische	Pleuronectidae
Pollack; Steinköhler	E	Pollachius pollachius	Kabeljau & Dorschartige Fische	Gadidae
Pollock	USA-A	Pollachius virens	Kabeljau & Dorschartige Fische	Gadidae
Pomfret	E/Ans	Brama brama	Scheibenförmige Fische	Bramidae
Pompano, Afrikanischer	USA-A/Ans	Alectis ciliaris	Stachelmakrelen	Carangidae
Pompano, Gemeiner	USA-A	Trachinotus carolinus	Stachelmakrelen	Carangidae
Pompano, Kalifornischer	USA-P	Peprilus simillimus	Stachelmakrelen	Carangidae
Porae	Ans	Nemadactylus douglasii	Australische Arten	Cheilodactylidae
Porgy, Jolthead	USA-A	Calamus bajonado	Meerbrassen, Schnapper & Grunzerf.	Sparidae
Porgy, Key West	USA-A	Calamus nodosus	Meerbrassen, Schnapper & Grunzerf.	Sparidae
Porgy, Knobbed	USA-A	Calamus nodosus	Meerbrassen, Schnapper & Grunzerf.	Sparidae
Porgy, Red	USA-A	Stenotomus chrysops	Meerbrassen, Schnapper & Grunzerf.	Sparidae
Porgy, Red	USA-A/E	Pagrus pagrus	Meerbrassen, Schnapper & Grunzerf.	Sparidae
Porgy, Whitebone	USA-A	Calamus leucosteus	Meerbrassen, Schnapper & Grunzerf.	Sparidae
Portugaise	E	Crassostrea angulata	Muscheln (Bivalvia)	Ostreidae
Pout, Ocean	USA-A	Macrozoarces americanus	Kabeljau & Dorschartige Fische	Zoarcidae
Prawn, Banana	Ans	Fenneropenaeus merguiensis	Krustentiere	Penaeidae
Prawn, Bay	Ans	Metapenaeus bennettae	Krustentiere	Penaeidae
Prawn, Indian White	Ans	Penaeus indicus	Krustentiere	Penaeidae
Prawn, King	Ans	Melicertus latisulcatus	Krustentiere	Penaeidae
Prawn, Kuruma	Ans	Marsupenaeus japonicus	Krustentiere	Penaeidae
Prawn, Redspot King	Ans	Melicertus longistylus	Krustentiere	Penaeidae
Prawn, Royal Red	Ans	Haliporoides sibogae	Krustentiere	Solenoceridae
Prawn, School	Ans	Metapenaeus macleayi	Krustentiere	Penaeidae
Prawn, Tiger	Ans	Penaeus esculentus	Krustentiere	Penaeidae
Puffer Fish	USA-A	Spheroides maculatus	Kugelfische	Tetraodontidae
Quahog-Muschel	USA-A	Mercenaria mercenaria	Muscheln (Bivalvia)	Veneridae
Queller; Glasschmalz	E	Salicornia europaea	Meeres- & Strandgemüse	Chenopodiaceae
Rabbitfish	Ans	Siganus nebulosus	Kugelfische	Siganidae
Rascasse	E	Scorpaena scrofa	Panzerwangen	Scorpaenidae
Rat-Tail	E/USA-A	Macrourus berglax	Tiefseefische	Macrouridae
Redfish	Ans	Centroberyx affinis	Panzerwangen	Berycidae
Redfish, Bight	Ans	Centroberyx gerrardi	Panzerwangen	Berycidae
Ribbonfish	Ans	Lepidopus caudatus	Lang gestreckte Fische	Trichiuridae
Riesenflügelschnecke	USA-P	Strombus gigas	Meeresschnecken (Univalvia)	Strombidae
Riesenkrabbe, Australische	Ans	Pseudocarcinus gigas	Krustentiere	Portunidae
Riesensepie	Ans	Sepia apama	Tintenfische	Sepiidae
Riesentrogmuschel	USA-A	Spisula solidissima	Muscheln (Bivalvia)	Mactridae
Riesenvenusmuschel	USA-A	Macrocallista nimbosa	Muscheln (Bivalvia)	Veneridae
Riesenzackenbarsch	USA-A	Epinephelus itajara	Zackenbarsche, Wolfsbarsch & Barr.	Serranidae
Ringelbrassen	E	Diplodus annularis	Meerbrassen, Schnapper & Grunzerf.	Sparidae
River Roman	Ans	Lutjanus argentimaculatus	Meerbrassen, Schnapper & Grunzerf.	Lutjanidae
Rock Cod, Estuary	Ans	Epinephelus coioides	Zackenbarsche, Wolfsbarsch & Barr.	Serranidae
Rock Cod, Red	Ans	Scorpaena cardinalis	Panzerwangen	Scorpaenidae
Rock Cod, White-spotted	Ans	Epinephelus multinotatus	Zackenbarsche, Wolfsbarsch & Barr.	Serranidae
Rock Cod, Yellow-spotted	Ans	Epinephelus areolatus	Zackenbarsche, Wolfsbarsch & Barr.	Serranidae
Rockfish, Brown	USA-P	Sebastes auriculatus	Panzerwangen	Scorpaenidae
Rockfish, Golden Eye	USA-P	Sebastes ruberrimus	Panzerwangen	Scorpaenidae
Rockfish, Olive	USA-A	Morone saxatilis	Zackenbarsche, Wolfsbarsch & Barr.	Serranidae
Roosterfish	USA-P	Nematistius pectoralis	Amerikanische Arten	Nematistiidae
Rotbarsch, Großer	E/USA-A	Sebastes marinus	Panzerwangen	Scorpaenidae
Rotbarsch, Kleiner	E	Sebastes viviparus	Panzerwangen	Scorpaenidae
Rotbrassen	E	Pagellus erythrinus	Meerbrassen, Schnapper & Grunzerf.	Sparidae
Rotzunge, Limande	E	Microstomus kitt	Plattfische	Pleuronectidae
Rotzunge, Pazifische	USA-P	Microstomus pacificus	Plattfische	Pleuronectidae
Rough Hound	E	Scyliorhinus canicula	Knorpelfische	Scyliorhinidae
Roughy, Darwin's	Ans	Gephyroberyx darwinii	Tiefseefische	Trachichthyidae
Rudderfish, Banded	Ans	Seiola zouata	Australische Arten	Centrolophidae
Runner, Rainbow	USA-A	Elagatis bipinnulatus	Stachelmakrelen	Carangidae
Sablefish	USA-A/Paz	Anopoploma fimbria	Scheibenförmige Fische	Anopoplomatidae
Sackbrassen	E	Sparus pagrus	Meerbrassen, Schnapper & Grunzerf.	Sparidae
Sägebarsch, Schwarzer	USA-A	Centropristes striatus	Zackenbarsche, Wolfsbarsch & Barr.	Serranidae
Sägebauch	Ans	Hoplostethus atlanticus	Tiefseefische	Trachichthyidae
Sägegarnele	E	Palaemon serratus	Krustentiere	Palaemonidae
Sägezähnchen	E	Donax vitttatus	Muscheln (Bivalvia)	Donacidae
Sailfish	E/USA/Ans	Istiophorus platypterus	Schwert- & Segelfische	Istiophoridae
Saint-Pierre	E	Zeus faber	Scheibenförmige Fische	Zeidae
Saithe	E	Pollachius virens	Kabeljau & Dorschartige Fische	Gadidae
Salm	E	Salmo salar	Lachs & Lachsforelle	Salmonidae
Salmon, King	USA-P	Oncorhynchus tshawytscha	Lachs & Lachsforelle	Salmonidae
Salmon, Rock	E	Scyliorhinus canicula	Knorpelfische	Scyliorhinidae
Salmon, Sockeye	USA-P	Oncorhynchus nerka	Lachs & Lachsforelle	Salmonidae
Samson Fish	Ans	Seriola hippos	Stachelmakrelen	Carangidae
Samtmuschel	E	Glycymeris glycemeris	Muscheln (Bivalvia)	Glycymeridae
Sandaal, Kleiner Amerikan.	USA-A	Ammodytes americanus	Kleine & junge Fische	Ammodytidae
Sandaal, Kleiner	E	Ammodytes tobianus	Kleine & junge Fische	Ammodytidae
Sandgarnele; Granat	E	Crangon crangon	Krustentiere	Crangonidae
Sand-Lance	E	Ammodytes tobianus	Kleine & junge Fische	Ammodytidae
Sandmuschel	USA-A	Mya arenaria	Muscheln (Bivalvia)	Myacidae
Sandweißling	Ans	Sillago ciliata	Australische Arten	Sillaginidae
Sandzunge	E	Solea lascaris	Plattfische	Soleidae

Seafood zuordnen (Fortsetzung)

POPULÄRER NAME	REGION	LATEINISCHER NAME	WARENKUNDE	FAMILIE
Sandklaffmuschel, Große	USA-A	Mya arenaria	Muscheln (Bivalvia)	Myacidae
Sardelle, Australische	Ans	Engraulis australis	Hering & Heringsartige Fische	Engraulidae
Sardelle, Europäische	E	Engraulis encrasicolus	Hering & Heringsartige Fische	Engraulidae
Sardelle, Nordamerikanische	USA-A	Anchoa hepsetus	Hering & Heringsartige Fische	Engraulidae
Sardine	E	Sardina pilchardus	Hering & Heringsartige Fische	Clupeidae
Sattel-Forellenbarsch	Ans	Plectropomus laevis	Zackenbarsche, Wolfsbarsch & Barr.	Serranidae
Saupe	E	Sarpa salpa	Meerbrassen, Schnapper & Grunzerf.	Sparidae
Saury, Atlantic	E	Scomberesox saurus	Lang gestreckte Fische	Scomberesocidae
Scabbardfish	E/USA-A	Lepidopus caudatus	Lang gestreckte Fische	Trichiuridae
Scabbard Fish, Black	E	Aphanopus carbo	Lang gestreckte Fische	Trichiuridae
Scad, Yellowtail	Ans	Trachurus novaezelandiae	Stachelmakrelen	Carangidae
Scallop, Ballot's Saucer	Ans	Amusium balloti	Muscheln (Bivalvia)	Pectinidae
Scallop, Bay	USA-A	Argopecten irradians	Muscheln (Bivalvia)	Pectinidae
Scallop, Calico	USA-A	Argopecten gibbus	Muscheln (Bivalvia)	Pectinidae
Scallop, Commercial	Ans	Pecten fumatus	Muscheln (Bivalvia)	Pectinidae
Scallop, Doughboy	Ans	Mimachlamys asperrima	Muscheln (Bivalvia)	Pectinidae
Scallop, Fan	Ans	Annachlamys flabellata	Muscheln (Bivalvia)	Pectinidae
Scallop, Queen	Ans	Equichlamys bifrons	Muscheln (Bivalvia)	Pectinidae
Scallop, Rock	USA-P	Hinnites giganteus	Muscheln (Bivalvia)	Pectinidae
Scampi	Ans	Metanephrops boschmai	Krustentiere	Nephropidae
Scampi	E	Nephrops norvegicus	Krustentiere	Nephropidae
Schafskopf	USA-A	Archosargus probatocephalus	Meerbrassen, Schnapper & Grunzerf.	Sparidae
Scharbe, Pazifische	USA-P	Eopsetta jordani	Plattfische	Pleuronectidae
Scharbe, Raue	USA-A	Hippoglossoides platessoides	Plattfische	Pleuronectidae
Schellfisch	E/USA-A	Melanogrammus aeglefinus	Kabeljau & Dorschartige Fische	Gadidae
Schiffskielgarnele	Ans	Penaeus monodon	Krustentiere	Penaeidae
Schlangenfisch, Goldener	Ans	Genypterus blacodes	Kabeljau & Dorschartige Fische	Ophidiidae
Schleimfisch, Gestreifter	E	Blennius gattorugine	Kleine & junge Fische	Blenniidae
Schnapper, Roter	USA-A	Lutjanus campechanus	Meerbrassen, Schnapper & Grunzerf.	Lutjanidae
Schneekrabbe	USA-A	Chionocoetes opilio	Krustentiere	Majidae
Scholle	E	Pleuronectes platessa	Plattfische	Pleuronectidae
Schwarzfisch	Ans	Centrolophus niger	Australische Arten	Centrolophidae
Schwarzflossen-Thunfisch	USA-A	Thunnus atlanticus	Makrelen & Thunfische	Scombridae
Schwarzgrundel	E	Gobius niger	Kleine & junge Fische	Gobiidae
Schwarzspitzenhai	USA-A	Carcharhinus limbatus	Knorpelfische	Carcharhinidae
Schwebrenke, Große	E	Coregonus lavaretus	Lachs & Lachsforelle	Coregonidae
Schweinsfisch	USA-P	Bodianus rufus	Lippfische	Labridae
Schweinsfisch; Porkfish	USA-A	Anisotremus virginicus	Meerbrassen, Schnapper & Grunzerf.	Pomadasyidae
Schweinslippfisch	USA-A	Lachnolaimus maximus	Lippfische	Labridae
Schwertfisch	E/USA-A/Ans	Xiphias gladius	Schwert- & Segelfische	Xiphiidae
Schwertmuschel	E	Ensis siliqua	Muscheln (Bivalvia)	Solenidae
Schwertmuschel, Amerikan.	USA-A	Ensis directus	Muscheln (Bivalvia)	Solenidae
Schwertmuschel, Kleine	E	Ensis ensis	Muscheln (Bivalvia)	Solenidae
Schwertschwanz	USA-A	Limulus polyphemus	Krustentiere	Limulidae
Schwimmkrabbe, Große Pazif.	Ans	Portunus pelagicus	Krustentiere	Portunidae
Schwimmkrabbe, Wollige	E	Liocarcinus puber	Krustentiere	Potunidae
Scorpion Fish, Californian	USA-P	Scorpaena guttata	Panzerwangen	Scorpaenidae
Scourer	E	Ruvettus pretiosus	Lang gestreckte Fische	Gempylidae
Sculpin	USA-A	Myoxocephalus scorpius	Panzerwangen	Scorpaenidae
Sculpin, Longhorn	USA-A	M. octodecemspinosus	Panzerwangen	Scorpaenidae
Scup	USA-A	Stenotomus chrysops	Meerbrassen, Schnapper & Grunzerf.	Sparidae
Sea Squab	USA-A	Spheroides maculatus	Kugelfische	Tetraodontidae
Sea Urchin	Ans	Heliocidaris erythrogramma	Andere Meeresfrüchte	Echinoidea
Seabass, White	USA-A	Sciaenops ocellatus	Umberfische	Sciaenidae
Seaperch, Brownband	Ans	Lutjanus vitta	Meerbrassen, Schnapper & Grunzerf.	Lutjanidae
Seaperch, Darktail	Ans	Lutjanus lemniscatus	Meerbrassen, Schnapper & Grunzerf.	Lutjanidae
Seaperch, Fingermark	Ans	Lutjanus johnii	Meerbrassen, Schnapper & Grunzerf.	Lutjanidae
Seapike	Ans	Sphyraena barracuda	Lang gestreckte Fische	Sphyraenidae
Seapike, Striped	Ans	Sphyraena obtusata	Lang gestreckte Fische	Sphyraenidae
Seatrout, Spotted	USA-A	Cynoscion nebulosus	Umberfische	Sciaenidae
Sea-wing	E	Pinna fragilis	Muscheln (Bivalvia)	Pinnidae
Seebarsch, Gefleckter	E	Dicentrarchus punctatus	Zackenbarsche, Wolfsbarsch & Barr.	Serranidae
Seebarsch, Weißer	USA-P	Atractoscion nobilis	Umberfische	Sciaenidae
Seegurke	Ans	Holothuria scabra	Andere Meeresfrüchte	Holothuriidae
Seehase	E/USA-A	Cyclopterus lumpus	Kaviarfische	Cyclopteridae
Seehecht; Hechtdorsch	E	Merluccius merluccius	Kabeljau & Dorschartige Fische	Gadidae
Seehecht, Neuseeländischer	Ans	Merluccius australis	Kabeljau & Dorschartige Fische	Gadidae
Seehecht, Nordpazifischer	USA-P	Merluccius productus	Kabeljau & Dorschartige Fische	Gadidae
Seehecht, Nordwestatlant.	USA-A	Merluccius bilinearis	Kabeljau & Dorschartige Fische	Gadidae
Seehecht, Südafrikanischer	Ans/Südafrika	Merluccius capensis	Kabeljau & Dorschartige Fische	Gadidae
Seeigel, Grüner	E/USA-A	Strongylocentrotus	Andere Meeresfrüchte	Strongylocentrotidae
Seeigel, Schwarzer	E	Arbacia lixula	Andere Meeresfrüchte	Echinoidea
Seekuckuck	E	Aspitrigla cuculus	Panzerwangen	Triglidae
Seelachs	E	Pollachius virens	Kabeljau & Dorschartige Fische	Gadidae
Seeohr	E	Haliotis tuberculata	Meeresschnecken (Univalvia)	Haliotidae
Seeohr, Glattes	Ans	Haliotis laevigata	Meeresschnecken (Univalvia)	Haliotidae
Seequappe, Dreibärtelige	E/USA-A	Gaidropsarus vulgaris	Kabeljau & Dorschartige Fische	Gadidae

POPULÄRER NAME	REGION	LATEINISCHER NAME	WARENKUNDE	FAMILIE
Seesaibling	E	Salvelinus alpinus salvelinus	Lachs & Lachsforelle	Salmonidae
Seeskorpion	USA-A	Myoxocephalus scorpius	Panzerwangen	Scorpaenidae
Seespinne, Große	E & USA-A	Maia squinado	Krustentiere	Majidae
Seestint, Kleinmäuliger	USA-P	Hypomesus pretiosus	Kleine & junge Fische	Osmeridae
Seeteufel, Amerikanischer	USA-A	Lophius americanus	Seeteufel & Himmelsgucker	Lophiidae
Seeteufel, Atlantischer	E	Lophius piscatorius	Seeteufel & Himmelsgucker	Lophiidae
Seewolf, Gestreifter	E/USA-A	Anarhichas lupus	Meeres-Catfish	Anarhichadidae
Seezunge	E	Solea solea	Plattfische	Soleidae
Sepia	E	Sepia officinalis	Tintenfische	Sepiidae
Sergeant Fish	USA-A/Ans	Rachycentron canadum	Stachelmakrelen	Rachycentridae
Sevruga	E	Acipenser stellatus	Kaviarfische	Acipenseridae
Sewin	E	Salmo trutta	Lachs & Lachsforelle	Salmonidae
Shad, Hickory	USA-A	Pomolobus mediocris	Hering & Heringsartige Fische	Clupeidae
Shark, Blacktip	Ans	Carcharhinus dussumieri	Knorpelfische	Carcharhinidae
Shark, Blue Whaler	Ans	Prionace glauca	Knorpelfische	Carcharhinidae
Shark, Bronze Whaler	Ans	Carcharhinus obscurus	Knorpelfische	Carcharhinidae
Shark, North American Angel	USA-A	Squatina dumerili	Knorpelfische	Squatinidae
Shark, Sand	USA-A	Mustelus canis	Knorpelfische	Triakidae
Shark, Whiskery	Ans	Furgaleus macki	Knorpelfische	Triakidae
Sheephead, California	USA-P	Pimelometopon pulchrum	Lippfische	Labridae
Sheepshead; Schafskopf	E	Puntazzo puntazzo	Meerbrassen, Schnapper & Grunzerf.	Sparidae
Shrimp, Caribbean White	USA-A	Penaeus schmitti	Krustentiere	Penaeidae
Shrimp, Coon-Stripe	USA-P	Pandalus danae	Krustentiere	Pandalidae
Shrimp, Rock	USA-A	Scyonia brevirostris	Krustentiere	Scyoniidae
Shrimp, Royal Red	USA-A	Hymenopenaeus robustus	Krustentiere	Penaeidae
Shrimp, Side-Stripe	USA-P	Pandalopsus dispar	Krustentiere	Pandalidae
Shrimp, Spot	USA-P	Pandalus platyceros	Krustentiere	Pandalidae
Shrimp, White	USA-A	Penaeus setiferus	Krustentiere	Penaeidae
Silberlachs; Coho	USA-P	Oncorhynchus kisutch	Lachs & Lachsforelle	Salmonidae
Skate & Ray	Ans	Raja batis	Knorpelfische	Rajidae
Skate, Barndoor	USA-A	Raja laevis	Knorpelfische	Rajidae
Skate, Big/Large	USA-P	Raja binoculata	Knorpelfische	Rajidae
Skate, California	USA-P	Raja inornata	Knorpelfische	Rajidae
Skate, Clearnose	USA-A	Raja eglanteria	Knorpelfische	Rajidae
Skipjack	USA-P	Euthynnus pelamis	Makrelen & Thunfische	Scombridae
Skipper	E	Scomberesox saurus	Lang gestreckte Fische	Scomberesocidae
Smelt, Rainbow	USA-A	Osmerus mordax	Kleine & junge Fische	Osmeridae
Smelt, Silver	E/USA-A	Argentina silus	Lachs & Lachsforelle	Argentinidae
Snapper	Ans	Pagrus auratus	Meerbrassen, Schnapper & Grunzerf.	Sparidae
Snapper, American Red	USA-A	Lutjanus campechanus	Meerbrassen, Schnapper & Grunzerf.	Lutjanidae
Snapper, Cubera	USA-A	Lutjanus cyanopterus	Meerbrassen, Schnapper & Grunzerf.	Lutjanidae
Snapper, Goldband	Ans	Pristipomoides multidens	Meerbrassen, Schnapper & Grunzerf.	Lutjanidae
Snapper, Gray	USA-A	Lutjanus griseus	Meerbrassen, Schnapper & Grunzerf.	Lutjanidae
Snapper, King	Ans	Pristipomoides filamentosus	Meerbrassen, Schnapper & Grunzerf.	Lutjanidae
Snapper, Lane	USA-A	Lutjanus synagris	Meerbrassen, Schnapper & Grunzerf.	Lutjanidae
Snapper, Mangrove	USA-A	Lutjanus griseus	Meerbrassen, Schnapper & Grunzerf.	Lutjanidae
Snapper, Mutton	USA-A	Lutjanus analis	Meerbrassen, Schnapper & Grunzerf.	Lutjanidae
Snapper, Red	USA-A	Lutjanus campechanus	Meerbrassen, Schnapper & Grunzerf.	Lutjanidae
Snapper, Ruby	Ans	Etelis coruscans	Meerbrassen, Schnapper & Grunzerf.	Lutjanidae
Snapper, Schoolmaster	USA-A	Lutjanus apodus	Meerbrassen, Schnapper & Grunzerf.	Lutjanidae
Snapper, Silk	USA-A	Lutjanus vivanus	Meerbrassen, Schnapper & Grunzerf.	Lutjanidae
Snapper, Two-Spot	Ans	Lutjanus bohar	Meerbrassen, Schnapper & Grunzerf.	Lutjanidae
Snapper, Vermillion	USA-A	Rhomboplites aurorubens	Meerbrassen, Schnapper & Grunzerf.	Lutjanidae
Snoek	Ans	Thyrsites atun	Lang gestreckte Fische	Gempylidae
Snook	Ans	Sphyraena novaehollandiae	Lang gestreckte Fische	Sphyraenidae
Snook, Black	USA-P	Centropomus nigrescens	Zackenbarsche, Wolfsbarsch & Barr.	Centropomidae
Snook, Olivgrüner	USA-A	Centropomus undecimalis	Zackenbarsche, Wolfsbarsch & Barr.	Centropomidae
Sole	Ans	Synaptura nigra	Plattfische	Pleuronectidae
Sole, Butter	USA-P	Isopsetta isolepis	Plattfische	Pleuronectidae
Sole, English	USA-P	Parophrys ventulus	Plattfische	Pleuronectidae
Sommerflunder	USA-A	Paralichthys dentatus	Plattfische	Bothidae
Spearfish, Mediterranean	E	Tetrapturus albidus	Schwert- & Segelfische	Istiophoridae
Spearfish, Shortbill	USA-P	Tetrapturus angustirostris	Schwert- & Segelfische	Istiophoridae
Spot	USA-A	Leiostomus xanthurus	Umberfische	Sciaenidae
Sprat	Ans	Sprattus antipodum	Hering & Heringsartige Fische	Clupeidae
Sprat, Sandy	Ans	Hyperlophus vittatus	Hering & Heringsartige Fische	Clupeidae
Sprotte	E	Sprattus sprattus	Hering & Heringsartige Fische	Clupeidae
Spur-Dog	E/USA/Ans	Squalus acanthias	Knorpelfische	Squalidae
Squid, Arrow	Ans	Nototodarus gouldi	Tintenfische	Loliginidae
Squid, Bone	USA-A	Loligo pealei	Tintenfische	Loliginidae
Squid, California	USA-P	Loligo opalescens	Tintenfische	Loliginidae
Squid, Flying	E	Todarodes saggittatus	Tintenfische	Loliginidae
Squid, Flying	USA-P	Todarodes pacificus	Tintenfische	Loliginidae
Squid, Long-finned	USA-A	Loligo pealei	Tintenfische	Loliginidae
Squid, Mitre	Ans	Loligo chinensis	Tintenfische	Loliginidae
Squid, Winter	USA-A	Loligo pealei	Tintenfische	Loliginidae
Stargazer	Ans	Kathetostoma canaster	Seeteufel & Himmelsgucker	Uranoscopidae

POPULÄRER NAME	REGION	LATEINISCHER NAME	WARENKUNDE	FAMILIE
Stargazer, Giant	Ans	Kathetostoma giganteum	Seeteufel & Himmelsgucker	Uranoscopidae
Steinbutt	E	Psetta maxima	Plattfische	Bothidae
Steinköhler	E	Pollachius pollachius	Kabeljau & Dorschartige Fische	Gadidae
Steinkrabbe, Große	USA-A	Menippe mercenaria	Krustentiere	Xanthidae
Steinseeigel	E	Paracentrotus lividus	Andere Meeresfrüchte	Echinoidea
Sternflunder	USA-P	Platichthys stellatus	Plattfische	Pleuronectidae
Sternhausen; Sevruga	E	Acipenser stellatus	Kaviarfische	Acipenseridae
Sternrochen	USA-A	Raja radiata	Knorpelfische	Rajidae
Stint	E	Osmerus eperlanus	Kleine & junge Fische	Osmeridae
Stöcker	E	Trachurus trachurus	Stachelmakrelen	Carangidae
Stör	E	Acipenser sturio	Kaviarfische	Acipenseridae
Strandauster	USA-A	Mya arenaria	Muscheln (Bivalvia)	Myacidae
Strandkohl	E	Crambe maritima	Meeres- & Strandgemüse	Cruciferae
Strandkrabbe, Gewöhnliche	E	Carcinus maenas	Krustentiere	Portunidae
Strandschnecke, Gemeine	E	Littorina littorea	Meeresschnecken (Univalvia)	Lacunidae
Streifenbarbe	E	Mullus surmuletus	Meerbarben & Meeräschen	Mullidae
Streifenbrassen; Brandbrassen	E	Spondyliosoma cantharus	Meerbrassen, Schnapper & Grunzerf.	Sparidae
Streifenfisch	E	Atherina presbyter	Kleine & junge Fische	Atherinidae
Strumpfbandfisch	E/USA-A	Lepidopus caudatus	Lang gestreckte Fische	Trichiuridae
Sturgeon	USA-A	Acipenser oxyrhynchus	Kaviarfische	Acipenseridae
Surfperch, Barred	USA-P	Amphistichus argenteus	Brandungsbarsche	Embiotocidae
Surfperch, Calico	USA-P	Amphistichus koelzi	Brandungsbarsche	Embiotocidae
Surfperch, Redtail	USA-P	Amphistichus rhodoterus	Brandungsbarsche	Embiotocidae
Süßlippe	Ans	Diagramma labiosum	Meerbrassen, Schnapper & Grunzerf.	Haemulidae
Swallowtail	Ans	Centroberyx lineatus	Panzerwangen	Berycidae
Sweep	Ans	Scorpis lineolatus	Brandungsbarsche	Scorpididae
Swellfish	USA-A	Spheroides maculatus	Kugelfische	Tetraodontidae
Sydney-Felsenauster	Ans	Saccostrea glomerata	Muscheln (Bivalvia)	Ostreidae
Tailor	Ans	Pomatomus saltatrix	Stachelmakrelen	Pomatomidae
Tarakihi	Ans	Nemadactylus macropterus	Australische Arten	Cheilodactylidae
Tarpun	USA-A	Megalops atlanticus	Hering & Heringsartige Fische	Elopidae
Tarwhine	Ans	Rhabdosargus sarba	Meerbrassen, Schnapper & Grunzerf.	Sparidae
Taschenkrebs	E	Cancer pagurus	Krustentiere	Cancridae
Taschenkrebs, Kalifornischer	USA-P	Cancer magister	Krustentiere	Cancridae
Tasmanian Giant Crab	Ans	Pseodocarcinus gigas	Krustentiere	Portunidae
Tautog	USA-A	Tautoga onitis	Lippfische	Labridae
Teppichmuschel, Getupfte	E	Venerupis pullastra	Muscheln (Bivalvia)	Veneridae
Teraglin	Ans	Atractoscion aequidens	Umberfische	Sciaenidae
Terakihi	Ans	Nemadactylus macropterus	Australische Arten	Cheilodactylidae
Thonine	USA-A	Euthynnus alletteratus	Makrelen & Thunfische	Scombridae
Threadfin, Blue	Ans	Eleutheronema tetradactylum	Meerbrassen, Schnapper & Grunzerf.	Sparidae
Threadfin, King	Ans	Polydactylus sheridani	Meerbrassen, Schnapper & Grunzerf.	Sparidae
Threadfin, Pacific	Ans	Polydactylus approximans	Meerbrassen, Schnapper & Grunzerf.	Sparidae
Thun, Gestreifter	USA-P	Euthynnus pelamis	Makrelen & Thunfische	Scombridae
Thun, Kleiner	USA-A	Euthynnus alletteratus	Makrelen & Thunfische	Scombridae
Thun, Weißer	E/USA-A/Ans	Thunnus alalunga	Makrelen & Thunfische	Scombridae
Thunfisch, Roter	E, USA-A	Thunnus thynnus	Makrelen & Thunfische	Scombridae
Tiefseedorsch, Atlantischer	Ans	Mora moro	Tiefseefische	Moridae
Tiefseedorsch, Neuseeländ.	Ans	Pseudophycis bachus	Kabeljau & Dorschartige Fische	Ophidiidae
Tiefseegarnele	E/USA-A	Pandalus borealis	Krustentiere	Pandalidae
Tiefseegarnele, Blassrote	E	Aristeus antennatus	Krustentiere	Penaeidae
Tiefwasser-Scallop, Atlant.	USA-A	Placopecten magellicanus	Muscheln (Bivalvia)	Pectinidae
Tigerhai	USA-A/Paz	Galeocerdo cuvieri	Knorpelfische	Carcharhinidae
Tilefish, Blackline	USA-A	Caulotilus cyanops	Amerikanische Arten	Branchiostegidae
Tilefish, Sand	USA-A	Malacanthus plumieri	Amerikanische Arten	Branchiostegidae
Tintenfisch, Gemeiner	E	Sepia officinalis	Tintenfische	Sepiidae
Tomcod	USA-A	Microgadus tomcod	Kabeljau & Dorschartige Fische	Gadidae
Toothfish, Patagonian	Ans	Dissostichus eleginoides	Tiefseefische	Nototheniidae
Tope	E	Galeorhinus galeus	Knorpelfische	Carcharhinidae
Torsk	E/USA	Brosme brosme	Kabeljau & Dorschartige Fische	Gadidae
Totuava	USA-P	Cynoscion macdonaldi	Umberfische	Sciaenidae
Trevalla, Blue-Eye	Ans	Hyperoglyphe antarctica	Australische Arten	Centrolophidae
Trevally	Ans	Carangoides gymnostethus	Stachelmakrelen	Carangidae
Trevally, Bigeye	Ans	Caranx sexfasciatus	Stachelmakrelen	Carangidae
Trevally, Bluefin	Ans	Caranx melampygus	Stachelmakrelen	Carangidae
Trevally, Blue-spotted	Ans	Caranx bucculentus	Stachelmakrelen	Carangidae
Trevally, Giant	Ans	Caranx ignobilis	Stachelmakrelen	Carangidae
Trevally, Orange-spotted	Ans	Carangoides bajad	Stachelmakrelen	Carangidae
Trevally, Silver	Ans	Pseudocaranx dentex	Stachelmakrelen	Carangidae
Trout, Barcheeked Coral	Ans	Plectropomus maculatus	Zackenbarsche, Wolfsbarsch & Barr.	Serranidae
Trout, Leopard Coral	Ans	Plectropomus leopardus	Zackenbarsche, Wolfsbarsch & Barr.	Serranidae
Trout, Sea	E	Salmo trutta trutta	Lachs & Lachsforelle	Salmonidae
Trumpeter	Ans	Latridopsis forsteri	Australische Arten	Latrididae
Trumpeter, Bastard	Ans	Latridopsis forsteri	Australische Arten	Latrididae
Trumpeter, Striped	Ans	Latris lineata	Australische Arten	Latrididae
Tuna	Ans	Cybiosarda elegans	Makrelen & Thunfische	Scombridae
Tuna, Bullet	E	Auxis rochei	Makrelen & Thunfische	Scombridae
Tuna, Slender	Ans	Allothunnus fallai	Makrelen & Thunfische	Scombridae
Tuna, Southern Bluefin	Ans	Thunnus maccoyii	Makrelen & Thunfische	Scombridae
Turban Shell	Ans	Turbo undulatus	Meeresschnecken (Univalvia)	Turbinidae
Turbanschnecke	Ans	Turbo undulatus	Meeresschnecken (Univalvia)	Turbinidae
Turbot, Diamond	USA-P	Hypsopsetta guttulata	Plattfische	Pleuronectidae
Turrum	Ans	Carangoides fulvoguttatus	Stachelmakrelen	Carangidae
Tusk	Ans	Dannevigia tusca	Kabeljau & Dorschartige Fische	Ophidiidae
Tusk	E	Brosme brosme	Kabeljau & Dorschartige Fische	Gadidae
Tuskfish	Ans	Choerodon venustus	Lippfische	Labridae
Uferschnecke, Gemeine	E	Littorina littorea	Meeresschnecken (Univalvia)	Lacunidae
Umberfisch, Gefleckter	USA-A	Cynoscion nebulosus	Umberfische	Sciaenidae
Umberfisch, Roter	USA-A	Sciaenops ocellatus	Umberfische	Sciaenidae
Umberfisch, Westatlantischer	USA-A	Micropogon undulatus	Umberfische	Sciaenidae
Venusmuschel, Braune, Glatte	E	Callista chione	Muscheln (Bivalvia)	Veneridae
Venusmuschel, Ostamerikan.	USA-A	Mercenaria mercenaria	Muscheln (Bivalvia)	Veneridae
Venusmuschel, Raue	E	Venus verrucosa	Muscheln (Bivalvia)	Veneridae
Wahoo	USA-A/Ans	Acanthocybium solanderi	Makrelen & Thunfische	Scombridae
Wakame	Ans	Undaria pinnatifida	Meeres- & Strandgemüse	Laminariacea
Wandersaibling	E/N-USA	Salvelinus alpinus	Lachs & Lachsforelle	Salmonidae
Warehou, Blue	Ans	Seriolella brama	Australische Arten	Centrolophidae
Warehou, Silbriger	Ans	Seriolella punctata	Australische Arten	Centrolophidae
Warehou, White	Ans	Seriolella caerulea	Australische Arten	Centrolophidae
Warsaw-Grouper	USA-A	Epinephelus nigritus	Zackenbarsche, Wolfsbarsch & Barr.	Serranidae
Waxdick; Ossietra	E	Acipenser gueldenstaedti colchicus	Kaviarfische	Acipenseridae
Weakfish, Grey	USA-A	Cynoscion regalis	Umberfische	Sciaenidae
Weißflecken-Drückerfisch	Ans	Parika scaber	Scheibenförmige Fische	Balistidae
Wellhornschnecke	E/USA-A	Buccinum undatum	Meeresschnecken (Univalvia)	Buccinidae
West Australian Jewfish	Ans	Glaucosoma hebraicum	Brandungsbarsche	Glaucosomatidae
Whiff	E	Lepidorhombus whiffiagonis	Plattfische	Bothidae
Whitebait	Ans	Lovettia sealii	Kleine & junge Fische	Galaxiidae
Whitebait	E	Clupea harengus	Kleine & junge Fische	Clupeidae
Whiting, Eastern School	Ans	Sillago flindersi	Australische Arten	Sillaginidae
Whiting, King George	Ans	Sillaginodes punctata	Australische Arten	Sillaginidae
Whiting, Stout	Ans	Sillago robusta	Australische Arten	Sillaginidae
Whiting, Trumpeter	Ans	Sillago maculata	Australische Arten	Sillaginidae
Whiting, Western School	Ans	Sillago bassensis	Australische Arten	Sillaginidae
Whiting, Yellowfin	Ans	Sillago schomburgkii	Australische Arten	Sillaginidae
Winterflunder	USA-A	Pseudopleuronectes americanus	Plattfische	Pleuronectidae
Wittling	E	Merlangius merlangus	Kabeljau & Dorschartige Fische	Gadidae
Wittling, Blauer	E/USA-A	Micromesistius poutassou	Kabeljau & Dorschartige Fische	Gadidae
Wolf Fish	E/USA-A	Anarhichas lupus	Meeres-Catfish	Anarhichadidae
Wolfsbarsch	E	Dicentrarchus labrax	Zackenbarsche, Wolfsbarsch & Barr.	Serranidae
Wrackbarsch, Atlantischer	E/USA-A	Polyprion americanus	Zackenbarsche, Wolfsbarsch & Barr.	Serranidae
Wrackbarsch, Neuseeländ.	Ans	Polyprion oxygeneios	Zackenbarsche, Wolfsbarsch & Barr.	Serranidae
Wrasse, Crimsonband	Ans	Notolabrus gymnogenis	Lippfische	Labridae
Würfelturban	E	Monodonta turbinata	Meeresschnecken (Univalvia)	Trochidae
Wurzelmundqualle	Ans	Rhopilema esculenta	Andere Meeresfrüchte	Scyphozoa
Yellowtail	Ans	Seriola lalandi	Stachelmakrelen	Carangidae
Yellowtail, Californian	USA-P/Ans	Seriola dorsalis	Stachelmakrelen	Carangidae
Yellowtail, Japanese	Japan	Seriola guigueradiata	Stachelmakrelen	Carangidae
Yellowtail, Southern	Ans	Seriola grandis	Stachelmakrelen	Carangidae
Zackenbarsch, Brauner	E	Epinephelus guaza	Zackenbarsche, Wolfsbarsch & Barr.	Serranidae
Zackenbarsch, Braunroter	USA-A	Epinephelus morio	Zackenbarsche, Wolfsbarsch & Barr.	Serranidae
Zackenbarsch, Gefleckter	USA-A	Epinephelus drummondhayi	Zackenbarsche, Wolfsbarsch & Barr.	Serranidae
Zackenbarsch, Roter	USA-A	Epinephelus guttatus	Zackenbarsche, Wolfsbarsch & Barr.	Serranidae
Zahnbrassen	E	Dentex maroccanus	Meerbrassen, Schnapper & Grunzerf.	Sparidae
Zehnfinger-Schleimkopf	E	Beryx decadactylus	Panzerwangen	Berycidae
Ziegelfisch, Blauer	USA-A	Lopholatilus chamaeleonticeps	Amerikanische Arten	Branchiostegidae
Ziegelfisch, Pazifischer	USA-P	Caulotilus princeps	Amerikanische Arten	Branchiostegidae
Ziegenfisch, Nördlicher	USA-A	Mullus auratus	Meerbarben & Meeräschen	Mullidae
Zirrenkrake	E	Eledone cirrosa	Tintenfische	Octopodidae
Zungenbutt	E	Glyptocephalus cynoglossus	Plattfische	Pleuronectidae
Zweibindenbrassen	E	Diplodus vulgaris	Meerbrassen, Schnapper & Grunzerf.	Sparidae
Zweilinien-Makrele	Ans	Grammatorcynus bicarinatus	Makrelen & Thunfische	Scombridae

Abkürzungen:

Ans – Australien/Neuseeland; E – Europa; USA-A – USA-Atlantikküste; USA-P – USA-Pazifikküste

Rezeptregister